Die Psychosen

Einschlüsse und Auswege

Inhalt

Editorial:
Ulrich A.Müller/Peter Warsitz 5

Leidenverwaltung als gelingende Einheit institutionalistischen Stumpfsinns,
therapeutischen Widersinns und moralischen Schwachsinns.
Zur Geschichte des Auseinandertretens von Wahnwelten
in Psychiatrie und Psychose
Ulrich Sonnemann 11

Zur Frage der Auslösung einer Psychose
Yves Baumstimler 27

Über den Ausbruch der Psychosen
Marcel Czermak 45

Psychotische Erfahrungen und Übergangsphänomene.
Therapeutische Wege einer Umkehr der Verwerfung
Peter Warsitz/Joachim Küchenhoff 61

Psychoanalytische Zugangswege zur Psychosenpsychotherapie
in der psychiatrischen Praxis
Fritz Linnemann/Tristan Rohlfs 81

Zur Dynamik der Wahnentwicklung bei Psychosen im Alter
Johannes Kipp 95

Psychothérapie institutionnelle und Gemeindepsychiatrie -
Theoretische Voraussetzungen und Alltagspraxis
Matthias Krisor 107

Die Institution als therapeutischer Partner, eine psychonalytische Utopie
Jürgen Hardt 125

Be-Mangeln
Der Mangel als wirksames Moment in der institutionellen
Betreuung/Behandlung psychotischer Menschen
Martin Feuling 141

Einige Bemerkungen über die psychotische Realität
Max Kleiner 171

Zeitzeichen

Harold Bloom zur Einführung
Peter Sellars 189

Postmodernismus: Amerikanisch
Barbara M. Kehm 213

Lektüren

Folies à deux. Busse über Schreber und Flechsig,
Porter über Matthews und Haslam.
Martin Stingelin 229

Psychoanalyse und Aufklärung:
Pathognostische Studien
Hans-Martin Schönherr-Mann 236

Psychiatrie zwischen Versorgung und Gewalt.
Oder: Warum die Lektüre des »Gemeindepsychiatrischen Gesprächs«
von 1987 in Herne aktueller ist denn je.
Peter Warsitz 240

Grenzgänge. Erörterungen über die endliche und
die unendliche psychoanalytische Sozialarbeit mit Psychotikern
Ulrich A. Müller 250

Die Autoren 254
Markt 258

Editorial[1]

Die Psychosen: Einschlüsse und Auswege

Die Beiträge dieses Heftes gehen auf eine lange Diskussion über die psychoanalytische Psychosentheorie und -therapie in Kassel zurück: Die Kritik und Selbstkritik der psychiatrischen Reformbewegung sowie das psychoanalytische Verständnis der Psychosen führten zu einer spannungsreichen, aber fruchtbaren Annäherung an die klinische Vielfalt der Psychosen - von gänzlich unterschiedlichen theoretischen Zugängen her.

Die in dem vorliegenden Band versammelten Texte resümieren einesteils die zweijährige Forschungsarbeit zur psychoanalytischen Psychosentheorie, dokumentieren dabei aber auch zugleich die Erörterung der Möglichkeiten des komplexen "inneren Verhältnisses" von Psychose und Institution, denen ein Workshop des Wissenschaftlichen Zentrums II am 24. und 25. November 1989 in Kassel nachging. Aus beiden Quellen speist sich das Konzept dieses Heftes, dem damit zugleich der Gedanke einer wechselseitigen Durchdringung von klinischer Praxis und theoretischer Annäherung an eine "psychotische Wirklichkeit", die sich dem Zugriff beider Ebenen permanent zu entziehen scheint, zugrundeliegt. Das merkwürdige Un-verhältnis zwischen institutionellem Rahmen und atopischer Psychose rührt inständig an der Frage nach den prinzipiellen Möglichkeiten intentionalen Verstehens überhaupt, markiert zugleich aber auch - wenn auch immer neu - die selbstbestimmten Grenzen psychoanalytischer Erkenntnis und institutionellen Projektierens/Experimentierens.

Darüberhinaus stellt die Psychose - wie es bekanntlich Michel Foucaults Studie über "Wahnsinn und Gesellschaft" behauptete - für das bürgerliche Ich seit dessen ersten Konstitutionsbemühungen eine vitale Bedrohung dar, welche es sich seither durch innere und äußere Ausgrenzung, durch Verbannung aus dem Blickfeld vom Leibe zu halten versuchte. Derartige Marginalisierungsbemühungen und die Wahrnehmung einer Bedrohung wurden späte-

---

[1] [Auf ein Versehen der Redaktion im letzten Heft möchten wir an dieser Stelle hinweisen. Der Autor der Gedichte, die in den *Fragmenten* 35/36 veröffentlicht wurden, wurde unter der Rubrik AUTOREN fälschlicherweise als Friedrich Müller vorgestellt. Sein Autorenname lautet auf Fedja Müller. Da dieser Errata-Hinweis nicht mehr alle Abonnenten erreichen konnte, bitten wir, die Berichtigung im Autorenverzeichnis dieses Heftes zu berücksichtigen.]

stens und unübersehbar zur wahnhaften Selbstverkennung pervertiert, als sich jenes Ich in Verfolgung seiner seit der Aufklärung fest programmierten Apotheose nun im 20. Jahrhundert plötzlich in einem Prozeß der Fragmentierung, der Dissoziation vorfindet, sich gleichsam selbst atomisiert - wie es je schon der Psychotiker an sich erlebte. Das Fremde der Vernunft wird zum Selben der Vernunft, zur Halluzination und wahnhaften Verkennung einer gelingenden Einheit der bürgerlichen Subjektivität, welche nunmehr zerbrökkelt als kollektive Psychose. Im ersten Beitrag dieses Heftes geht ULRICH SONNEMANN den Zusammenhängen zwischen der Hypostasierung der Vernunft und den psychotischen "Wahnwelten" nach und eröffnet die daraus folgenden impliziten Dimensionen psychoanalytischen Aufhorchens.

Sobald sich also nicht nur die psychotische, sondern die bürgerliche Subjektivität selbst zu fragmentieren beginnt, stellt dies auch für die psychoanalytische Reflexion auf diese Subjektivität eine Provokation dar: bleiben doch die Kategorien solcher Subjektivität vom Atomisierungsprozeß ihres Gegenstandes nicht unberührt. Dieser Herausforderung suchte die psychoanalytische Theorie und Therapeutik nun ihrerseits lange Zeit aus dem Wege zu gehen. Die Wahrnehmung einer solchen Ausweichbewegung hat sich nun - wie auch die Beiträge dieses Heftes zeigen - als äußerst fruchtbar erwiesen. Schon Freud hatte mehrfach die Relevanz der Erforschung der Psychosen für die Analyse der Funktionsweise der psychischen Prozesse im Allgemeinen unterstrichen. Das von Interesse getriebene Staunen des forschenden Analytikers steht dabei theoretisch wie praktisch in einer nachhaltigen Differenz zur Praxis der therapeutischen Ruhigstellung des Patienten durch den Arzt oder Psychologen:

> "Das Interesse des praktischen Psychiaters an solchen Wahnbildungen ist in der Regel erschöpft, wenn er die Leistung des Wahns feststellt und seinen Einfluß auf die Lebensführung des Kranken beurteilt hat; seine Verwunderung ist nicht der Anfang seines Verständnisses. Der Psychoanalytiker bringt von seiner Kenntnis der Psychoneurosen her die Vermutung mit, daß auch so absonderliche, so weit von dem gewohnten Denken der Menschen abweichende Gedankenbildungen aus dem allgemeinsten und begreiflichsten Regungen des Seelenlebens hevorgegangen sind, und möchte die Motive wie die Wege dieser Umbildung kennen lernen. In dieser Absicht wird er sich gerne in die Entwicklungsgeschichte wie in die Einzelheiten des Wahnes vertiefen."[2]

Freud bestimmt hier einen Gegensatz zwischen Psychiater und Psychoanalytiker, der die Neuorientierung der psychoanalytischen Wissenschaft kennzeichnet, die das Neue nicht mehr auf das immer schon Bekannte zurückführt, sondern die äußere medizinische Auffassung mit einer inneren

---

[2] S. FREUD, "Über einen autobiographisch beschriebenen Fall von Paranoia." In: *Gesammelte Werke* VIII, S.250.

(psychischen) Realität konfrontiert. Gerade die Erschütterung der medizinischen Paradigmata öffnet der psychoanalytischen Reflexion das Ohr - auch und gerade für das psychotische Sprechen. Die Psychose erweist sich als der "Ort eines Anderen", von dem aus sich Theorie und Praxis immer neu befragen lassen müssen.

So weist Freud auch in den einleitenden Worten "Zur Einführung des Narzißmus" darauf hin, daß die Symptome der Schizophrenie ihm den Weg zu einer der entscheidenden neuen Grundfigurationen des psychischen Geschehens wiesen. ROHLFS und LINNEMANN nehmen in ihrem Beitrag diese Verbindung in umgekehrter Weise wieder auf, indem sie die Freudsche Unterscheidung von primärem und sekundärem Narzißmus als heuristischen Faden auf der Spur zu psychoanalytisch-technischen Umgangs- und Verstehensweisen mit den klinischen Formen der Psychose nutzen.

Einige innovatorische psychiatrische Institutionen können bereits einige Erfahrungen ihrer psychotherapeutischen Arbeit mit psychotischen Patienten zur Diskussion stellen: JOHANNES KIPP berichtet aus dem Ludwig-Noll-Krankenhaus in Kassel, das eine psychoanalytisch ausgerichtete Klinikkonzeption mit einem vollen psychiatrischen Versorgungsauftrag zu integrieren versucht; MATTHIAS KRISOR zeigt am Beispiel des Marien-Hospitals in Wanne-Eickel, wie auf den Spuren der "Psychothérapie institutionnelle" in Frankreich, insbesondere der Klinik von La Borde, psychiatrische Versorgungsaufgaben mit einer Reflexion auf die Institution selbst als therapeutischem Faktor verknüpft werden können; MARTIN FEULING vom "Verein für psychoanalytische Sozialarbeit" in Tübingen/Rottenburg beschreibt den Versuch, chronisch autistische Jugendliche in ein Leben außerhalb der Klinik zu integrieren und mit einer Kombination von psychoanalytischer Einzel- und Milieutherapie zu behandeln; schließlich reflektiert JÜRGEN HARDT seine langjährigen Erfahrungen in der psychoanalytischen Institutionssupervision in einer "Utopie" der psychiatrischen Institution, insofern er sie als therapeutischen Gegenüber befragt.

Die Klinik der Psychosen und insbesondere ihrer Kerngruppe, der Schizophrenien, entfaltet sich um einen vom Bewußtsein verworfenen Kern, der zur Aufrechterhaltung der symbolischen Ordnung im Subjekt unerläßlich ist - um den verworfenen "Namen des Vaters". Was in der Phänomenologie psychotischer Familien so ins Auge springt, die dynamische Abwesenheit oder Schwäche des väterlichen Prinzips, findet im theoretischen Diskurs erstmals eine angemessene analytische Kategorie: die Verwerfung des "Namens des Vaters" in der Struktur des psychotischen Ichs. Bislang wurde der Grund für die psychotische Struktur in einer Unfähigkeit zur Lösung der Symbiose mit der Mutter gesehen, die den Zugang zum Vater verunmöglichte. Daß das väterliche Prinzip ab origine, vom ersten Wort und vom ersten Blick der Mutter auf ihr infans virulent ist, bzw. pathologisch virulent wird, führt zum grundlegenden Konflikt in der Psychose: Die Desymbiotisierungsschwäche des Psychotikers ist nur das äußere Phänomen eines tiefen symbolischen Mangels; die Reziditivbereitschaft, der nie enden wollende regressive Sog zurück zur Mutter, ist hier so beängstigend unendlich, weil kein väterliches Verbot, keine innere Grenze ihn aufzuhalten vermag, umgekehrt ist die mütterliche Liebe in ihrer Ambivalenz nur deshalb so archaisch-destruktiv, weil sie von keinem väterlichen Gesetz in Schranken, in einem symbolischen Rahmen gehalten wird. Durch das symbolische Loch im Ich fließt das Imaginäre in der akuten Psychose aus - die Welt der Bilder, Illusionen, Gefühle und Begierden, so Lacans Grundformel für die Psychose.[3] Dieses Loch im Symbolischen bleibt ein Leben lang die vulnerable Stelle, die nie ganz verheilende Wunde in der Geschichte des Psychotikers.

Erstmals in deutscher Übersetzung liegt mit dem Aufsatz des französischen Psychoanalytikers MARCEL CZERMAK ein Text vor, an dem sich die Früchte wechselseitiger Durchdringung von psychoanalytischer Theorie und der Praxis der Behandlung zu neuen Entwürfen mit und über Lacan hinaus fortschreiben. Daß Lacans Texte auf Freuds Annäherungen an die Psychose selbst aufbauen, zeigt YVES BAUMSTIMLER, der zugleich skizziert, wie sich durch eine Akzentuierung semiologischer Topoi in der Psychoanalyse das "Begreifen" der Psychose vom System der "Eigenbeziehung" bei Freud zur "Eigenbedeutung" bei Lacan verschiebt und sich darin die bereits bei Freud formulierte Idee der "Verwerfung" (forclusion) entfalten kann, was das Verständnis der Psychosen auf einer strukturell grundlegenderen Ebene situiert, als es die bisherigen Zugangsweisen ermöglichten. Sehr genau zeichnet MAX KLEINER in seinem Text die Lacansche Topologie nach und verdeutlicht damit auch deren weitreichende Perspektive für die klinische Forschungspraxis, die bei MARTIN FEULING ein besonderes Gewicht bekommt. Feuling konfrontiert die Lacansche Psychoanalyse mit einer institutionellen Praxis, umreißt deren ungenutzte Potenzen, aber auch die Grenzen und Einschlüsse von Psychose und Institution. Indem sie die Anerkennung des unvordenklichen Traumas betonen, untersuchen auch WARSITZ und KÜCHENHOFF das "Gewaltverhältnis" von Psychose und Grenze und fragen nach den Möglichkeiten einer institutionellen Restrukturierung der lebensnotwendigen Gesetzesinstanz - des unverfüglichen Anfangs im Anderen.

---

[3] vgl. KÜCHENHOFF/WARSITZ, "Sprachkörper und Körpersprache. Psychoanalytische Psychosentheorie nach Lacan." In: Kittler/Tholen/ (Hrsg.), *Arsenale der Seele*, S.117-137.

An die vergleichenden Diskurse der verschiedenen psychopathologischen und psychoanalytischen Schulen schließt sich die Hoffnung, daß wir die "Frage, die einer jeden Behandlung der Psychose" - nach Lacan - "vorausgeht", in ihrer Logik inzwischen ein Stück weiter treiben können, als Lacan selbst vermutet hatte. Im Lichte der aktuellen Annäherungen läßt sich die resignative psychoanalytische Abstinenz bei der Behandlung der Psychosen, insbesondere angesichts der sonst überall statthabenden therapeutischen Polypragmasie, die jede noch so beliebige Aktivität als "Therapie" anpreist, heute revidieren - wie es schon zu Zeiten Freuds und gegen seine eigene Vorsicht die erste Generation seiner Schüler (z.B. Ferenczi) wagte. Auffallend bleibt, daß die strenger an der französischen Tradition orientierten Beiträge , wie die von Czermak, Baumstimler und Kleiner auch die therapeutische Abstinenz konsequenter durchhalten. Gerade der spezifisch auf die Struktur der Psychose gerichtete Blick scheint sich schlecht mit der auf die individuelle Geschichte zielenden Dialektik des psychoanalytischen Prozesses vereinbaren zu lassen. Gleichwohl kann doch die in der französischen Tradition elaborierte Theorie der Verwerfung nicht bloß als theoretische Klammer gelten für das Verständnis aller Psychosen und letztlich sogar aller übrigen sogenannten "frühen" Störungen, wie der Borderline-Syndrome, der narzißtischen Störungen, der Süchte, sowie der psychosomatischen Erkrankungen, sondern eben auch als technisches Korrektiv des bisherigen therapeutischen Nihilismus in der Psychoanalyse der Psychosen.

Daß der Begriff der Psychose in diesem Heft weiterhin noch zu undifferenziert bleibt, liegt nun gerade nicht an seinem Gegenstand, vielmehr dürfte dies ein Reflex der allzu ausufernden klinischen Phänomenologie der Psychosen sein, in der sich das strukturell Gemeinsame der psychotischen Vielfalt, ihre tendenzielle "Einfalt", verflüchtigt: Die Dynamik einer Einfaltung der psychischen Prozesse in einem solipsistischen Autismus - eine Monade ohne Fenster -, aus der wahnhafte und halluzinatorische Auswege gegen jene innere Tendenz zum selbsttätigen Einschluß verschwunden sind, läßt uns klinisch immer wieder von *der* Psychose sprechen, wiewohl wir um die Vielfalt ihrer Erscheinungsbilder wissen. Sich ihr auch theoretisch zu stellen, bleibt nun Desiderat der psychoanalytischen Theorien über die Psychosen. Die Beiträge dieses Bandes bilden die Grundlage, von der aus sich die "psychoanalytische Neugier" weiter dem Nicht-Ort der Psychose nähern kann.

Ulrich A. Müller
Peter Warsitz

Leidensverwaltung als gelingende Einheit institutionalistischen Stumpfsinns, therapeutischen Widersinns und moralischen Schwachsinns.

Zur Geschichtlichkeit des Auseinandertretens von Wahnwelten in Psychiatrie und Psychose[1]

Ulrich Sonnemann

Daß dieser einführende Vortrag so parteiisch wird wie mit Absicht schon an seinem Titel sich abliest, verdankt er trotzdem keinen Absichten meinerseits, sondern einem Zug an der Sache. Das Verhängnis, das nur gerade so untrennbar ihm schon These und Thema in einem ist wie das Entsetzen in dessen Wahrnehmung jeder Aufspaltung in vermeintliche Komponenten spottet - sogenannt subjektive und sogenannt objektive - dieses Verhängnis hat einst selber bereits seinen Lauf genommen gegen genau diesen Widerstand. Mit der Stimme Pascals setzte ihn die Vernunft ihrer eigenen Zerreißung, jenem kartesischen Gewaltakt entgegen, der doch gerade als ihre Autonomieerklärung keineswegs nur sich selber gegolten hat, sondern mit der Frucht des besagten Verhängnisses, da es vor lauter raumgreifendem Fortschrittsungestüm ihnen unbemerkbar blieb, den gesamten dann folgenden drei Jahrhunderten bis in das unsere: dieser Kinderzeit - oder, genauer vielleicht, läßt man diese nämlich schon mit der Renaissance beginnen, wofür es ja ausgezeichnete Gründe gibt, dieser Flegeljahrenphase einer Moderne, die man merkwürdigerweise inzwischen selber schon totsagt, sich womöglich sehr heftig darin - auf dieses Problem wird zurückzukommen sein - irrt. Aber solchen Fragen vorweg, was könnte vernünftiger sein als der souveräne, gelassene Argwohn, den nach der Denkart von Port Royal das Vernehmenkönnen da implicite in seine eigene substantivische Hypostase setzt, eben jenen verabsolutierten Vernunftbegriff, und Pascal denn auch so unverblümt ausspricht wie eine für das Publikum, anders wird es keins, existenznotwendige Rücksichtslosigkeit

---

[1] Der Beitrag entstand anläßlich des Kolloquiums Wahnwelten im Zusammenstoß vom 3. bis 7. April 1991 in Berlin. Dieser und die anderen Beiträge werden, herausgegeben von RUDOLF HEINZ, DIETMAR KAMPER und ULRICH SONNEMANN, 1992 als Buch im Akademie-Verlag Berlin, Reihe Acta Humaniora, erscheinen.

gegen dessen sicherste Überzeugungen stets: "Die Menschen sind so notwendig verrückt, daß nicht verrückt sein nur hieße, nach einer andern Art von Verrücktheit verrückt zu sein." Mit konzessionsloserer Schärfe als sich irgendwo sonst in der Geschichte des Denkens entdecken läßt, bestimmt das die Welt der Menschen als Wahnwelt - aber Vorsicht, penibelste! in den Schlußfolgerungen, gäbe da etwa Vernunft sich, indem sie einfach auf ihre Art ebenso unbeirrt etwas Heikles entdeckt wie das Entdeckte zur Sprache bringt, selbst auf? Nicht so sicher, nach der Bauart des Falls, kommt sie doch ebenso hörbar mit dem illusionslosen Satz zu sich selber wie in ihm nicht vor, und so ist sie denn, wie es ihrem großen Namen geziemt, auch gelassen genug, nämlich hinreichend unbesorgt, ihr eigenes Verhältnis zu dem Phänomen, dessen Unabdingbarkeit für die menschliche Konstitution sie in Betrachtung nimmt, nicht zu präjudizieren. Indem ihr Widerstand auch dem Reiz des Apodiktischen gilt, der noch jede Philosophie aushöhlte, die verführt von seinem Machtangebot sich in umso ohnmächtigeren Konstrukten gefallen hat, sie es nämlich verschmäht, mit einer ontologischen Setzung das Unentscheidbare, weil Unentschiedene, weil in sich selbst bleibend Offene des immer nur erzählbaren Verhältnisses zwischen Verrücktheit und Vernunft zu verdecken, entgeht sie dem Los solcher Sätze wie "Das Sein bestimmt das Bewußtsein", einer ganz anderen Dialektik als der zu erliegen, die sie hervorbrachte: wenn dessen Wahrheitsanspruch - um diese Differenz zu erläutern - ein der Bestimmung, die er festlegt, ununterworfenes Bewußtsein nicht zuläßt, und so gibt er sich in der Tat ja, bleibt er jede Erklärung ausgerechnet der Möglichkeit dessen schuldig, das ihn selbst dachte und aussprach. Eindrucksvoll angetan mit einer Entschiedenheit, die überzeugend genug ist, den strikt antimetaphysischen Argwohn gar nicht erst aufkommen zu lassen, eine Hybris, die sich dann als fähig erweist, einen Schwindel der Logik in Gang zu setzen, kleide sich so, ist das präzise der Typus von Aporien, der das Auseinandertreten der menschlichen Wahnwelt in Psychiatrie und Psychose begleiten wird. Umso weniger kann es verwundern, eine der letzten unter den großen ihm voraufgegangenen Philosophien, und das ist - und gibt Grund genug, einen Augenblick noch bei ihr zu verweilen - die Lehre Pascals, ebenso unberührt noch von Weglosigkeiten dieser verwirrenden - weil eben schon totaltheoretischen - Art zu finden wie in ihrem distanzierten Notiznehmen umso perzeptiver für deren stille Bedingung: nämlich für die Vielfalt künftiger Möglichkeiten einer nichts ihr Unverfügbares mehr zu dulden, gar zu billigen bereiten Vernunft, sich dergestalt zu verstocken. Dafür sorgt ein berühmter, antikartesischer Begriff der Vernunft, der sie weder in ihren Operationen qua kogitierender Verstand sich erschöpfen läßt noch zur Verstärkung ihres absoluten Herrschaftsanspruchs über die andere, sogenannt extensive Substanz, dieses ihr preisgegebene Räumliche, das insofern er auch Leib ist noch ihren eigenen Träger umfassen muß, ihre vermeinte Unabhängigkeit von ihm zu immer heftigerer, herrscherlicherer und hastigerer Beteuerung höhertreibt. Im Gegenteil ist es gerade ja abwärts, wohin in Pascals Rechenschaft die Grenze der Vernunft sich verlagert: nämlich zum Herzen.

"Le coeur a ses raisons que la raison ne connait pas"

nimmt eine Korrektur an Descartes' Veranstaltung vor, die zwar den Vernunftbegriff zunächst zweiteilt, die konflingierenkönnenden beiden Teile aber insofern doch nicht unvermittelt einfach nebeneinander bestehen läßt, als die Vermittlung sie selbst ist.

Vorerst ist es, als Pascals Widerspenstigkeiten, unzeitgemäße Sentenzen veröffentlicht werden, dafür zu spät: da das Auseinandertreten der Wahnwelt, das als Selbstaufspaltung einer konstitutiven Verrücktheit in jenem Namen von Vernunft sich vollziehen kann, der usurpatorisch zwar, aber arglos, von Descartes für seine Unternehmung einer präzedenzlosen Spaltung der Wirklichkeit reklamiert wird, eben schon unaufhaltsam ist. Selbst das gerade gebrauchte *Vorerst* kann dem Verdacht, Illusion zu sein, nicht entgehen, wie denn wüßten wir, daß im Fall der Geschichte sich Friedrich Hölderlins schöne Zeile "Alles Getrennte findet sich wieder" bewahrheitet, von seinen beiden alten Tübinger, für ihre Philosophien dann notorisch gewordenen Studienfreunden hatte zwar diesbezüglich der eine eine so berühmte wie einflußreiche wie inzwischen etwas dubiose Allwissenheit, der andere indes, dem er näherstand, wollte die Denkbarkeit, Geschichte könne auch scheitern, hätte andernfalls ja gar nicht die Freiheit, es *nicht* zu tun, keineswegs ausschließen. Umso deutlicher, wenn auch aus ungewohnter Perspektive immer noch zumal für Historiker, denen sie doch beruflich am nächsten wäre, wären sie es umgekehrt ihr, von der Verfaßtheit nämlich selbst her, die an der menschlichen Art sich erkennen läßt, geht es allerdings um Geschichte bei diesem Widerstreit von Wahn und Vernunft, in Retrospektive auf dessen spezifischere ich ja selber gerade ein bißchen vorauseilte, vom siebzehnten Jahrhundert an die Schwelle des neunzehnten sprang, wo als zentraler thematischer Anspruch, in vielen Köpfen gleichzeitig auftauchender, an das Denken - wie herausfordernd muß er widergehallt haben unter den drei Freunden im Tübinger Stift! - da auf einmal *Geschichte* in ihrem ganzen rätselvollen Zusammenhang dämmert, ja in Ansätzen - wenn auch teils noch mißglückenden, teils perzeptiv sehr vorauseilenden und entsprechend nur erst selten begriffenen - auch sie selbst schon, die *Zeit*; über drei Jahrhunderte lang, die ganze frühe Neuzeit hindurch, die ja nicht grundlos, nicht zufällig, das Ausgreifende ihrer Entdeckungen kennzeichnet, hatte diese Stellung der *Raum* gehabt. Aber dieser Sprung über anderthalb Jahrhunderte - der Sie nicht beunruhigen sollte, auf Descartes bleibt ohnehin noch zurückzukommen - hat den zweiten

Rechtfertigungsgrund, daß jene Seelenlandschaft frühester Zeit- und Geschichtspräokkupationen, aus denen dann zunächst ja der Historismus wächst, zugleich die des Anfangs der Psychiatrie ist als ausdrücklicher *Wissenschaft*: wenn auch die Großen ihrer akademischen - und in ihrem Fall heißt das ja auch, ihrer praktischen, also institutionellen - Geschichte erst im Lauf des neunzehnten Jahrhunderts und um die Schwelle zu unserem eigenen auftauchen. Welcher große Wandel - eben auch schon zu Anfängen, die sie gleichzeitig als Disziplin etablieren und als neues Teilgebiet einer Medizin, die sich soviel handgreiflicherer Erfolge rühmt, einverleiben, daß sie sie nur erstaunt, etwas befremdet, eher unwirsch unter ihrem Dach hospitieren läßt - bis heute hat diese Reserve, etwas grimassierende Distanz nicht ganz aufgehört - sich nicht ohne eine längere überaus aufschlußreiche Vorbereitungszeit denken läßt, die ins klassische Zeitalter der Vernunft fällt. Michel Foucault hat sie in seinem großen Werk *Histoire de la Folie* minutiös nachgezeichnet, dem Titel der deutschen Ausgabe - *Wahnsinn und Gesellschaft* - wurde offenbar zur Abwehr von Mißverständnissen der Zusatz im Untertitel, daß es sich um eine Geschichte des Wahns *im Zeitalter der Vernunft* handle, zugefügt: also in der Periode vom sechzehnten bis achtzehnten Jahrhundert, an deren Ende schon in Frankreich und England als vermeintlich emanzipatorischer Übergang zur noch heute vorherrschenden Spielart der geschlossenen psychiatrischen Anstalten das *Asyl* steht.

Foucault über das Asyl und Philippe Pinel, seinen Stifter in Frankreich:

"Das durch die Skrupel Pinels errichtete Asyl hat zu nichts gedient, und hat die zeitgenössische Welt nicht gegen den Wiederaufstieg des Wahnsinns geschützt. Vielmehr hat es dazu gedient, den Irren von der Unmenschlichkeit seiner Ketten zu befreien und den Menschen und seine Wahrheit mit den Irren zu verketten. Von jenem Tage an hat der Mensch Zugang zu sich selbst als wahrem Wesen. Aber jenes wahre Wesen ist ihm nur in der Form der Alienation gegeben."

Daß dieser Befund rigoros klingt, schützt uns nicht davor, daß er stimmt. Das ganze Buch, dessen Fazit er zieht, ist seine Spuren sichernde, präzise Beweisführung, welche Genauigkeit ein Assoziieren, das sich salopp mit dem Denken verwechselt, immer schon in Deutschland Foucault als Positivismus, wenn auch netterweise *fröhlichen*, vorwarf, während es einerseits keine Form von Erkenntnis gibt, die akkurate Meldungen seitens ihrer Episteme entbehren könnte, andererseits keinen Autor, dessen Fröhlichkeit, wie die beherzte Foucaults, so die ganze Empirie-Emphase des Positivismus diskreditiert, etwa an dessen Rolle in der Geschichte des Wahns eine rubrizierende Borniertheit durchschaut hat, der Erfahrung dermaßen heilig ist, daß sie immer schon weiß, *wie* zur Erlangung des Rechts, diesen Namen zu tragen, solche zu sein habe. Und hören wir selber genau, mit dem *nur* seines Schlußsatzes schließt zitierter Passus keinen Zugang eines innigeren Verhältnisses aus, der etwa diesseits des der Gegebenheit, also des Datenförmigen, Menschen zu ihrem wahren Wesen, das sie ja nicht wären, wenn sie es zugleich hätten, gelingen kann: nur *gegeben*, faßbarer Gegenstand also, was ja immer schon den trennenden Augenabstand zwischen einem Dort und einem Hier implizieren muß, ist es als Ermöglichung eines begreiflich gefürchteten, da immer dringender benötigten Selbsterkenntnisschocks eben einzig als das Anderssein dieses nämlichen Wesens; ergo Alienation. Was Foucault noch nicht berücksichtigt, sein Befund aber auch nicht präjudiziert, ist die Denkbarkeit, der Alienation auch noch in anderen Erscheinungsformen als immer bloß jenen üblichen konfrontiert zu sein, die der Psychiatrie - wie sie es schon zu seiner Zeit dem Asyl waren - unbestreitbar vertraut sind, wenn auch nicht in solchem Ausmaß (da diese Differenz ungetilgt blieb) wie anvertraut. Aber wie bringen wir Formen des Wahnsinns zur Sprache, die sich immer weniger zwar der Wahrnehmung - wo ihr Fokus mit mäandernder Neugier über Fernstes wie ja leider auch Nächstes an der gegenwärtigen Kondition des Planeten schweift - desto ungreifbar sicherer aber nach wie vor dem Psychiater entziehen, schlüpfen sie doch schon durch alle Maschen hindurch, mit deren rasterförmig strukturiertem Netzwerk er sein Sensorium - was ja dieses auch schont - überspannt hat, an allen Widerhaken - statt sich daran aufzuspießen - der ihm einprogrammierten nosologischen Ordnung vorbei; wieviel weniger, bei solchem Benehmen, werden sie unter seiner Obhut logieren wollen! Aber wie kämen sie auch darin unter? - und liegt nicht das Verhältnis also, nach dessen Art hier zu fragen ist, gerade umgekehrt, setzt ein Gewahrsein von klinischer Hoffnungslosigkeit eine extraklinische Verwahrlosung nicht voraus? Sinnfällig, ja aufs denkbar direkteste, müßten Indizien für eine solche Bewandtnis dann am Regelfall seiner heutigen Verhältnisse registrierbar sein; sind sie es nicht?

Sie waren es schon - insofern bin ich in dieser Angelegenheit auch Erfahrungszeuge - in den Jahren unmittelbar nach dem Ende des zweiten Weltkriegs, als ich als klinischer Psychologe, noch für mehrere Jahre in meinem temporären Exil in den USA, selbst an dortigen psychiatrischen Kliniken, ihren geschlossenen wie ihren offenen Abteilungen, tätig war, und nach allen Informationen habe ich nicht den Eindruck, daß sich Einschneidendes seit damals an der Psychiatrie und ihren Institutionen geändert hat; noch daß es in deutschen Anstalten wesentlich anders, gar vernünftiger, zugeht als an den amerikanischen damals, im Gegenteil hinkt notorisch kopierend ja dieses Land seit dem zweiten Weltkrieg amerikanischen Verhältnissen, daher auch ihren Wandlungen, eher nach. Und um Mißverständnissen vorzubeugen, von den heimtückisch folternden, jetzt für obsolet geltenden Elektroschocks abgesehen, die damals gerade auf dem Höhepunkt ihrer uneingestandenen, da eben szientifisch rationalisierbaren Mode waren, wie ein nach Taten lungernder Zeitgeist, der schon wieder - es war ja die berühmte McCarthy-Zeit - auf Gewalt setzte, in den Jahren des sich entfaltenden kalten Krieges und des umso heißeren Koreakriegs es befahl, abgesehen also von den Elektroschocks (aber hier stocke ich schon, wie leicht schreibt sich so etwas, wenn es im Text eben weitergehen soll, hin, aber wie sieht man von etwas, dessen Opfer es selbst nicht kann, ab?), ging es keineswegs barbarisch her in der neuropsychiatrischen Abteilung von Northport Veterans Hospital, im Gegenteil mit betriebsamer, da sich zweckrational gebender, höchster Geschäftigkeit, die ungreifbar doch, mit diffusem Lauern, etwas Falsches, heillos Hinfälliges hatte, ja etwas unleugbar Bösartiges: unheimlich waren alle Tätigkeiten, die sie in Gang hielt und die in ihren Schein von Zweckhaftigkeit wieder mündeten, vollständig sinnentleert. Die Verwandlung der Wälder der Erde in Sekundärliteratur zuzüglich Fallakten, die man in Ordnern zu Grabe trägt, wirft doch nie in erfolgreich weggestaute noch irgend jemand je danach einen Blick, war ja längst damals auf dem Wege, und mit einem so unerhörten wie unaufhörlichen Ausstoß referierender Schriftstücke, der Sedimente von Testverfahren, die ja oft auch Einsichten boten, nur therapeutische Konsequenzen hatte das beinahe nie - da das diagnostische Sagen eine Gruppe von Ärzten, die man in spezialisierenden Dreimonatskursen auf dem Gebiete der Psychiatrie unterwiesen hatte, und wenn sie die Rede eines Patienten, den sie interviewten, nicht gleich verstanden, landete er in einem nosologischen Mülleimer, der so voraussagbar wie unabänderlich *Schizophrenia* hieß - trug die Spielregel insgesamt, nach der diese Abteilung für Seelenstörungen wirkte und waltete, schon zu ihrer Zeit zu einem Mehren und Ausdehnen ihres Stoffes bei, das sich so enorm dann beschleunigt hat. Den Psychotikern, die wirklich welche waren, war am wenigsten Ruhe gelassen, wenn man darunter nichts Pharmazeutisches, nicht die Wirkung von Sedativen verstand, schon die Unmöglichkeit jeglicher Privatexistenz im Gewimmel der Gruppenräume und Schlafsäle, einfach die, sich zurückzuziehen, mit welchem Wunsch man ja leicht auch das Verdikt der Introvertiertheit sich zuzog - als Widerstand gegen *Anpassung* blieb sie dem bekannten *Way of Life* stets suspekt - macht Prozesse denkbarer Selbstheilung, da die Muße selber bereits, die sie brauchen, unmöglich, und für die gelegentlich Agitierten, bei denen ein Sedativ nicht mehr anschlug, gab es außer dem erwähnten Elektroschock und als weiterem möglichen, oft Verwendung findenden Leidensverwaltungsvollzug, der ebenso diametral gegen das Interesse der administrierten Existenzen sich richtete wie er aufs durchsichtigste, außer offenbar für sie selber, der Bequemlichkeit ihrer Administratoren entgegenkam, nämlich dem hirnchirurgischen Eingriff der Lobektomie, die das Gefühlsleben abwürgt, in extremeren Fällen immer noch, auch in Northport, die Kapitulation, alias Zwangsjacke.

Ich weiß nicht, ob es sie dort jetzt - gebraucht, soweit ich es mitbekam, wurde sie schon damals kein einziges Mal mehr - noch gibt, nach und nach scheint sie jedenfalls weltweit genauso aus den Irrenanstalten zu schwinden wie zuvor die Ketten der Wahnkranken aus dem *Asyl* des Pinel und dem *Retreat* des zur gleichen Zeit und im gleichen Sinn wirkenden Engländers Tuke schwanden. Da solche Fortschritte auf jeden Fall welche sind, was ja auch Foucault keineswegs vergißt, wo er in zitiertem Satz von der Befreiung der Irren von ihren Ketten spricht, wie kommt es, daß er gleichwohl und im selben Atem zu dem Schluß gelangt - dem ja auch ich vorhin die begrenzte, vielleicht schon zu weitgehende Konzession machte, er habe bei jener Art Neuerung sich um einen *vermeintlichen* Emanzipationsakt gehandelt -: das Asyl habe *nichts bewirkt*?

Weil ein Fortschritt, der epochale Wirklichkeit: einer, der ein Durchbruch zur Wahrheit wäre, erst mit dem Ausbruch aus der letzten geschlossenen Anstalt und der Ablösung einer verwaltenden Psychiatrie durch eine erreicht wäre, die zu heilen weiß. Die Unwahrheit der geschlossenen Anstalt und einer Wissenschaft - oder auch Nichtwissenschaft; die Auflösung dieser Disjunktion bleibt dahingestellt - die mit deren Funktionieren verschränkt ist, läuft auf die sonderbare Erscheinung verwalteten Leidens hinaus, in der dreierlei Nonsens - an meiner alten Northporter Empirie ließ er sich ablesen - fusioniert ist; zum Verständnis des ersten davon, Institutionalismus, gehört auch die sehr triftige Einsicht, daß ein konterproduktives Prinzip des Verwaltens bis ins zuordnend Subsumptive identifizierender, mithin auch nosologischer Terme reicht, nur die dritte aber unter seinen vereinigten Spielarten, wie der Titel dieses Vortrags sie nennt, kann eventuell ein erläuterndes - seinen Grund und dessen Umfeld etwas näherrückendes - Wort noch gebrauchen. Fürs erste will zur Verdeutlichung von Leidensverwaltung als *moralischer Schwachsinn* einfach das so bündige wie im Grunde schon ausreichende Wort Dostojewskis erwogen sein: "Man wird sich seinen eigenen gesunden Menschenverstand nicht dadurch beweisen können, daß man seinen Nachbarn einsperrt."

Und man hat das ja nicht immer getan, eine heilige Scheu, in der wahrscheinlich eine einfache, ebenso schwer daher zu begründende wie desto sicherer offenbar erfahrbare Wahrheit steckte - nur die dürftigste Spur davon kann das Sprichwort, wonach Kinder und Narren die Wahrheit sprechen, für uns bewahrt haben - hat ganze Menschenalter eines frommen Erschauderns hindurch die meist hilfsbedürftigen Inhaber einer je individuellen Verrücktheit vor den Freiheit raubenden Gemeinheiten einer je kollektiven beschützt, der es ja an andern Opfern nie fehlte. Diese in jeder anderen Hinsicht als dieser fundamentalen moralischen äußerst wechselvolle Geschichte ist im gegenwärtigen Rahmen nicht nachzuzeichnen, auch in moralischer aber, wie die Retrospektive Foucaults sehr genau zeigt, wird sie mit dem Beginn des Vernunftzeitalters, ja schon in Annäherung an es, also noch lange vor der Etablierung einer objektivistischen, damit verdinglichenden Wissenschaft, die dessen Abschluß uns nur ebenso zu einer fälligen Revision hinterlassen hat wie die meisten dafür nötigen Denkmittel, jedenfalls wechselvoller. Die Verweltlichung der Renaissance, wenn sie die lästig Gewordenen anders nicht los wird, etwa sie einfach davonjagt, wirft denn wirklich auch die Irren oft erstmals - wie etwa in Nürnberg geschieht - ins Gefängnis, legt sie dort vielfach in Ketten, wenn das Gesamtbild auch vieldeutig bleibt, sich darin andere und reflektiertere Züge zeigen, wie könnte es anders sein in der Präsenz frühester kritischer Reflexionen, der Zeit Dürers, Hieronymus Boschs, des Erasmus'schen *Lobes der Torheit* und des aufsässigen Sebastian Brants *Stultifera Navis*, dieses exemplarischen Narrenschiffs. Nur tendenziell, in massiverer Form einzig unter wachsenden ökonomischen Zwängen, die erst um die Zeit des Dreißigjährigen Krieges dann allerdings destruktiv werden, schleicht sich Unmenschliches ein, aber schon im frühen siebzehnten Jahrhundert zeigen in der Sensibilität vieler Vorformen der zur Aufklärung dann herangereiften Bewegung sich die Gegenimpulse: anknüpfend an Ansätze des Erasmus wird man aufmerksam auf die vielen Anzeichen - die fast durchweg als Erkenntnisse eines Irren und Gesunden gemeinsamen, wenn auch seinen Erfolgen nach noch so ungleichen *moralischen Willens* gegeben sind - aufs spontan Verbindende eben dieses, der über das Verhältnis glückender Vernunft noch zum Schein ihres Gegenteils walten muß. Der Wahn wird damit zum Scheitern der Vernunft an ihrem eigenen Anderssein als dem *Bösen*, dessen *Genius* (und nicht etwa Vernunftverlust) auch nach Einsichten Hegels zur Vorherrschaft in den Verrückten gelangt sei; worin abermals sich die vielfach wahrgenommene Nähe dieses Philosophen zu dem ihm biographisch eher fernstehenden Katholizismus zeigt, nämlich dem Schema des Exorzismus. Wichtig bleibt an alledem, daß die moralische Dimension des Wahns, da sie als immer wieder sich erneuernde Einsicht ein Band zwischen ihm und der Welt der vermeintlich Vernünftigen aufdeckt, im Prinzip auch schon der Psychotherapie der Psychosen ihre wahrscheinlich einzig gangbaren, desto auffälliger unbetretenen Wege zeigt. Da das Böse, wie immer wir es interpretieren, jedenfalls phänomenal nicht zu bestreiten ist, andererseits allzu offenkundig sich auf Fälle klinischer Verrücktheit nicht einschränkt, im Gegenteil ja im Weltprozeß in einer schwer begrenzbaren Fülle allerdiversester Erscheinungen auftritt, muß an besagtem Band etwas sehr Tangibles sein, das sofort nur - aber davon später - verfehlt wäre, faßten wir es als eine Aufforderung zur moralischen Indoktrination Alienierter auf, gar als Rechtfertigungsgrund - der es am allerwenigsten ist - zur Erneuerung des historischen Undings einer ethisch-praktischen, kategorischen Kasuistik, die schon in Normalfällen scheitert.

Wie gesagt, davon etwas später. Aber jedenfalls ist es dann Zeit, den Blick endlich auf den Wahnsinn außerhalb der Psychosen zu lenken, dessen Prozeß qua Geschichte ohnehin - und sehr nachweislich - zwischen den Insassen psychiatrischer Heilanstalten und der Welt draußen ein Band von verblüffender Dichte knüpft, nämlich seiner in wechselnden Imaginationen jeweils gegebenen Webart. Schon meinen Northporter Dreimonatspsychiatern, keineswegs war ihnen ja Fachinteresse und von ihm bedingtes Machenkönnen einschlägiger Entdeckungen abzusprechen, war die Verläßlichkeit aufgefallen, mit der die Vorstellungsinhalte von Beziehungswahn stets dem neuesten Stand der Technik sich anglichen, prompt mit ihm wechselten, Paranoiker etwas jetzt über Fremdbeeinflussung ihrer Hirne durch Radar klagten, nicht mehr wie früher bloß durch konspirative Geheimsender von Kurzwellensignalen - solchen nur noch reizlosen ordinären Funk - oder sie hatten diesen Befund auch nur von älteren Kollegen erfahren, die ihn vielleicht publiziert hatten; wie immer dem war, eine weit einschneidendere Entdeckung war ihnen auf alle Fälle entgangen, würde es weiter tun: daß für sie selbst nämlich ein ganz ähnlicher Fall galt, die Kurvatur ihrer Wissenschaft nicht dem Erkenntnisbedarf ihres Gegenstands, den zu vertreten sie beteuerte, folgte, sondern - wie am Gewaltinteresse der Elektroschocks sich mit Händen griff - den emotionalen Effekten der jeweils vorherrschenden politischen *Stimmung*.

Andererseits ist es klar, daß eine Realitätsprüfung, wie sie sie freilich versäumt hatten, ein zu nahperspektivisches Verfahren ist, um als Zugang zum Wahn der Welt in Betracht zu kommen, nämlich zu dessen Wandel, um den es ja gehen muß, soll sein Verhältnis zu dem des klinischen inspizierbar werden. Und ich sehe auch sonst nichts, nicht in Ermangelung nämlich, unbehebbarer, sowohl des Raums als leider auch der Zeit, die ein Buch verlangte, was dafür in Betracht kommen könnte, wo nicht ein Rückgriff auf Stationen der Philosophiegeschichte, die das Erforderte hergeben. Während Philosophie selten Geschichte in irgend unmittelbarem Sinne vorantreibt, ist das Verhältnis beider mit der berühmten Bestimmung, sie sei ihr Zeitalter in Gedanken gefaßt, durchaus zutreffend formuliert, ergo sollte an ihrem Werdegang, wo er sich als der eines spezifisch Wahnhaften, das sie unphilosophischerweise zu wenig bemerkt hat, herausstellt, gerade das Werden jenes dreifachen, ökologischen, demographischen und militärischen Wahns der Welt sich entschlüsseln lassen, das soeben am Persischen Golf einen seiner charakteristisch verheerenden, wenn auch wahrscheinlich nur vorläufigen Paroxysmen hatte. Da dieser vernunftlose Zustand die Spätfolge eines Zeitalters der Vernunft ist, das sie selber zwar nie autorisiert hat, das sich immer aber auf sie berief, muß der dafür entscheidende Fehler schon am Inzeptionspunkt des besagten Zeitalters sich entdecken lassen, also am Vernunftbegriff des Descartes.

Zunächst scheint das fast zu geläufig, nicht mehr zählbare sogenannte Holismen klagen ihn der Weltspaltung an, die er selbst doch durchaus wollte aufgehoben wissen, nämlich in Gott. Aber wenn es richtig ist, daß diese erste der drei berühmten Substanzen - was immer sich unter einem Gott, der eine Substanz ist, eigentlich sollte denken lassen, auf jeden Fall ja nichts Biblisches, Personales mehr - eher ein Lückenbüßer in diesem System ist, wo nicht uneingestanden, daher mit einem Namen versehen, auf dessen beschwörenden Nimbus ein Verlaß sein wird, die Lücke schon selber, ist es ebenso richtig, daß genau, ja aufs erstaunlichste, eben dieses Beschwörende in genannten Holismen sich wiederholt, die den Namen *New Age* führen: alle diese erglänzenden Augen, wenn in ihrer Mitte das Wort *Ganzheit* erklingt, allenfalls läßt diese Leistung einer zweisilbigen konjurativen Vokabel, das Beschworene immer schon selbst zu ersetzen, sich mit der des Wortes *Revolution* in deutschen Studentenmündern von 1968 vergleichen, wo sie ja ebenfalls dann nicht einsehen konnte, warum sie sich die Mühe denn hätte machen sollen, auch noch selbst zu erscheinen. Erst wenn wir den lieben Gott -wie das betrachtete System effektiv tut und worauf er übrigens ja auch selber, das ganze zwanzigste Jahrhundert hindurch, geradezu insistiert hat - beiseite lassen, macht Vernunft plötzlich darauf aufmerksam, daß Descartes sie mit ihrem Gegenteil verwechselt haben muß, nämlich einem Anspruch auf Herrschaft: wo sie doch, wo immer sie sich in der Geschichte geregt hat, also etwas mehr Freiheit, mehr Glück, mehr Mut zu beidem und mehr Muße zum Denken unter die Menschen brachte, Herrschaft immer nur unterminiert, zerrüttet, am Ende gestürzt hat - und da kommt nun Descartes und erweist ihr die problematische Ehre, unter dem Namen einer zweiten Substanz selber Herrschaft, nämlich über die dritte, zu üben, alles das auf der Welt nämlich, was sie selber, jedenfalls dieser Einteilung nach, *nicht* ist: also die Natur, einschließlich aller organischen, weil eben überhaupt alles Ausgedehnte oder sich als ausgedehnt, bloßes Ding mithin, vielleicht auch nur vorstellen Lassende. Was es selbst sei, spielt keine Rolle mehr, alles was Sache ist, beschränkt sich auf die Bedingung seiner eigenen Abgetrenntheit, ergo *Gegebenheit*: Raum.

Also muß diese Abgetrenntheit gesichert werden, dürfen die fraglichen beiden Substanzen keine verbleibenden konstitutiven Momente mehr teilen: nichts, was ihnen noch irgend gemeinsam wäre. Mit dem *Cogito ergo sum* ist diese Aufgabe nicht zu leisten, keineswegs übrigens deshalb nicht, weil es etwa nicht einleuchtete: gerade das tut es, und auch Lacans ebenso hübsche wie verdienstvoll antieleatische Variante ("Ich denke, wo ich nicht bin, also bin ich, wo ich nicht denke") hat daran gar nichts geändert, die ganze Figur des ursprünglichen Satzes, nur mit zwei Zusätzen eben, die an keinem von beiden, weder dem Denken noch dem Sein, einen Zweifel lassen, ist in ihr erstens bewahrt, zum zweiten sind beide eben, wenn sie sich auch als Deduktionen geben, Erfahrungssätze, die wie alle solche auf ihre Wiedervollziehbarkeit in ihren Lesern rechnen, sich darin durchaus nicht verschätzen. Nein, es ist nicht Descartes' berühmtestes Wort, was die Kalamität schafft, sondern daß er dessen strahlend naive, gallisch impetuöse Gewißheit dann selber zerstört, überflüssigerweise - nämlich unter jedem außer eben dem einen Gesichtspunkt, daß jenes Sichernmüssen der besagten Abgetrenntheit (und gerade das mißlingt dann prompt) es *verlangt*.

Das ist die Stelle im *Discours de la Méthode*, wo Descartes behauptet, sich vorstellen zu können, es gäbe keine Welt mehr, also nichts Ausgedehntes, keine Dinge im Raum, nicht einmal ihn selber als deren nächstliegendes (insoweit er Leib sei), alles das sei entbehrlich für das selbstgewisse Sein der res cogitans, denke er laut Bescheid dieses Vorstellenkönnens doch immer noch, sagt er; nur was - man wüßte es doch gern - sagt er nicht. So hat man die Wahl, sich entweder auf sein Wort zu verlassen und alsbald damit selber ein Verlassener zu sein, wenn auch keiner absolut und schlechthin; nur von allen guten Geistern, da sie jedenfalls versäumt haben, einen rechtzeitig zu erinnern, daß ein behauptetes x-beliebiges Vorstellen sich von außerhalb seines Veranstalters weder widerlegen noch bestätigen, da überhaupt eben nicht überprüfen läßt, also auch zum Argument gar nicht taugt; oder aber, insofern besagtes Vorstellenkönnen ja sehr offenbar gerade nicht etwas Arbiträres, sondern eine allgemeine und jederzeitige menschliche Erfahrbarkeit sein soll, seinen Nachvollzug selbst zu probieren. Welcher Versuch einer Wiederholung mit einer paradoxen Erstaunlichkeit gerade dann scheitert, wenn man ihn in seinem eigenen Sinn ernstlicher, sehr viel unerbittlicher nämlich gerade vorstellend unternimmt als unter dem Druck seiner offenbaren Triebfeder, sein System zu schließen, Descartes selber getan haben kann; da es nämlich ein Denken, das, indem es sich und während es sich vollzieht, sich nicht als welches *empfände*, unzertrennbar damit Innesein so in einem seiner Zugehörigkeit zu einem Leib ist wie als Bewegung seiner Gegenstände, Inhalte und Perspektiven zu diesen, nach dem unkontroversen Ergebnis jeder hier einschlägigen phänomenologischen Nachprüfung überhaupt nicht gibt. Wie alle neuzeitlichen Systementwürfe, die sich in ihrer Unvereinbarkeit erst aneinander hochschaukeln, mit ihren Spätfolgen dann in den wahnhaften Formen unserer gegenwärtigen Wirklichkeit kollidieren müssen, scheitert schon der Kartesianismus am Einfachsten, daher Nächstliegenden, daher fokal Übersehenen seines Themas; weshalb ja auch in der Sache, die fast unvermutet, wir bemerkten es eben, für sein Scheitern an dieser den in seiner Unauffälligkeit selten wahrgenommenen Ausschlag gibt, das am offenbarsten ins Leere Gehende sein berühmter methodischer Einsatz des *Zweifels* ist, der, regte er sich seinem eigenen Gesetz nach, den Mißgriff bemerkt, also verhütet hätte, stattdessen hier gar nicht zum Zug kommt; ereignet er sich doch im Denken - wenn man ihn nur gewähren läßt - wo er *fällig* ist, taugt nur offenbar so wenig zur - nach Präferenzen, die er selbst nicht gemeldet hat, einsetzbaren - Verfahrensgerätschaft wie von Pyrrhon bis Sextus Empiricus gerade die Skeptiker der Antike gewußt haben. Da indessen keineswegs ohne deren Zutun, dem mit hoher Wahrscheinlichkeit nämlich lektürevermittelten Einfluß' des letztgenannten, dessen wiederentdeckte *Autopsychosen*, eine Sensation damals, nicht umsonst in die Lebenszeit des Begründers der französischen Tradition des *Essays* fallen, es auf seine Weise ja aber eben auch Michel de Montaigne weiß, winkt auf der Linie der Kontinuität, die seine distanzierten Überlegungen stiften werden, gerade einem zwanglos sich eher pyrrhonisch als kartesisch verstehenden Zweifel eine ergiebige zweite Zukunft. Sie in der Geistesgeschichte Frankreichs als Gegenmacht zur kartesischen zu betrachten, wäre wahrscheinlich nur insofern eine Vereinfachung, als sie bis in dieses hypothetische Gegenlager schon selbst reicht: die *Meditationes* des Descartes, wenn sie auch noch auf lateinisch geschrieben sind, zeigen diesen Einfluß sehr deutlich. Der Methodenzwang und sein Mißgriff, also dessen Gleichsetzung eines solitären, von seinem eigenen Leib abgetrennten Ich mit dem Vermögen des Denkens und beider mit dem Recht der Menschen auf schrankenlos entrechtende Verfügungsgewalt über das Reich der Natur sind im Werk auch Descartes' die ausschließliche Position des *Discours*, eben diese seine fatale Seite aber zeugt sich dann gleich verhängnisvoll fort: die philosophische Tradition, die ihr egologomanischer Einfluß nirgendwo greifbarer als mit Kants Auftritt - der dessen Herrschaftsanspruch verwissenschaftlicht - in Deutschland stiftet, hat dann das nächste unbehoben bis heute wirkende, in Vergleich mit dem naiven kartesischen eher kränkere, wahnhaftere, da auch in unmittelbarer praktischer Hinsicht überaus drastische Verhängnis hervorgebracht, ich begnüge mich zu den Zwecken, aus denen ich diesen ganzen sich seinem Fazit nähernden Abschnitt begründet habe, mit einer Kennzeichnung dieser Fatalität am Exempel ihrer eklatantesten Irreführung.

Kants Spätschrift "Von einem vermeinten Recht, aus Menschenliebe zu lügen" bringt den Fall eines Flüchtlings vor einem Tyrannen zur Sprache, der Flüchtling sucht Zuflucht in unserem Haus, die ihm gewährt wird, dann treffen mit der Frage, ob er bei uns sei, die verfolgenden Schergen ein, und dann *müssen* wir Ja sagen, da wir sonst die sittliche Weltordnung nämlich verletzen, daß wir sie ganz gewiß verletzen, indem wir zu Beihelfern eines Mordes werden, der Tyrann könnte ja ein Ayatollah, der Flüchtling der Verurteilte Salman Rushdie sein, hat Kant nicht wahr, *will* er nicht wahrhaben, daher macht er dann die Ausflucht, vielleicht habe ja der Flüchtling inzwischen unser Haus bereits wieder verlassen; welche Einführung eines sichtbar nachträglichen, willkürlich topologischen Hilfskonstrukts so wenig zum moralischen Entweder-Oder der rigoros vor eine Entscheidung zwingenden Situation paßt, vor die er ja selber den Hausbesitzer, alias Leser, gestellt hat, daß das Scheiternmüssen einer solchen Kasuistik unverkennbar wird, ja der Rigorismus selber zum Flickwerk.

Rigoros - was ja einfach streng heißt - zwar auf ihre eigene jeweils unvordenkliche Weise, der es keineswegs an der Kraft der Entscheidungen, da eben schon an *unter*scheidendem Urteil nicht fehlt, muß die Erkenntnis des Guten und Bösen schon aus dem einfachen Grund anti-rigoristisch sein, daß es in der Moral keine Rigorismen gibt, die sich nicht auf eine Kasuistik, also eine jurisprudenzförmige Ordnung von Fällen, über die das Urteil immer schon festliegt, berufen müßten, zu diesem Zweck aber die besagte Erkenntnis, mit der ja ihrer alttestamentarischen Überlieferung nach alles Wissen überhaupt erst begonnen hat, auf solche Fälle hinter*fragen*, unweigerlich also ihre Anfänglichkeit, die der Quell ihrer Verbindlichkeit ist, hinter*gehen* müßten, entweder etwas *ist* Anfang, dann ist es, und das gilt dann auch für die Vernunft, unableitbar, hindert ja nur keineswegs, daß sie das Gute und Böse jeweils situativ unterscheiden kann, unhinterfragbar teilen moralische Gewißheiten sich aus erkennender Vernunft ganz von selber mit, oder es wird abgeleitet, wenn auch nur versuchsweise, was dann das Precarium einer moralischen Kasuistik ergibt, die wie Kants nicht nur nie an ihr Ende kommt, sondern, wir bemerkten es gerade, auf eine so ungereimte Empfehlung zur Assistenz bei einer Ermordung hinausläuft, daß die sittliche Weltordnung, mit der das begründet wird, selber zum Hohn wird: dann büßt es gerade seine Anfänglichkeit ein, die ja übrigens in Platons Dialog *Charmides* ihr sehr beredtes antik-hellenisches Korrelat hat, wo zuletzt dem platonischen Sokrates eine volle Einsicht in die unhinterfragbare Anfänglichkeit eben der Erkenntnis von Gut und Böse gelungen ist, nur erscheint sie als kritische Entdeckung des vorgeschrittensten griechischen Geistes erst auf dieser, der höchsten Stufe seines aufklärerisch-klassischen Werdegangs; während die jüdische Überlieferung eben merkwürdigerweise mit dieser Einsicht schon anfängt. Da das Unhinterfragbare gerade das Unzweideutige, auf das zwangloseste Axiomatische, Feste ist, hat es nichts mit moralischem Relativismus, umso mehr mit der Einsicht Adornos zu tun, daß die Wahrheit einen geschichtlichen Zeitkern hat: immer will sie nach Art von erzählbaren Geschichten *gehört*, nie auf Bilder - etwa vermeinter Gesetzesordnungen - vielmehr sprengt sie diese - festgelegt werden.

Das besagt unter anderem, daß unter den Wissenschaften die ihr am nächsten ist, die es am deutlichsten mit dem *Ohr* hält. Als zuhörende wie als selber - Fallgeschichten nämlich - erzählende ist die Psychoanalyse, der dieser Platz zukommt, zugleich die erste und einzige nicht-reduktive Wissenschaft, insofern Modell für den Wissenschaftsbegriff des nächsten Jahrtausends: was immer an ihrer vorläufigen Gestalt als unfertig, ja beanstandbar sich herausstellt, und das ist eine Menge, ich sehe nicht, wie ein Theorie-Praxis-Komplex, der zwischen den Psychosen und dem Wahn der Welt so vermitteln könnte, daß mit der Einsperrung der Träger der ersteren durch diejenigen der letzteren Schluß wäre, hinter ihre Fragestellungen und deren Dimensionen zurückgehen könnte; wie auch Freud selbst ja bereits, im *Unbehagen in der Kultur* nämlich, solche weltweit inzwischen noch viel fälliger gewordene Vermittlung ins Auge faßt, wo er gegen Ende dieses großen Essays nämlich von der Pathologie der Kulturneurosen, der mit Sicherheit sich verwirklichenwerdenden Künftigkeit ihrer Erforschung und Therapie spricht. Da weit eher aber der Wahn der Welt jetzt ins Reich der *Psychosen* gehört, andererseits die Psychoanalyse, nämlich ihr selber zufolge, gerade für diese keine therapeutische Kompetenz trägt, sehe ich allerdings keine Möglichkeit, den Widerspruch anders zu lösen als indem eine zu solchen Zielen herangereifte Theorie-Praxis-Verbindung aus (dafür unentbehrlicher) psychoanalytischer Wurzel ihre Kompetenzen *erweitert*.

Nicht nur kann die Möglichkeit eben dazu sich auf viele Ansätze, wachsend erfolgversprechende Versuche in der Geschichte der Psychoanalyse selber berufen, die seit denen schon Frieda Fromm-Reichmanns in genau dieser Richtung verzeichnet sind, sie entspricht auch der Einsicht Foucaults, die meine eigene Northporter Erfahrung bestätigt hat, daß Wahn und Vernunft in der Abkunft beider aus der einen unveräußerlichen, sich aber entzweienkönnenden Spontaneität koinzidieren, die selbst nach Kant das entscheidende Merkmal jeder Erscheinung der Freiheit unter den Menschen ist, also des moralischen Willens. Wenn solche Einsichten und ihr Gegenteil, ein mordhelferisch wahnhafter Irrgang, nicht nur im gleichen Denker ihre Auftritte haben, sondern gerade dies auf die unerwartetste, schon thematisch sie nämlich miteinander verknüpfende Weise tun, die bereits den ersten Fall kennzeichnete, durchaus nämlich auch den Widerspruch definieren kann, in dem in Descartes sich die Moralität seiner subversiven Impulse zu seiner Betrauung von Vernunft mit ihrem ethischen Gegenteil, Herrschaft, bewegt, wieviel unverwunderlicher, das ist das Fazit, das sich aus dem Exkurs dieses Vortrags auf zwei philosophiegeschichtliche Verirrungen ziehen läßt, wird im Regelfall des Gesellschaftsprozesses, also im Leben gewöhnlicher Menschen, eine so auffallend generative Verschränkung von Wahnsinn und Vernunft zu erwarten sein.

Da sie eben diese verleugnet, insofern schon selber zum Wahn der Welt, ja vermutlich zu dem zählt, was am unauffälligsten dessen Fortbetand absichert, ist der psychiatrischen Leidensverwaltung jetzt am vordringlichsten der Garaus zu machen: sehr mit Recht, aber zuletzt nur bestätigend, hat es die trübe Sache der Anstaltspsychiatrie weiter diskreditiert, daß sie im früheren Ostblock auch noch zur Kaltstellung, sprich Psychiatrisierung, Mißliebiger oder Unbequemer, ihrer Einsperrung und Entmündigung, sich gebrauchen ließ; zu eben der gleichen Zeit, da sich im Westen schon der Italiener Basaglia an die inzwischen freilich mißglückte Verwirklichung des gleichwohl ersten einigermaßen reellen Projektes machte, die Schmach und Schande der nackten Verfügungsgewalt, mit der eine halbe Wahnwelt - was wie wahnhafte Halbwelt zu klingen eine keineswegs unberechtigte Neigung hat - ihre andere Hälfte unabänderlich der Freiheit beraubt, endlich zu tilgen. Daß das nicht gleich Erfolg hatte - derart umstürzende Neuerungen glücken selten, nach Geschichtsregeln, gleich zum ersten Mal - sondern schließlich im Sand verlief und es auch daher in Italien noch durchaus geschlossene Anstalten heute gibt, gehört selbst inzwischen einer vergangenen, wahrscheinlich abgeschlossenen Phase der rezenten Geschichte an, die als Mittagsschlaf der Moderne sich nicht anders gegen verdrießliche Ruhestörungen als durch ein Schild mit der Inschrift "Postmoderne" an der Tür ihres Refugiums zu sichern wußte: nichts wirklich Neues, geschweige geschichtlich gar Erstmaliges, durfte es damals geben, und eine Durchsetzung und Ausbreitung des waghalsigen Plans von Basaglia würde ja ein solches, schon das machte sie unmöglich, geworden sein.

Durchaus nicht in Alternative dazu, nur in perspektivisch etwas näherer Ausdrucksweise: auch in Italien waren die Menschen zu so weitgehenden Durchbrüchen noch nicht reif. Und sie sind es ja auch jetzt noch nicht, sind es vermutlich aber noch weniger als sogar in Italien in Deutschland, nach der Symptomatologie seines wie immer ebenso besonderen wie besonders empörenden Wahns, auf den näher einzugehen nur überhaupt nicht mehr, in dem gegenwärtigen Rahmen, in Frage kommt, ich habe es anderwärts oft genug getan, tue es ja auch weiter, für den Moment aber mag genügen, daß anders als die Individuen, deren gegenseitiges Verhältnis als ein Außen- und Nebeneinander sich darstellt, die Träger von Kulturpathologien eher konzentrisch ineinander verschachtelt sind; was für ein Abwägen der speziellen Beziehung etwa, in welcher die Psychohistorie der Deutschen zum gegenwärtigen Wahnsinn des Westens wie auch weiter zu jenem der Menschheit steht, eine Menge potentiell weiterführender Winke zeitigt, nur eben meine Vortragszeit nicht vermehrt. Zweitens aber, daß ja die Montagsdemonstrationen zu Leipzig gerade erst wieder begonnen haben, was vor dem herausfordernden Spektrum eben des sehr besonderen Wahns, der in Deutschland herrscht, jetzt der einzige Lichtblick ist, der, wenn er nur endlich beharrlich bleibt, schließlich in dessen Aufhellung münden kann, so vielleicht ja gar seiner *Aufhebung* - allerdings braucht die sicher länger - voranleuchtete. Für mein Thema ist das deshalb so einschneidend, weil es für die Ermöglichung künftiger Basaglias, die sich dann erfolgreicher durchsetzen könnten, auf nichts dringender ankommt als eine Verminderung im Bewußtsein der Menschen des geglaubten, gewähnten Abstandes - diese stille Prämisse aller psychiatrischen Macht ist selbst wahnhaft - zwischen klinischer Verrücktheit und jener gesellschaftlichen, politischen, also allgemeinen, an der man selbst teilhat, eben dies ja auch denkbarerweise eines nicht mehr fernen Tages entdecken kann, zur Zeit aber eben noch so abwehrbereit, angestrengt leugnend, *nicht wissen will*, daß eine Verschiebung in diesem einzigen Punkt auch schon die Statik der *gesamten* Wahnwelt, nicht nur innerhalb, auch außerhalb der psychiatrischen Institutionen zum Einsturz brächte. Die wachsende Verdüsterung der Zeitläufte, in die wir gerade erst einzutreten begonnen haben, macht, wenn das auch paradox erscheint, mit dem Zusammenbruch von immer mehr Stützen des Wahns der Welt eine solche Verschiebung *wahrscheinlicher*: viele Probleme, das könnte auch für das der fraglichen Anstalten gelten, lösen sich erst von selber, wenn die Aufmerksamkeit öffentlicher Aktivitäten gar nicht primär mehr auf ihnen, sondern über sie weit hinausgehenden ruht, die dann aber das Zeug haben, die benötigte allgemeine Bewußtseinsperipetie allererst und unumkehrbar in Gang zu setzen. Dieses ballistische Prinzip, dem die Geschichte offenbar selbst folgt, will zugleich mit der Möglichkeit, daß die Moderne durchaus nicht am Ende ist, sondern nach Beendigung ihres postmodernen Mittagsschlafs erst richtig überhaupt anfängt, beachtet sein, darum schließt jetzt auch dieser Vortrag mit einem nachdrücklichen Rat dazu. Vielen Dank.

Zur Frage der Auslösung einer Psychose

Yves Baumstimler

Es handelt sich um ein schwieriges Thema; ich hätte besser getan, ein einfacheres vorzuschlagen, aber "tant pis pour moi!". Deshalb werd ich zuerst eine Geschichte erzählen.

Sie handelt von einem Patienten von Czermak[1], den er in seinem Buch *La passion de l'objet, Die Leidenschaft für das Objekt*, beschrieben hat. Als dieser Patient vier Jahre alt war, kam ein Mann ins Haus. Der Junge fragte, wer das eigentlich sei, die Antwort der Mutter war klar: "Das ist dein Vater, ein Vater fällt doch nicht vom Himmel!". Der Knabe wurde groß, er wurde sogar Vater eines Sohnes, alles ging gut! Eines Tages, während seiner Militärzeit, konnte er seinen ersten Sprung als Fallschirmjäger machen. Als er am Boden ankam, sagte er einfach, er sei Gott. So begann seine Verworrenheit. Wir werden diese Krankengeschichte in dieser Arbeit öfter wieder aufnehmen.

Mit dem Beispiel der französischen psychoanalytischen Schule sind wir sogleich beim Zentrum unserer Frage: Es handelt sich um eine Übersetzung. Im vorliegenden Text ging die Übersetzung vom Französischen ins Deutsche, wobei man bedenken muß, daß das Französisch auf dem Boden der Arbeit von Freud beruht. Meine Freud-Lektüre ist eine Rückkehr: mit Lacan zu Freud. Dies bedeutet, daß ich eine Lektüre von Freud im Auge habe, die die Bedeutung seiner Aussagen neu wertet: Die Ich-psychologische Ausrichtung der Psychoanalyse hat sich mit einem approximativen Sinn zufrieden gegeben. Anders gesagt: Enthalten Freuds Worte sinnvolle Aussagen? Ich werde mich dabei öfter auf die Arbeit von Bauer[2], die er im Jahre 1979 im Rahmen der Diskussionen der Lacan-Schule in Paris vorlegte, beziehen.

Vier Fragen werde ich in meiner Arbeit nachgehen:

a) Die Frage der Auslösung einer Psychose führt zurück zu Freud, da Freud diese Frage immer wieder neu gestellt hat. Lacan wollte eine Relek-

---

[1] CZERMAC, M., *Passions de l'objet. Études psychanalytiques des psychoses*, Paris: Joseph Clims 1986, 399p. Siehe auch den Beitrag in diesem Heft.

[2] BAUER, J.P., *Topique freudienne de la psychose*, Lettres de l'Ecole, Paris 1979, S.139-149.

türe von Freud promovieren und so die Frage der Psychoanalyse selbst entwickeln.

b) Auf klinischem Gebiet ist diese Frage von eminenter Bedeutung. Die Psychiatrie bearbeitete sie am Ende des 19. Jahrhunderts mit Hilfe des Konzepts der "Eigenbedeutung" und der "Eigenbeziehung". Lacan hat diesen psychiatrischen Begriff der "Eigenbeziehung" mit dem der "signification personnelle" übersetzt.

c) Innerhalb der psychoanalytischen Erforschung dieses Problems kann nur dem topischen Gesichtspunkt einige Berechtigung gegeben werden, diese Stellung überhaupt zu untersuchen. Was war eigentlich die Topik bei Freud?

d) Lacan hat diese Frage zusammen mit der der elementaren Phänomene in der Paranoia weitergeführt. Er wird immer einen Unterschied zwischen der Ursache und der Auslösung einer Psychose hervorheben.

1. Zurück zu Freud.

Für Freud war die Untersuchung der Psychose ein Weg zur Erschließung des Unbewußten, selbst wenn die Theorie des Unbewußten durch die Psychose in Frage gestellt wird. Während bei den Übertragungsneurosen nur die Psychoanalyse psychische Prozesse nachweisen kann, liegen sie in der Psychose als bewußt geäußerte offen zutage.

Ich werde einige Aussagen mit Beispielen zu den verschiedenen Fällen von Analysen von Psychosen, die man von Freud kennt, belegen. Der erste Text, den man über eine Psychose kennt, ist sicher der Brief vom 16.9.1883[3] an seine Verlobte Martha. In diesem Brief spricht Freud über Nathan Weiss, seinen Freund, der sich am 13.9.1883 erhängt hatte. Es sind Seiten erfrischender Offenheit: Er spricht von seinem Freund, den er liebte und dem er immer etwas sagen wollte. Dieser war Dozent, der immer alle Ziele erreicht hatte, aber das einzige, worin er nichts zustande brachte, war sein Verhältnis zu Frauen. So hat er sich schließlich in ein Mädchen verliebt, das ihn nicht liebte, und sich kurz nach der Hochzeit in einer Badeanstalt von Wien erhängt. Freud beschreibt ihn als manisch-depressiv: Das "Treibende" in ihm war die "Selbstliebe",

> "fast möchte ich sagen die Selbstanbetung. Er war auch ausgezeichnet ausgerüstet, sich durch die Welt zu bringen und solange es ihm schlecht ging, war er nicht wählerisch, durch welche Mittel. Er war nicht imstande, Kritik an sich zu üben, übersah, vergaß, vergab alles, was er schlecht gemacht hatte und was ihn

---

[3] FREUD, S., *Briefe 1873-1939*, Fischer-Verlag, Frankfurt 1980.

schlecht machen konnte; alles dagegen, was seinem Selbstgefühl wohltat, pflegte er und hielt es den anderen vor."

Die offene Ursache dieses Raptus melancholicus war also die Heirat.

In der Arbeit "Die Abwehr-Neuropsychosen"[4] von 1894 skizziert Freud einen Fall von halluzinatorischer Verworrenheit; es handelt sich um ein junges Mädchen, das einen Mann liebt, aber keine Gegenliebe erhoffen kann, was schließlich in halluzinatorische Verworrenheit umschlägt. Freud erklärt:

"Das Ich reißt sich von der unerträglichen Vorstellung los, diese hängt aber untrennbar mit einem Stück der Realität zusammen, und indem das Ich diese Leistung vollbringt, hat es sich auch von der Realität ganz oder teilweise losgelöst."

Das ist der erste Stein der Freudschen Theorie über die Psychose.

Gemäß der Arbeit über die Melancholie, die in dem Brief vom 29.8.1894, versehen mit dem Titel "Manuskript G."[5], erschienen ist, bestünde diese Psychose "in der Trauer über den Verlust von Libido". Auch wenn man keinen Fall von Melancholie in dieser Arbeit findet, kann man annehmen, daß Freud an seinen Freund Nathan Weiss denkt.

Aber in demselben Brief beschreibt das "Manuskript H" einige Anzeichen einer Paranoia, mit denen das Eintreten in die Psychose bezeichnet ist. Eine alternde Jungfrau fällt in einen "Beachtungs- und Verfolgungswahn"; wie ihre Schwester, leugnet auch sie ein Ereignis sexuellen Inhalts: Ein Mann, der bei den Schwestern wohnte, gab ihr seinen Penis in die Hand. In der Behandlung bei Freud hatte sie nichts zu dem Vorgefallenen zu sagen. Freud sah darin eine Verneinung: Der Vorwurf, sie sei eine "schlechte Person", kam von außen: Sie halluzinierte! Freud kann also schließen: "Der sachliche Inhalt blieb also ungestört erhalten, es ändert sich nur etwas an der Stellung des ganzen Dinges"!

Der Artikel über "Weitere Bemerkungen über die Abwehr-Neuropsychosen"[6] aus dem Jahr 1896, ist in diesem Kontext sehr interessant, da der Ausbruch der Krankheit einer Patientin mit dem Abbruch der Analyse zusammenfällt. Freud wollte die Wiederkehr des Verdrängten in der Form von Halluzinationen untersuchen. Es handelt sich um einen Fall von chronischer Paranoia, in der eine 32 Jahre alte Frau, sechs Monate nach der Geburt ihres Kindes, "verschlossen und mißtrauisch" wurde; "man habe etwas gegen sie, obwohl sie keine Ahnung habe, was es sein könne". Es entwickelte sich ein Beobachtungswahn. Freud schreibt:

---

[4] FREUD, S., "Die Abwehr-Neuropsychosen", in: *Gesammelte Werke* Bd.1, S.379-403.

[5] FREUD, S., *Aus den Anfängen der Psychoanalyse, Briefe an Wilhelm Fliess*, Fischer-Verlag, Frankfurt 1962, S.91-103.

[6] FREUD, S., "Weitere Bemerkungen über die Abwehr-Neuropsychosen", in: *GW* Bd.1, S.379-403.

"Einige Zeit später klagte sie, daß sie beobachtet werde, man ihre Gedanken errate, alles wisse, was bei ihr im Hause vorgehe".

Freud unterstreicht einen bestimmten Moment der Krankengeschichte,

"In dem ihr zuerst alles klar wurde, d.h. in dem sie zur Überzeugung gelangte, daß ihre Vermutung, allgemein mißachtet und mit Absicht gekränkt zu werden, Wahrheit sei".

Dieser Moment hat alle Eigenschaften einer "Eigenbeziehung", wie sie Neisser[7] in derselben Zeit, im Jahre 1892, beschrieben hat. Es ist sehr interessant, daß ihr der Moment, in dem sich für diese Patientin plötzlich diese Gewißheit einstellte, noch gut bekannt war, und zwar hatte eine Schwägerin während eines Besuchs, diese Worte fallenlassen: "Wenn mir etwas Derartiges passiert, nehme ich es auf die leichte Achsel". Nach dem Besuch "kam es ihr vor", als stecke in diesen Worten der Vorwurf an sie, sie nähme ernste Dinge leicht. Auf die Frage Freuds, "wodurch sie sich berechtigt fühlte, jene Worte auf sich zu beziehen", antwortete sie: "Der Ton"! Es ist da ein Sprung in den Assoziationen, der uns unverständlich bleibt: Das Subjekt bleibt ohne Worte, halluziniert eine Stimme (die des Vaters?), kann aber keine bestimmten Wörter entziffern. Diese Stimme ist ein einziger Vorwurf, der alle Gedanken lähmt. Diese Stimme ist wie ein Befehl, aber völlig rätselhaft: eine Stimme ohne Aussage.

In dieser Freudschen Arbeit findet man einen Versuch, die Halluzinationen als Ursache psychischer Bedingtheit zu betrachten, auch wenn Freud notieren muß, daß bei seiner Patientin die freien Assoziationen eine genau festgelegte Form hatten: "Eigentümlich war nur, daß sie die aus dem Unbewußten stammenden Angaben zumeist wie ihre Stimmen innerlich hörte oder halluzinierte".

Man sieht, daß der Psychotiker von einer Gewißheit erfüllt ist und daß die Halluzinationen persönliche Mitteilungen an ihn sind. Diese Gewißheit ist radikal, obwohl es sich nicht um eine Realität handelt, die von anderen geteilt oder bestätigt werden könnte. Diese Patientin von Freud hat es mit einem großen Anderen zu tun: Wie jeder Mensch macht sie sich Vorwürfe, aber ein Nichtkranker nimmt diese "Sachen" auf die leichte Schulter, er denkt, daß das Schlimmste nicht immer gewiß ist! Diese Form der Gewißheit ist für den Nichtkranken eine seltene Sache, und ergibt sich nur in Handlungszusammenhängen.

In der Sitzung vom 21. November 1906 der Wiener Psychoanalytischen Gesellschaft, findet sich dazu wieder eine Krankengeschichte von Freud. Es

---

[7] NEISSER, C., "Erörterungen über Paranoia", in: *Zentralblatt für Nervenheilkunde und Psychiatrie* 15, Berlin 1892, S.1-20.

handelt sich um einen Fall von "exquisit Paranoia", bei der Freud festhält, daß die Paranoia durch Psychotherapie nicht heilbar ist.

In der Arbeit "Psychoanalytische Bemerkungen über einen autographisch beschriebenen Fall von Paranoia (Dementia Paranoides)"[8] findet man die Bemerkung, daß zwischen der Ernennung Schrebers zum Senatspräsidenten und seinem Amtsantritt zwei Träume liegen. In dem ersten ist seine frühere Nervenkrankheit zurückgekehrt, und in dem zweiten, der allerdings mehr ein Tagtraum war, meint er, daß es schön wäre, eine Frau zu sein. Kann man diese zwei Erlebnisse als elementare Phänomene der Paranoia ansehen? Zum ersten Mal kann Freud eine Unterscheidung beschreiben zwischen Code-Erscheinungen und Mitteilungserscheinungen: zu den ersteren gehören die Stimmen, die sich der "Grundsprache" bedienen. Lacan wird im Jahre 1956 seine Theorie der Psychose hierauf aufbauen.

In einem Brief vom 30.6. 1935[9] an den überweisenden Arzt eines Patienten, legt Freud seine Arbeitsweise klar dar. Es handelt sich um einen Mann, den Freud um 1925 in seiner Behandlung hatte, und der im Sommer 1935 während eines Kongresses in Oxford gestorben war. Der Arzt gab diese Nachricht an Freud weiter, und dieser antwortete in einem Brief, der seine Bemerkungen über diesen Fall enthält. Herbert Binswanger erfuhr später von diesem Fall und schrieb dann im Jahre 1956 einen Artikel über die Methoden von Freud in der Psychosenbehandlung.

Als dieser 46 Jahre alte Patient zu Freud kam, beklagte er sich "über völlige Arbeitsunfähigkeit und Verlust des Interesses an Beruf und Geschäft". Er war Ingenieur und hatte eine technische Erfindung gemacht. Freud suchte nach einem individuellen Anlaß für eine solche Krankheit, und so konnte er eines Tages, während der Behandlung, folgendes beobachten: Der Kranke, war allein im Zimmer geblieben, und als Freud zurückkam, beklagte er sich über eine Sache, die er aber leicht hätte verschweigen können: Er hatte einige Notizen auf dem Tisch gelesen. Er war bedrückt über seinen eigenen Akt, den er als unanständig erfuhr, und den er - im ersten Moment - geheim halten wollte. Freud war sehr beeindruckt von diesem Geständnis seines Patienten, der zwar viel über wesentliche Ereignisse seines Lebens sprach, ihm aber nichts über seine technische Erfindung gesagt hatte. Freud vermutete, daß etwas an dieser Geschichte der Erfindung nicht in Ordnung sei. Freud interpretiert: "Hier mache er sich Vorwürfe, die er zu verleugnen bestrebt sei". Dies teilt er jedoch nicht dem Patienten mit. Auch wenn Freud schreibt,

---

[8] FREUD, S., "Psychoanalytische Bemerkungen über einen autographisch beschriebenen Fall von Paranoia (Dementia Paranoides)", in: *GW* Bd.8, S.239-320.

[9] BINSWANGER H., "Freud und die Psychotherapie der Psychose", in: *Psyche* 10, Frankfurt 1956, S.357-366.

daß er keine Beweise für die Ursache dieser Verleugnung habe, kann man sich doch denken, daß er an etwas Inhärentes in der Grundstruktur des Patienten denkt. Im ersten Moment wollte Freud in dieser Sache den Patienten ansprechen, aber er zögerte, da er nicht sicher war, ob die Methode der freien Assoziation auch im Fall einer Psychose angewendet werden könne. Im Gegenteil, er schien zu befürchten, daß die Offenlegung des Konfliktkerns einen Ausbruch der Psychose nach sich ziehen könne. So blieb Freud vorsichtig und begnügte sich mit dem provisorischen Resultat, die Geschäftstüchtigkeit des Patienten wieder herzustellen. Aber der Patient war nicht in der Lage, wieder über seine Erfindung zu sprechen. Es gibt da ein Problem für Freud, das mit einer Schwierigkeit des Patienten in Zusammenhang steht. Spät erst erfuhr Freud, daß im Hintergrund ein Rechtsstreit um die Urheberrechte an der Erfindung stattgefunden hatte. Während der Analyse hatte ein Kollege und frühere Kompagnon des Patienten, der in der Analyse ungenannt blieb, diesem eine Klage angedroht, weil er das gemeinsame Patent für sich allein ausgebeutet hatte. Freud kommt zu dem Schluß: "Der Patient war sozusagen ein neurotischer Verbrecher, ein Hochstapler mit einem empfindlichen Gewissen". Aber was steckt hinter einem solchen "empfindlichen" Gewissen? Ich meine, diesen Patienten bewegten diffuse Zweifel hinsichtlich seiner Abstammung.

Weil Freud bei diesem Patienten die Verteidigung seines "wahnhaften Aberglaubens" im Vordergrund gesehen hat, ist er der Schizophrenie-Diagnose nicht weiter nachgegangen. Er gelangte also zu der Überzeugung, daß es sich nicht mehr um Glauben, sondern um Aberglauben handele, daß also die Gedanken des Patienten Wahnideen waren. Freud ist der Diagnose einer Paranoia nahe, spricht sie aber nicht aus, behauptet stattdessen sogar, daß ihn die Frage der Diagnose nicht interessiere. An diesem Fall kann man die Vorsicht Freuds erkennen, seinen Patienten nicht zur freien Assoziation aufgefordert zu haben, da er hierin eine Gefahr für ihn sah.

2. Zur Frage der »Eigenbeziehung« oder der »persönlichen Bedeutung« in der Psychose.

Sauvagnat hat in französischer Sprache einen Artikel[10] geschrieben über die "persönliche Bedeutung" in der Psychose. Er behandelt darin ein elementares Phänomen, das viele deutsche Kliniker als Ursprung der paranoischen Welt-

---

[10] SAUVAGNAT, F., "Histoire des phénomènes élémentaires. A propos de la 'signification personnelle'", in: *Ornicar?*, Paris 1988, S.19-27.

sicht beschrieben haben. Neisser hebt in einem Vortrag aus dem Jahr 1891[11] solche Fälle hervor, "deren Symptome sich als möglichst eindeutig und einfach darstellen". Ausgehend von dem Beobachtungswahn von Meynert spricht er von "krankhafter Eigenbeziehung". Dieser Terminus scheint ihm phänomenologischer und - da er auf Affekte hinweist - anschaulicher. Er schreibt:

> "Das Wahnsystem ist also ein sekundäres Erzeugnis der Krankheit und wird in seinem oft recht komplizierten Gefüge durch normale psychische Arbeit vermittelt; die gesteigerte Eigenbeziehung dagegen ist der unmittelbare psychische Ausdruck der krankhaften Störung, ist ein primäres oder direktes pathologisches Symptom".

Die krankhafte Eigenbeziehung kann für Neisser das einzige direkte Krankheitssymptom darstellen,

> "und erst später entwickelt sich, in bald schnellerem, bald langsamerem Tempo - aber deutlich progressiv - das ganze übrige Heer von Symptomen, welche der chronischen Paranoia zugehören und welche wir noch später einzeln betrachten müssen".

Neisser gibt drei Fälle als Beispiele, die die Konturen der krankhaften Eigenbeziehung gut nachzeichnen. In einem Fall handelt es sich um einen Mathematiker, der bei dem Ausbruch der Psychose den Eindruck hatte, "als ob die Dinge um ihn eine andere Lage einnähmen". Diese krankhafte Eigenbeziehung bedingte seine Ratlosigkeit und eine äußere Unsicherheit; mit der Genesung verblaßte die Eigenbeziehung langsam. Die krankhafte Eigenbeziehung ist aber keine bewußte Reflexion, sondern sie

> "fälscht in einer für den Patienten selbst vollkommen unbewußten Weise die sinnliche Wahrnehmung ebenso wie die Reproduktion und wird dadurch die Quelle für die formell zwar korrekt und logisch gearbeiteten, nicht selten sogar scharfsinnigen, inhaltlich aber falschen und irrigen Gedankengänge, welche eben das Wahnsystem repräsentieren".

Erst 1901 erschien hierzu eine weitführende Arbeit von Marguliés[12], in der er den Ausbruch der Paranoia mit der Veränderung von gewissen Affekten in Zusammenhang bringt. Was ist eigentlich die Paranoia: ein abnormer Vorgang im Vorstellen? Marguliés schreibt:

> "Hier ist zunächst der Bewußtseinsinhalt intakt, auch der schärfste Beobachter wird keinen Verlust an Erinnerungsbildern nachweisen können, gestört ist die Bewußtseinstätigkeit; sind aber die Erinnerungen intakt, so kann die erste Störung nur eine emotionelle sein".

---

[11] NEISSER, Loc.cit.

[12] MARGULIES, A., "Die Primäre Bedeutung der Affekte im ersten Stadium der Paranoia", in: *Monatsschrift für Psychiatrie und Neurologie* 10, Berlin 1901, S.265-288.

Mit den Patientenbeobachtungen ist eine neue Richtung gegeben: Marguliés zeigt, daß der Ausbruch der Psychose dem Patienten die Frage nach seinem Wesen stellt:

> "Der erste Kranke begeht einen Diebstahl [...], der zweite Kranke vertuscht einen Diebstahl, den ein Kollege begangen hat [...], der dritte Kranke erfährt von einem Diebstahl [...]".

Findet man auch verschiedene Affekte bei dem Ausbruch der Psychose, so haben

> "sie doch einen gemeinsamen Zug, den einer andauernden, unbestimmten Unruhe",

notiert Marguliés. Die Erlebnisse der Patienten haben diesen pathetischen Inhalt, weil sie sich vorstellen, daß die Anderen von ihren Interessen Kenntnis haben. So wird am Anfang des Jahrhunderts eine neue Richtung für die Arbeit mit der Psychose angegeben, die man erst heute - nach der Arbeit von Lacan - erklären kann, eine bestimmte Forschungsrichtung in der Psychiatrie, die man heutzutage leider kaum noch findet.

3. Die Topik bei Freud und die Frage der Psychose.

Schon in der Arbeit von 1891 über die Aphasien hat Freud seine Theorie des Sprachapparats entwickelt, wobei er die Funktion nicht anatomisch lokalisiert, sondern die Beschreibung der Beziehung zwischen einer Wortvorstellung, die vom akustischen Bild abhängt, und einer Objektvorstellung, die vom visuellen Bild bedingt ist, zugrundelegt. Die Topik bei Freud ist eine Struktur des psychischen Apparats, aber auch eine Kenntnis, die der Apparat über sich selbst haben muß, wie er in dem *Entwurf einer Psychologie*[13] schreibt:

> "Es ist bisher gar nicht zur Sprache gekommen, daß jede psychologische Theorie, außer den Leistungen von naturwissenschaftlicher Seite her, noch eine große Anforderung leisten muß. Sie soll uns erklären, was wir auf die rätselhafteste Weise durch unser Bewußtsein kennen, und da dieses Bewußtsein von den bisherigen Annahmen - Quantitäten und Neuronen - nichts weiß, uns auch dieses Nichtwissen erklären".

Freud hat da eine Forderung aufgestellt, der man in der neuen Wissenschaft der Psychoanalyse, nicht aber in der Psychologie nachgehen wird.

Die Topik beschreibt die verschiedenen Ebenen, wie das Bewußte, Vorbewußte, Unbewußte, von denen Freud spricht, wie von verschiedenen Bildern in einem photographischen Apparat. So hat Freud in "Einige Bemerkungen

---

[13] FREUD, S., *Aus den Anfängen der Psychoanalyse 1887-1902*, S.316.

über den Begriff des Unbewußten in der Psychoanalyse"[14] die Verhältnisse der bewußten zur unbewußten Tätigkeit in einer Analogie beschrieben:

> "Das erste Stadium der Photographie ist das Negativ. Jedes photographische Bild muß den 'Negativprozeß' durchmachen, und einige dieser Negative, die in der Prüfung gut bestanden haben, werden zu dem Positivprozeß zugelassen, der mit dem Bilde endigt".

Diese Analogie hat er schon in der *Traumdeutung*[15] genutzt, als er die beiden Systeme des Bewußten und des Unbewußten zu unterscheiden versuchte:

> "Alles, was Gegenstand unserer inneren Wahrnehmung werden kann, ist virtuell, wie das durch den Gang der Lichtstrahlen gegebene Bild im Fernrohr. Die Systeme aber, die selbst nichts Psychisches sind und nie unserer psychischen Wahrnehmung zugänglich werden, sind wir berechtigt anzunehmen, gleich den Linsen des Fernrohrs, die das Bild entwerfen. In der Fortsetzung dieses Gleichnisses entspräche die Zensur zwischen zwei Systemen der Strahlenbrechung beim Übergang in ein neues Medium".

In seiner Arbeit von 1913 über "Das Unbewußte"[16] unterscheidet Freud drei Gesichtspunkte: den dynamischen, den topischen und den ökonomischen. In meinem Vortrag bevorzuge ich den topischen: dieser öffnet uns die Tür zur Untersuchung der Psychose. Freud unterstreicht, daß man gerade in den Anfangsstadien der Schizophrenie eine große Anzahl von Veränderungen der Sprache beobachten kann. Davon ausgehend untersucht er die Objektbesetzungen in den Übertragungsneurosen und in der Schizophrenie.

Der befremdliche Charakter der schizophrenen Ersatzbildung und Symptomatik ist das Überwiegen der Wortbeziehung über die Sachbeziehung. Anhand der Beobachtungen von Tausk und denen aus einer eigenen Praxis, kann Freud zeigen, daß in der Schizophrenie die Wortvertauschung von der des sprachlichen Ausdrucks und nicht von der Ähnlichkeit der bezeichneten Dinge kommt. Wenn man erkennt, daß in der Schizophrenie die Objektbeziehung aufgegeben wird, so kann man schließen, daß im Gegensatz dazu, die Besetzung der Wortvorstellung der Objekte aufrechterhalten wird.

Wodurch unterscheiden sich die bewußten und die unbewußten Vorstellungen: Sind es "verschiedene Niederschriften an verschiedenen psychischen Orten" oder "verschiedene funktionelle Besetzungszustände an demselben Orte?"[17] An der folgenden Antwort auf diese Frage wird Freud immer festhalten:

---

[14] FREUD, S., "Einige Bemerkungen über den Begriff des Unbewußten in der Psychoanalyse", in: *GW* Bd. 8, S.430-439.

[15] FREUD, S., *Die Traumdeutung*, in: *GW* Bd. 2-3, S.615-616.

[16] FREUD, S., "Das Unbewußte", *GW* Bd.10, S.263-303.

[17] FREUD, S., Loc.cit., S.300.

"Das System Ubw enthält die Sachbesetzungen der Objekte, die ersten und eigentlichen Objektbesetzungen; das System Vbw entsteht, indem diese Sachvorstellung durch die Verknüpfung mit den ihr entsprechenden Wortvorstellungen übersetzt wird [...]. Solche Übersetzungen, können wir vermuten, sind es, welche eine höhere psychische Organisation herbeiführen und die Ablösung des Primärvorganges durch den im Vbw herrschenden Sekundärvorgang ermöglichen[18].

Ein solches System beantwortet zwar nicht alle unsere Fragen, aber man kann damit doch den Ausbruch der Psychose als den Zeitpunkt annehmen, an dem sich die Wortvorstellungen von den Sachvorstellungen trennen. Die krankhafte Eigenbeziehung ergibt sich aus dem Erleben des Patienten, daß in ihm etwas erstaunliches vorgeht, das einen einheitlichen und persönlichen Zug hat: Keine Übersetzung nach außen ist hier mehr möglich! Diese Schlußfolgerung hat für die Klinik eine wichtige Konsequenz: Man muß bei dem Patienten die Realitätsprüfung und die Identitätsentwicklung im Spiegelprozeß unterstützen, indem man ihm zum Beispiel die Möglichkeit läßt, den Analytiker zu sehen, oder indem man sich ihm direkt gegenübersetzt.

In den "Metapsychologischen Ergänzungen zur Traumlehre" von 1916[19] beschreibt Freud einen entscheidenden Unterschied zwischen Traumarbeit und Schizophrenie: in letzterer würden die Worte Gegenstand der Bearbeitung durch den Primärvorgang sein. Im Gegensatz hierzu werden im Traum die Sachvorstellungen bearbeitet; der Verkehr zwischen den Sachbesetzungen und den Wortbesetzungen sei frei. Bei Schizophrenie dagegen, sei der Verkehr zwischen beiden Systemen verunmöglicht.

Können wir eine Analogie zwischen dieser Übersetzung vom Ubw zum Vbw und der Übersetzung von einer Sprache in eine andere finden? Die erste Sprache bezeichne ich als "Muttersprache", sie bezeichnet den Sprecher als Meister. Die zweite Sprache ist dann, für denselben Sprecher die des Sklaven. Wenn man in einer Fremdsprache sprechen muß, so weiß man, daß in der Übersetzung immer etwas verloren geht, wobei man richtiger sagen sollte, daß dabei etwas wie ein Verrat entsteht. Freud schrieb, daß im Italienischen von "traductore" gesprochen wird, und daß dies nicht weit entfernt ist von "traditore", dem Verräter. In dieser Situation des Sprechens als Schwindelei sind wir auf dem Boden der Übertragungsneurosen; das Subjekt weiß, daß es viel mehr sagt, als es will. Oder besser gesagt: Es weiß nicht, was es eigentlich weiß.

Freud bewegte immer die Frage nach der spezifischen Differenz zwischen Übertragungsneurose und Psychose. Hierzu findet man bei ihm die Beschrei-

---

[18] FREUD, S., Loc. cit., S.300.
[19] FREUD, S., "Metapsychologische Ergänzungen zur Traumlehre, in: *GW* Bd. 10, S.411-426.

bung eines klinischen Falles - den des "Wolfsmann". Ich beziehe mich auf eine Szene in der Behandlung des "Wolfsmann", in der dieser sicher war, ein bestimmtes Erlebnis bereits erzählt zu haben, sich hierin aber geirrt hatte. Als er von Freud damit konfrontiert wurde, erinnerte er sich an eine Begebenheit aus seiner Kindheit, die Freud in seinem Aufsatz: "Über fausse reconnaissance" ("déjà raconté")[20] aus dem Jahre 1914 wiedergibt.

Der Patient erzählt:

> "Als ich fünf Jahre alt war, spielte ich im Garten neben meiner Kinderfrau und schnitzelte mit dem Taschenmesser an der Rinde eines jener Nußbäume, die auch in meinem Traum eine Rolle spielen. Plötzlich merkte ich mit unaussprechlichem Schrecken, daß ich mir den Finger der (rechten oder linken?) Hand so durchgeschnitten hatte, daß er nur noch an der Haut hing. Schmerz spürte ich keinen, aber eine große Angst. Ich getraute mich nicht, der wenige Schritte entfernten Kinderfrau etwas zu sagen, sank auf die nächste Bank und blieb da sitzen, unfähig einen Blick auf den Finger zu werfen. Endlich wurde ich ruhig, faßte den Finger ins Auge, und siehe da, er war unverletzt."[21]

Handelt es sich in diesem Beispiel um eine Verdrängung oder um einen radikaleren psychischen Mechanismus? Wie ist es mit der Verdrängung in der Psychose? In seiner Arbeit über das Unbewußte gibt Freud eine Antwort, die uns an dieser Stelle weiterführen wird: Die Besetzung der Wortvorstellung resultiert in der Psychose nicht aus dem Verdrängungsakt,

> "sondern sie stellt den ersten der Herstellungs- oder Heilungsversuche dar, welche das klinische Bild der Schizophrenie so auffällig beherrschen. Diese Bemühungen wollen die verlorenen Objekte wieder gewinnen, und es mag wohl sein, daß sie in dieser Absicht den Weg zum Objekt über den Wortanteil desselben einschlagen, wobei sie sich aber dann mit den Worten an Stelle der Dinge begnügen müssen."[22]

In seinen zwei Artikeln über Neurose und Psychose aus dem Jahr 1924[23][24] wird Freud wieder auf den Moment des ersten Schrittes in der Psychose zurückkommen: "Bei der Psychose ruht der Akzent ganz auf dem ersten Schritt, der an sich krankhaft ist und nur zu Kranksein führen kann, bei der Neurose hingegen auf dem zweiten, dem Mißlingen der Verdrängung...".[25]

Wir können jetzt zu unserem klinischen Beispiel vom Wolfsmann zurückkehren; es handelt sich da um die negative Halluzination, sein Finger sei abgeschnitten. Er bleibt in dieser Eigenbeziehung eingeschlossen, er kann der

---

[20] FREUD, S., "Über fausse reconnaissance ("déjà raconté")", in: *GW* Bd. 10, S.116-123.
[21] FREUD, S., Loc. cit., S.119.
[22] FREUD, S., "Das Unbewußte", Loc. cit., S.122.
[23] FREUD, S., "Der Realitätsverlust bei Neurose und Psychose", in: *GW* Bd.13, S.361-368.
[24] FREUD, S., "Neurose und Psychose", in: *GW* Bd. 13, S.385-392.
[25] FREUD, S., "Der Realitätsverlust", Loc. cit., S.367.

Kinderfrau, die er liebte, nichts sagen; er behauptet zwar gegenüber Freud, daß er, in diesem Erlebnis ohne Stimme blieb, aber die Stimme ist da, denn sonst hätte er ja gesagt, daß er ohne Worte war! Ihm fehlen die Worte, die dieses Ereignis hätten beschreiben können. Es ist dieses Fehlen eines Signifikanten, der die Kastration symbolisieren könnte, aufgrund dessen es zur *Verwerfung* kommt, die Freud in seinem Text "Aus der Geschichte einer infantilen Neurose", aus dem Jahr 1918[26] benennt. Ich zitiere hier die Sätze Freuds, da Lacan seine Theorie der "forclusion" darauf aufgebaut hat:

> "Die anfängliche Stellungnahme unseres Patienten gegen das Problem der Kastration ist uns bekannt geworden. Er verwarf sie und blieb auf dem Standpunkt des Verkehrs im After. Wenn ich gesagt habe, daß er sie verwarf, so ist die nächste Bedeutung dieses Ausdrucks, daß er von ihr nichts wissen wollte im Sinne der Verdrängung. Damit war eigentlich kein Urteil über ihre Existenz gefällt, aber es war so gut, als ob sie nicht existierte".[27]

Es handelt sich also nicht um eine Verdrängung, sondern um ein nicht gefälltes Urteil. Freud ist seiner Sache ganz sicher: "Eine Verdrängung ist etwas anderes als eine Verwerfung".[28] Lacan wird diese "Verwerfung" "forclusion" nennen. Diese "forclusion" kann man mit "Rechtsausschluß" übersetzen: Es konnte kein Urteil getroffen und auch später nicht mehr nachgeholt werden. Auch wenn Freud annimmt: "Späterhin befinden sich gute Beweise, daß er die Kastration als Tatsache anerkannt hatte", so schlußfolgert er doch: "Er hatte sich zuerst gesträubt und dann nachgegeben, aber die eine Reaktion hatte die andere nicht aufgehoben".

Kommen wir zu unserem Wolfsmann zurück, so können wir sagen, daß er keine Worte findet für seinen abgeschnittenen Finger, er glaubte sogar, es schon gesagt zu haben. Es handelt sich um ein Vergessen von etwas Ungesagtem. Unbenannt bleiben die Körper-Sensationen, Interpretation und Urteil zu diesem Erlebnis fehlen. Wenn Freud das Französische "déjà" benützt, so will das heißen, daß er in dem "déjà" eine Ungewißheit hinsichtlich der Zeit zum Ausdruck bringen will, wozu er in der Pschopathologie des Alltagslebens formuliert:

> "Die Erklärung dieser interessanten Fehlleistung ist wohl die, daß der Patient den Impuls und Vorsatz gehabt hat, jene Mitteilung zu machen, aber versäumt hat, ihn auszuführen und daß er jetzt die Erinnerung an die ersteren als Ersatz für das letztere, die Ausführung des Vorsatzes, setzt".[29]

---

[26] FREUD, S., "Aus der Geschichte einer infantilen Neurose", in: *GW* Bd. 12, S.27-158.
[27] FREUD, S., Loc.cit., S.117.
[28] FREUD, S., Loc.cit., S.111.
[29] FREUD, S., "Psychopathologie des Alltagslebens" in: *GW* Bd.4, S.298.

Es handelt sich in dieser psychoanalytischen Behandlung um eine Wiederholung, auf dem Stand der Sprache: dem Erlebnis des abgeschnittenen Fingers: Er hätte etwas sagen können, hatte es aber nicht gesagt!

Lacans Freud-Lektüre zur Entwicklung seines Konzeptes der "forclusion" bezieht sich auf jene Texte, die von Halluzinationen des oben geschilderten Typs ausgehen. Handelt es sich also im Falle des Wolfsmann um eine Neurose oder um eine Psychose? Das ist eine sehr interessante Frage, die wir hier leider nicht aufnehmen können, da sie zu weit führen würde.

Diese "Verwerfung", wie man sie nach Freud nennen kann, oder "forclusion" nach Lacan ist gleichbedeutend mit dem Fehlen eines Attributionsurteils, eines Urteils, das Freud als Bejahung bezeichnet, und von dem Freud annimmt, daß es die Voraussetzung für das Existenzurteil ist, das in der Form der Verneinung auftritt, was also heißen soll: Das Kind trifft als erstes ein Attributionsurteil über ein Objekt oder einen Sachverhalt und kommt erst dadurch zu einem Urteil über die Anerkennung der Existenz dieses Objekts oder Phänomens. In der Verneinung eines Objekts oder Sachverhalts sieht die analytische Erfahrung die Anerkennung der Existenz des Signifikanten, dessen Existenz vom Sprecher gerade verneint wird. Damit beschäftigt sich die Arbeit von Freud aus dem Jahr 1924: "Die Verneinung".[30]

4. Die Auffassung der Psychose bei Lacan.

Schon die großen Psychiater Pinel und Esquirol betonten den Unterschied zwischen der Ursache der Krankheit und der Auslösung der Psychose; Lacan hat ebenfalls diesen Unterschied hervorgehoben. Marguliés glaubte, daß "ein einheitlicher Gesichtspunkt für die Beurteilung der Paranoia erst dann gewonnen wird, wenn ihre Erscheinungen auf ein primär erkranktes Gefühlsleben zurückgeführt werden"[31].

Wie ist Lacan von dem intuitiven Konzept der krankhaften Eigenbeziehung zur "Eigenbedeutung" (signification personnelle) gelangt? Was will diese Übersetzung sagen? Wenn die Eigenbeziehung sich auf dem Gebiet der Affekte vollzieht, so die der Eigenbedeutung auf dem Gebiet des Subjekts. Man kann dies gut an den klinischen Beispielen von Marguliés aufzeigen. Die Bedeutung bezieht sich auf das Subjekt: Es liegt ein Ereignis vor, das, obwohl es eigentlich ganz klar ist, dem Subjekt rätselhaft scheint und es ohne Worte läßt. Lacan hat einen Unterschied zwischen dem Ich (le moi) und dem Subjekt (le sujet) immer hervorgehoben. Ich muß außerdem darauf

---

[30] FREUD, S., "Die Verneinung", in: *GW* Bd. 14, S.11-15.
[31] MARGULIES, A., opus cit., S.288.

hinweisen, daß im Französischen "sujet" auch "sujet" im Sinne von Stoff oder Gegenstand bedeutet. An diesem einfachen Beispiel kann man verstehen, was Lacan sagt, wenn er schreibt: "Ein Signifikant ist das, was das Subjekt darstellt für einen anderen Signifikanten"[32]. Diese Sache ist wesentlich für unsere Frage. Leider kann ich hier nur einige Punkte erläutern.

Für Lacan bezieht sich die Bejahung auf einen Signifikanten; Lacan entnimmt dies zum Beispiel dem Brief 52 von Freud an Fliess (6.12.1896):

> "Das wesentliche Neue in meiner Theorie ist also die Behauptung, daß das Gedächtnis nicht einfach, sondern mehrfach vorhanden ist, in verschiedenen Arten von Zeichen niedergelegt"[33].

Die Verwerfung (forclusion) wird also bei Lacan als Verwerfung eines bestimmten Signifikanten beschrieben. Eine Metapher ist da an dieser Stelle erforderlich: Lacan nennt sie "Name-des-Vaters". Diese Metapher fehlt jenem Kranken von Czermac, von dem ich am Anfang meiner Rede sprach: Wenn ein Vater nicht vom Himmel kommt, so kann er selbst als Fallschirmspringer kein Vater und Mann, sondern nur Gott sein. So kann man die Auslösung einer Psychose als den Moment bezeichnen, in dem der verworfene Name-des-Vaters in symbolischer Opposition zum Subjekt steht.

Die *Denkwürdigkeiten eines Nervenkranken* lieferten Lacan die Basis einer Strukturanalyse. So schreibt er z.B. in dem Text "Über eine Frage, die jeder möglichen Behandlung der Psychose vorausgeht":

> "Zu den Kode-Erscheinungen gehören in dieser Betrachtungsweise die Stimmen, die sich der Grundsprache bedienen, die Schreber als ein etwas altertümliches, aber immerhin kraftvolles Deutsch, das sich namentlich durch einen großen Reichtum an Euphemismen auszeichnet, beschreibt" (S.13-I)[34].

An anderer Stelle (S.167-XII) verweist er mit Bedauern auf die

> "edle Vornehmheit und Einfachheit, die ihre Form auszeichnet"[35].

Schreber versucht da einen Ersatz zu finden für die Metapher, die ihm fehlt.

---

[32] LACAN, J., "Subversion du sujet et dialectique du désir dans l'inconscient freudien", in: *Ecrits*, Seuil, Paris 1966, S.819; deutschsprachige Übersetzung von N. Haas, in: LACAN, J., *Schriften* Bd.2, "Subversion des Subjekts und Dialektik des Begehrens im Freudschen Unbewußten", Walter-Verlag, Olten 1975, S.195.

[33] FREUD, S., *Aus den Anfängen der Psychoanalyse*, op.cit., S.151.

[34] LACAN, J., "D'une question préliminaire à tout traitment possible de la psychose", 1956, in: *Ecrits*, Seuil, Paris 1966, S.537; deutschsprachige Übersetzung von N. Haas, in: LACAN, J., *Schriften* Bd.2, "Über eine Frage, die jeder möglichen Behandlung der Psychose vorausgeht", Walter-Verlag, Olten 1975, S.69.

[35] LACAN, J., op. cit., in: *Ecrits*, S.537, in LACAN, *Schriften*, S.69.

Schreber[36] hat die Urteilsverwerfung gut beschrieben; er spricht von einer Beschädigung, die er aber nur teilweise enthüllen und veröffentlichen kann: Für ihn handelt es sich um Seelenmord, der mit den Familien Flechsig und Schreber zu tun hat. Ein ganzes Kapitel seines Buches wurde vom Verleger deshalb zensiert und nicht gedruckt.

Ein Beispiel aus der Praxis von Lacan soll diese Fragestellung verständlich machen. Es handelt sich um ein junges Mädchen, mit dem er im Rahmen der klinischen Demonstrationen im Jahre 1956-57 gesprochen hat. Dieser Fall ist in dem veröffentlichten Seminar über Psychosen[37], aber auch in dem Artikel "Über eine Frage, die jeder möglichen Behandlung der Psychose vorausgeht", enthalten[38].

In dieser Unterhaltung hat sich Lacan den subjektiven Positionen der Kranken ganz unterworfen; er schränkt sie nicht auf ihre Krankheitsgeschichte ein: die Kranke wäre sofort in ihr Mißtrauen zurückgekehrt. Solche Dialoge führte sie schon öfter im Rahmen der Behandlung im Spital, in dem sie zuvor war. Sie hatte gelernt, ganz vorsichtig zu sein. Sie kann also gar nicht verstehen, warum sie sich mit ihrer Mutter hier im Spital befindet, und kommt zu der Interpretation, die Leute seien an ihr "interessiert".

Ihr Chef im Betrieb bezeichnet sie als eine charmante, allseits beliebte Frau. Auch sie selbst empfand sich als diese von allen geliebte Frau. Diese Position des Subjekts macht einen Dialog schwierig! Doch kann sie erzählen, daß eines Tages ein Mann, der Freund der Nachbarin, sie mit dem Wort "Sau" titulierte. Dieses Wort "wertet sie ab": Da ist - für sie - keine Lüge möglich! Wenn jemand uns mit dem Schimpfwort "Sau" tituliert, denken wir mit Mitleid an den armen Kerl, der das sagt: sogar wenn wir denken, daß etwas Wahres in diesem Schimpfwort steckt.

Man könnte sich etwa denken, daß diese Beleidigung "Sau" eine Antwort auf eine andere Beleidigung "Schwein" wäre, die die Kranke hätte fallen lassen. Das ist es aber nicht! So muß sie gestehen, (mit einem vieldeutigen Lächeln), daß sie vor diesem Wort "Sau" ein "ich komme vom Metzger" geflüstert hat! Der Mann hätte das nicht so übel aufnehmen sollen, fügte sie hinzu. Aber auf wen zielten diese Worte? Wer spricht? Sie sagte nicht: "Ich sagte dem Freund meiner Nachbarin, ich komme vom Metzger und hatte den Eindruck, daß er mir 'Sau' antwortete". Hier muß man hinzufügen, daß die Nachbarin eine Freundin unserer Kranken war. Wenn man zu jemandem

---

[36] SCHREBER, D.P., *Denkwürdigkeiten eines Nervenkranken*, 1903, hrsg. Oswald Mutze, in Ullstein Buch, Berlin-Wien 1973, S.83.

[37] LACAN, J., *Les psychoses*, texte établi par Jacques-Alain Miller, Seuil, Paris 1981.

[38] LACAN, J., in: LACAN, *Schriften*, "Über eine Frage, die jeder möglichen Behandlung der Psychose vorausgeht", opus cit., S.65 und folgende.

sagt: "Du bist meine Freundin", so will das auch heißen "Ich bin Deine Freundin", der andere, "der kleine andere" wie Lacan sagt, ist dadurch anerkannt und so kann er auch uns anerkennen. Sätze wie "Du bist meine Frau" oder "Du bist meine Freundin" gehen immer über die Sprachebene, es handelt sich nicht nur um eine Bedeutung, sondern auch um einen Signifikanten. Nach Lacan kommt immer das Subjekt zum Ausdruck, wobei die Formen dieses Ausdrucks sein können: die Verleugnung, die Ablehnung, die Bestätigung, die Widerlegung. Dabei muß sich der Redner gewissen Regeln unterwerfen. Das ist nun gerade das, was der geschilderten Patientin schwerfällt. Lacan schreibt, daß sie sich "auf das Schroffste von ihrem Mann und dessen Verwandtschaft gelöst und damit einer von ihrer Mutter mißbilligten Ehe ein Ende gesetzt hatte, die seither ohne Epilog geblieben war; dies, weil sie überzeugt war, daß diese Bauern, um mit dem Flittchen aus der Stadt fertig zu werden, nichts Geringeres vorhatten, als sie gehörig auseinanderzunehmen".

Dieses Schimpfwort "Sau" kommt ihr von Außen, aber das Außen ist auch ein Innen. Sehr wahrscheinlich hat ihr, wie ihrer Freundin, dieser Mann gefallen. Mit dieser Begierde ist sie als geschlechtliches Wesen gefordert, aber sie kann auf diesen Ruf nicht antworten. Das Fehlen des "Namens-des-Vaters" läßt sie allein mit einem entsetzlichen "großen Anderen". In dieser Situation greift sie zu dem Wort "Sau", ohne Vorbehalt und rücksichtslos. Der in Gedanken vorausgehende Satz "ich komme vom Metzger" kann keinen Anwesenden, auch keinen Abwesenden bezeichnen, das "ich" in diesem Satz ist sehr unsicher und unentschlossen. Das Wort "Sau" macht dieser Ungewißheit des Subjekts ein Ende. Für einen Neurotiker dagegen gäbe es viele Arten, eine "Sau" zu sein, z.B. könnte er mit diesem Wort oder dieser Vorstellung spielen.

Lacan orientiert sich an einer Strukturbestimmung, die er erarbeitet hat. So schreibt er:

> "Damit die Psychose ausgelöst wird, muß der Name-des-Vaters, der verworfen ist, das heißt nie an die Stelle des Anderen gesetzt werden darf, daselbst angerufen werden in symbolischer Opposition zum Subjekt"[39].

Er fügt später hinzu:

> "Das Fehlen des Namen-des-Vaters an dieser Stelle leitet, durch das Loch, das es im Signifikant aufreißt, jene kaskadenartigen Verwandlungen des Signifikanten ein, die einen progressiven Zusammenbruch des Imaginären zur Folge haben, bis zu dem Punkt, wo Signifikant und Signifikat sich in einer delierierenden Metapher stabilisieren"[40].

---

[39] LACAN, J., "D'une question préliminaire à tout traitement possible de la psychose", opus cit., S.577 (eigene Übersetzung, Y.B.).

[40] LACAN, J., opus cit., S.577 (eigene Übersetzung, Y.B.)

Wie kann der Name-des-Vaters angerufen werden? Das ist eine Frage, die wir an dieser Stelle nicht aufnehmen können...

Schlußfolgerung

Als meine Schlußfolgerung möchte ich einige Punkte besonders hervorheben:

1. Die Psychose ist ein Gebiet, das Freud nie fallenließ, wenn er auch sehr sorgsam bei der Auswahl der Patienten war, mit denen er arbeiten wollte und auch konnte. Da die Psychoanalyse die Erkenntnis der subjektiven Prozesse zum Ziel hat, muß sie gerade auf dem Gebiet der Psychose etwas zu sagen haben.

2. Die Strukturbestimmung, wie ich sie hier vorgenommen habe, hat einen großen Vorteil: Sie erklärt uns, wie ein Psychotiker ein ganz normales Leben haben kann, solange er den bestimmten psychischen Punkt, nämlich den "Namen-des-Vaters", nicht berührt.

3. Klinische und theoretische Fragen im Kontext der Psychose sind sinnvoll, wenn sie neue Türen auf dem Gebiet des Verständnisses der Psychose öffnen können. Auch in dieser Grenzfrage der Psychoanalyse empfiehlt sich eine Rückkehr zu Freud und eine neue Auseinandersetzung mit seinen Schriften.

4. Lacan unterbreitet eine Freud-Lektüre, die die Funktionen des Sprechens hervorhebt. Mit der klinischen Frage der elementaren Phänomene hat er auf dem Hintergrund des Freudschen Begriffs der Verwerfung ein weitreichendes Konzept begründet: das Konzept des "Namens-des-Vaters".

Ich danke Eike Wolff und Ulrich Müller für die Hilfe bei der Korrektur der deutschen Fassung.

Über den Ausbruch der Psychosen[1]

Marcel Czermak

Ein kleiner Junge von drei Jahren sieht eines Tages einen Mann, der aus der Gefangenschaft zurückkehrt; er fragt: "Wer ist das, der da?", und bekommt zur Antwort: "Das ist dein Vater. Ein Vater, sowas fällt nicht vom Himmel."[2] Zwanzig Jahre später macht dieser kleine Junge, der inzwischen Vater geworden ist und sich im Militärdienst in einer Fallschirmspringer-Einheit befindet, seinen ersten Sprung. Bei der Landung bricht ein "Wahnsinnsanfall" aus: "Ich bin Gott", sagt er.

Diese Anekdote hat zum Ziel [*objet*], ausgehend von der erneuten Durchsicht einer Anzahl von Fällen, von Fragmenten, den Moment des Ausbrechens der Psychose zu erhellen. Es hat sich aus Gründen, die mit dieser Arbeit selbst nichts zu tun haben, so ergeben, daß diese Fälle alle die von Männern sind.

I

Der erste Fall handelt von einem, der sich in Analyse befand, und bei ihm, beispielsweise, ist es die Psychoanalyse selbst, die die Psychose hat ausbrechen lassen. Seine Fortentwicklung wurde von einem zunehmenden Gefühl der Kreuzigung begleitet, da er zur gleichen Zeit den Analytiker als immer perfekter wahrnahm - eine Eingebung, die durch eine Fernsehsendung, in der er hatte sagen hören, daß der Analytiker ein Heiliger sei, noch bestärkt wurde. Im Blick auf diese Perfektion ohne Fehl konnte er sich nurmehr als gescheitert empfinden, als Ausschuß, und fühlte sich schließlich "im Stich ge-

---

[1] "Sur le déclenchement des psychoses", Vortrag auf den *Journées des Mathèmes* der École freudienne de Paris im November 1976; veröffentlicht als Kapitel V in: M. CZERMAK, *Passions de l'objet. Études psychanalytiques des psychoses*, Paris: Joseph Clims 1986, S. 87-105. [Anmerkungen und Ergänzungen des Übersetzers sind in eckige Klammern gesetzt.]

[2] [*tomber du ciel* kann auch soviel bedeuten wie 'aus allen Wolken fallen', aber auch 'wie gerufen kommen'.]

lassen", als der Analytiker zu Beginn der Osterferien sagte: "Wir machen jetzt Pause³ und fahren nach den Ferien fort".

Kurz vorher hatte er zwei Träume gehabt. Im einen leerte seine Mutter den Abfalleimer vom Balkon aus. Im folgenden versagt ein Widder, das Leittier der Herde, bei dem Versuch, seine verstreuten Schafe zu sammeln.

In dem Moment, wo ihm gesagt wird "On s'arrête là", wo sich für ihn die Unmöglichkeit des Sprechens [*parole*] herausstellt, das ihn als Subjekt ankommen lassen könnte, wo er gerade den Psychoanalytiker verlassen hat, der als schrecklicher Vater definiert ist, begibt er sich zu seinem Vater, und auch der ist als schreckliche Stimme und schrecklicher Blick definiert. Er blickt diesen Mann, der vor ihm Kreuzworträtsel ausfüllt, an. Er blickt ihn an mit einem Blick, der offensichtlich kein Appell ist, er blickt ihn an, ohne ihn in einem artikulierten Sprechen anrufen zu können. Es ist nicht einmal ein "Vater, siehst du denn nicht, daß ich verbrenne?". Er ruft den Vater an, nicht den Vater dort vor ihm, sondern den VATER: "VATER!", sagt er innerlich.⁴

Auf diesen Anruf erhält er die schreckliche Antwort: "SOHN!". Eine halluzinatorische Antwort, die ihn sich als in Stücke zersprungen erfahren läßt, seinen Körper in Gefahr, sich in die Welt der Objekte zu verströmen.

Als er sich wieder faßt, beginnt der Kampf auf Leben und Tod: "Ich werde das nicht mit mir machen lassen", heult er, ganz seiner Enttäuschung darüber bewußt, daß ein so phantastischer Widersacher die Form der väterlichen Stimme selbst angenommen hat.

Am Abend, er hat sich, vom Kampf erschöpft, wieder beruhigt, ist die Stimme wieder zu vernehmen und befiehlt ihm, sagt er, sich aus dem Fenster zu stürzen. Aufmerksames Nachfragen ergibt, daß die Stimme eigentlich nichts gesagt hat: eine reine, unsägliche Stimme, ein reines schreckliches Objekt, auf die sein in die Welt der Objekte verströmter Körper antwortet: "*par la fenêtre*" [aus dem Fenster]. Eine reine Stimme, die den Körper in den Untergang schleudert. Und eine Rückrufen [*rappell*] des Traums vom Abfall, den die Mutter aus dem Fenster wirft, von dem er gesagt hat: "*parler fait naître* [Sprechen gebiert], das Sprechen ist fruchtbar, aber nicht für mich". In dem Moment, wo sich die reine Stimme erhebt, übersetzt der Körper des Subjekts die radikale Abwesenheit der Symbolisierung dieses Satzes: Punkt, wo *parler fait naître* zum todbringenden *par la fenêtre* wird.⁵

---

³ [*on s'arrête là*, wörtlich etwa: 'man hält hier ein'.]

⁴ [*A. d. Ü.*: Hier, wie in einigen folgenden Fällen, werden Worte, die im Französischen mit großem Anfangsbuchstaben gesetzt sind, in Kapitälchen wiedergegeben.]

⁵ [*parler fait naître* und *par la fenêtre* sind - nahezu - homophon.]

Auf dem Boden angekommen und noch am Leben, schreit er in seiner Hypomanie nicht wie der Vorige "Ich bin Gott", sondern "ich bin der lebendige, wiederauferstandene Christus". Da der Signifikant nie je an seinem Platz war, kommt er in der Form eines Imperativs zum Vorschein - "SOHN!" -, der das Subjekt an seinen legitimen Platz nagelt, um es aber tödlich anzugreifen. Kein unfruchtbares Sprechen, sondern tyrannische Stimme, die zum göttlichen Vater erklärt wird, der mit dem ersten, mütterlichen Anderen zusammenwächst und so den Sohn als Abfall bezeichnet, als Ausschuß, der in einer neuen, wahnhaften Geburt auszuleeren ist. Sodann, getötet ohne tot zu sein, nimmt unser Junge seinen Kampf mit Gott wieder auf, indem er ausruft: "Lebendiger, wiederauferstandener Christus, werde ich <mich nicht/das nicht mit mir> machen lassen". Es ist ein von Anfang an todbringender Konflikt, in dem das nicht symbolisierte, desymbolisierte, auf ein reines, unartikuliertes Gebot reduzierte *parler fait naître* den Fall des Abfalls vom ursprünglichen Objekt in Gang setzt. Ein Zusammenwachsen der reinen Stimme, des reinen Gebots und der ursprünglichen Objekte, die versuchen, sich in einem verzweifelten Versuch zu spalten.

Mangels einer Stimme, die das Sprechen trägt, bleibt dem Subjekt vor seinem Vater nur ein Sprechen ohne Stimme. Und dieses Sprechen ist im Realen wiedergekehrt, in der Tat, im Fenstersturz [*défenestration*][6].

All das hat die Struktur eines Satzes, aber eines unartikulierten. Als Kontrapunkt zum abwesenden symbolischen *parler fait naître* tritt eine wortlose Stimme auf, deren untergeordnete Aussage ein "*fait naître*", ein tödliches Fenster ist, ein reiner Blick, der unseren Mann erwischt.

Man spürt hier, daß, damit es eine Frage gibt, es für unseren Patienten ein Subjekt von vor der Frage gegeben haben müßte. Da das vor diesem Vater, Stimme und Blick, fehlt, sehen wir, daß die Stimme das Subjekt nicht fragt. Es ist nicht einmal ein innerer Dialog: Es war eine Anrufung, und die Stimme manifestiert sich, homolog im Realen des symbolischen Sprechens, indem sie den Schluß des symbolischen Satzes - "fait naître" - ins Reale eines Fenstersturzes verweist, eines Sturzes durch ein Fenster, das das Subjekt anblickt. Man entdeckt nebenbei, wie diese zum göttlichen Vater erklärte Stimme sich durch einen Diskurs bestimmt findet, in dem es die Mutter ist, die das Gesetz des Signifikanten macht.

Man sieht auch, wie die wahnhafte Befruchtung aus dem Abhang der göttlichen Stimme herrührt: in seinem Fall [*chute*] verlassenes [*chu*] Subjekt, riskiert es sein Leben; sicherlich zeigt es dieses Wissen, ein Wissen der Sprache, daß das Sprechen *fait naître*, daß es fruchtbar ist, daß es das Versprechen ist,

---

[6] [*défenestration* kann auch 'Entfensterung', 'Schließen der Fenster(öffnungen)' bedeuten.]

das durch den perfekten Anderen auf jene Entbindung des Signifikanten zielt, der das Subjekt aus eigener Kraft zu [seinem] Ende führt[7] - und das unter dem Deckmantel einer Illusion der Auferstehung durch einen nie vollendeten Geburtsakt, der einen Ausweg nur in einer Erwartung seiner eigenen, auf das Ende aller Zeiten verschobenen Befruchtung läßt.

Es ist ein Treffen mit der reinen Stimme, an dem, zwar häufiger als die Kliniker denken, unsere unzulänglichen Behandlungen scheitern, und das nun, wie durch das schreckliche Gebrüll unseres Schofars, die Formen des ursprünglichen Widders, des Ahnen, dessen, der das Opfer fordert, sich abzeichnen läßt. Diese reine Stimme ist die des Widders, der im Traum die verirrten Schafe seiner Herde einsammeln muß: "Wenn er nur nicht versagt", denkt der Träumer.

Was er nicht weiß, ist, daß wegen der Abwesenheit des Subjekts von vor der Frage die Stimme des Widders die ist, die tötet [tue], da sie nicht "Du" [Tu] sagen kann.

Der mental genannte Automatismus liegt in dem Akt selbst, durch den der Körper, indem er sich desartikuliert, auf Befehl von Blick und Stimme versucht, einen nie artikulierten Satz zu reartikulieren. Der Versuch, die Position des "SOHNS" für den Signifikanten "VATER" zu artikulieren, der nie an seinen Platz gelangt ist, läßt halluzinatorisch das Objekt *a* erstehen, Stimme und Blick. So zirkuliert das Subjekt zwischen Stimme und Blick, auf Kraftlinien, die sich auf beiden Seiten aus "dem Fenster" spannen. Es ist selbst eine von ihnen.

Man kann vielleicht sagen, daß Stimme und Blick wie ein Handschuhfinger sind. Die Stimme ist innerlich, der Blick äußerlich, und wenn man den Finger umstülpt, kommte das Subjekt nach innen, von der Stimme erlöst, nun Ausschuß, und stürzt [chute] in den Blick ohne Spiegelung.

II

Das zweite Subjekt sicht seine Psychose bei der Gelegenheit ausbrechen, als seiner schwangeren Frau eine Fehlgeburt droht und sie ins Krankenhaus eingewiesen werden muß.

In Abwesenheit seiner Frau kümmert er sich allein um den ersten Sohn. Die Frau hat einen Abgang: ein Kind verschwindet. Er hat auf die Fragen des älteren Kindes zu antworten, das zu sprechen beginnt. Um was für Fragen es sich handelt, davon weiß er nichts mehr, wir kennen aber seine Antwort von

---

[7] [*conduire à sa fin*: beenden; *fin* (Ende, Schluß) kann aber auch Ziel, Zweck, Absicht bedeuten.]

Seiten des Wahns: "Die Leute wollen mich erkennen lassen, daß ich etwas anderes bin als das, was ich bin (...), andere sagen mir, daß ich ein Nichts bin (...), eine Frau wollte mich sagen lassen, daß ich Gott bin oder Christus (...)", und dann tritt, in einer besonderen, nicht verwirrten Bestürzung, ein Phantasma in drei Versionen auf:

Erste Version: "Ich badete mit meinem Bruder (...), andere sind dabei. Beim Aussteigen ist jemand verschwunden (...), meine Mutter kommt, Leute (...), jemand liegt im Gras ausgestreckt".

Zweite Version: "Ich plantsche mit meinem Vater im Fluß herum. Ein Sack treibt vorbei, mein Vater holt ihn und legt ihn ins Gras".

Dritte Version: "Ich spiele mit dem Sohn des Bäckers" - der, als sie ganz klein waren, sein bester Freund gewesen war und der zu dieser Zeit an einem Hirntumor gestorben ist -, "ich zwinge ihn, Wasser zu schlucken. Vater schreitet ein, aber zu spät, er ist tot."

Anzumerken ist zunächst, daß man bei dieser Aussage nicht weiß, *wer* tot ist. Dann auch, daß etwa zu der Zeit, als der Sohn des Bäckers stirbt, der Vater eine mysteriöse Krise durchmachte und die Mutter von ihm sagte: "Er ist für uns verschwunden".

Wir wissen also nicht, was die Fragen des Sohnes waren, aber wir kennen die Antwort des Vaters. Wenn sie wahnhaft ist, dann weil er, da er nicht antworten kann, nicht der ist, der er ist, er folgt [*suit*] nicht dem, was ihm vorangeht, er folgt etwas anderem als dem, was er *suis/ist* [*bin*]^8. Etwas anderes, aber was? Nichts? oder Gott? oder Christus? Von dem Platz, wo er nichts oder Gott oder Christus ist, gleitet der ältere Sohn auf den Platz dessen, der getötet wird, weggeschafft [*enlevé*], verschwunden ist, dessen, der nicht dem *suit*/folgt, der er *suis/ist*, dem Analogon seiner selbst, dessen Ausscheidung in dem auftretenden Phantasma statthat. Er läßt sein *alter ego* Wasser schlucken, diesen Bruder, der der Sohn des Bäckers für ihn ist, der stirbt, weil der tote Vater nicht einschreitet, gestorben, während er ihn nicht kennt, und das nicht gemäß dem Wunsch des Subjekts, sondern der Rede der Mutter.

Das Phantasma zeigt uns das unter den beiden folgenden Formen: 1) "Jemand" ist verschwunden - kein Vater, man weiß nicht mehr wer -, und was davon bleibt, liegt im Gras. 2) "Etwas", das verschwunden war, treibt im Wasser, ein Sack voller Signifikanten, den ein plantschender Vater zu ergreifen sucht, um ihn dann ins Gras zu werfen und seiner Frau als Bodensatz zur Schau zu stellen.

Das Dritte versteht sich von selbst: Das Einschreiten dessen, was vom Vater bleibt, ist schwach, es rettet den Sohn nicht, den Bruder, der seinerseits Wasser schluckt.

---

^{8} [*(il) suit*, "(er) folgt", und *(je) suis*, "(ich) bin", sind homophon.]

Es ist ein Ineinanderschieben der Generationen und Personen, das seinen Vater, ihn selbst, seinen Bruder und Freund, den Sohn des Bäckers, sein totes Kind und sein lebendes auf einen Punkt zurückführt - Gott, Christus oder nichts.

Man begreift daher seine Bestürzung: "Was ist nur mit mir geschehen?"

An dem Punkt, wo der Wahn auftritt, finden wir oft dieses "etwas Weggeschafftes", "jemand Verschwundenes". Sicherlich, dieser Teil des Realen, dessen sich das Subjekt beraubt wähnt, im Realen fehlt er nicht. Das Phantasma zeigt uns gut, daß es das Subjekt selbst ist, das von einer auf dem Symbolischen ruhenden Privation betroffen ist, und das bringt dann dieses "Ich war Gott, Christus oder nichts" hervor. Oder auch, wie es ein solcher Patient einmal zu mir sagte: "Ich war der Gesamt-Eine". Oder ein anderer: "Der versammelte und verstreute Eine, dessen gekrümmter Blick sich auf sich selbst richtet und in seine eigenen Zellen eindringt, die ebensosehr die des anderen sind".

Das psychotische Subjekt, das sich die Frage des Lochs im Realen nur stellt, um seine unglaubliche Möglichkeit zu leugnen, verkennt in einem zweiten Abschnitt der Wahnarbeit seine eigene symbolische Katastrophe, indem es sich auf das etwaige Unheil beruft, das sich im Realen erzeugt. Eine Gefahr, gegen die es ankämpft, indem es zum Beispiel eine einheitliche Theorie des Universums aufstellt: Im Universum gebe es kein Loch, sonst stürze ja das Universum selbst hinein.

Gott, Christus oder nichts sein: jede Zählung ist verschwunden, jede Differenz aufgehoben, Wesen und Objekte vertauschen sich. Die Frau des Subjekts riskiert ebenfalls, weggeschafft, zu verschwinden.

Ich habe unser Subjekt bestürzt genannt, aber in einer nicht verwirrten Bestürzung. Bemerken Sie, daß dieses "verschwunden" analog ist zu den Kartuschen der Hieroglyphen, aus denen eine Dechiffrierung zustande kommen kann. Sowie die Kartusche leer ist, verflüchtigt sich der symbolische Hebel, den er bildet, und der Entzifferer hängt fest.

Bevor ich zum Schluß komme, will ich noch daran erwähnen, daß unser Patient einige Jahre zuvor, nach dem Tod eines Freundes, das Objekt von elementaren Phänomenen gewesen war: ein fürchterlicher Zahnschmerz, ein mehrere Wochen anhaltendes Gefühl, einen geborstenen Zahn zu haben, den Verlust eines gesunden Zahns. Im letzten Jahr war ein Mann in sein Büro gekommen, den der Patient einen Moment lang für jemanden hielt, der ihn festnehmen, wegschaffen, verschwinden lassen wollte. Wir werden auf die Rolle solcher Phänomene zurückkommen.

III

Nun haben wir einen Patienten, der seine Psychose in einer fremden Stadt ausbrechen sah, wo er sich mit seiner zukünftigen Frau getroffen hatte. Kurz zuvor war sie von ihm schwanger geworden, und sie hatten sich gemeinsam, bevor die Reise festgelegt wurde, entschlossen, daß sie abtreibt.

Ein Jahr zuvor hatte die Mutter dieses Jungen sich wieder verheiratet, sein Stiefvater hatte ihm vorgeschlagen - aus Erbschaftsgründen -, ihn zu adoptieren, was von seinem Vater verlangt hätte, auf die Vaterschaft zu verzichten. Es war beschlossen worden, daß der Sohn einen neuen Vatersnamen annehmen soll, indem man an seinen Namen den des Stiefvaters anfügt. Durch einen Verwaltungsfehler erhielt er aber einen, in dem der Name seiner Mutter an den des Vaters angehängt wurde. Die ganze Familie machte sich darüber lustig, man ließ das Verfahren erneut anlaufen, und es brauchte einige Monate, bis er endlich diesen aus zwei Namen gemachten Namen tragen konnte, aus dem seines Erzeugers und dem seines Stiefvaters.

Im Alter von dreizehn Jahren war unser Patient anläßlich eines Diebstahls in der Klasse für einige Momente der Überzeugung gewesen, daß sein bester Kamerad, der dort unten auf dem Hof herumlief, der Dieb war.

Etwas später, etwa mit siebzehn, hatte er beim Verlassen der Métro zwei Männer auf sich zukommen sehen und war, ehe er sich wieder faßte, sicher, daß sie ihm ans Portemonnai wollten. Von diesem Tag an schloß er seine Tür immer zweimal ab.

Im Alter von zwanzig hatte er, während er sich bei seinem Onkel und seiner Tante aufhielt, in deren Abwesenheit eine Vase fallen lassen und zerbrochen. Er hatte eine neue gekauft und ihnen bei ihrer Rückkehr versichert, daß es sich um dieselbe handele. Erst nach einer halben Stunde hatte er eingesehen, daß es nicht die gleiche war.

Seine Psychose bricht also anläßlich seiner Reise aus. Er ist mit dem Auto seines Stiefvaters gefahren, einem Wagen, dem dessen ganze Sorge galt und den er nur sehr ungern dem Jungen lieh, der sich übrigens scheute, ihn zu benutzen.

Unterwegs überfährt er einen Moment die durchgezogene gelbe Linie, muß seine Papiere zeigen; abends kommt er in einer fremden Stadt an, wo seine Begleiterin ganz leise zu ihm sagt: "Da sind zwei Typen, die mir folgen, die wollen mich mitnehmen". Es erweist sich, daß sie gern denkt, alle Männer liefen ihr nach.

Trotzdem ist er sicher, daß man sie alle beide wegschaffen will. Sie schließen sich die ganze Nacht über im Zimmer ein und versuchen am Morgen, nach Paris zu fliehen. Er verläßt das Zimmer, geht bis zum Auto, pflanzt sich davor auf: es ist nicht mehr da, er sieht es nicht. Erst nach einem langen

Augenblick nimmt er es wieder wahr, direkt vor sich, und sie kehren nach Paris zurück, nach einer verrückten Verfolgungsjagd, die sie ins Krankenhaus bringt.

Kaum dort angekommen, stürzt er sich aus dem Fenster - vom Erdgeschoß aus, er trägt kaum Schäden davon.

Jedesmal, wenn in seiner Gegenwart ein Mangel in der Form einer Privation beschworen wird - das Portemonnaie geraubt, die Frau weggeschafft, die Übertragungs-Person abwesend (wenn ich ging, flammte alles von neuem auf) -, bricht der Wahn aus. Er ist es, den man töten will, es ist die Frau (es gibt hier die Seite des "Anstoßes zur Frau" [pousse-à-la-femme].)[9].

Das Objekt ist so gut aus dem Realen verschwunden, daß sich die negative Halluzination erzeugt. Er durchläuft übrigens eine ganze Skala von Zweifeln hinsichtlich der Existenz der Objekte. Als der Wahn schließlich erloschen ist und er sich an seine Halluzinationen erinnert, sagt er zu mir: "Nun aber, dieser Ascher, den ich da auf Ihrem Tisch sehe - er könnte nicht da sein". Alle diese Objekte, die in der einen oder anderen Form Behälter sind - das Portemonnaie, die Vase, seine zukünftige Frau -, sind hier austauschbar, insofern sie sich in dem Loch einnisten, das vom Symbolischen offengelassen wird. Zu dem, was seine Begleiterin sagt, bemerkte ich übrigens: "Man will mich an einen Ort schaffen, an den bereits jemand anders geschafft worden ist, wohin für dich bereits etwas verschwunden ist. Da, wo ich bin, will man mich beseitigen, weg von diesem Ort, wo ich als Objekt mich situiere und dir dabei ein verlockendes Bild abgebe, das das maskiert, was dir bereits genommen worden ist. Dieser Ort da legt sich bloß in seinem Schrecken vor dem schwindelerregenden Schlund, weil ich dich als Abwesenheit einer Abwesenheit anblicke, ich bin der Platz der negativen Halluzination, DIE Frau existiert nicht."

Er spricht übrigens gern von diesen Objekten, die *nicht an ihrem Platz* sind, dem Ort, der wahrscheinlich die sukzessiven Identifizierungen bezeichnet, deren Funktion in einer signifikanten Reihe er nicht ergreifen konnte. Als ich aber an seinen offensichtlich verschobenen [*déplacé*] Namen erinnere, erklärt er mir: "Das macht mir nichts aus ... Nein, ich klinke wirklich nicht aus ... Obwohl ich ein Mensch bin, der auf Ausnahmen achtet, auf das, was nicht an seinem Platz ist". Es ist dies ein in der Klinik im Zusammenhang der Psychosen recht häufiges Zeichen, auf das wir noch zurückkommen, wenn wir von dem sprechen, was alles entgeht, was gleitet, dem kleinen veränderten Zug, dem Detail, das nicht gleich ist. Sagte er nicht im Fall der Vase "das ist dieselbe"?

---

[9] [Die französische Wendung "pousse-à-la-femme" ist im mechanischen Sinne einer "Anstoßung auf einen Zustand hin" zu verstehen.]

Es ergab sich zu meinem großen Erstaunen, daß der Wahn im Laufe nur einer Nacht weggefegt wurde, und zwar unter folgenden Umständen:

Ich fragte mich, von welcher Seite ich die Dinge in den Griff bekommen sollte, als der Wahn seit mehreren Wochen anhielt, sich entwickelte und immer mehr artikulierte. Eines Nachmittags hielt ich nicht mehr an mich und sagte zu ihm: "Aber letztlich hat all das doch an dem Ort angefangen, wo tatsächlich jemand weggeschafft wurde, nicht wahr?" In der Tat hatte ich erfahren, daß ein Freund der Familie in dieser Stadt entführt worden war. Verblüffung seitens des Patienten. Am nächsten Morgen war vom Wahn nichts mehr übrig.

Offensichtlich hatte ich nichts verstanden von dem, was ich machte, außer daß ich zweifelsfrei wußte, daß sich alles um den Signifikanten "*enlevé*" drehte.

Ich erinnere nur an die Anmerkung Freuds in seiner metapsychologischen Ergänzung: "... ein Erklärungsversuch der Halluzination [müßte] nicht an der positiven, sondern vielmehr an der *negativen* Halluzination angreifen [...]."[10]

IV

Mit dem folgenden Fall bleiben wir bei den Problemen der Erbschaft: Die Mutter dieses Patienten, eine Erbin in weiblicher Linie, war unter sehr sonderbaren Umständen der wahre Grund des Todes des Vaters gewesen, eines Todes, den sie seinem noch sehr jungen Sohn zur Last gelegt, während sie ihren Anteil an der Affaire bestritten hatte. Aus verschiedenen Gründen hatte sie nach dem Ableben ihres Gatten auf die Rechte seines Sohnes verzichtet und das Erbteil wieder an den Großvater väterlicherseits zurückfallen lassen.

---

[10] ["Metapsychologische Ergänzung zur Traumlehre" (1916-17), *G. W.*, Bd. X, S. 423, Anm.] Es ist klar, daß dieser Typ negativer Halluzinationen kaum etwas mit denen zu tun hat, die durch posthypnotische Suggestion hervorgerufen werden, wie Bernheim sie feststellte und denen er seinen Namen verlieh. Freud hat dessen Gebrauch für die Psychosen im übrigen möglich gemacht, indem er das schrieb: "... nicht an der positiven, sondern vielmehr an der *negativen* Halluzination angreifen". Tatsächlich ist es die Arbeit über das Syndrom von Cotard, die mir eine treffliche Einführung in die Probleme der negativen Halluzination in der Psychose zu bieten scheint. Zu dem besagten Patienten hat jemand angemerkt, daß die "magische Wirkung einer Interpretation auf den Wahn verblüfft" (J. C. MALEVAL, "Du déclenchement des psychoses", *Informations psychiatriques*, vol. 59, n° 7, Sept. 1983). Das ist wahr. Der erste, den das verblüffte, war ich selbst. Was die "magische Wirkung" angeht, da handelt es sich aber um etwas ganz anderes. Ich habe eine bestimmte Zahl von Fällen in der Hinterhand, wo die unvermittelte und völlige Auflösung eines Wahns plötzlich unter Umständen eintritt, die noch untersucht zu werden verdienen und die ich mir vornehme, eines Tages in die Debatte einzubringen. Diese Fälle sind rar, indes es gibt sie.

Die Psychose bricht aus, als das Subjekt eine Erbschaft von der älteren Schwester der Mutter macht, seiner Tante, die der Familienvorstand geworden war.

Als er sich so als erster männlicher Erbe in einer weiblichen Filiationslinie entdeckt, sagt er: "Was bin ich nun, wenn ich etwas anderes bin als das, was ich bin? Ich bin der erste Mann, Adam vielleicht ...".

Jene Erbschaft an einer Abwesenheit des Subjekts von vor der Frage, die an die des Signifikanten gebunden ist, wird nunmehr materialisiert in dem, was er erbt: einem Klavier.

Bei seiner Ankunft im Krankenhaus, hatte er seit mehreren Tagen sein Heim nicht verlassen können, an dieses Klavier genietet, um das herum er netzartig alle Objekte seiner Wohnung angeordnet hatte: "Ich laufe in dieser Wohnung umher wie in einem Labyrinth, zwischen verschiedenen Bereichen, die nicht wieder zusammenkommen. (...) Ich muß bereit sein für die Verbindung." Er heulte und klammerte sich an das Klavier, das Körper und Welt zusammenhielt: "Damit sich in und durch meinen Körper die Nationen vereinen."

Es ist eine hypothetische Verbindung, die das Versprechen einer Beherrschung des körperlichen Bereichs auf eine ungewisse Zukunft verwies, trotz des an das Genießen Gottes aufgegebenen Objekts, der Vorhaut a, denn er war Jude. "Die Unordnung bei mir?", antwortete er der über den Zustand seiner Wohnung empörten Mutter, "Das ist mein Versuch, Ordnung in die Objekte der Nachfolge zu bringen."

Die reihenweise Umarbeitung der Signifikanten wurde also von dem ausgelöst, was er erbte - ein Klavier -, und sie bezeichnete das, dessen er beraubt worden war.

Bei unserem vorausgehenden Patienten ging die geistige Unordnung weniger weit: Die Objekte der familiären Nachfolge waren vielleicht im gleichen Maße evoziert, aber in der Art eines Aufblitzens, eines in die Löcher der Welt Schlagens.

V

Die an das Genießen Gottes aufgegebene Vorhaut bildet auch bei unserem folgenden Patienten die entscheidende Klippe, einem Mann, der aus einer Erblinie stammte, die funktionierte, als ob die Männer von Männern geboren würden. Er hatte seine Eltern veranlaßt, sich zu ihrem Judentum zu bekennen, und war mit zwanzig seinerseits konvertiert. Nachdem er dieses symbolischen Teils, der Marke des Bundes, beraubt war, sagt die Mutter zu ihm: "Was wir dir gesagt haben - über unser Judentum -, wir wollten dir damit eine Freude machen". Angesichts dieser Rede realisiert er, daß dieser im Namen-des-Vaters aufgegebene Teil ihm von ihm selbst trügerischerweise zugedacht war, daß er nicht in der Lage war, seinen Teil an den anderen aufzugeben, sich vom anderen zu trennen, und er verfällt in den Wahn. Er tritt in die Psychose ein in dem Moment, wo seine Mutter das, was er gemacht hat, wieder eingliedert, und schreit: "Sie verweigert das Gesetz der Rückgabe [*retour*]".

Es ist eine beunruhigende Evokation der wütenden Megalomanie, die das Subjekt erfaßt, als es Ordnung in die Objekte der familiären Nachfolge zu bringen versucht und entdeckt, daß es selbst nur ein Objekt ist, das nichts nachfolgt, und als solches in jedem Moment einen beliebigen Punkt in einer Geschichte und einem zirkulären Raum darstellt. Wie ein Fluß, dessen gestauter Lauf sich umkehrt und dabei in der entstehenden Woge zeitloser Bilder spiegelt.

Dieser Junge hatte sich zu einem bestimmten Zeitpunkt, wie man sagt, schadlos gehalten. Er war aus dem Krankenhaus geflohen, nach ein paar Tagen aber wieder zurückgekommen. Es ging ihm anscheinend ganz gut, was offensichtlich beunruhigend war. Es war durch nichts zu erfahren, was er in der Zwischenzeit gemacht hatte. Nach mehreren Tagen schließlich, er machte mir gegenüber einen ganz abgestumpften Eindruck, und ich wollte mich daraufhin zurückziehen, stand bereits in der Tür, da hielt er mich fest, um mir, ein boshaftes Lächeln auf den Lippen, zu sagen: "Ich will Ihnen die Wahrheit sagen, ich habe gestohlen, um die Schuld wiedergutzumachen."

Es gab nur leider kein Subjekt mehr, um sie zu begleichen, diese Schuld.

Unser Patient hatte bereits vorher eine psychotische Episode erlebt, als der Freund, der ihm als Prothese diente und, so hieß es, dessen Gesten er in seinem Leben, in einer völlig künstlichen Existenz, kopiert habe, eines Tages die Tür vor ihm verschloß, um sich auf ein Examen vorzubereiten, und so aus seinem Blick verschwand. Er war sich daraufhin sicher, daß er selbst es sei, den man wegschaffte, dem man auflauerte, folgte, den man töten wollte. "Ein Freund verschwand" - ein Bild, das in beiderlei Sinne des Terms das wahnhaften Eindringen enthält, ein Bild, in dem das Subjekt sich nicht denkt oder erkennt, sondern widerspiegelt, und das, wo er weiß, verfolgt zu werden: "Ich bin [*suis*] etwas anderes als das, was ich bin, weil man mir folgt [*suit*]".

Beachten Sie dieses "man", ein unbestimmtes, unpersönliches Pronomen, das grammatisch auch eine Formel der Nichtung ist: "On me suis [man ist sich/ich bin mir]" anstelle von "Je me suis ... [ich habe mich ...]"[11] (z. B. ausge-

---

[11] [Das französische "on" kann als Ersatz für die erste Person Singular einen ironischen oder nichtenden Wert annehmen. Zugleich findet sich in dem Beispielsatz eine Homophonie zwischen "suis" (ich bin) und der dritten Person Singular von "suivre" (folgen, verfolgen).]

setzt gefunden, kommandiert, gefordert, so wie es der mentale Automatismus enthüllt), aber "man" weiß darüber reichlich wenig. "Man ist sich/On me suis", also kann ich diesem Signifikanten nicht folgen [*suivre*], dessen Auftauchen nichts werden kann als mein Gegensatz: Es ist der Signifikant, der mir folgt und mich tyrannisiert. "Ich spreche weniger, als daß ich durch meinen Mund gesprochen werde, von dem ich nicht mehr erkenne, daß er diesen meinen Diskurs artikuliert, der mir fremder ist als Ihre Rede."

VI

Da wir hier von der treibenden verbalen Halluzination sprechen, sollen auch ihre entwicklungsmäßigen Verschiedenheiten unterschieden werden, um ihre Tragweite abzuschätzen.

Noch vor dem Punkt, wo das Subjekt bald leugnet, gesprochen zu haben, um halluzinatorisch sein eigenes Sagen auf die Probe zu stellen, und bald den Verstand darüber verliert, daß Es in seinem eigenem Mund spricht und daß seine Sprache sich widerwillig bewegt, gibt es das unauffälligere, aber nicht minder lehrreiche Phänomen, das entsteht, wenn Sender und Empfänger für ihn ihre Botschaft vermischen. In diesem Moment der Störung des Denkens, artikuliert er "automatisch" und lautlos irgend etwas, um so das zu spalten, was an der Botschaft vom Sender und was vom Empfänger kommt. Eine lautlose Artikulation, wie sie schon Séglas bemerkt hat, dessen Verdienst es ist, gezeigt zu haben, daß die treibende verbale Halluzination in ihrem Auftauchen, weit davon entfernt, als solche eine Halluzination zu sein, allem voran ein Vorgehen ist, auf das das Subjekt in dem Versuch zurückgreift, sich in seiner Menschlichkeit zu erhalten.

Das ist es, was die allgemeine Tragweite der mentaler Automatismus genannten Phänomene ausmacht, von denen ich, indem ich "l'Étourdit" paraphrasierte[12], sagte: die Tatsache, die der mentale Automatismus zeigt, bleibt vergessen hinter dem, was sich sagt in dem, was man hört.

Was das anbelangt, was es zeigt, müßte man in die Frage nach der Identifizierung bei den Psychotikern einsteigen, den Subjekten also, von denen wir seitens der Ihren hören, sie lebten dadurch, Gesten zu kopieren - wir haben gerade einen solchen Fall gesehen -, bis sie dann diese - kann man noch Subjekte sagen? - Marionetten reinen Scheins werden, gewissermaßen planlos fabriziert, aus zusammengesetzten, verschiedenartigen, im Vorbeigehen irgendwelchen Persönlichkeiten entnommenen Stücken.

---

[12] [JACQUES LACAN, "l'Étourdit", in *Scilicet*, n° 4, Paris 1973, S. 5-52.]

So war es bei einem solchen Patienten, der dadurch in die Psychose gestürzt wurde, daß er LSD einnahm, bevor er, als Schauspieler, seine Rolle auf der Bühne seines Geburtsortes aufzuführen hatte, nachdem sein Vater ihm gesagt hatte, er sei unfähig. Seine Stimmen flüsterten: "Sei ein Mann ...", und: "Säe Zwietracht ..." - gestand er mit einem verhaltenen und befriedigten Lächeln, so sehr erkannte er seinen Geschmack am Aussäen von Verstimmung, einer Saat, die seine Schwierigkeit kompensieren sollte, den eigenen Mißklang im Szenario der Welt zu bezeugen. Beim nächsten Gespräch waren die Halluzinationen zugunsten eines zusammenhanglosen, gänzlich - um mit Dupré zu sprechen - "imaginativen" Themas verschwunden, das sich aus Erfindungen ebenso wie Bruchstücken in der Métro aufgeschnappter Reden, aus gerade gängigen Liedern, Vorschlägen von Politikern, Redensarten und Stereotypien zusammensetzte. Ein reines Echo der Stimme seines Meisters. Der flüchtige Augenblick wurde erfüllt durch den falschen universellen Zeugen mit vielen Gesichtern. Ich brachte ihm gegenüber zur Geltung, wie sein Thema auf andere wirkte, beim nächsten Mal waren die Stimmen wieder da.

Kurz, sobald er nicht mehr durch seine Stimmen identifiziert war, wurde er ein Reflex und machte aus jedem Bruchstück, das in seine Reichweite kam, ein Stück. Offenbar war er dann, wenn er halluzinierte, am meisten Mensch, und welcher Teufel ritt mich, seine Halluzinationen zu deuten?

Es ist dies in seinem augenscheinlich Untypischen ein beispielhafter Fall, genau die Mitte zwischen halluzinatorischen Psychosen reinsten Wassers und dem, was unsere Klassiker als "konfabulatorische Paraphrenie" oder "Einbildungswahn" bezeichnen: eine Psychose zuweilen ohne Halluzination, ohne schöpferischen Moment oder artikulierten Wahn, ohne Auslöser, ja ohne irgendetwas, was von einem Minimum an identifikatorischer Kristallisation zeugt. Man sucht bei solchen Personen vergebens diese so bemerkenswerte Form, die gewisse Delirierende haben, ihren Wahn Punkt für Punkt und in außerordentlicher Dichte in das Imaginäre einzugliedern, deren Markierung häufig einen relativen Umgang mit der Psychose gestattet.

Bei dem elementaren Phänomen, das das Wesen der fraglichen Psychose ausmacht und das darin besteht, diesen oder jenen Zug von vorübergehenden Persönlichkeiten widerzuspiegeln, muß man stets beachten, daß es sich nicht um einen Zug handelt, der eine Andersheit stützt, eine Differenz markiert oder eine Virtualität trägt. Es ist eine hoffnungslos unbewegliche Form, sich in seiner Menschlichkeit zu erhalten, indem man auf die labilste und unaufwendigste Weise irgendeinen, gleich welchen, Platz einnimmt, ohne wiederholte Skandierungen und so, daß man so total wie möglich jedem Begehren von anderen entkommt. Ein reiner, unendlich teilbarer Reflex jenseits von Zeit und Raum: endlich freie Menschen!

Man versteht nun diesen einzigen Aspekt, unter dem wir ihnen erscheinen: Mäuler von falschem Doktor, falschen Zeugen, die bestätigen, daß alles schon Gesehene bereits vorausgesagt war und alles Gesagte schon vorausgesehen, Emanation eines universellen Betrugs. Sie bezeugen zugleich eine extreme Aufmerksamkeit für das, was flüchtig ist, für das kleine Detail, das sie anfleht, ohne zu klammern, das keinerlei Identifizierung mit der Abwesenheit einschließt, ganz in der Gegenwart ist.

Für einige braucht es von daher nicht viel mehr, bis der Blitz eines Blicks überwältigend wird, die Flüchtigkeit des Lichts oder auch ein Rhythmus, der ihnen nicht aus dem Sinn geht, bis schließlich die ganze Welt beginnt, ins Ohr zu klopfen, ins Auge zu stechen, ja sogar zu sprechen. All die Signifikanten der Welt, in einem kakophonischen Widerhall, bringen dann die allgemeine Sprache hervor, und das wegen seiner Kodierung so angeschwollene Universum überschwemmt unser Subjekt derart, daß es nicht mehr weiß, wo ihm der Kopf steht, so daß schließlich jede Kontur verloren geht und nichts bleibt, als jenes berühmte "an nichts denken", was einer von ihnen einmal hübsch seine "Abgänge" [*manques*] oder seine "Schweiger" nannte.

Ich wollte noch eingehen auf die Häufigkeit von elementaren Phänomenen kurz bevor die Psychose offen auftritt, Erscheinungen, die stets eine persönliche Bedeutung haben und von einer flüchtigen Befremdlichkeit bis zu deutlicher Xenopathie reichen, hereinbrechende und kurze Erscheinungen, die stets fraglos in die Existenz integriert sind und oftmals am Habitualisierten und Gewöhnlichen des Lebens teilhaben, die vom Subjekt in der friedlichen oder erschrockenen Stille seines geheimen Gartens erhalten werden und die mit einer besonderen Häufigkeit durch diese Gewißheit des Subjekts manifest werden, man wolle es rauben, wegschaffen, oder auch, daß es verschwinde, ohne noch etwas sagen zu können, während indessen an den Grenzen, oder sogar daneben oder dahinter, eine stumme Gegenwart auftaucht, die zu denken und zu sprechen vermag, aber beharrlich schweigt. Im Dialog kann man das Subjekt vorübergehend sich verlieren sehen, sich auf irgendeine Weise "davonstehlen" oder, wie man sagt, "drauf pfeifen"[13], und das, ohne daß im nachhinein daraus etwas hervorginge oder es hernach über die Maßen berührt wäre.

Eine meiner Patientinnen hob, als die stumme Gegenwart auftrat, nach kurzem Blinzeln die leeren Augen zu einem Fenster auf, das sie von einem Haus herab anblickte. Diese Frau war in die Psychose eingetreten, als sie - ihr Mann hatte sie verlassen - eines Abends, nachdem sie ihr Kind ins Bett gebracht hatte, ein Gefühl unsäglichen Genusses verspürt hatte und das Gefühl,

---

[13] [*s'en battre l'oeil*, wörtlich etwa: sich auf's (oder 'aus dem') Auge schlagen.]

sich darein zurückzuziehen, vom Kind weg, und ihr dabei buchstäblich Hören und Sehen verging[14].[15]

Ich habe einen Kreis gezogen von der Geschichte eines Mannes, der aus den Wolken fiel, bis zu der einer Frau, die die Augen zum Himmel hebt. Auch ohne die Absicht, einen Schluß zu ziehen, will ich sagen, daß das, was der Kliniker in seiner Beziehung mit dem Verrückten erfährt, das extreme und nackte Scheitern des Dialogs ist. Des beständig erwarteten und nie erreichten Dialogs, dessen Formeln nur überzeugen, wenn man darin die Logik einer Verdammung ausfindig macht, der Verdammung, ein eher schwierig zu ertragendes Unmögliches zu treffen, der jeder Schritt uns näherbringt, wenn wir unser Herz fest genug verschließen, und selbst dann, wenn wir es vorziehen, unsere Unzulänglichkeiten als gespenstische Hüterinnen des Fasses ohne Boden unserer Hoffnungen zu erhalten.

Paul Valéry erinnert in seinen Schriften an die Ehrlosigkeit der notwendigsten Gewerbe. Ich habe stillschweigend die übergangen, die das Thema umfaßt, von dem ich gesprochen habe. Es ist dies eine ethische Position, und nichts braucht auf dieser Seite mehr hinzugefügt werden. Wir müssen diese notwendige Klugheit pflegen, von der Gracián spricht, "daß es mehr wert ist, aus einer Verrücktheit nicht zwei zu machen"[16].

Der Kliniker hat keinen besonderen Bund mit der Wahrheit, selbst wenn er sich darauf verlegt, jenen Teil Irrtum einzusehen, der in jedem Thema sich der Täuschung verdankt. Das nun ist die Lehre, die ich aus gewissen Melancholikern schöpfe, so wie man Wein aus einem Faß zapft - vielleicht, um auf die Gesundheit zu trinken -, im Namen jenes Blicks, der hier in Frage stand und der seine Vorherrschaft nur aus der Abwertung des Sprechens, ja seinem Ausschluß bezieht.

Aus dem Französischen von Claus-Volker Klenke

---

[14] [*voyant trente-six chandelles*, wörtlich: sechsunddreißig Kerzen sehen.]

[15] Vgl. dazu das Kapitel "Sur quelques phénomènes élémentaires de la psychose" [von M. Czermak, *Passions de l'objet*].

[16] [*qu'il vaut mieux / d'une folie n'en faire pas deux.*]

Psychotische Erfahrungen und Übergangsphänomene
Therapeutische Wege einer Umkehr der Verwerfung[1]

Peter Warsitz/Joachim Küchenhoff

1. Einleitung

S. Freud hat für die Psychoanalyse ein Junktim von Forschen und Heilen postuliert:

> "In der Psychoanalyse bestand von Anfang an ein Junktim zwischen Heilen und Forschen, die Erkenntnis brachte den Erfolg, man konnte nicht behandeln, ohne etwas Neues zu erfahren, man gewann keine Aufklärung, ohne ihre wohltätige Wirkung zu erleben. Unser analytisches Verfahren ist das einzige, bei dem dies kostbare Zusammentreffen gewahrt bleibt."[2]

Wir wollen dieses Junktim auch für die Behandlung der Psychosen einfordern. Gerade in der Psychiatrie ist diese Einheit von Theorie und Therapie kaum irgendwo verwirklicht, selbst an engagierten psychopathologischen oder psychoanalytischen Theoriemodellen fällt auf, daß sie konsequenzlos bleiben, während die Versorgungspraxis ohne ihre theoretische Fundierung auszukommen hat und dadurch ideologischen Einflüssen um so schneller ausgesetzt ist. Diese komplementäre Beschränktheit einer theorielosen Praxis und einer praktisch irrelevanten Theorie wollen wir durch die Erinnerung an das Freudsche Junktim vermeiden. So spannen wir als erste Dimension das therapeutische Feld auf, das den Rahmen auch für jede psychiatrisch-psychoanalytische Psychosentheorie abgeben sollte.

Das therapeutische Feld ist niemals monologisch, es spannt sich zwischen mindestens drei Polen auf, dem Kranken, dem Therapeuten und der Institution bzw. den Regeln, die beide verbinden. Eine Einzeltherapie im klinisch

---

[1] Wesentlich veränderte und erweiterte Fassung eines Vortrags, der vor der Stiftung zur Förderung der Philosophie unter dem Titel *Zur Theorie der psychoanalytischen Psychosentherapie* am 4.4.1991 in Berlin gehalten wurde.

[2] S. FREUD (1927a), *Nachwort zur Frage der Laienanalyse.* GW 14, S.207-296; Zitat S.293f.

gebräuchlichen Sinne einer Zweipersonenverbindung kann es daher nicht geben, es sei denn im imaginären Raum der therapeutischen Beziehung. Daher stellt sich im therapeutischen Felde die Frage nach dem Anderen unausweichlich; nur über den Anderen - die Psychosentheorie Lacans hat dies, wenn nicht entdeckt, so doch auf den Punkt gebracht[3] -, d.h. über die Funktionen des Anderen bzw. die Folgen eines Verlustes des Anderen lassen sich die Fragen stellen, die jeder Behandlung der Psychose vorausgehen, und es lassen sich auch, über Lacan hinaus, therapeutische Antworten finden.

Der Andere nimmt im Verlauf der psychischen Entwicklung des Menschen eine merkwürdige Doppelposition ein: Er erscheint als die Katastrophe eines jeden Narzißmus, die mit den ödipalen Erfahrungen einbricht, den Erfahrungen also der Geschlechtsdifferenz, des Generationenunterschiedes, der Beziehungen der Eltern untereinander, die das Kind ausschließen etc.. Die narzißtische Katastrophe ist lebensnotwendig und die Voraussetzung von Entwicklung. Aber sie kann nur verarbeitet werden, wenn sie eingebettet bleibt in die Erfahrung, daß der Andere die Katastrophe nicht nur auslöst, sondern sie auch begrenzt und begleitet. Dennoch: Die eigentliche Katastrophe besteht darin, daß die Katastrophe ausbleibt, d.h. daß katastrophische Erfahrungen verleugnet oder verworfen werden. Die Doppelfunktion des Anderen besteht also darin, Anlaß für katastrophische Erfahrungen zu sein und sie zugleich erträglich, d.h. aber nicht mehr und nicht weniger als: psychisch repräsentierbar zu machen.

So sind wir bei der dritten Dimension, ohne die u.E. nicht über die Psychose gesprochen werden kann, der Dimension der Katastrophe, d.h. wir sprechen vom "Jenseits des Lustprinzips": Das Psychotische erscheint als unverständlich oder uneinfühlbar nur einer Psychopathologie, die neurotische Erfahrungen zum Ausgangspunkt eines Modells der Psyche macht. Stattdessen wäre ein Wechsel des Modells notwendig, der Entwurf einer psychologischen Theorie, die psychotische Ängste, die Fragmentierungs- und Spaltungserfahrungen, die Neid und Destruktivität als "Grunderfahrungen" normalisiert. Dies führt uns zu einer Psychodynamik der Psychosen, die zugleich eine Katastrophentheorie ist und die unserer eigenen Wahrheit, nicht nur der Wahrheit des psychotisch Kranken, näher kommen könnte, in dem Sinne, daß

"Die Masken, in denen die Krisis der Subjektivität sich ausdrückt, wahrer (sind) als die Lügen der kernigen Wahrheit." (Th.W. Adorno)[4]

---

[3] J. LACAN (1975), "Über eine Frage, die jeder möglichen Behandlung der Psychose vorausgeht". In: *Schriften II*, Walter Verlag, Freiburg, S.61.
[4] TH.W. ADORNO (1986), "Auf die Frage: Mögen Sie Picasso?" In: *Vermischte Schriften II, Gesammelte Schriften*, Bd.20.2. Hrsg. v. R. TIEDEMANN, Frankfurt, S.524f.

Vorarbeiten einer solchen Katastrophentheorie sehen wir in der Psychoanalyse M. Kleins und W.R. Bions geleistet[5]. Dort finden wir eine radikale Kritik jener Form der Ich-Psychologie, die eine statisch persistierende Ich-Struktur annimmt, während doch das Ich als eine prekäre dynamische Struktur beschrieben werden muß, das sich immer neu auf dem Hintergrund katastrophischer Erfahrungen bildet und ihnen ausgesetzt bleibt. So erscheint uns die Vorstellung, die in der M. Klein-Tradition entwickelt wurde, daß in jeder Analysesitzung sich ein Wechsel von paranoid-schizoider in eine depressive Position vollzieht, viel mehr zu sein als nur ein technischer Hinweis, nämlich die Einsicht in die Notwendigkeit der temporären Struktur des Ichs.

Die in der Katastrophentheorie angestrebte "Normalisierung" psychotischer Erlebniswelten stellt die Fragen neu, wodurch sich der psychotisch Kranke von anderen Menschen unterscheidet. Nicht die Inhalte der Erfahrungswelten sind fremd und unverstehbar, wie die universitäre Psychiatrie in der Annahme von Verstehensgrenzen lange Zeit postulierte. Vielmehr ist dem Kranken die Möglichkeit zu einer dynamischen Integration psychotischer Erfahrungen verloren gegangen, die psychische Dissoziation wechselt nicht mehr mit einer temporären Verfügung des Unverfügbaren ab, diese kann vom Kranken entweder nicht mehr oder nur noch in verzerrter Gestalt, als stillgelegte, verzerrte oder fixierte Verfügung im Wahn, geleistet werden. Der Wahn ist nicht mehr die Katastrophe selbst, sondern bereits ihr Heilungsversuch, der wahrscheinlich zum Scheitern verurteilt bleibt. Das, was an psychotischer Erfahrung zu therapieren ist, bestimmt sich also nicht durch inhaltliche oder formale Abnormitäten, sondern aus der Erstarrung einer strukturellen Dynamik, konkret aus der Unmöglichkeit, das Wechselspiel von Auflösung und Integration von Ich und Welt zu ertragen. Nicht von ungefähr sprechen wir hier von Wechselspiel, auf die Bedeutung des Spielens werden wir noch zurückkommen.

Wie aber verhält sich eine Theorie individueller katastrophischer Erfahrungen, die von der Hoffnung ausgeht, das Undenkbare zu denken, das Nichtrepräsentierbare bedenken zu können, zu der offensichtlichen Unmöglichkeit, im gesellschaftlichen Raum Katastrophen zu repräsentieren? Selbst der Katastrophen des 20. Jahrhunderts eingedenk zu bleiben, ist eine Herausforderung, an der wir immer wieder scheitern. Wenn aber die Versuche, das Unrepräsentierbare zu repräsentieren, scheitern, so ist dies nicht zuletzt auch der Unfähigkeit oder, besser, dem Unwillen geschuldet, sich den Katastrophen überhaupt zu stellen. Dies gilt auch für den wissenschaftlichen Diskurs, der jedenfalls im Bereich der Einzelwissenschaften von den Katastro-

---

[5] S. BECKER (1990), *Objektbeziehungspsychologie und katastrophische Veränderung. Zur psychoanalytischen Behandlung psychotischer Patienten.* edition diskord, Tübingen.

phen des 20. Jahrhunderts wenig beeinflußt ist. Die entscheidende psychoanalytische Arbeit zu Auschwitz erschien 13 Jahre vor der Machtergreifung der Nazis, 1920, nämlich S. Freuds *Jenseits des Lustprinzips*[6]. Die Katastrophen auch wissenschaftlich ernstzunehmen, bedeutet, sie nicht als Störfaktoren in einem ohne sie funktionierenden Getriebe zu betrachten, sondern von ihnen, d.h. vom Undenkbaren der totalen Zerstörung auszugehen, und auf ihnen aufzubauen. Der Golf-Krieg hat uns gezeigt, daß die eigentliche Katastrophe auch hier darin besteht, die Katastrophe nicht wahrzunehmen. Einer der ersten Bomberpiloten im Einsatz über dem Irak meinte nach seiner Rückkehr, sein Flug sei wie ein Kinobesuch gewesen. Uns Fernsehzuschauern wurde allabendlich die kollektive Verwechselung nahegelegt, nein besser: in "Brennpunkten" eingebrannt, daß die Vernichtung eines Volkes eine ärztliche Maßnahme sei, nämlich eine Operation; so hörten wir doch von chirurgisch sauberen Bombardierungen, sahen aber nichts von den 150 - 300.000 unmittelbar im Krieg gemordeten Irakis.

"Si vis vitam, para mortem"[7]: Freud hat das komplizierte Verhältnis des Lustprinzips zu seinem Jenseits, dem Todestrieb, zu fassen versucht; seinen eigenen hellsichtigen, die Zukunft antizipierenden Einsichten suchte er immer wieder durch biologische Hypostasierungen zu entkommen. Grundlage für jede Katastrophentheorie aber bleibt diese Formel, die wir so verstehen, daß die Vorbereitung des Todes, d.h. das Eingedenken der Katastrophe, der erlittenen wie der selbstverursachten, nicht die Lust zerstört, sondern geradezu ihr Ermöglichungsgrund ist.

2. Krieg, Katastrophe, Wahn:
Am Beispiel des Aias und des Odysseus

Krieg und Wahnsinn - wieviel wissen wir von ihren Verbindungen? Wir haben in einer früheren gemeinsamen Arbeit gezeigt, daß dieser Zusammenhang sowohl von Psychoanalytikern wie auch von Psychiatern in einem schier unglaublichen Ausmaße abgewehrt wurde - wohl aber nicht im Sinne unbewußter Abwehr, sondern im Sinne eines (zumindest vor-)bewußten Wegschauens[8]. Dabei können schon antike Literarisierungen des Wahns über diesen Zusammenhang aufklären. Aus diesem Grund gehen wir im folgenden

---

[6] S. FREUD (1920), *Jenseits des Lustprinzips. GW* 13, S.1-69.

[7] S. FREUD (1915), *Zeitgemäßes über Krieg und Tod. GW* 10, S.324-355.

[8] J. KÜCHENHOFF/P. WARSITZ (1991), "Erinnern oder Wiederholen? - Zur Psychoanalyse und Psychiatrie nach den Weltkriegen." In: W. SCHERER , M. STINGELIN (Hrsg.) *Hardwar/Softwar*. Fink Verlag, München.

kurz auf Sophokles' Tragödie des trojanischen Helden Aias zurück[9]. Aias ist ein Kämpfertyp wie Norman Schwarzkopf, ein Befehlshaber, der es liebt, in der vordersten Reihe zu stehen, und den es nach Blut dürstet. Er hat vor Troja reichlich Gelegenheit, seinen Durst zu stillen, doch auch die Blutlust will Ewigkeit. Nach dem Fall des Achill will Aias dessen Waffen haben, er will Oberbefehlshaber der alliierten griechischen Truppen werden, an Stelle von Odysseus. Doch die Waffen des Achill sollen dem Odysseus zugesprochen werden als dem klügsten Strategen, Aias schäumt, sieht wiederum Blut, nämlich das von Odysseus, Agamemnon und Menelaos. Da schlägt ihn Athene zum Schutz des griechischen Heeres mit Wahnsinn, Aias blamiert sich bis auf die Knochen, als er in einem Schafpferch wütet, in der irrigen Annahme, im Wahn, seine Rivalen vor sich zu haben. Als seine bouffée delirante abklingt, erkennt er, was er getan hat und bringt sich um, er bedient sich des Schwertes des Trojaners Hektor - eine letzte symbolische Inszenierung, die darauf verweist, daß er doch von Feindeshand stirbt, daß er doch jenseits der Realität des Suizids ein Kriegsopfer ist, Wahnsinniger unter Wahnsinnigen. Warum tötet sich Aias? Er erträgt die Scham nicht, die über ihn hereinbricht: die persönliche Katastrophe, daß sich ein Held an weißen, d.h. unschuldigen Tieren vergeht. Dennoch ist er nicht jenem Vietnamveteranen zu vergleichen, der sich während des Golfkrieges in später Schuldanerkennung suizidierte, weil er erkennen mußte, daß er mit seinen flächendeckenden B52-Bombardierungen unter Schafen gewütet hatte. Im Freitod Aias' findet sich kein Moment Schulderkenntnis, von Übernahme der selbstverschuldeten Katastrophe. Der Haß auf Odysseus, die persönliche Schmach, ist eine Wunde, die sich nicht schließt:

> *O du, Spürhund du! Dabei überall*
> *Wo Schandtat geschieht; ich mein dich, Odyss!*
> *Du durchtriebener Schuft, im Heer unerreicht!*
> *Jetzt kannst du lachen wohl aus vollem Herzen.*

Chorführer:

> *Gott fügt's, ob Menschen lachen oder weinen.*

Aias:

> *Packt ich ihn nur! Trotz aller meiner Schmach -*
> *oh weh mir, weh -*

Chorführer:

> *Vermessenes Wort! Begreif doch deine Lage!*

---

[9] SOPHOKLES, *Die Tragödien*. Übersetzt von H. Weinstock. Kröner Verlag, Stuttgart.

Aias:

Ach könnt ich doch den Gleißner, den Ab-
schaum, den Schuft
Mit ihm die beiden Fürsten vernichten und dann
Zuletzt noch selber sterben! (Vers 379ff)

Da nützt es nichts, wenn Tekmessa, seine Kriegsgefangene und Bettgenossin, Aias vor Augen führt, daß sie und das gemeinsame Kind, ebenso wie sein Vater, durch Aias' Freitod mit vernichtet werden:

O laß mich deiner Feinde Hohn nicht tragen
Und gib mich nicht in eine fremde Hand!
Denn stirbst Du und vollendest deinen Plan,
Dann greift man mich am selben Tage noch
Und wirft in Knechtschaft mich und deinen
Sohn!...
Denk deines Vaters! Laß in seinem Alter
Ihn nicht allein! Denk deiner Mutter, die,
Gebeugt von ihrer Jahre Last, tagtäglich
Um deine Heimkehr zu den Göttern betet!
(V.494ff)

Aias scheint gerührt, er wiegt zunächst den Chor und die Familie in der Sicherheit, daß er sich von seinem destruktiven Narzißmus distanzieren könne, aber der Schein löst sich bald auf, Aias endet mit einem Fluch:

"... *Merkst Du denn nicht, daß ich den Göttern*
nichts mehr schuldig bin?"

Sophokles läßt die Tragödie nicht mit diesem Suizid enden; das letzte Drittel befaßt sich mit dem Streit um Aias' Begräbnis, der zwischen Agamemnon und Odysseus geführt wird. Beide waren sie in gleicher Weise vom rasenden Aias bedroht. Agamemnon ist dem Aias gleich, er kennt nur die Logik der narzißtischen Destruktion, während Odysseus sich von seinem Haß distanzieren kann, indem er in die narzißtische Dyade des Hasses ein Drittes einführt, das er mit "der Götter Recht" benennt:

"*So hör denn! Bei den Göttern, laß ihn nicht*
So grausam unbestattet liegen bleiben!
Laß dich zu solchem Hasse nicht verführen
Durch deine Macht, daß du das Recht
verhöhnst.
Auch mir war jener einst der schlimmste Feind.
Seit ich Achilleus' Waffen mir errang.
Wie dem auch sei - ich würde nie mit Schimpf
Mich an ihm rächen, niemals leugnen auch,
Daß er der beste war von allen Helden,
Die mit nach Troja zogen, nach Achill.
Drum ist's nicht recht, daß du ihn so be-
schimpfst.

> *Und schmähest du mit Unrecht seinen Leichnam,*
> *Nicht ihn, der Götter Recht verletzest Du."*
> *(V.1331ff)*

Der Gegenspieler Aias' ist also Odysseus - es liegt die Frage nahe, warum gerade er? Greifen wir auf die Odyssee zurück. Odysseus - wir wissen dies spätestens seit der Dialektik der Aufklärung[10] - steht an der Schwelle zwischen Mythos und Aufklärung, zwischen Wahnsinn und Schuldgefühl. Auch er ist vor dem Wahnsinnigwerden nicht gefeit. Ihn treibt nicht narzißtische Blutgier in den Wahnsinn, sondern ein narzißtisch-triebhaftes libidinöses Verlangen: Er halluziniert die Stimmen der Sirenen. Wie wir wissen, bewahrt ihn die Fesselung an den Mastbaum seines Schiffes, an den haltgebenden Phallus, vor der persönlichen Katastrophe. Wie aber kann sich Odysseus an den Mast binden? Doch nur deshalb, weil jemand, Penelope, auf ihn wartet. Es ist nicht die Ichstärke des Helden, die ihn resistent gegen den Wahnsinn machen könnte. Es ist nicht seine List, sondern das Bild des oder der Anderen, die seine Sehnsucht ins Ungebundene begrenzt, die ihn bindet und auf seiner Reise durch den Wahnsinn weiterbringt. Der Mastbaum/Phallus richtet sich nur durch den Glauben an Penelope auf, die einer Halluzination auf langjähriger Irrfahrt zum Verwechseln ähnlich sieht, die aber doch keine ist: Penelope als innere Stimme ist an die Heimreise, also an die Vorstellung einer Zukunft gebunden, während die Sirenen die Zeitlosigkeit des halluzinatorischen Glücks anbieten, so wie das Freudsche Kleinkind der sofortigen und umweglosen Befriedigung wegen halluziniert. Penelope verbringt ihre Zeit mit Stricken, um die Freier abzuhalten, sie strickt die Maschen und trennt sie auf, wird niemals fertig, um Zeit zu gewinnen, um für Odysseus Zeit zu gewinnen, und nicht einfach einen Aufschub, sondern eigentlich, um die Zeit schlechthin zu erzeugen. Die Freier sind der Penelope, was dem Odysseus die Sirenen sind. Sie gewinnt Zeit, die Odysseus nutzen kann, das Strickzeug wiederholt die Rhythmik der Odysseischen Irrfahrt, das Pulsieren von Katastrophe (Auflösen der Maschen) und Neubeginn. Ihr Stricken erinnert an die Nornen, die Schicksalsgöttinnen, die das Geschick, den Lebensweg der Individuen weben. Dadurch ist es nicht falsch zu sagen, daß Penelope Odysseus' Schicksal ist, daß von ihr die Zeitlichkeit immer neu hergestellt wird, die es Odysseus ermöglicht, auf seiner Reise zu bleiben. - In dieser Interpretation wird deutlich, daß vom anderen her, der präsentiert, aber nicht greifbar (im Sinne des Einverleibt- und damit Vernichtetwerdens) ist, die Zeit und die Ichstärke garantiert sind, eine Ichstärke freilich, die allein als dynamisch verstandene einen Sinn macht (wir werden darauf zurückkommen), die wie der

---

[10] M. HORKHEIMER/TH.W. ADORNO (1944/1971), *Dialektik der Aufklärung*. Fischer, Frankfurt.

Phallus nicht immer in einem egozentrischen Dauerkrampf erigiert ist. Eigentlich also wären Tekmessa und Penelope in ihrer Verbindung zu Aias bzw. Odysseus miteinander zu vergleichen. Tekmessa bleibt für Aias die Sklavin, die unterworfene Frau, die ihm im Bett und am Herd zur Verfügung stehen muß, die aber sonst kein Eigenleben hat. Daher müssen ihre Bitten und Warnrufe bei Aias ungehört verhallen, in seiner großen Abschiedsrede (V.814-865) kommt sie überhaupt nicht vor. Es gibt eine andere Frau in seinem Leben, die Göttin Athene, auch sie repräsentiert den narzißtischen Selbstbezug par excellence, als Kopfgeburt, phallogozentrisches Produkt des Zeus. Sie schlägt sich immer auf eine Seite, kennt keine Vermittlung, da von ihrer Zeugung an keine Triangulierung ihren Narzißmus relativiert.

Wir erlauben uns, die Frauen der Sophokleischen Tragödie als Metaphern für verschiedene therapeutische Haltungen im Umgang mit dem Wahn zu lesen. Tekmessa ist die liebevoll-hilflose Andere, die bei allem gutem Willen unterworfen bleibt und durch den Narzißmus des Wahnsinnigen nicht durchdringt. Athene ist nur der narzißtische Spiegel des Aias, sie begegnet der Destruktion des Aias mit den gleichen destruktiven Mitteln, vergleichbar der kustodial unterwerfenden Psychiatrie. Penelope schließlich erscheint als der (ideale) Therapeut, der warten kann, der den Wahn nicht bekämpfen muß, der immer neu am Signifikantenteppich webt, auch wenn er weiß, daß er immer wieder zerstört werden muß, und der weiß, daß die Reise zwanzig Jahre dauern kann und sich keinen Effektivitätskriterien einer bundesdeutschen Kassenregelung beugt.

Verengt erscheint uns die Sichtweise der *Dialektik der Aufklärung* in bezug auf Odysseus. Er kann nicht allein gesehen werden, sondern nur in Verbindung mit der Anderen, die ihm den biographischen Rahmen garantiert. Aber er erscheint uns auch nicht als das seiner mythischen Substanz am Ende seiner Reise entleerte aufgeklärte Individuum. Odysseus kommt nicht als bürgerlicher Normopath in Ithaka an, sondern tobt unter den Freiern, nicht anders als schon vor Troja und während der Reise. Er ist am Ende nicht Niemand/Outis, nachdem er sich von seinen mythischen Kräften losgesagt hat; er ist auch in Ithaka nicht am Ende seiner Reise, die nicht durch das Ziel, sondern durch den Rhythmus der Reise selbst bestimmt ist: den Wechsel von Wahnsinn und List, von Katastrophe und Rettung. Gerade das macht möglicherweise die Faszination an seiner Gestalt aus, daß er dieses Wechselspiel erträgt, anstatt auf eine Seite hin, normopathisch oder verrückt, abzurutschen.

3. Tina S.: Kassandra, Heilige Johanna, Irre?

Die jetzt 35 Jahre alte Tina S. war und ist seit ihrer Spätadoleszenz beinahe ununterbrochen psychiatrisch hospitalisiert wegen einer paranoid-halluzinatorischen Schizophrenie, der häufigsten und faszinierendsten Form der endogenen Psychosen. Tina S. hat praktisch alle psychiatrischen Reformversuche an ihrem eigenen Leibe und ihrer Seele erleben und erdulden können, die die psychiatrische Versorgungsstruktur in diesen Jahren zur Verfügung hatte: Patientenklubs, klassische Asyle, psychotherapeutische Modelleinrichtungen, sie war in Arezzo zur Zeit der Reform der italienischen Psychiatrie, sie kennt gemeinde-psychiatrische Behandlungssettings von psychiatrischen Akuteinrichtungen über Übergangsheime bis zu therapeutischen WG.s, sie hat anthroposophische, psychoanalytische, biologisch-psychopharmakologische und sog. nicht-therapeutische Behandlungsstrategien hinter sich, in ihrer umfangreichen Krankengeschichte wurden fast alle Diagnosen, die die psychiatrische Nosologie aufzubieten hat zur Klassifizierung des seelischen Leids, auf ihre Symptomatik angewendet.

Am Abend des 2. Oktobers 1990, in der Nacht vor der sog. Wiedervereinigung der beiden deutschen Staaten, stürmte sie ins Schwesternzimmer der psychiatrischen Station, in der sie seit mehr als 2 Jahren hospitalisiert ist; das Zimmer war gerade voll besetzt mit Schwestern/Pflegern und einigen Patienten. Sie baute sich in der Tür auf, hob die Arme über den Kopf, den sie nach oben zur Decke wandte und rief mit lauter, zugleich warnender und klagender Stimme: "Heute nacht fallen lauter Bomben auf uns herab!" - Ein betretenes Schweigen machte sich breit, alle blickten betroffen vor sich hin, vielleicht gelegentlich auch ärgerlich über die ungebetene Störung der abendlichen Harmonie, kurze Zeit waren alle gelähmt von der Intensität der mitgeteilten Gefühle. Bevor aber noch jemand etwas sagen konnte, ließ die Patientin die Arme wieder sinken, den Kopf ebenso und verbarg ihr Gesicht hinter den davor herabfallenden langen Haaren: "Ach - es war nur ein Scherz!" Erleichtertes Lachen um sie herum, Tina lachte ebenso, und das laute Gelächter, das jetzt den Raum erfüllte, ließ keine Nachfrage mehr zu.

Soweit die psychotische Inszenierung, aber: was inszenierte Tina da, welches Stück spielte sie? Die herabfallenden Bomben standen ja in auffallendem Kontrast zu dem, was in dieser Nacht wirklich inszeniert wurde: jenes lahme Feuerwerk über dem Brandenburger Tor, unter dem einige tief befriedigte Politiker standen, die ihre organisatorische Meisterleistung einer Einverleibung des kleineren durch den größeren Teil Deutschlands mit einigen nur mäßig begeisterten Bürgern unter der Regieanweisung "Wiedervereinigung" feierten. Was unsere Patientin darstellte, war natürlich "nur" ihr inneres Drama, das sich, wie die Psychiater meinen, lediglich der äußeren, sozialen wie naturalen Welt bediente als der zufälligen Verwirklichungsbedingungen ihrer ansonsten uneinfühlbaren, durch einen Bruch der Sinnkontinuität von der Wahrnehmungswelt der Normalen getrennten psychotischen Welt. In Zeiten noch größerer psychotischer Verworrenheit hatte sie von Gaskammern gesprochen, die allüberall hier in der Klinik installiert seien, im Keller, im Gartenhäuschen des Klinikparks, vom Gestank der Leichen und vom Rauch der Verbrennung. Qualvollen Blicks und stumm, mit weit aufgerissenem Mund, so als ob sie schreien wollte, aber nicht konnte, so stand sie dann lange Stunden unbewegt auf dem Stationsflur, und in ihrem entsetzten Gesicht schien sich das Grauen des Holocaust leibhaftig widerzuspiegeln, als sei sie ihm, - ja nicht etwa gerade entronnen, als befinde sie sich vielmehr mitten darin, Opfer einer unfaßbaren und allen sprachlichen Ausdruck in sich erstickenden Gegenwart. Lange Zeit erlebte sie jede Medikamenteneinnahme, jede andere therapeutische Verordnung als erneute Vergewaltigung, als Aufforderung zur erneuten Unterwerfung, zur Einwilligung in die Zerstörung der eigenen Existenz: das Gift, das sie töten würde, sollte sie auch noch freiwillig einnehmen.

Als ihr dann das therapeutische Team ankündigte, für 2 Tage zu einer Fortbildung wegzufahren, verfiel sie in eine kurzfristige katatone Starre: 3 Tage lag sie bewegungslos im Bett, starr, mit offenen Augen, welche unruhig durch den Raum huschten, sie sprach nicht, aß nicht, trank nicht, ignorierte ihre vitalen Körperfunktionen. Erst am 4. Tag konnte sie wieder über ihre Ängste sprechen: nicht das behandelnde Team, das sie für 2 Tage verlassen hatte, sei die eigentliche KZ-Aufsehergruppe, vielmehr das Team der anderen Station, die die Vertretung in dieser Zeit übernommen hatte, das seien die wirklichen Nazis und ihnen sei sie total ausgeliefert gewesen. - Eine typische projektive Identifikation mit gleichzeitiger Aufspaltung der Welt in gute und böse Objekte als die Repräsentanten der frühen Mutterbrust, - so könnte ein kleinianischer Analytiker dieses Horrorszenario zur eigenen therapeutischen Selbstberuhigung nennen. Aber ist es nicht auch zugleich psychotische Hellsicht und Sehergabe, das Wissen einer modernen Kassandra, welches uns Normopathen zum Schutz unseres psychischen Apparats verschlossen ist, wenn die Patientin die Permanenz der Vergangenheit als die Aktualität der Gaskammern wahrzunehmen in der Lage bzw. gezwungen ist? Sind die zur deutschen Wiedervereinigung über uns herabfallenden Bomben im psychotischen Szenario unserer Patientin nicht auch die mit deutscher Hilfe hochgerüsteten Bomben, mit denen ein Diktator nur drei Monate später zum Angriff auf Israel ansetzen wollte, ebenso wie die Bomben, mit denen dessen Kriegsgegner ihren modernen Kreuzzug zur Inszenierung ihrer pax americana als neuzeitliches Medienspektakel inszenierten? Nur: Könnte solche Analyse auch unserer Patientin etwas nützen? Hätte sie dann in ihrem Dämmerzustand, jenem zeitlosen Zustand zwischen Perfekt und Perfektfutur, eine Pforte in die Zeit finden können, wenn der Bezug ihres Wahns zur Zeitgeschichte von ihren Ärzten besser verstanden worden wäre? Wir wissen es nicht. Weiterhin inszeniert sie auf ihrer inneren Bühne Tag für Tag im unentrinnbaren Wiederholungszwang ihrer Krankheit das private Drama ihrer eigenen familiären Geschichte in den allgemeinen Begriffen und Dialogrollen der Zeitgeschichte.

Und doch bringt uns diese Beobachtung von der Verknüpfung des privaten und des öffentlichen Diskurses der Analyse ihres Schicksals eine Spur näher: hat doch ihr Vater als Dramaturg zeitlebens das Drama seiner Zeit auf die Bühne gebracht und dabei übrigens auch häufig das Phänomen der Psychose als eine Quelle moderner Literatur aufgegriffen. Und solche Inszenierung war sein Leben, die Familie mag dabei allzu oft das Gefühl entwickelt haben, nur für eine periphere Statistenrolle gut zu sein. Die Tochter, die ihn sicher ebenso geliebt haben wird wie jede andere Tochter ihren Vater, bekam nun von ihm nicht die Welt des Theaters vermittelt, sondern lediglich die Welt des Privattheaters seiner Liebesaffären sowie den Schmerz der Mutter darüber; statt sich nun aus dem zermürbenden Hin und Her symbiotischer Projektionen und Introjektionen, mit denen die frühe Mutter-Tochter-Beziehung angefüllt ist, in der triangulären Welt der ödipalen Urszene den ihr eigenen Ort, ihre ganz persönliche Rolle, erkämpfen zu können, wurde sie stets wieder zurückgeworfen in die Symbiose mit der Mutter. Und doch gelingt ihr ein Zugang zum Vater, wenn auch nur auf psychotische Weise. Spielt sie nicht jetzt, in ihrer Psychose, bzw. in der apokalyptischen Phase ihrer Wahnentwicklung, ebenfalls eine Theaterrolle, die Rolle einer Heiligen Johanna der KZs und der Schlangengruben der Psychiatrie, auf die der Vater, und wenn schon nicht der eigene, so doch der Übertragungsvater, also z.B. der Referent dieser Zeilen, sein fasziniertes Augenmerk richtet? Bannt sie ihn nicht, hält sie ihn also nicht auch fest in diesem Blick auf die Tochter, so daß hier eine ebenso zeitlos-fixierte Blickstarre sich einstellt, wie sie selbst ihre Zeit als stillgestellt erlebt? In dieser Starre nun straft sie ihn auch, indem sie ihm seine Schuld vor Augen führt, daß es dieselben Bretter sind, die ihm die Welt bedeuten und die ihr zum Bretterverhau wurden, aus dem sie in zeitlos-fixierter Asylhaft nicht mehr herausfindet.

Die Psychose ist also nicht nur die Symbiose mit der Mutter, sie ist ebenso die Suche nach dem Vater. Dies zeigte J. Laplanche für die Psychose Hölderlins.[11] Hölderlins stete Frage nach "Gott Vater" ist Ausdruck seiner psychotischen Suche nach eben diesem Ausweg aus der Symbiose mit der Mutter, der Natur, dem Leben spendenden Prinzip; jene Frage ist ebenso Ausdruck

---

[11] J. LAPLANCHE (1976), *Hölderlin und die Suche nach dem Vater*. Stuttgart.

seiner Suche nach einem Wieder-Eintritt in die geschichtliche Zeit, in die Möglichkeit eines "Ereignis des Wahren", derren Unmöglichkeit ihn "Die (zweite) Hälfte des Lebens" in den Turm bannte. Der Sprung in den künstlerischen Ausdruck, aber auch der Zwang dazu, wurde ihm zur Überlebensstrategie, sein "Singenmüssen" war zugleich ein Sagenwollen des Unsagbaren.

> *aber es haben*
> *Zu singen*
> *Blumen auch Wasser und fühlen,*
> *Ob noch ist der Gott. (...)*
> *Zweifellos*
> *Ist aber der Höchste. Der kann täglich*
> *Es ändern. (...)*
> *Nicht vermögen*
> *Die Himmlischen alles. Nämlich es reichen*
> *die Sterblichen eh an den Abgrund. Also wendet*
> *es sich*
> *Mit diesen. Lang ist*
> *die Zeit, es ereignet sich aber*
> *Das Wahre."*
> *F. Hölderlin (Mnemosyne) Erste Fassung*

Die Überlebensstrategien von Tina S. und F. Hölderlin erlaubten es ihnen noch nicht, Strategien eines "guten Lebens" für sich zu verwirklichen. Die Verwerfung des Namens des Vaters konnte letztlich nicht rückgängig gemacht werden, und wir wissen nicht, ob dies überhaupt gelingen kann. Gerade deshalb wenden wir uns den therapeutischen Ansätzen zu, die an einer Umkehrung der Verwerfung arbeiten.

4. Therapeutische Arbeit im Übergangsraum: Gibt es eine Umkehrung der Verwerfung?

Die Verwerfung des Namens-des-Vaters, der Verlust des Anderen hat zur Konsequenz, daß jede Beziehung von Angst bestimmt ist, nämlich der Angst, vom Objekt total aufgesogen zu werden. In allergrößter Sensibilität gelingt es schizophrenen Kranken, Beeinflussungen und Bevormundungen, überhaupt alle Phänomene einer normalerweise unbewußt bleibenden Zwischenleiblichkeit, also alle sinnlich-leiblichen, präreflexiven intersubjektiven Bezüge wahr- und ernstzunehmen, allerdings immer i.S. einer konkretistischen Gewaltsamkeit, so als werde die eigene Subjektivität im Objekt buchstäblich geopfert oder umgekehrt. Um ein solches Ausfließen des Subjekts ins Objekt zu vermeiden, wird das Objekt in aller Radikalität abgelehnt, das Selbst kompensatorisch erhöht. Der Andere darf so wenig eine Rolle spielen, daß es ein schizophrener Ursprungsmythos ist, sich selbst erzeugt zu haben. Racamier spricht vom Mythos des Anti-Ödipus[12]. Oder der Narzißmus äußert sich in der Form einer negativen Allmacht, einer Allmacht der Entleerung, in einer Versteinerung des Selbst gegenüber dem Objekt. Diese binäre schizophrene Oszillation zwischen kokonartiger Versteinerung und äußerstem Selbstverlust spiegelt sich - hier bereits narzißtisch stabilisiert - in der Antithesis von Größen- und Verfolgungswahn wider. In beiden Fällen entsteht so eine der katastrophischen Gefahr äquivalente, ihr aber entgegengesetzte Konstellation, eine psychotische Undurchdringlichkeit, die von jeder inneren Bewegtheit abgeschnitten zu sein scheint.

Was also fehlt und in dessen Zur-Verfügung-Stellen verschiedene psychotherapeutische Versuche konvergieren, ist ein Spielraum des Denkens und Verhaltens, der es ermöglicht, Identitätserfahrungen als die Fuge von Imaginärem und Symbolischem spielerisch und zeitlich variierend werden zu lassen[13], so daß der Andere nicht nur narzißtisches Duplikat oder leblos bleibt. K. Meyer-Grawe spricht von einem Spiegelspiel, das ihm die Identität konstituiert:

> "Das Ich konstituiert sich vielmehr in Spiegelungen und Maskeraden, die ein Denken begreifen können, das der Überzeugung ist, daß die Ich-Entwicklung in keiner Maske erstarrt, sondern sich in ständigen Maskeraden und Konfigurationen von Subjekt, Mit-Subjekt und Dingwelt realisiert, dessen pathologische Grenzen restlose Ich-Identität und vollständige Objektivität sind."[14]

Aus der binären Opposition eine Schaukelbewegung zu machen, die tödliche Entgegensetzung des Entweder-Oder aufzuheben, indem ein Zwischenraum geschaffen wird, der Übergänge ermöglicht und damit Zeit erschafft - in diesem Punkte konvergieren verschiedene phänomenologische und psychoanalytische Konzepte, nämlich M. Merleau-Pontys "intercorporéité", S. Freuds Ödipalität, M. Kleins Wechsel von paranoid-schizoider und depressiver Position, D.W. Winnicotts Übergangsraum, G. Pankows dynamische Strukturierung des Körperbildes und unsere eigenen Gedanken zum Übergangsleib[15].

---

[12] P. RACAMIER (1982), *Die Schizophrenen*. Springer Verlag, Berlin, Heidelberg, New York.

[13] cf. J. KÜCHENHOFF (1988), "Der Leib als Statthalter des Individuums?" In: M. FRANK, A. HAVERKAMP (Hrsg.) *Individualität. Poetik und Hermeneutik XII*. Fink Verlag, München, S.167-202.

[14] K. MEYER-GRAWE (1990), *Illusionen von Autonomie. Diesseits von Ohnmacht und Allmacht des Ich*. P. Kirchheim, München, S.20.

[15] cf. J. KÜCHENHOFF/P. WARSITZ (1989), "Leiberfahrung als Übergangsphänomen. Die Wiederherstellung der symbolischen Ordnung im 'Übergangsleib'." In: *Journal, Psychoanalytisches Seminar Zürich* 20, S.1-12.

Winnicott spricht von einem Übergangsraum, einem Raum im Spiel, in dem Objekt und Symbole entstehen können. Er relativiert selbst die Einseitigkeit der Raummetaphorik.

> "Ich glaube, wir sollten nach einem Ausdruck für die Wurzel der Symbolik in der Zeit suchen, einem Ausdruck, der den Weg des Kindes vom rein Subjektiven zur Objektivität beschreibt."[16]

Entscheidend am Bereich der Übergangserfahrung ist das "do not challenge":

> "Man kann vom Übergangsobjekt sagen, es sei gleichsam zwischen uns und dem Baby ausgemacht, daß niemals die Frage gestellt wird: Hast Du Dir das ausgedacht oder ist es Dir von außen dargeboten worden. Das Wichtige ist, daß in dieser Hinsicht keine Entscheidung erwartet wird. Die Frage soll nicht gestellt werden."[17]

Im Übergangsbereich ist es möglich, ohne die Realität der Katastrophe die Katastrophe zu wiederholen, also zu erinnern. Jeder Umgang mit Kindern zeigt den Zusammenhang von Verlust, Zerstörung und Repräsentation im Kinderspiel, das Freud bei der Beobachtung des Fort-Da-Spieles seines Enkels beschrieben hat[18]. In der Therapie der Psychosen ist es der Therapeut, dem die Aufgabe gestellt ist, einen solchen Übergangsbereich aufzuspannen und zur Verfügung zu stellen, da in der Therapie psychotisch Kranker - anders als in Analysen mit Patienten, die nicht in erster Linie psychotisch reagieren - diese Funktion des Als-Ob, diese therapeutische Ich-Spaltung (oder wie immer man sagen will), nicht vorausgesetzt werden kann.

G. Pankows[19] Medium, mit dem sie einen Übergangsbereich herstellt und dem Patienten anbietet, ist das Körperbild. Ihr Versuch, den unbewohnten Pseudoraum des chronischen Autismus in einen belebten, geschlechtlichen Leib zu öffnen, wodurch zugleich die gelebte Zeit in ihn Eingang finden kann, setzt den therapeutischen Prozeß in zwei Phasen an: In einer ersten Phase der dynamischen Strukturierung versucht sie, mit Hilfe eines vorpsychoanalytischen Settings mittels Körper- und Plastizierübungen mit erlebten Körperformen die in der Psychose erstarrte Dynamik von Raum und Zeit wieder in Gang zu setzen und den Patienten aus dem abstrakten Raum und der abstrakten Zeit der Psychose zurückzuführen in den gelebten Raum und die gelebte geschichtliche Zeit. Dies erfordert aktive Reparationsschritte an dem durch die Verwerfungsprozesse zerstörten Körperbild; in diesem Zusammenhang kritisiert Pankow auch eine auf rein räumlich-strukturelle Aspekte redu-

---

[16] D.W. WINNICOTT (1983), "Übergangsobjekte und Übergangsphänomene." In: *Von der Kinderheilkunde zur Psychoanalyse*, Fischer, Franfurt, S.300-319, hier: S.307.

[17] ebd., S.316.

[18] S. FREUD (1920), *Jenseits des Lustprinzips*.

[19] G. PANKOW (1990), *Schizophrenie und Dasein*. Göttingen, S.121.

zierte Interpretation des Lacanschen Begriffs der Verwerfung. Erst in einem zweiten Schritt sei anschließend das klassische psychoanalytische Durcharbeiten entsprechend den Übertragungsphänomene im gewohnten Setting möglich. Es existieren also im Grunde zwei Übergangsreihen, diejenige der Zeit und diejenige des Raumes, deren Entstehung und Überschneidung den Prozeß des psychischen Lebens ausmacht: Vom unbelebten, kruden Raum, ausgehend in dessen Kälte sich der Psychotiker vorfindet, und der möglicherweise der Ort frühester kindlicher Ängste ist, sobald der Körper, der Raum der mütterlichen Wärme ihm fehlt, strukturiert sich ein Zwischenraum, eine intercorporéité zwischen Subjekten, den aufzuspannen selbst ein kreativer Prozeß ist, eben der kreative Prozeß im Übergangsraum mit der Zwischenstufe der Übergangsobjekte bis hin zum belebten Raum des imaginären Wünschens, Fühlens und Denkens.

Anders als G. Pankow bedient sich W.R. Bion eines anderen Mediums, der Sprache, er nutzt den Sprachraum von Anfang an als Spielraum aus. Dieser Sprachraum kann angesichts der radikalen Kommunikationsvermeidung schizophrener autistischer Patienten nicht vorausgesetzt werden, die Botschaften, die der Patient aussendet, müssen vom Therapeuten nicht nur einfach entschlüsselt werden, sondern überhaupt als Botschaften aufgefaßt und zurückgespiegelt werden, als Botschaften überhaupt erkennbar oder gedeutet werden. Die Bereitschaft, sich den wie verschlüsselt oder negativ auch immer ausgesandten Botschaften zu stellen, berührt eine Funktion, die traditionellerweise die Funktion der Mutter ist und die Bion die 'containing'-Funktion nennt. Die Mutter oder der Therapeut, der in diesem Sinne mütterliche Funktionen übernimmt, korrigiert oder verneint nicht die katastrophischen Erfahrungen, die Bion Beta-Elemente nennt, in der Begegnung mit dem Patienten, er nimmt sie auf, um sie dem Patienten "entgiftet" zurückzugeben. Ein 'container' i.S. Bions ist also kein Müllschlucker, der die psychotischen Erfahrungen bis zur Unkenntlichkeit zermalmt oder synthetisiert, es ist auch keine Verbrennungsdeponie, die große Müllberge scheinbar verharmlost zu blauem Dunst verwandelt. Ein 'container' i.S. Bions ist die Möglichkeit des Andenkens, des Sich-Eindenkens und damit die Möglichkeit der Repräsentation von Affektzuständen, die den Patienten dann zurückgegeben werden. Ebenso wenig wie ein Kind hat ein psychotisch Kranker irgendeinen Vorteil davon, in affektiven Ausnahmesituationen einfach nur besänftigt zu werden; einen ganz anderen Effekt aber hat das Gefühl der Solidarität, das entsteht, indem ein Anderer die Quelle der eigenen Panik zu suchen beginnt, die Panik mit ihm teilt und aushält. In der Psychosentherapie nach Bion geht es also darum, diese katastrophischen Erfahrungen aufzusuchen, nicht um sie zuzudecken, sondern um sie hinter dem Wahn erneut aufzudecken, und dies gelingt zunächst einmal im Inneren des Therapeuten. Die Gegenübertragungsanalyse ist wohl das wichtigste Prinzip der Psychosentherapie, denn nichts wäre gewonnen, würde der Therapeut in gleicher Weise vor den Monstern, die den Patienten verfolgen, zurückschrecken, statt sie in sich selbst wiederzufinden und zu ertragen. Hieraus wird deutlich, daß Bion eine Unterscheidung von emotionaler Einfühlung und Denken, von Rationalität und Emotionalität nicht akzeptiert. Daher bedeuten für Bion die 'containing'-Funktion und das Zur-Sprache-Bringen der katastrophischen Erfahrung zwei Facetten eines Vorganges, in dem mütterliche und väterliche Funktionen einander ständig abwechseln.

Klinisch schnell einsichtig wird die 'containing'-Funktion bei Patienten, die den Therapeuten herausfordern, angreifen, zum Teufel oder Narren halten. Ebenso aber richtet sie sich an die Patienten, die in der beschriebenen schizophrenen Oszillation die Alternative einer radikalen Abwendung, einer Verkapselung in ein sprachloses Kokon oder einen Stein gewählt haben. Dieser Aspekt der 'containing'-Funktion wird von Bion Reverie genannt, träumerisches Sich-Eindenken, Sich-Hineinträumen in die Welt des Anderen, also nicht Symbiose, sondern Einträumen. Es ist der Versuch, die imaginäre Erlebenswelt des Therapeuten zu retten, die durch die Zerstörung der psychischen Verbindungen, die der Patient bei sich selbst und anderen vornimmt, gefährdet ist[20]. Im Begriff der Reverie klingen viele Assoziationen an, es ist gerade das träumerisch-allusive Ahnungsvermögen des Therapeuten, das in der gespannten Leere einer Nicht- oder einer negativen Kommunikation zu allererst gefragt ist. Nun ist Reverie aber nicht erneut mißzuverstehen als ein romantisierendes Wiegenlied, vielmehr ist sie eine Arbeit im Inneren des Therapeuten, die das Ziel hat, eine "Signatur des Körpers"[21] zu Wege zu bringen. Diese Signatur ist weit entfernt von den üblichen psychoanalytischen Deutungsstrategien, die in diesem Vorfeld psychoanalytischer Therapie einzig die Funktion hätten, das Chaos vorschnell zu beseitigen; stattdessen muß der Therapeut zu allererst das eigene Nicht-Wissen ertragen:

> "Anstatt zu versuchen, ein brillantes, intelligentes und gelehrtes Licht auf ein obskures Problem zu werfen, schlage ich vor, daß wir, im Gegenteil, das Licht abschalten: Eine durchdringende Finsternis, die Umkehrung des Suchscheinwerfers ... Dann wäre die Dunkelheit so absolut, daß sie zu einem leuchtenden, absoluten Vakuum werden würde. So würde sich jedes Objekt, das darin existiert, und sei es noch so undeutlich, sehr klar abzeichnen. Das heißt,

---

[20] J. KÜCHENHOFF (1990), "Über verstehbare und nicht-verstehbare Zusammenhänge in der psychoanalytischen Psychosomatik." In: U. STREECK, H.V. WERTHMANN (Hrsg.) *Herausforderungen für die Psychoanalyse.* Pfeiffer Verlag, München, S.67-86.
[21] s. BECKER, a.a.O., S.115.

selbst ein ganz schwacher Lichtschein würde sichtbar, wenn tiefste Dunkelheit herrschen würde."[22]

Durch das Ertragen des Nichtwissens entsteht Zeitlichkeit, durch die Fähigkeit des Therapeuten abzuwarten, erhält das Chaos eine Zeitdimension, gibt der Therapeut dem Anderen Zeit, die Zeit. Omnipotente vorschnelle Deutungen würden einem erneuten Zerschlagen der Zeit entsprechen. Reverie meint die Teilnahme, die so weit geht, daß Bion von einer Halluzinose des Analytikers spricht: "Um Halluzinationen hingegen richtig würdigen zu können, muß der Analytiker am Zustand der Halluzinose teilnehmen."[23] Empathie meint hier Mitleiden oder - besser - stellvertretendes Leiden, denn der Begriff Mitleid setzt Leiden auf der Seite des Betroffenen voraus, das der Patient aber nicht selbst erleben kann, das der Therapeut zuerst in sich aufsuchen muß. Teilnahme am Zustand der Halluzinose hieße dann, daß der Analytiker die Katastrophen im eigenen Erleben rekonstruiert, gegen die sich die Halluzinationen des Patienten als basaler Abwehrvorgang (indem, in den Worten Lacans, das im Realen wiederkehrt, was im Symbolischen verworfen worden war) richten. Träumen und Reden, Emotion und Denken sind einander nicht entgegengesetzt, sondern aufeinander angewiesen, wie das Imaginäre und das Symbolische:

> "Von welcher Seite man auch das Problem angeht, man endet immer bei der Frage der Repräsentationen, denn ... selbst die dem Patienten mitgeteilten Gegenübertragungsaffekte verwandeln diese, da sie verbale Interpretationen sind, in Repräsentanzen. Ich möchte sagen, daß man auf keine Weise die Sprache des Patienten umgehen kann ... Jeder direkte Zugang zur Sachvorstellung und zwar zur bewußten wie zur unbewußten, ist eine Illusion. Anders gesagt ist die verbale Mitteilung der obligatorische Zugang zur Sach- und zu den Objektvorstellungen."[24]

Da, wo die emotionalen Katastrophen unbeschreibbar werden, sie i.S. von Freuds *Jenseits des Lustprinzips* traumatisch bleiben, da läßt sich nicht mehr denken. Wo der Analytiker die Katastrophe bedenkt, sie ohne Verharmlosung benennt, läßt sich für den Patienten wieder eine Lebensgeschichte schaffen, die mit Narben und Verletzungen verknüpft ist, aber dennoch seine eigene Geschichte werden kann.

> *"Wie auf den Schultern eine*
> *Last von Scheitern ist*
> *zu behalten"*
> *(Hölderlin, Mnemosyne)*

---

[22] W.R. BION (1974), *Brazilian Lectures*. Imago Editora, Rio de Janeiro, S.37.

[23] W.R. BION (1970), *Attention and Interpretation*. Heinemann, London, S.35ff.

[24] A. GREEN (1990), *Les cas limites*. Gallimard, Paris, S.358f.

5. Die Entdeckung der Zeit in der Psychose

Tina S. war jenem kalten Raum der unbelebten Objekte noch nicht entronnen, sie war lange Zeit nicht in der Lage, ihr Zimmer in irgendeiner Art von Eigenständigkeit zu gestalten und in diesem Sinne zu bewohnen. Es bestand über Jahre nur aus dem kalten metallenen Kliniksbett, keine Bilder zierten die Wand, alles Persönliche, so es solches gab, war in Schubladen verstaut oder achtlos über den Boden verstreut. Gespräche mit ihrem Therapeuten in seinem Zimmer konnte sie nicht führen, weil ihr dessen Raum als ein fremder und letztlich bedrohlicher Fremdkörper imponierte: "Ich kann doch nicht mit einem Arzt in sein Zimmer gehen". Keine sexuelle Anspielung sollte diese Bemerkung ausdrücken, vielmehr die Angst, in dem Zimmer des Arztes irgendwelchen, in jedem Fall aber den schlimmsten denkbaren Bedrohungen ausgesetzt zu sein. Die Einrichtung eines Raumes wurde im Laufe der Zeit zur sozialpsychiatrisch zwar äußerst mühevollen, letztlich aber gelingenden Strukturierungsarbeit an ihrem Raum, ihrem Körper, den sie zu bewohnen begann: Der Genuß eines ersten alleine vorbereiteten wohlriechenden Vollbades signalisierte nach langen Monaten einen großen Fortschritt.

Während nun dieser Prozeß des allmählich zu bewohnenden Raumes und des eigenen Körpers in der psychiatrischen Therapie schon in speziellen Formen der KBT (Konzentrative Bewegungstherapie), des Autogenen Trainings, der Milieu-Therapie gewürdigt wurde, blieb die zweite Entwicklungsreihe, von der wir gesprochen hatten, diejenige zur Entwicklung einer gelebten Zeit bzw. eines Lebens in der eigenen geschichtlichen Zeit, lange stiefkindlich vernachlässigt. In der ungeschichtlichen Zeit, die ja für uns nicht erinnerbar ist, da Erinnerungen das Funktionieren eines zeitlichen psychischen Apparates voraussetzen, sind die Zeitstrukturen von chronologischer sukzessiver Zeit und von zyklischer oder in sich strukturierter Zeit noch nicht voneinander geschieden, noch nicht durch Überschneidungen miteinander vermittelt. Wir haben diese Dreiheit der psychischen Zeit, in Anlehnung an die platonische Tradition, als *chronos*, *aion* und *kairos* differenziert und für die Psychose das Vorherrschen des aionalen Zeiterlebens des Unbewußten über das chronologische des Bewußtseins beschrieben.[25] Aber auch diese dreifach gestaltete Zeitstruktur ist Ergebnis eines dynamischen Prozesses der psychischen Entwicklung, der bereits in der Antike im Spiel des Kindes entdeckt wurde. Wir zögern nicht, darin das Modell für die Entstehung des Nacheinander aus dem aionalen Ineinander zu sehen und therapeutische Hoffnungen auf das Nachvollziehen dieses Prozesses des aionalen Spieles zu setzen. Frü-

---

[25] J. KÜCHENHOFF/P. WARSITZ (1987), "Biographie und Zeit. Zur Zeiterfahrung in Neurose und Psychose", in: *Fragmente* 25, S. 85-94.

here Versuche zur Musiktherapie seit den Mysterienkulten des Pythagoras und zur pädagogischen Instrumentalisierung des Theaters, speziell des Dramas, sprechen u.E. für diese Überlegung. So heißt es bekanntlich bei Heraklit (Fragment B52):
> "Die Zeit ein Kind - ein Kind beim Brettspiel; ein Kind auf dem Thron."

Ja, wir gehen so weit, die Verwerfung des Namens des Vaters selbst, jenen dynamischen Anfangsmoment der psychotischen Entwicklung, als die erste mißlingende zeitliche Strukturierung, als die erste dystychia und einen ersten negativen kairos zu bezeichnen. In einer Phänomenologie des Negativen, wie sie der späte Merleau-Ponty ins Auge faßte, oder eben in einer zeitlichen Phänomenologie, ließen sich möglicherweise die Momente der zeitlichen Differenzierung des seelischen Apparates nachzeichnen.

Bei unserer Patientin wiederum zeigte sich, daß sie zu einem die Zeit generierenden Spiel in einem gelebten Raum lange nicht in der Lage war. Zeitlos dämmerten ihre Tage und Jahre dahin, sie waren nicht an ihre Geschichte, an Erlebnisse und Erinnerungen anzukoppeln. Keine strukturierte Beschäftigung oder gar ein Gespräch konnte sie länger als 10 Minuten durchhalten, hingegen saß sie stundenlang vor einem Tisch, blickte teilnahmslos ins Leere oder stand wie eine der klassischen katatonen "Säulenheiligen" der alten Psychiatrie stundenlang bewegungslos im Gelände. Als sie begann, die Jahre des ungelebten Dahindämmerns als einen Mangel, als einen Verlust an Leben zu begreifen und zu betrauern, trat sie nunmehr auch in den zeitlichen Prozeß des Lebens ein. Auch daß sie von diesem Zeitpunkt an das therapeutische Team zu beschimpfen begann, sie hier in der Öde jahrelang festgehalten zu haben, mußte als therapeutischer Fortschritt gewertet werden. Die gelebte Zeit als ein über den Raum gespanntes Tuch oder Netz zu erleben, ist die Voraussetzung, in diesem Raum Geschichte sich ereignen zu lassen, ist die Voraussetzung, daß das Begehren, also Liebe, Haß und Ignoranz, wie Lacan sagt, oder Eros und Thanatos, in ihn eindringen können, ist die Voraussetzung auch, daß die Sprache als lebendige in ihren Modulationen von Sprechen und Schweigen, die zugleich räumliche und zeitliche sind, gleiten kann, so daß sie der Ort des Subjektes werden kann. In diesem gespannten Raum der intercorporéité ist das kugelig in sich geschlossene Sein des Parmenides in seiner Zeitlosigkeit verloren. In den Rissen und Lücken dieses gespannten Seins des Lebens "ereignet sich das Wahre" (Hölderlin). In den strukturierenden Prozessen der Raum- und der Zeiterfahrung sehen wir mit Merleau-Ponty die Existentialien, die als entäußerte Strukturen des Inneren diesem zum Medium werden, sich ereignen. Wir folgen auch seiner Fassung des Unbewußten, das dem Unsichtbaren, dem Unerhörten, dem Nicht-Sein, dem Reich des Zwischen, einen logischen oder auch sprachlichen Sinn gibt.

"Man spricht immer vom Problem des Anderen, der Intersubjektivität usw. In Wirklichkeit müssen über die Personen hinaus die Existentialien begriffen werden, gemäß deren wir sie verstehen und die den semantischen Sinn all unserer willkürlichen und unwillkürlichen Erfahrungen ausmachen. Dieses Unbewußte ist nicht in unserem Innersten zu suchen, hinter dem Rücken unseres Bewußtseins, sondern vor uns als Gliederung unseres Feldes. Es ist Unbewußtes dadurch, daß es nicht Objekt ist, sondern das, wodurch Objekte möglich sind, es ist die Konstellation, aus der unsere Zukunft ablesbar ist. Es taucht zwischen ihnen auf, wie der Abstand der Bäume voneinander oder wie ihre gemeinsame Ebene ... Diese Existentialien sind es, die den substituierbaren Sinn des Gesagten und des Gehörten ausmachen. Sie bilden die Armatur dieser unsichtbaren Welt, die vermittels der Rede alle Dinge, die wir sehen, zu durchtränken beginnt, wie beim Schizophrenen der andere Raum Besitz ergreift vom sinnlichen und sichtbaren Raum."[26]

Tina S. lebt jetzt in einem sogenannten Übergangsheim für psychisch Kranke. Solche sozialpsychiatrischen Einrichtungen aus der Reformära der Psychiatrie wollten in der Tat einen Übergangsraum schaffen zwischen der Zeit der häufig notwendigen Hospitalisierung während der psychotischen Katastrophenerfahrung und der Zeit einer möglichen Aufarbeitung dieser Erfahrungen, z.B. in einem psychotherapeutischen Setting. Allzu oft wird allerdings der Raum des Übergangs zu einer Endstation, ersetzt er also das alte Asyl. Und doch ringt der Patient hier in der Regel auf mühsame und langwierige Weise um einen Wiedereintritt in die Welt der Objektbeziehungen bzw. gegen einen Rückfall in die Welt des psychotischen Autismus. Der Übergangsraum der "intercorporéité" muß künstlich und d.h. mit Hilfe der therapeutischen Arrangements aufgespannt gehalten werden; nur darüber gibt es die Möglichkeit eines Eintritts in die symbolische Welt der sozialen Beziehungen und Institutionen. Die Möglichkeit einer psychoanalytischen Therapie im klassischen Setting markiert für Tina S. also das Ende, nicht den Anfang der Arbeit an der "intercorporéité".

---

[26] M. MERLEAU-PONTY (1986), *Das Sichtbare und das Unsichtbare*. Fink Verlag, München, S.233.

Psychoanalytische Zugangswege zur Psychosenpsychotherapie in der psychiatrischen Praxis[1]

Fritz Linnemann/Tristan Rohlfs

Da dieses weitgefaßte Thema unterschiedliche Erwartungen erwecken kann, soll der Gegenstand der nachfolgenden Erörterung zunächst konkreter bestimmt werden.

Dabei zeigt sich, daß die allgemeine Form unseres Gegenstandes zugleich auch in gewisser Weise seine konkrete ist, insofern nämlich, als wir einen verstehenden Zugang zu den Problemen, die sich dem Psychiater in jedem beliebigen, gesellschaftlich vorgegebenen Berufsfeld stellen, ganz universell im Auge haben. Das heißt, wir wollen diesen Zugang nicht eingegrenzt sehen auf eine bestimmte Form der Praxis, etwa der psychotherapeutischen im Berufsalltag des niedergelassenen Psychiaters, noch auf diejenigen Krankheitsbilder, die nach herkömmlichem Verständnis einer Psychotherapie zugänglich sind.

Was die Form eines verstehenden Zuganges anbetrifft, so soll der hier gewiß unzulänglich bleibende Versuch gemacht werden, die in der so verstandenen Praxis erscheinenden Phänomene mit Hilfe der Begriffe »Widerstand«, »Übertragung« und »Unbewußtes« unter Zuhilfenahme gewisser Aspekte der psychoanalytischen Entwicklungstheorie zu beschreiben. Aus diesem Grunde fühlen wir uns berechtigt, die zur Grundlage unserer Ausführungen genommene psychiatrische Praxis gleichzeitig als psychoanalytisch zu bezeichnen.

Vor allem soll das psychoanalytische Instrumentarium zum Verständnis des nosologischen Kernbereichs psychiatrischer Praxis, nämlich zum Verständnis der endogenen Psychosen herangezogen werden. Besteht es hier seine Bewährungsprobe, hat es den Nachweis für seine Psychiatrierelevanz hinreichend erbracht. Deshalb werden die endogenen Psychosen eine bevor-

---

[1] Zuerst erschienen in: A. THOM/E. WULF (Hrsg.), *Psychiatrie im Wandel. Erfahrungen und Perspektiven in Ost und West*, Bonn (Psychiatrie-Verlag) 1990; mit freundlicher Genehmigung des Psychiatrie-Verlags.

zugte Behandlung erfahren und nicht etwa, weil andere psychiatrische Erkrankungen als minder bedeutsam angesehen werden.

Wir werden uns den *endogenen Psychosen* in *zwei Anläufen* nähern, zunächst den Erscheinungsformen der *Schizophrenien* unter einem mehr metapsychologischen Gesichtspunkt mit den sich bereits daraus ergebenden Therapieansätzen und dann dem *depressiven Syndrom*, als der Grundbefindlichkeit aller Psychosen unter verstehenspsychologisch und damit ebenfalls psychotherapeutischer Zielsetzung.

Psychoanalytisch lassen sich *schizophrene Erkrankungen* - wie eine Ellipse - von zwei Brennpunkten aus verstehen, die deshalb in der Praxis auch ein guter therapeutischer Zugang zu den Patienten sind. Der eine Brennpunkt ist die Erträglichkeit der Objektdistanz, der andere der Widerstand gegen die Aufgabe primär-narzißtischer Gratifikationen.

Zum Verständnis des Begriffes »Objektdistanz« ist es nützlich, sich vor Augen zu führen, daß der Sitz der schizophrenen Erkrankung, psychoanalytisch gesehen, das Ich ist, also jene Instanz, der die Verarbeitung und Abstimmung aller Eindrücke und Impulse der Psyche obliegt. Das Ich ist aber nicht denkbar ohne die Objekte. Beide können nur zusammen als Gegensatzpaar vorkommen, weil sie einem gemeinsamen Vorläufer entstammen, dem Zustand des primären Narzißmus, der am Anfang aller psychischen Entwicklung steht und keine Unterscheidung kennt zwischen Innen und Außen, Ego und Alterego. Erst aus der Reifung, das heißt der Differenzierung des primären Narzißmus, entstehen gleichzeitig und einander bedingend das Ich und die Objekte. Deshalb gibt es kein Ich ohne Objekte und keine Objekte ohne Ich. Aber der Zustand dieser Differenzierungen kann, ja muß unter bestimmten Bedingungen rückläufig sein, also der Regression anheimfallen. Das geschieht schon physiologischer Weise zum Beispiel im Schlaf oder auch im Orgasmus. Dabei kommt nun eine hervorragende Rolle der Objektdistanz zu. Sie ist das Ergebnis und die Ursache eines stetigen Kräftespiels der Psyche, das sich auch in der Beziehung zwischen dem Patienten und dem Therapeuten, in der Übertragung und der Gegnübertragung äußert und deshalb in ihrem jeweiligen Stand erfaßt und für die Therapie nutzbar gemacht werden kann. Zu große Objektnähe heißt zu starke Besetzung der Objekte (oft zu starke Liebe, zu starker Haß, zu starke Furcht, zu starke Sehnsucht). Ihre Gefahr ist die Verschmelzung des Ich mit dem Objekt und das bedeutet die Rückläufigkeit des oben angeführten Differenzierungsprozesses, also falls keine Abwehr einträte, das Ende des Ich und der Ichfunktion. Diese regressive Bewegung der Psyche aufgrund einer ungünstigen Objektdistanz ist das, was man zusammen mit den Erscheinungen der dagegen mobilisierten Abwehr im Laufe schizophrener Erkrankungen einen Schub nennt. Zu große Objektferne jedoch heißt umgekehrt zu geringe Besetzung der Objekte, Abwendung von ihnen, »narzißtischer Rückzug«. Hier liegt die Gefahr in dem schließlich einsetzenden Mangel an Objekten. Ohne Objekte aber gibt es nun einmal kein Ich. So kommt es wie bei der zu großen Objektnähe zwangsläufig auch hier zur Ich-Auflösung bzw. zum Schub.

Diese Dynamiken der Objektdistanz treten unter mancherlei Umständen, normalen und pathologischen, auf. Hier aber sollen sie nur in bezug auf die Schizophrenien exemplifiziert werden. Deshalb sei zunächst eine Definitition gewagt: Die Schizophrenien sind unter anderem durch eine solche psychische Struktur charakterisiert, daß schon unter normalen Lebensbedingungen jede Objektdistanz zur Gefahr der Ich-Auflösung führt, weil auf einem viel zu schmalen Grat das Gleichgewicht zwischen Objektnähe und -ferne gehalten werden muß. Dabei soll betont werden, daß bereits die objektgerichteten Gefühle und nicht erst das reale Objekt (aber dieses auch) eine Bedrohung darstellen. Hinter dem vielleicht etwas mechanistisch klingenden für die Praxis aber nützlichen Begriff Objektdistanz stehen natürlich bewußte und unbewußte Erlebnisse der betroffenen Patienten, die wohl alle die bereits in früher Kindheit einsetzende und für ihre spätere psychische Erkrankung ausschlaggebende Erfahrung des Mangels und der Traumatisierung im Umgang mit ihren Beziehungspersonen (reduziert auf den Begriff »Mutter«) durchmachten. Diese Patienten sehnen sich ihr Leben lang nach empathischem Verständnis, das sie in den entscheidenden frühen Stadien ihrer Entwicklung entbehrten. So fliegen sie, falls Abwehr sie nicht hindert, auf die Objekte (Nähe), also auch auf die Therapeuten und müssen sich enttäuscht wieder abwenden (Ferne), weil kein Objekt mehr ihrem alten Bedarf Genüge tun kann. Selbst die Affekte, die durch diese schlimmen Erfahrungen ausgelöst werden, nämlich Trauer und Wut, bergen in sich wieder die Bedrohung durch zu große Nähe (Trauer) oder zu große Ferne (Wut). So muß man das Dilemma konstatieren, daß Objektbeziehungen für ein schizophrenes Ich nicht nur die größte Hilfe, sondern auch die größte Gefahr sind. Zur Begegnung dieser scheinbar ausweglosen Lage stehen dem schizophrenen Ich, solange es vollständig oder wenigstens noch teilweise existiert, offenbar genau angepaßte Abwehrmechanismen zur Verfügung, die seine Auflösung verhindern oder verzögern können. Unter diesem Gesichtspunkt sind schon die üblichen Verlaufsformen schizophrener Erkrankungen lehrreich.

Die *paranoide Verlaufsform* zeigt als Hauptabwehrmechanismus die Bildung von Pseudoobjekten. Als solche kann man die verschiedenen Formen von Wahnbildungen, Halluzinationen, anderen Trugwahrnehmungen usw. ansehen, weil sie alle anscheinend den Sinn haben, größtmögliche Unabhängigkeit von den realen Objekten herzustellen, indem diese durch Kreationen der eigenen Psyche ersetzt werden, um so den ich-rettenden Balance-Akt zwischen Nähe und Ferne, ungestört von der Realität, minuziöser ausführen zu können.

Die *hebephrene Verlaufsform* zeigt als Hauptabwehrmechanismus Erscheinungen, die für die Schizophrenien besonders charakteristisch sind und auch eine bedeutende Rolle im sogenannten schizophrenen Defekt spielen. Es handelt sich um die Kappung der emotionalen Begabung, der Fähigkeit zum abgestimmten zwischenmenschlichen Miteinander; denn jene Eigenschaften sind stark auf die Objekte gerichtet und bergen in sich die Gefahr der zu großen Objektnähe oder -ferne, also der Ich-Auflösung. Die dann beobachtbare affektive Verflachung wird gewöhnlich als typischer Ausdruck des pathologischen schizophrenen Prozesses angesehen. Sie ist aber im Gegensatz zu dieser Anschauung ebenfalls Ausdruck wirksamer Abwehrmechanismen im Dienste des Ich.

Die Gespanntheit in den *katatonen Verlaufsformen* ist vorwiegend durch die Unzulänglichkeit aller Abwehrmechanismen und dadurch immer wieder aufkommende Angst gekennzeichnet. Sie ist eine Reaktion auf die regressive, ich-auflösende und in ihrer Tendenz zum psychischen (MAHLER 1975), ja letztlich zum physischen Tod führende Bewegung des Ich und in den akuten Zuständen eine besondere Herausforderung an den Therapeuten.

Unter den interessanten Abwehrkomplexen, die Schizophrenen helfen, die Ich-Auflösung zu vermeiden, seien der Kürze wegen nur noch zwei angedeutet: Die *Verrückte Kompromißbildung* (unzählige schizophrene Verschrobenheiten werden durch sie erklärt) und die *Schizophrene Schaukel*, ein Mechanismus, mit dessen Hilfe der Patient auf das Objekt und von ihm fort schwingt, um wenigstens im arithmetischen Mittel einen erträglichen Abstand zu halten. Man denke an die vielen Schizophrenen, die ihr Heil im ständigen Ortswechsel und im Austausch der Beziehungspersonen suchen.

Aus der Überlegung zur Objektdistanz ergibt sich als erster therapeutischer Schritt die »Annäherung des Therapeuten als Objekt«, was natürlich das bekannte Dilemma auslöst und deshalb sofort den nächsten Schritt, die »Beachtung der Schizophrenen Schaukel«, von seiten des Therapeuten erfordert.

Manchmal ist ein weiterer therapeutischer Schritt möglich, die deutende Intervention. Was gibt es zu deuten? Natürlich nichts, wo es kein Ich gibt; denn ohne Ich kein Adressat für eine Deutung und auch keine Ich-Funktionen, also auch keine Abwehr und folglich kein abgewehrtes, deutungsbedürftiges Material. Aber schizophrene Zustände, in denen es kein Ich mehr gibt sind selten oder nicht von langer Dauer. Zu dem in richtiger Distanz rettenden, in falscher vernichtenden Objekt wird in der Psychotherapie der Therapeut. Zu ihm unterhält der schizophrene Patient dann auch Objektbeziehungen, die als Übertragung aufgefaßt werden können und denen eine Gegenübertragung entspricht. Die auf diesem Feld sich abspielenden Vorgänge können als Auseinandersetzungen um die richtige Objektdistanz verstanden und als solche gedeutet werden.

Der Widerstand gegen die Aufgabe *primär-narzißtischer Gratifikationen* ist nach der oben geäußerten Behauptung der zweite Brennpunkt im Verständnis schizophrener Erkrankungen. Er ist vor allem für die Zeit zwischen den akuten Schüben von praktischem Belang, während der erste Brennpunkt, vornehmlich im Zusammenhang mit den akuten Schüben, seine praktische Nutzanwendung erfährt.

Jener zweite Brennpunkt erfordert, sich die Natur des Menschen als soziales Wesen vor Augen zu führen. Im Zustand des Primären Narzißmus kennt der Mensch subjektiv keine sozialen Aspekte, weil er zwischen sich und den anderen noch nicht unterscheiden kann. Erst spätere Reifestadien vermitteln ihm die Erfahrung, daß er seine Bedürfnisse nicht dauerhaft aus sich selbst heraus stillen kann, sondern anderer Menschen dazu bedarf, die ihrerseits Wünsche und Forderungen an ihn richten. Aus der Sicht solcher späteren Reifegrade erscheint ihm dann subjektiv der Primäre Narzißmus als ein verlorenes Paradies, in dem es eben keine Abhängigkeiten gab und man deshalb seine Wünsche aus sich selbst heraus befriedigte (Stichwort: Omnipotenz) und in der Geborgenheit seiner selbst ruhte (Stichwort: Ozeanisches Gefühl). Für alle Menschen sind aber Omnipotenz und Ozeanisches Gefühl als Erinnerungen an das Paradies von hervorragender Wichtigkeit. Sie sind einerseits als Konstituenten des Urvertrauens für das menschliche Leben unverzichtbar, andererseits sind sie jedoch, weil im Gegensatz zur Realität, mit dem normalen menschlichen Leben auf Dauer unvereinbar, wenigstens in ihrer ursprünglichen primär-narzißtischen Form. Dieser Widerspruch strebt seine Lösung üblicherweise in der psychosozialen Entwicklung des Menschen an.

Die Omnipotenz wäre dann aufgehoben durch die Arbeits- und Liebesfähigkeit (man könnte auch sagen: durch die Potenz).

Das Ozeanische Gefühl wäre aufgehoben durch das Gefühl der Einbettung in die menschliche Gesellschaft.

Zur konsequenten Verfolgung dieser beiden Entwicklungslinien sind schizophrene Menschen aber augenscheinlich zunächst einmal nicht fähig. Aus der Not scheinen sie aber eine Tugend zu machen, indem sie diesen Entwicklungsweg als ihnen unzumutbar zurückweisen. An dieser Stelle kommt es gewöhnlich zu einer folgenschweren Gegenübertragung des Therapeuten, die auf der abgewehrten Wahrheit seines eigenen gesellschaftlichen Unbehagens beruht. Die Therapeuten haben, wie vermutlich alle Mitglieder der modernen Industriegesellschaften, ihre eigene mehr oder weniger große Not mit einer derartigen Aufhebung ihres Primären Narzißmus. Das steht sicherlich im Zusammenhang mit bisher möglichen oder nicht möglichen gesellschaftlichen Entwicklungen, ist schmerzlich und will sich deshalb der Bewußtheit entziehen. Werden Therapeuten durch schizophrene Patienten daran erinnert, erregt es in ihnen Unlust, Neid und schließlich Aggression gegen jene, die sich (zwar weil sie nicht anders können) sträuben, den normalen psychosozialen Weg zu gehen, der den Therapeuten nicht erspart bleibt. Die Patienten wirken dann auf ihre Therapeuten hochmütig und erhaben und herabblickend auf jene sogenannten Normalen, die bereit (und in der Lage) sind, ihre Entwicklung wenigstens im großen und ganzen unter Beachtung der Realität mit Arbeit und Liebe einschließlich aller Mühsal und Enttäuschung zu vollziehen. So gesehen, verweigern schizophrene Patienten die Beteiligung am gewöhnlichen Alltag oder (unter Anlehnung an ein Wort Freuds formuliert) die Teilhabe am »gemeinen Unglück«, die ihre Therapeuten ihnen doch als Bestes, ja wahrscheinlich einziges Gutes im Austausch gegen ihr psychotisches Elend anzubieten haben und die Weiterentwicklung bedeuten könnte.

Hier werden also Kräfte erlebbar, die gegen einen weiterführenden, d.h. therapeutischen Prozeß gerichtet sind und deshalb Widerstand genannt werden können. Nicht Progression ist dann gefragt, sondern Regression. Omnipotenz und Ozeanisches Gefühl werden nicht durch psychosoziale Entfaltung in ihren aufgehobenen Formen, sondern kurzschlüssig durch Rückwendung auf den ursprünglichen Zustand gesucht. Hierbei kommt der erste Brennpunkt den schizophrenen Patienten zu Hilfe. Durch Änderung der Objektdistanz können sie doch, was anderen Menschen nicht so ohne weiteres gelingt, ihr Ich auflösen, sich dadurch von den enttäuschenden Objekten befreien und sich dem Primären Narzißmus wieder nähern. Diese Bewegungen der schizophrenen Psyche sind natürlich aus der normalen Betrachtungsebene »verrückt«, vom Standpunkt des schizophrenen Widerstandes jedoch stimmig. Was anderen psychiatrischen Patienten, zum Beispiel manchen Drogensüchtigen, nur unter großem Aufwand an Risiko und finanziellen Mitteln möglich ist, nämlich der Ausstieg aus dem unliebsamen Ich mit seinen Objekten, gelingt Schizophrenen aufgrund ihrer Struktur leicht. Also machen sie davon Gebrauch.

Welches ist nun der angemessene therapeutische Umgang mit diesen Problemen? Da Widerstand dabei eine sehr wichtige Rolle spielt, liegt es nach psychoanalytischem Verständnis nahe, hier zu deuten und durcharbeitend bewußt zu machen. Ein solches Vorgehen gegenüber dem Patienten wäre aber wegen der für ihn darin liegenden unverträglichen Wahrheit (s.u.) zunächst kontraindiziert. Ganz anders aber gegenüber dem Therapeuten selbst, der ja ebenfalls im psychosozialen Feld, das in die Therapie hineinragt, ein Träger des Widerstandes ist. Kann sich der Therapeut seiner spezifischen Gegenübertragung bewußt werden, ist damit auch dem Patienten gedient, weil der Therapeut erst dann frei wird, aus der notwendigen wohlwollenden Neutralität hinter dem Widerstand dieses Brennpunktes die Unfähigkeit des Patienten zur Teilnahme am normalen Leben zu begreifen und ihm das zu bieten, was er braucht: eine konstante Objektbeziehung unter aufmerksamer Wahrung der richtigen Distanz. So könnte der Patient vielleicht eine neue Erfahrung machen, analog zu, wenn schon nicht identisch mit einer frühen Elternbeziehung, in der womöglich angelegte, aber bislang verschüttete Anlagen geweckt und die Fähigkeit zum Ausgleich fehlender Anlagen gefördert werden.

Wenn es zumindest prinzipiell möglich ist, psychotisches Verhalten mit Hilfe des psychoanalytischen Instrumentariums in sinnvolle Motivationszusammenhänge zu stellen und damit verständlich zu machen, so ist der Weg, dieses Verständnis therapeutisch wirksam einzusetzen, doch viel schwieriger als bei den Störungen, die nicht zu einem tiefen psychotischen Persönlichkeitswandel führen und die wir, in Abgrenzung zu jenen, neurotisch nennen. Es ist nicht so sehr die unterschiedliche Modalität der Abwehrmechanismen - hier eher Verdrängung von Triebregungen, dort mehr Verleugnung von Aspekten der Realität -, die das Ich der Wahrnehmung und Anerkennung des ihm schwer erträglichen Unbewußten entgegensetzt, sondern es ist der Grad der Unverträglichkeit selbst, der die sonst allgemein vorausgesetzte heilsame Wirkung der Wahrheit im Falle der Psychosen einschränkt. Mitunter ist hier Wahrheit nicht mit dem Leben vereinbar, was uns die Suizidneigung depressiver Patienten, besonders auch der Aufgabe ihrer Wahngedanken depressiv gewordener (sogenannter postremissiver Depressionen) vor Augen führt.

Was macht aber diese unbewußt gehaltene Wahrheit so unverträglich mit dem Leben? Beinhaltet sie doch keineswegs eine individuell nur für unsere Patienten geltende schlimme Botschaft. Sie bringt vielmehr die allgemeingültige, triviale Tatsache zum Ausdruck, daß wir alle hoffnungslos in dem ständig vom Einsturz bedrohten und endlich dazu verurteilten Kerker unserer unüberwindlichen Ichhaftigkeit gefangen sind. Diese sinnichtende Wahrheit wird bei Gesunden in demselben Maße intellektuell aufgrund unabweisbarer kognitiver Fakten akzeptiert, als sie emotional abgewiesen wird; und zwar durch Rückgriff auf einen unbewußt fest verankerten Wahn, der die frühe Erlebnisweise einer zeitlosen Existenz unter dem Schutze allmächtiger und allwissender Gestalten festhält. Nur die Gefährdung dieses auch Urvertrauen genannten Wahnes und aller später erworbenen, seiner Aufrechterhaltung dienenden Hilfskonstruktionen läßt die intellektuelle Wahrheit nicht zu einer die ganze menschliche Existenz durchdringenden Gewißheit einer Trost- und Heillosigkeit werden.

Unter der vorausgesetzten Annahme, daß im Selbst des psychose-bedrohten Menschen das früherworbene Heilserleben nicht fest verankert ist, daß er komplizierter Hilfskonstruktionen bedarf, damit unser trivialer Tatbestand bei ihm nicht zu einem durchdringenden Existenzgefühl wird, wird die therapeutische Wirkung der deutenden Wahrheitsvermittlung problematisch, jedenfalls dann, wenn sie es bei einer Desillusionierung bewenden läßt. Andererseits sind aber auch die zur Abwendung der bevorstehenden nihilistischen Katastrophe eingesetzten dramatischen Kompensationsversuche, die durch eine Einschränkung der Realitätskontrolle erkauft werden, mit dem Leben in der Gesellschaft - und damit mit dem Leben schlechthin - nicht vereinbar. Man denke an das keine Grenzen anerkennende manische Allmachtsgefühl oder an das durch Identitätsüberschreitung sich ausdehnende schizophrene Ich-Erleben.

Dies scheint den psychoanalytisch arbeitenden Psychiater vor ein auswegloses Dilemma zu stellen.

Vorläufig sehen wir keinen Weg, das heillose Ich unserer Patienten durch Implantation jenes Urvertrauens zu heilen, weil dies bei dem derzeitigen Verständnis der Ich-Entwicklung eine vollständige Reinszenierung der Kindheit voraussetzte. Dazu müßte nicht nur das Ich all seiner späteren Welterfahrung entkleidet werden und auf das Niveau kindlicher Gläubigkeit zurückfallen, sondern auch wir müßten diesem so entstandenen erwachsenen Kleinkind elterliche Gefühle entgegenbringen. Und selbst wenn diese Bedingungen erfüllt wären, müßte doch der Ausgang dieses spekulativen therapeutischen Szenariums als ungewiß gelten, weil auch eine gewisse genetische Disposition bei den Patienten in Rechnung zu stellen ist, die ihnen möglicherweise je nach Ausmaß und Ausprägung auch unter günstigen Bedingungen die Etablierung Sicherheit gewährender Objekte erschwert.

So bleibt vorerst nichts anderes übrig, als mit der verstehenden und Selbstverständnis vermittelnden psychoanalytischen Methode nach gangbaren Wegen zu suchen. Dabei kommt uns die geläufige Beobachtung entgegen, daß unsere Patienten trotz ihrer strukturellen Defiziens keineswegs immer krank waren, sondern die meisten es erst im frühen Erwachsenenalter werden und daß sie es auch ohne therapeutisches Zutun bei weitem nicht immer bleiben. Bei den zyklischen affektiven Psychosen ist es sogar ein diagnostisches Kriterium, daß die Symptome nach einer gewissen Zeit verschwinden. Bei den Schizophrenien ist ebenfalls dieser Ausgang nicht ganz selten. Die Bezeichnung endogene Psychose für diese Erkrankungen kann hingenommen werden, wenn wir dabei strukturelle Krankheitsbereitschaft im Auge haben, nicht aber in bezug auf die Bedingungen ihrer Manifestation und ihres Ausganges. Bei einer großen Zahl der Kranken läßt sich nämlich beobachten, daß dem Ausbruch ihrer Psychose - ganz allgemein gesprochen - Veränderungen im Feld ihrer Beziehungen vorausgehen. Die Schizophrenie weist einen Morbiditätsgipfel in der Lebensspanne auf, in der Ausbildung bzw. Berufsaufnahme ein Verlassen des Elternhauses oder sexuelle Bedürfnisse unter dem Gebot der Exogamie die Abkehr von den primären Bezugspersonen erzwingen. Umgekehrt schwindet nicht selten die psychotische Symptomatik nach Aufnahme einer partnerschaftlichen Beziehung. Wie steht es dann aber mit dem Ausklinken schizophrener Psychosen bei konstantem Beziehungsfeld unter besonderen Leistungsanforderungen? Und wie sind die Melancholischen zu verstehen, die ihre Angehörigen und die äußeren Verhältnisse von jeder Schuld an ihrem verzweifelten Zustand freisprechen und nur ihre eigene Minderwertigkeit als Begründung ihrer Heillosigkeit gelten lassen wollen?

Auf der Suche nach der allen endogenen Psychosen unterstellten *depressiven Grundbefindlichkeit* in ihrer reinen Form kommt uns ein Ergebnis der Säuglingsbeobachtung von René SPITZ zu Hilfe.

Er konnte zeigen, daß Kinder jenseits des dritten Lebensmonats auf Trennung von ihren Müttern mit einem schweren depressiven Syndrom reagierten. Dieses erwies sich als reversibel, wenn die Trennung nicht länger als drei Monate dauerte, andernfalls kam es zu einem Entwicklungsstillstand, der in einem großen Teil der Fälle letzten Endes zum Tode führte. Die Erfahrung der Reversibilität ist möglicherweise die Grundlegung des phasischen Charakters späterer zyklischer Psychosen. Diese Säuglinge sind noch nicht einer Anklage fähig, aus welchem Grund wir die klaglose vitale Erloschenheit bei bestimmten Depressionszuständen im Erwachsenenalter in Anlehnung an SPITZ (1967) hier ebenfalls anaklitisch nennen wollen. Obwohl die von Spitz beschriebenen Kinder bei Wiedervereinigung mit ihren Müttern völlig zu gesunden scheinen, vermerkt er doch ausdrücklich, daß solche Traumatisierungen für das spätere Leben nicht folgenlos bleiben werden. Es ist naheliegend, daß Menschen von der Erfahrung todesnaher Verlassenheit in früher Kindheit bleibend geprägt sind, obwohl sie keine szenische Erinnerung an die frühe Katastrophe besitzen. Es gibt Hinweise dafür, daß nicht nur die reale, sondern auch die emotionale Abwesenheit der Mutter, zum Beispiel durch eine eigene Depression oder starke Inanspruchnahme durch andere, ähnliche Auswirkungen auf ein Kleinkind hat. Dies könnte erklären, warum im späteren Leben nicht nur Partnerverluste durch Tod oder Trennung, sondern auch die Abkühlung im emotionalen Klima zwischen den Partnern geeignet ist, depressive Zustände der beschriebenen Art auszulösen. Der Partner des Erwachsenen ist nicht nur Objekt bewußter libidinöser Strebungen, sondern gleichzeitig Objekt unbewußter Heilungswünsche. Ihm kommt - oft entgegen den bewußten Partnerschaftsidealen der Beteiligten - die Rolle eines Widerlegers traumatischer Kindheitserlebnisse zu, oder in Begriffen der Psychoanalyse ausgedrückt: Die Angewiesenheit auf das Real-Objekt ist zur Kompensation unzureichend internalisierter Sicherheit und Schutz gewährender

Objekte aus früher Zeit notwendig (Kohut spricht mit Blick auf diese Funktion in Unterscheidung vom Triebobjekt vom Selbstobjekt). Bei empathischem Versagen des Selbstobjektes bricht das traumatische Grunderlebnis wieder hervor mit einer Evidenz, die alle späteren Erfahrungen in den Bereich trügerischen Scheins verweist.

Angesichts des konkreten Patienten ist dieses erklärende entwicklungspsychologische Konzept noch keine hinreichende Grundlage zum Verständnis einer bestimmten Depressionsform. Eine erste Differenzierung bietet uns die introspektive Wahrnehmung unserer Gegenübertragung, des Resonators auf die Übertragung auch des stummen Patienten. Fütterungs- und Versorgungsimpulse bei gleichzeitigem Gefühl ohnmächtiger Hilflosigkeit geben die ersten Hinweise auf den emotionalen Hungerzustand und die Hoffnungslosigkeit bezüglich der Rückkehr des versagenden Objektes bei den anaklitisch anmutenden Depressionszuständen im Erwachsenenalter.

Ganz andere Gegenübertragungsgefühle induzieren die Selbstanklagen des wahnhaft Depressiven, sein eigensinniges Bestehen auf seiner endgültigen moralischen, physischen und sozialen Wertlosigkeit entgegen allen äußeren Tatbeständen. Ein ungeduldig-ärgerlicher Affekt, der uns energischen Widerspruch und schließlich achselzuckende Abwendung nahelegt, führt uns auf die Spur, daß es sich bei besagten Klagen um Anklagen handelt, die dem versagenden Objekt gelten, allerdings aus einer Entwicklungsstufe, wo dieses bereits als getrennt wahrgenommen, aber für die Funktion des sich gerade abgrenzenden Ich noch unverzichtbar ist. Die Dynamik der Verwandlung von Klagen in Selbstanklagen hat Freud in *Trauer und Melancholie* gültig aufgeklärt. Wiederum auf eine andere Grundbefindlichkeit verweisen uns Übertragung und Gegenübertragung im Umgang mit depressiven Schizophrenen in der Remission. Jenseits einer deskriptiven Psychopathologie, die es schwer hat, das Wesen dieser Depression zu erfassen, zumal sie wie die anderen durch Antriebsmangel, Freud- und Hoffnungslosigkeit sowie wechselnde Störungen der Vitalsphäre gekennzeichnet ist, gibt es einen vom Betrachter gefühlten spezifischen Unterschied: Nicht der Impuls, durch Füttern und Versorgen die Leere des Gegenübers ausfüllen zu müssen, noch die Neigung zum Widerspruch bestimmt uns hier, sondern eine empfundene Aufforderung, nach Gegenständen Ausschau zu halten, die das Interesse des Patienten zu erregen vermöchten. Die Gegenübertragung gegenüber einem auf schizophrenem Hintergrund Depressiven entspricht der inneren Haltung eines Verkäufers, der sich bemüßigt fühlt, die Aufmerksamkeit eines desinteressierten Kunden zu erregen und der sich im Verlaufe der Vergeblichkeit seiner Anpreisungen schmerzlich der Tatsache bewußt wird, daß er nur billigen Ramsch feilzubieten hat. Dem entspricht die Antwort eines schizophrenen Patienten auf die Frage, warum er sich weigere, morgens das Bett zu verlassen: »Was soll ich morgens aufstehen, wenn ich mich abends doch wieder hineinlege.«

Kehren wir in diesem Kontext noch einmal zu den Untersuchungen zur anaklitischen Depression von René SPITZ (1967) zurück: Er fand, daß nur jene Kinder die geschilderten malignen Symptome entwickelten, die vor der Trennung von ihren Müttern ein gutes Verhältnis zu ihnen besaßen, nicht aber jene, deren Beziehung zu ihren Müttern schlecht war. Bei einem Teil dieser Kinder entwickelten sich allerdings später Störungen, die er psychotoxisch nannte. Man könnte auch sagen, daß für diese Kinder Identität und Kontinuität des Objektes noch keine Werte darstellten, auf deren Verlust sie hätten reagieren können. Sie hatten die vorausgehende Entwicklungsstufe, die des Primären Narzißmus, noch nicht abgeschlossen, weil sie in irgendeiner Weise unzulänglich geblieben war. Je nach Ausmaß dieser Unzulänglichkeit werden sie als Erwachsener unter Umständen ein spezifisches Unbefriedigtsein in ihren Objektbeziehungen erleben, weil sich für sie jede Beziehung zu einem anderen Menschen als eine uneingelöste Erwartung bezüglich der primärnarzißtischen Gratifikation entpuppen wird. Sie werden geneigt sein, das frustrierende Objekt ganz aufzugeben und mit ihm die mitmenschliche Realität. Je nach Blickrichtung nennt man die auf diesen Rückzug folgende psychische Verfassung autistisch bzw. dereistisch.

Nun ist die narzißtische Vorstufe späterer Objektbeziehungen, von außen betrachtet, keineswegs objektlos. Um diesen wichtigen Umstand zu betonen, schlug BALINT (1973) vor, den Begriff des Primären Narzißmus durch Primäre Liebe zu ersetzen. Primäre Liebe erheischt die Nähe des Objektes aus Gründen der unmittelbaren Existenzsicherung. Das Objekt Primärer Liebe erscheint aber dem Säugling nicht als Alterego, sondern gleichsam als Funktionserweiterung des eigenen unvollständigen Ich. Es handelt sich um das goldene Zeitalter der Individualgeschichte, das wie jenes der alten Griechen in mythischem Dunkel liegt. Es bleibt aber gleichzeitig der tragende Grund unserer psychischen Existenz.

Auf welcher Ebene der frühkindlichen Objektbeziehung die Traumatisierung auch immer erfolgt - die Schädigung kann auch verschiedene Ebenen zugleich erfassen, woraus sich später symptomatische Mischformen erklären lassen -, ein erst im Erwachsenenalter psychotisch Erkrankter muß über Kompensationsmechanismen verfügen, die ihm in langen Jahren der Latenz zur Symptomfreiheit verhalfen und die er auch wieder zu reaktivieren vermag. Anders ließe sich der phasische oder episodische Krankheitsverlauf nur schwer erklären.

Ein Verständnis dieser Kompensationsvorgänge kann uns in die Lage versetzen, ihre Wiederbelebung zu fördern. Diese Heilmittel können allerdings nur aus der individuellen Lebensgeschichte erschlossen werden. Sie sind nicht austauschbar, ebensowenig wie der einzigartige Gegenstand, der ausschließlich dazu geeignet ist, ein untröstliches Kleinkind zu beruhigen, mag es sich dabei um ein Tuch, eine Puppe o.ä. handeln. WINNICOTT hat diese Mittel Übergangsobjekte genannt und sie in einem intermediären Raum angesiedelt, der weder allein der Objektwelt noch allein der inneren Welt zugerechnet werden kann, sondern beiden zugleich. Von diesen Übergangsobjekten leiten sich die Symbole ab, die ja auch späterhin ihren Doppelcharakter bewahren, nämlich auf etwas anderes zu verweisen und gleichzeitig dieses andere auch zu vertreten. Die Bedeutung dieses Zwischenbereiches zwischen Außen und Innen für Traum, Phantasie und Kreativität hat WINNICOTT (1974) ausführlich beschrieben. An dieser Stelle müssen wir uns mit dem Hinweis begnügen, daß das Inventar dieses Raumes gerade für die Selbstheilung jener Menschen, die tragende Objektbeziehungen nur unvollständig internalisieren konnten, von großer Bedeutung ist. Es hängt mit der Doppelnatur dieser Phänomene zusammen, daß sie im innerseelischen Bereich verblassen, wenn sie im Objektbereich keine Resonanz finden. Die Fragmente dieser unbewußten, heilsamen, sehr individuellen »Idyllen« lassen sich in der empathischen Begegnung mit depressiven Patienten auffinden, zusammensetzen und durch Wiederanknüpfung an die Außenwelt therapeutisch nutzbar machen; wie, muß einer ausführlichen Kasuistik vorbehalten bleiben.

Ebenso haben spätere Lebenspartner für die potentiellen Patienten - und das sind wir mit Abstufungen alle - dann eine kompensatorische Funktion, wenn sie physisch und emotional hinlänglich präsent sind und wenn sie die notwendige Empathie für die persönlichen Idyllen ihres Gegenübers zeigen. Unter besonderen Belastungen des Ich können sich aber alle diese unter normalen Umständen gesund erhaltenden Bedingungen als nicht ausreichend erweisen. Dies beantwortet die oben offen gelassene Frage, warum manche Menschen unter besonderen Leistungsanforderungen oder Erschütterungen ihres Selbstwertgefühls psychotisch dekompensieren, auch wenn keine Änderung in ihrem Beziehungsfeld stattgefunden hat.

In Zeiten der Latenz oder der remittierten Psychose sind den Patienten im allgemeinen weder die eigenen defizitären Ich-Strukturen noch die stillschweigende kompensatorische Funktion ihrer mitmenschlichen Beziehungen bewußt. Sie setzen gegen ihre Bewußtwerdung vielfältige verleugnende Abwehrmechanismen ein, aber auch solche der Reaktionsbildung auf die gefühlte Schwäche, wie grandiose Autonomieideale und mitunter auch ehrgeizige berufliche Ziele und besondere Ansprüche in sexueller und erotischer Hinsicht. Denn auch bei ihnen steht die Partnerwahl zunächst unter dem Primat genitaler Triebregungen und nicht unter dem bewußten Bedürfnis nach komplementärer Ergänzung. So kommt es oft dazu, daß Patienten diejenigen aufgeben, die sie brauchen und diejenigen suchen, die sie nicht gebrauchen können. Die therapeutische Arbeit an diesen Widerständen reflektiert unter dem Gesichtspunkt der Objektbeziehungen noch einmal das, was bei der Schizophrenie im zweiten Brennpunkt der psychoanalytischen Behandlung steht.

Die Psychiatrie im engeren Sinne wird aber zunächst zuständig sein für die akute, oft dramatische Symptomatik psychischer Erkrankungen. Diese läßt sich nach dem zuvor Gesagten als defensives Selbstrettungsmanöver gegen das Aufbrechen der Grundstörung verstehen, die sich in den beschriebenen depressiven Erscheinungsbildern manifestiert. Wahnbildungen, Halluzinationen, aber auch die Sisyphusarbeit der Zwangskranken sowie die Suchten mit ihrem verdinglichten Objektgebrauch dienen demselben Ziel. Ohne Verständnis für den Hintergrund dieser lästigen und anstößigen Erscheinungen wird die Psychiatrie nicht mehr sein können als eine Disziplinierungsagentur, selbst wenn sie sich als Sozialpsychiatrie begreift. An Stelle des Bemühens um eine »fördernde Umwelt« (WINNICOTT), die es dem Kranken erlaubt, den ihm gemäßen Objektgebrauch zu machen und die heilsamen Symbole seiner innerpsychischen Welt in der therapeutischen Begegnung zu beleben, wird dann ein organisatorischer und pädagogischer Aktionismus treten, der den gesellschaftlichen Auftrag an psychiatrische Institutionen in demselben Maße verfehlt, in dem er allein mit ihm identifiziert ist.

Das Verständnis für die depressive Grundstörung unserer Patienten beinhaltet in einem erweiterten Sinne auch ein Verständnis für die Grundbefindlichkeit des Menschen in den bestehenden hochorganisierten Gesellschaften. Eine größere Übereinstimmung der isolierten Individuen und weniger Streit um Kompromisse unter den partikularen Egoismen käme der Verwandlung des Ozeanischen Gefühls in Gemeinsinn entgegen. Bei mehr Vertrauen in gemeinsame, zum Wohle aller getroffener gesellschaftlichen Zielsetzungen wäre das Urvertrauen einer weniger starken Belastung ausgesetzt. Es entspricht einem gesellschaftlichen Abwehrmechanismus, diejenigen auszugrenzen bzw. an die dafür eigens eingerichtete Institution »Psychiatrie« zu verweisen, die aufgrund eines persönlichen Schicksals jene Frage stellen, die auf die Legitimation konkreter gesellschaftlicher Verhältnisse zielt. Die eigentliche Frage des oben zitierten Patienten lautet: Wie müßte die Gesellschaft beschaffen sein, daß es sich lohnt, in ihr den Tag zwischen Aufstehen und Zu-Bettgehen, die Spanne zwischen Geburt und Tod zu verbringen? Ein gesamtgesellschaftlicher Diskurs über diese Frage, an dem Patienten (wenn sie es dann noch sind) als kompetente Gesprächspartner teilnehmen könnten, wäre bereits Ergebnis wie Voraussetzung einer gewandelten Gesellschaft. Wie aus kurzsichtigen Interessen Widerstände gegen ein allgemeines Gespräch über die Grundbelange des Menschen entstehen, so verhindern auch die bestehenden psychiatrischen Institutionsformen mit ihren vielfältig gegliederten Kompetenzen diesen Diskurs durch ständige Unterbrechung der Objektkonstanz - in gleichem Vollzug wie bei Individuen den psychotherapeutischen Prozeß.

Die psychoanalytische Arbeit an diesem Widerstand ist, unabhängig vom jeweiligen Standort in den bestehenden Institutionen, auch psychiatrische Praxis.

Literatur

BALINT, M.: *Therapeutische Aspekte der Regression*. Reinbek, Rowohlt, 1973.
BLEULER, E.: *Lehrbuch der Psychiatrie*. Berlin, Heidelberg, New York, Springer, 1966.
FREUD, S.: *Zur Psychotherapie der Hysterie. GW*, Bd. I., Frankfurt/M., S. Fischer.
FREUD,S.: *Trauer und Melancholie, GW*, Bd. X., Frankfurt/M., S. Fischer.
FREUD, S.: *Abriß der Psychoanalyse, GW*, Bd. XVII., Frankfurt/M., S. Fischer.
KOHUT, H.: *Die Heilung des Selbst*. Frankfurt/M., Suhrkamp, 1979.
LOCH, W.: "Zur Theorie, Technik und Therapie der Psychoanalyse". In: *Conditio humana*, Frankfurt/M., S. Fischer, 1972.
MAHLER, M.S.: "Symbiose und Individuation". In: *Psyche*, Heft Juli 1975.
SCHARFETTER, CHR.: *Allgemeine Psychopathologie*, Stuttgart, Thieme, 1985.
SEARLES, H.F.: *Der psychoanalytische Beitrag zur Schizophrenieforschung*, München, Kindler, 1974.
SPITZ, R.A.: *Vom Säugling zum Kleinkind*, Stuttgart, Ernst Klett, 1967.
WINNICOTT, D.W.: *Vom Spiel zur Kreativität*, Stuttgart, Ernst Klett, 1973.
WINNICOTT, D.W.: *Reifungsprozesse und fördernde Umwelt*. München, Kindler, 1974.

Zur Dynamik der Wahnentwicklung bei Psychosen im Alter[1]

Johannes Kipp

1. Einleitung

Bei der Schizophrenie lassen sich nur schwer Zusammenhänge zwischen Lebenssituation und Wahn analysieren, da diese sehr komplex sind. Beispielhaft für eine solche Analyse ist der Fall Schreber (FREUD 1910). Weniger komplex sind nach meiner klinischen Erfahrung die Zusammenhänge zwischen Wahn und Lebenssituation bei Menschen mit starken Intelligenzeinschränkungen. Solche Wahnerkrankungen, die früher als "Pfropfpsychosen" bezeichnet wurden, sind in den letzten Jahren wenig untersucht worden und haben bei Psychoanalytikern kein Interesse hervorgerufen. Nach meinen Beobachtungen hat der Wahn bei solchen Patienten häufig Wunsch- und Ersatzcharakter.

Psychosen im Alter haben bisher ebenso wenig Interesse gefunden, wenn man von Katamnesestudien (vgl. CIOMPI u. MÜLLER 1976) absieht, die den Verlauf von Schizophrenien im Alter beschreiben. Wissenschaftliche Arbeiten über die Psychodynamik bei Alterspsychosen sind mir nicht bekannt. Im Rahmen des gerontopsychiatrischen Schwerpunktes unserer Klinik haben wir psychotisch kranke alte Menschen häufig untersucht und wollen anhand von Fallschilderungen auf Zusammenhänge zwischen Lebenssituation und Wahn eingehen. Zuvor sollen jedoch einige Bedingungen der Psychosenentstehung allgemein benannt und neue Gesichtspunkte zum Prozeß des Alterns und der psychischen Alterskrankheiten aufgezeigt werden.

---

[1] Referat beim Workshop *Psychoanalytische Psychosentheorie*, gehalten am Wissenschaftlichen Zentrum II der Gesamthochschule Kassel, 24.-25.11.1989.

2. Bedingungen zur Entstehung psychotischer Zustände

In Experimenten der sensorischen Deprivation treten bei zahlreichen Versuchspersonen Phänomene von Illusionen und Wahnwahrnehmungen auf (VERNON 1966). Diese Befunde weisen darauf hin, daß unter den besonderen Bedingungen der sensorischen Deprivation wesentliche Symptome von Psychosen entwickelt werden können. Bei alten Menschen wurden unseres Wissens keine Experimente der sensorischen Deprivation durchgeführt. Es besteht jedoch die Frage, welche Bedeutung die sensorische (durch Einschränkung der Sinnesorgane) und die soziale Deprivation im Alter für die Psychosenentstehung haben.

Ein weiteres Konstrukt der Psychoseforschung ist das Vulnerabilitätskonzept nach Zubin (OLBRICH 1987). Unter Vulnerabilität wird eine Schwellensenkung des Individuums gegenüber sozialen Reizen durch ein Defizit der Gegenregulation verstanden. Im Alter ist die Regulationsmöglichkeit eingeschränkt. In Krisen kann es dann zu psychotischen Reaktionen kommen, insbesondere nach einer beginnenden Gehirndegeneration (z.B. vom Alzheimer-Typ). Die Verluste im Alter können als soziale Stressoren ihr übriges dazu tun. Nach diesem Konzept ist zu erwarten, daß im Alter eher häufiger psychotische Reaktionen auftreten, was auch der klinischen Erfahrung entspricht.

Bevor ich mich weiteren Konzepten zuwende, möchte ich darauf hinweisen, daß das, was mit dem Konzept ausgesagt wird, auch in der eigenen Erfahrung erlebt werden kann. Werden Sie beispielsweise zu einem Zeitpunkt mehreren sich widersprechenden Anforderungen ausgeliefert, so kann es sein, daß Sie konfus werden. Beispielsweise müssen Sie einen wichtigen Termin pünktlich erreichen, die notwendigen Unterlagen dafür finden Sie nicht, gleichzeitig läutet das Telefon und ein wichtiges Gespräch erwartet Sie und Sie haben zusätzlich noch auf eine banale Frage zu antworten. In einer solchen Situation kann es vorkommen, daß man keine Anforderung mehr erfüllen kann. Das Wahrnehmungsfeld wird unklarer. Wichtige Unterlagen verbergen sich trotz oder wegen hektischer Suche völlig. Eine kolossale innere Spannung tritt auf. Dann kann es sein, daß sich das Bewußtseinsfeld polar strukturiert in dem Sinne, daß man selbst das Opfer und andere die Täter sind, die die Situation herbeigeführt haben. Die Spannung verwandelt sich in Ärger, das narzißtische Gleichgewicht ist wieder stabilisiert. Die Spaltung der Welt in Opfer und "böse" Täter hilft auf Kosten der Realität, sich in einer solchen Anforderungssituation zu stabilisieren.

Wesentlich in der heutigen Schizophrenieforschung ist auch das Konzept der "expressed emotions" (vgl. RITTERSTOL 1987). Von britischen Forschern konnte gezeigt werden, daß die Rückfallgefahr bei schizophrenen Patienten erhöht ist, wenn sie nach der Entlassung aus dem Krankenhaus wieder in Familien kommen, in denen ausgeprägt starke Gefühle ausgedrückt werden. Es handelt sich dabei meist um Gefühle negativer, aber auch positiver Art. Eine Reduktion der Rückfallhäufigkeit gelingt bei Patienten aus solchen Familien nur dann, wenn ein geringerer Familienkontakt erreicht wird bzw. eine regelmäßige Medikation eingenommen wird.

Während der Konzept der Vulnerabilität sicher in der Alterspsychiatrie von Bedeutung ist, ist noch nicht klar, inwieweit "expressed emotions" für die Entstehung von Alterspsychosen mit ausschlaggebend sein können. Tatsache ist, daß Alterspsychosen nach Verlusten auftreten und die Betroffenen einer geringeren Gefühlsdichte der Umgebung als einer Erhöhung von ausgedrückten Gefühlen ausgesetzt sind.

Zuletzt möchte ich noch auf den Schlaf im Alter eingehen. Subjektiv ist er leichter und häufiger unterbrochen und oft auch weniger erholsam. Objektiv lassen sich deutlich Veränderungen feststellen : Es kommt zu einer leichten Verkürzung der Gesamtschlafdauer, der Tiefschlaf nimmt ab und häufigeres nächtliches Erwachen tritt auf.

Schlafentzug im Rahmen der Schlafentzugsbehandlung normalisiert den cirkadianen Rhythmus, Stimmung und Antrieb werden nach Schlafentzugsbehandlung häufig besser (PFLUG 1987). Schlafstörungen können nach der klinischen Erfahrung häufig eine erneute Phase einer Psychose auslösen. Der Schlaf bzw. die Schlafstörungen haben einen Einfluß auf die psychische Stabilität. Es gibt jedoch keine wissenschaftlichen Untersuchungen, die den Zusammenhang zwischen Psychosen im Alter mit vorausgegangenen Schlafstörungen korrelieren. Durch längeren Schlafentzug fühlen sich die meisten Menschen erheblich gequält; Halluzinationen treten jedoch - auch nach Entzug des Rem-Schlafes - in der Regel nicht auf (ZIMMER 1986).

3. Psychische Alterskrankheiten als Antwort auf Verluste

Bevor ich auf die speziellen Wahnerkrankungen im Alter eingehen möchte, will ich einige theoretische Überlegungen über die Dynamik psychischer Alterskrankheiten allgemein darlegen (vgl. KIPP und JÜNGLING 1991).

Altern ist ein lebenslanger Prozeß, der uns im Alltagswissen offenliegt. Sehr deutlich wird dies, wenn wir reflektieren, wie wir z.B. vor 10 Jahren im Vergleich zur Jetztzeit waren. Was ist in dieser Zeit passiert ? Wir sind in der Regel "weiser" geworden, d.h. wir haben unnütze, wenig lustvolle oder mit Unlust einhergehende Beziehungen und Verhaltensweisen aufgegeben, lustvolle jedoch kultiviert. In der Regel geben wir auch im Laufe unseres Lebens

Beziehungen und Verhaltensweisen auf, die mit mehr oder weniger großen Unlustrisiken einhergehen.

Dieser Prozeß setzt sich bis zum Alter fort und man kann feststellen, daß Altern in diesem Sinne eine Reduktion von Beziehungen bzw. Beziehungsformen und Verhaltensweisen darstellt. Wir benennen jemanden als jung, der noch Unlustrisiken eingeht. Wir empfinden jemanden als alt, der immer das gleiche wiederholt.

Die Tragik im Alter besteht darin, daß gerade diese ausgewählten, zentralen Beziehungen und Verhaltensweisen durch die altersgemäßen Verluste betroffen werden. Alternative Beziehungen und Verhaltensweisen, die die Möglichkeit zur Adaptation an die neue Situation geben würden, sind im Laufe des Lebens vernachlässigt worden. Diese Einschränkungen - dies erscheint mir wesentlich - sind unter der Herrschaft des Lustprinzips erfolgt (vgl. FREUD 1920) und nicht durch Unterdrückung zustande gekommen. Anders ist es, wenn eine Frau beispielsweise bei dem Tod ihres Ehemannes plötzlich auflebt und neue Verhaltensweisen zeigt. In einem solchen Fall kann man in der Regel feststellen, daß die vorher nicht praktizierten Verhaltensweisen in der Phantasie immer als Wunsch vorhanden waren.

Ich habe versucht, psychische Alterskrankheiten als Antworten, als Selbstheilungsversuche oder als Adaptationsmöglichkeiten an eine neue Situation nach Verlusten zu konzeptualisieren und meine, daß ähnlich, wie bei anderen Selbstheilungsprozessen, solch ein Adaptations- oder Kompensationsprozeß auch zu störenden Reaktionen führen kann. Diese Krankheitsvorstellung ermöglicht es, in psychischen Alterskrankheiten weniger ein Defizit zu sehen, sondern vielmehr eine Reaktionsform, hinter der der Wunsch nach Stabilisierung bzw. nach Ausgleich von Verlusten steckt. Im folgenden werde ich aus dieser Perspektive anhand einiger Krankengeschichten versuchen, die Wahndynamik herauszuarbeiten.

4. Die wahnhafte Antwort

Zuerst möchte ich von einer Patientin mit einem ausgeprägten Wahnsystem berichten:

> Eine 68-jährige Frau, die durch ihre Hagerkeit auffällt, lebt allein in einer Wohnung an der Peripherie der Stadt. Ihr Ehemann ist bereits vor über 10 Jahren verstorben, auch Verwandte hat sie nicht mehr. Intensiven sozialen Kontakt scheint sie zu ihrem Hausarzt zu haben, der sie jetzt auch in unsere Klinik eingewiesen hat. Bei der Aufnahme verhält sie sich sehr aufgeregt. Sie bedrängt uns: "Ich muß jetzt unbedingt wie-

der nach Hause, die Schweinchen verhungern!" Wir fragen: "Welche Schweinchen?" Die Patientin berichtet, sie habe Schweinchen in ihrer Wohnung. Manchmal wären sie auch in ihrem Bauch. Sie ließen sie überhaupt nicht zur Ruhe kommen. Sie hätten ihr schon solche Bauchbeschwerden verursacht, daß ihr Hausarzt bereits einmal versucht habe sie herauszunehmen. Die Frau gibt uns eine Schilderung des suggestiven "Abtreibungsversuchs" in der abgedunkelten Praxis des Hausarztes und sagt, dieses habe ihr große Erleichterung verschafft. Aber - sie unterbricht sich wieder und möchte nicht weitererzählen, möchte nur noch nach Hause, um ihre Schweinchen zu füttern. Wir versuchen weiter mit der Frau in ein Gespräch zu kommen, aber welche Ansätze wir auch wählen, ihr ganzes Interesse bezieht sich auf die Schweinchen. Alle anderen Fragen scheinen für sie unwichtig zu sein.

Nach einer Behandlung mit Neuroleptika wird die zunächst sehr lebendige Frau ruhiger, wortkarg, ja depressiv. Wir stellen fest, daß sie Merkfähigkeitsstörungen hat, die uns in ihren Auseinandersetzungen über die "Schweinchen" nicht aufgefallen waren.

Diese Wahnerkrankung hängt sehr stark mit sozialer Isolation zusammen. Die Patientin hat sich trotz Kontaktmangel mit ihren "Schweinchen" nicht allein gefühlt. Ausgehend von ähnlichen Krankengeschichten hat JANZARIK (1973) den Begriff des Kontaktmangelparanoids geprägt.

Während die Wahnproblematik dieser Frau über mehrere Jahre hinweg andauerte, hatte ein 76-jähriger Patient ein einziges Erlebnis mit Wahnwahrnehmungen:

Herr S., der früher bei der Post gearbeitet hatte, lebte zurückgezogen in einem Mietshaus. Mit der Zeit wurde das Haus überwiegend von Türken bewohnt, zu denen Herr S. "natürlich" - wie er bekundet - keine Kontakt hat. Seine sozialen Kontakte beschränken sich auf seine jüngere Schwester und den noch im Berufsleben stehenden Schwager, die er einmal in der Woche aufsucht. Herr S. beklagt sich darüber, daß seine Sehkraft nachgelassen hat; auch mit dem Hören wäre es nicht mehr so gut. Dadurch habe er sogar das Interesse am Fernsehen verloren. Er berichtet, daß er am Abend vor der Aufnahme in unsere Klinik wie gewöhnlich den Abendbrottisch gerichtet habe. Er habe in der Abenddämmerung am Tisch gesessen und dort plötzlich zwei Männer bemerkt. Beim Aufsagen des Tischgebetes hätten die Männer nicht mitgebetet. Darüber sei er sehr erschrocken gewesen. Er habe das Licht angeschaltet, aber da seien die Männer verschwunden gewesen. Er habe nicht länger in seiner Wohnung bleiben können und, da ihn seine Schwester nicht aufnehmen mochte, Zuflucht in der Klinik gesucht.

In der Folgezeit traten bei unserem Patienten keine Wahnerlebnisse mehr auf. Durch soziale und sensorische Deprivation wurde offensichtlich bei ihm das Wahnerlebnis aktiviert. Bei den weiteren Untersuchungen wurde deutlich, daß auch seine Merkfähigkeit leicht eingeschränkt war. In beiden Krankengeschichten kann u.E. auf den Wunsch nach mehr Kontakt und intensivere Beziehungen geschlossen werden.

Etwas anders, wenn auch von Einsamkeit geprägt, ist folgende Krankengeschichte zu verstehen:

Eine 82-jährige Frau, die in die Klinik aufgenommen worden war, hinterließ bei mir den Eindruck, sehr freundlich zu sein. Sie wohnte in einem Altenheim, in dem es nach ihrer eigenen Darstellung nie Probleme gegeben habe. In letzter Zeit sei sie aber verfolgt und bestohlen worden.

Anders sieht die Schilderung der Heimmitarbeiterin aus, Frau A., die erst seit 4 Monaten in diesem Heim wohnt, sei immer schwieriger geworden. Sie habe die anderen beobachtet und mit ihren Blicken bis in ihre Zimmer verfolgt. Andererseits komme sie einem so nahe, daß man das Gefühl habe, zu ihr auf Distanz gehen zu müssen.

Frau A. war früher zweimal verheiratet. Seit knapp 20 Jahren lebt sie jedoch ohne Partner. Der Kontakt zu ihren Kindern, die in anderen Städten leben, ist nicht sehr eng. Trotz ihres offensichtlichen Kommunikationsbedürfnisses hat sie keine Freunde oder engere Bekannte gewinnen können.

Bei der Untersuchung fiel auf, daß sie unter starken Merkfähigkeits- und Konzentrationsstörungen litt. Damit liegt auf der Hand, was es mit den "gestohlenen" Gegenständen auf sich hat: Frau A. kann sich einfach nicht mehr daran erinnern, wo sie diese zuvor hingelegt bzw. versteckt hat. Ihre örtlichen und zeitlichen Orientierungsprobleme werden noch dadurch verschärft, daß sie erst seit so kurzer Zeit in dem Heim wohnt.

Wir verstehen diesen Wahn im Zusammenhang mit der Aufrechterhaltung des narzißtischen Gleichgewichtes: Sie scheint eine vielleicht unbewußte Entscheidung auf Kosten der Realität getroffen zu haben: "Ich habe ein gutes Gedächtnis." Dies ist offensichtlich für sie wichtiger als die Beziehung zu anderen Menschen, die sie beschuldigt "Sie haben mich bestohlen". Der Wahn, bestohlen zu werden, tritt im Alter insbesondere bei Merkfähigkeitsstörungen häufig auf und kann immer wieder in ähnlicher Weise verstanden werden.

Die Möglichkeiten, mit Hilfe eines Wahns das narzißtische Gleichgewicht aufrecht zu erhalten, sind sehr unterschiedlich:

Im Rahmen unseres psychiatrischen Konsiliardienstes lernte ich den 75-jährigen Herrn O. kennen. Herr O. berichtet, ihm sei es im Leben recht gut gegangen. Er habe zwar schon früher unter Asthma gelitten und sei deshalb 1943 aus der Wehrmacht ausgemustert worden, aber seine Atembeschwerden wären mit der Zeit erträglicher geworden. Seit einigen Wochen habe er nun aber Kopfschmerzen sowie Brennen im Magen und in der Speiseröhre. Dann kehrt Herr O. wieder zu seiner Biographie zurück. Schon vor dem Krieg sei er sehr aktiv und fleißig gewesen und habe sich dadurch hocharbeiten können. Als Industriemeister sei er für eine größere Gruppe von Mitarbeitern verantwortlich gewesen. Gegenüber der Geschäftsleitung habe er viele Erfolge gehabt. Die Mitarbeiter, für die er sich eingesetzt habe, hätten ihn gut leiden können.

Ich lenke das Gespräch wieder auf seine Krankheitsgeschichte: Vor einiger Zeit sei er kollabiert und daran müsse es liegen, daß er jetzt Kopfschmerzen und dieses Brennen habe. Der Hausarzt hätte ihn falsch behandelt. "Der macht nur noch ah, ah, ah", äfft er ihn nach. Auch sein Zahnarzt trage schuld an seinem jetzigen Zustand. Er habe ihm eine Zahnlücke mit einer Flüssigkeit ausgespült, die in die Speiseröhre gelangt sei. Seither verspüre er das Brennen.

Im weiteren Gespräch verschließt sich Herr O. einem Eingehen auf seine abgefallene körperliche und geistige Leistungsfähigkeit. Viel lieber hält er sich bei den Klagen über die ihn behandelnden Ärzte auf. Als ich ihn auf seine altersbedingten Gebrechen hinweise, wiederholt er seine Beschuldigungen und verteidigt dadurch zäh seine narzißtische Stabilität.

Psychotische Zustände im Alter treten auch auf, wenn die Abwehr von Triebimpulsen nicht mehr vollständig gelingt (vgl. auch BELLAK 1979).

Eine 79-jährige Frau, die seit dem zweiten Weltkrieg allein lebt, beobachtet zufällig ein Zärtlichkeiten austauschendes Paar in einem ihrer Wohnung gegenüberliegenden Haus. Sie reagiert darauf unruhig, findet keinen Schlaf mehr und fühlt sich verfolgt.

Man könnte sagen, sie wird verfolgt von ihren eigenen Triebwünschen, die sie viele Jahre lang streng abgewehrt hatte. Eine beginnende Demenzerkrankung trug zu der verringerten Triebabwehr bei.

Abschließend möchte ich noch von einer Wahnbildung, in der der Wahn die Funktion eines sozialen Kompromisses hatte, berichten:

Die 84-jährige, noch sehr rüstige Frau J. bezieht ein Zimmer im Haus ihrer Tochter, nachdem ihr Mann, zu dem sie ein ambivalentes Verhältnis hatte, verstorben war. Die Tochter verlangt von ihr eine Vollmacht über ihr Bankkonto. Sie möchte lieber eigenständig über ihr Geld verfügen, gibt jedoch dem Wunsch der Tochter nach. Frau J. bildet daraufhin den Wahn aus, von Männern verfolgt und ausgeraubt zu werden. Sie zentriert ihre gesamte Aufmerksamkeit auf diese Wahnbildung und ihre Tochter fühlt sich durch die ausgedrückte Angst der Patientin sehr beunruhigt.

Hierdurch kann die Patientin ihre ganze Verzweiflung darüber ausdrücken, daß sie die alleinige Verfügungsgewalt über ihr Geld verloren hat, ohne dabei direkt ihre Tochter anzuklagen. Ihr Wahn hilft ihr, einen Konflikt mit der Tochter teilweise zu vermeiden und die Wohnmöglichkeit im Hause der Tochter zu erhalten.

5. Kommunikation und Wahn

Wahnerkrankungen im Alter sind beeinflußbar. Ein Wahnerlebnis, das in der Vereinsamung auftritt wie beispielsweise das ständige Hören von Kinderstimmen oder eines Liedchens "Ein Männlein steht im Walde" geht, wenn der Betroffene in Gesellschaft ist, zeitweise zurück. Solche Wahnwahrnehmungen treten recht häufig auf, wenn alte Menschen vereinsamt sind. Dann hören sie, wie in diesem Beispiel beschrieben, in pulsabhängigen rhythmischen Ohrgeräuschen Liederrhythmen, die sich zu Liedern ausformen.

An einem weiteren klinischen Beispiel möchte ich auf die Formbarkeit des Wahnerlebens in der Kommunikation eingehen:

> Herr H., 83 Jahre alt, hat seit 10 Monaten keine Miete mehr bezahlt. Sein großzügiger Vermieter reagiert aber nicht auf die außenstehenden Mietzahlungen, sondern erst, als Herr H. sich immer mehr zurückzieht und er ihm kaum noch einmal begegnet. Als er Herrn H. mehrere Tage hintereinander nicht zu Gesicht bekommt, informiert er den Städtischen Sozialdienst. Der entsandte Sozialarbeiter des Dienstes kann zunächst wenig ausrichten. Herr H. öffnet ihm nicht die Tür. Er vermutet eine psychiatrische Erkrankung und benachrichtigt die Sozialpsychiatrische Beratungsstelle. Einer ihrer Mitarbeiter, der sich einen Namen im Umgang mit "schwierigen Menschen" erworben hat, läutet an der Tür von Herrn H. "richtig", diesmal wird die Tür und der Blick auf eine katastrophale Unordnung geöffnet. Herr H. gibt Auskunft, er liege zumeist im Bett und berichtet, seine Mutter habe ihn besucht, sie werde bald wiederkommen. Man könne ganz beruhigt sein, es sei alles in Ordnung. Als der Mitarbeiter der Beratungsstelle, sein Fingerspitzengefühl gebrauchend, bemerkt, seine Mutter könne ihn doch geschickt haben, wird Herr H. zugänglicher. Eine Krankenhausbehandlung lehnt er ab, er läßt "Essen auf Rädern" für sich organisieren, für dessen Bezahlung eine Regelung gefunden wird. Der Mitarbeiter verzichtet darauf, eine spezifische psychiatrische Behandlung zu arrangieren, kümmert sich aber darum, daß eine Hilfe im Haushalt organisiert wird.

Im Gespräch mit diesem alten Mann werden deutliche Zeichen einer Demenz erkennbar. Perspektivlos alleinlebend, hat er aus seiner Kontaktarmut heraus mit wahnhafter Gewißheit eine Lebensperspektive entwickelt, bei der der zugrunde liegende Selbstheilungswunsch offensichtlich ist. Er konnte versorgende Angebote erst im Namen der Mutter akzeptieren. Nur über den Wahn war es möglich, mit ihm in eine konkrete, realitätsgerechte Auseinandersetzung zu kommen. Diese kurze Intervention reichte nur für einige Tage aus:

Nach ca. 10 Tagen verweigerte Herr H. die Annahme des "Essens auf Rädern". Obwohl er viel Geld angespart hatte, wollte er nicht mehr bezahlen. Mit dem noch verpackten Menü eilte er hinter dem Auslieferungsfahrer her. Dabei stürzte er die Treppe hinab und zog sich eine Kopfplatzwunde zu. Nach der chirurgischen Versorgung wurde Herr H. zwangsweise in unsere Klinik eingeliefert. Er verleugnete seine Krankheit und seine Unruhe sowie die vorliegende mittelschwere Demenz. Die Wahnsymptomatik bildete sich unter der gering dosierten medikamentösen Therapie zurück; er wurde jedoch depressiv.

Wenn es gelingt, den Wunsch hinter dem Wahn anzusprechen bzw. bildlich gesprochen, die durch Verluste gerissenen Lücken zu füllen, tritt der Wahn bei solchen Alterspsychosen in seiner Wichtigkeit zurück. Eine Ersatzperson kann dann mütterliche Aufgaben erfüllen.

6. Zusammenfassung

Zusammenfassend können für die Dynamik der Wahnbildung im Alter folgende Selbstheilungsversuche bzw. Kompensations- oder Adaptationsvorgänge herausgearbeitet werden:
- Aufhebung der Vereinsamung (beim Kontaktmangelparanoid),
- Aufrechterhaltung des narzißtischen Gleichgewichts,
- psychotische Abwehr durchbrechender Triebimpulse bei durch Demenz verringerter Abwehr,
- Bildung von sozialen Kompromissen.

In den Beispielen ist deutlich geworden, daß es sinnvoll ist, Konzepte wie das der Vulnerabilität sowie Erfahrungen über die Auswirkung von sozialer und senorischer Deprivation als Erklärungsmöglichkeiten der Psychoseentstehung im Alter heranzuziehen. Das Konzept der "expressed emotions" hat, wenn man die Fallgeschichten berücksichtigt, höchstens bei der Bildung sozialer Kompromisse eine Relevanz.

Inhaltlich ergibt sich aus den Krankengeschichten ein offensichtlicher Zusammenhang zwischen Lebenssituation und Wahnentwicklung. Dieser Zusammenhang ist hier einfacher als bei Patienten mit schizophrenen Erkrankungen zu verstehen. Wahnsymptome sind häufig auch nicht so fixiert und Patienten mit Alterspsychosen gehen in kommunikativen Situationen anders mit ihrer Symptomatik um als Schizophrene.

7. Literatur

BELLAK, L. (1979): *Keine Sorgen mit dem Alter.* Ullstein, Frankfurt 1979.

CIOMPI, L. und MÜLLER, CH. (1976): *Lebensweg und Alter der Schizophrenen. Eine katamnestische Langzeitstudie bis ins Senium.* Springer, Berlin, Heidelberg, New York.

FREUD, S. (1910): "Psychoanalytische Bemerkungen über einen autobiographisch beschriebenen Fall von Paranoia" (Dementia paranoides), in: *GW* Bd. 8 Fischer, Frankfurt/Main.

FREUD, S. (1920): *Jenseits des Lustprinzips GW* Bd 13, Fischer, Frankfurt/Main.

JANZARIK, W. (1973): "Über das Kontaktmangelparanoid des höheren Alters und den Syndromcharakter schizophrenen Krankseins". In: *Nervenarzt* 44, S.515-526.

KIPP, J. und JÜNGLING, G. (1991): *Verstehender Umgang mit alten Menschen.* Springer, Berlin, Heidelberg, New York.

OLBRICH, R (1987): "Die Verletzbarkeit der Schizophrenen: J. Zubins Konzept der Vulnerabilität". In: *Nervenarzt* 58, S.65-71.

RITTERSTOL, N. (1987): "Schizophrenie - Verlauf und Prognose". In: KISKER, K.P. ET AL (Hrsg.) *Psychiatrie der Gegenwart* Bd. 4, *Schizophrenien*, 3. Aufl., Springer, Berlin, Heidelberg, New York, S.51-115.

PFLUG, B. (1987): "Rhythmusfragen bei affektiven Psychosen". In: KISKER, K.P. (Hrsg.) *Psychiatrie der Gegenwart*, Bd. 5, *Affektive Psychosen*, 3. Aufl., Springer, Berlin, Heidelberg, New York, S. 242-270.

VERNON, J. (1966): *Inside the black room.* Penguin, England.

ZIMMER, D.E. (1986): *Schlafen und Träumen.* Ullstein, Frankfurt/M., Berlin.

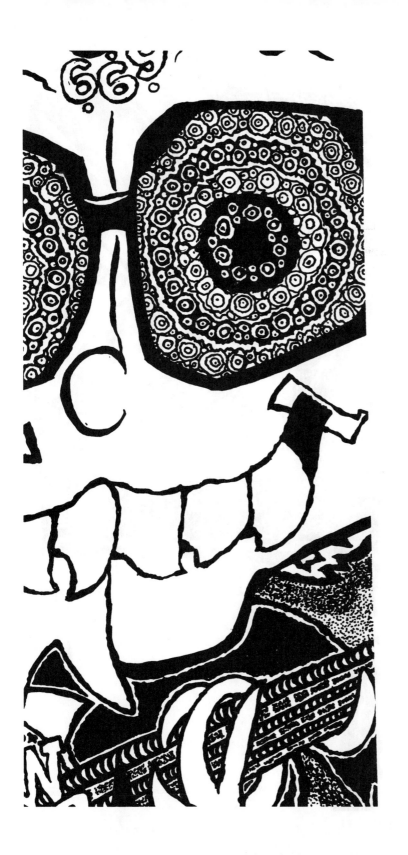

Psychothérapie institutionnelle und Gemeindepsychiatrie - Theoretische Voraussetzungen und Alltagspraxis

Matthias Krisor

> ...viele von uns haben vielleicht einen Traum vom Guten - ohne Mittel zur Ausführung desselben, ohne Methode"
> (Charles Fourier, 1772 - 1837, zitiert nach Habermas, 1985)

Ich danke Ihnen für die Einladung, am hiesigen Workshop zu sprechen. Die Inhalte beider Begriffe stecken den Rahmen psychiatrischer Praxis ab; sowohl der politisch-strukturelle (Gemeinde) wie der institutionelle Aspekt sind mir seit Anfang der 70er Jahre, als ich erstmals psychiatrisches Feld betrat, persönlich sehr wichtige Themen; damals lernte ich - nach intellektuell brillanten Psychiatrievorlesungen - als Medizinalassistent in einer Rheinischen Landesklinik das wirkliche Elend des psychiatrischen Asyls kennen; das dumpfapathische Milieu mit Schlüsselgerassel als permanenten akustischen Hintergrund, das Eingeschlossensein der Insassen sowohl im Bettensaal, wie im Aufenthaltsraum, wie im Besucherzimmer, wie auf den wenigen Quadratmetern zertretenen und hochumzäunten Rasens wurde von den Verantwortlichen als selbstverständlich hingenommen; so seien eben die Erfordernisse in der Behandlung der Geisteskranken, und daran ändere auch kein aufsässiger junger Mann mit langen Haaren etwas.

Diesem mir unerträglichen Ort entfliehend, lernte ich als Assistenzarzt eine psychiatrische Abteilung an einem Allgemeinkrankenhaus in Dortmund kennen, deren Leiter (Dr. Grosser) einige Jahre lang in der englischen Psychiatrie gearbeitet hatte: Sämtliche Stationen waren offen, freundlich gestaltet, der Umgang mit den Patienten war respekt- und würdevoll, es wurde an die Einsicht und die Selbstkontrolle appelliert.

In kurzer Zeit hatte ich nacheinander zwei grundlegend verschiedene psychiatrische Welten kennengelernt.

Seither war es mir ein Ärgernis, ich zitiere HOFMANN (1989, S.47), daß "meistens so getan wird, als sei die Institution nur ein neutraler Rahmen, der auf das Bild, das in dem Rahmen steht, gar keinen Einfluß habe, so als seien Bild und Rahmen zwei völlig getrennte Dinge". Hofmann weiter: "Man hat mal gute und mal schlechte Rahmenbedingungen, aber über die Verknüpfung und den notwendigen Zusammenhang von Rahmenbedingungen und Inhalten wird selten so intensiv nachgedacht, wie auf dieser Veranstaltung" (beim *Gemeindepsychiatrischen Gespräch*, Herne, 1987).

Fast 30 Jahre später müssen wir den kritischen Feststellungen von CUMMING UND CUMMING (in "Ego und Mileu, Theory and Pradice of Environmental Therapy" (1962)) zustimmen, es ist ein gewisser Widerstand geblieben, sich mit der Möglichkeit zu beschäftigen, daß die Umwelt selbst bestimmte Verhaltensänderungen bei den Patienten und damit spezifische Veränderungen ihrer Persönlichkeiten bewirken könnte....

Unser Fehler, daß wir die Bedeutung der Umwelt nicht hinreichend berücksichtigen, mag einerseits auf die alte Tradition zurückzuführen sein, die biologische Einheit, das Individuum, in den Mittelpunkt des Interesses zu stellen. Andererseits kann er auch darauf zurückzuführen sein, daß uns keine brauchbare Theorie darüber, wie das Milieu seine therapeutischen Ziele erreicht, zur Verfügung steht" (1979, S. 4).

An anderer Stelle habe ich ausgeführt, daß gerade in der Bundesrepublik, ohne daß ein adäquater Institutionsbegriff entwickelt wurde, die psychiatrisch-stationäre Einheit pauschal "negiert" wurde; daß es im Rahmen dieser Sichtweise unerheblich ist, ob 2 % der behandelten Patienten zwangseingewiesen sind oder 20 %, ob sämtliche Stationen der psychiatrischen Klinik offen sind oder mehrheitlich geschlossen, ob Gewalt zum täglichen Repertoire des Umgangs auf den Stationen gehört oder ob eine Kultur der Gewaltfreiheit sich auf den Stationen ausgebildet hat (KRISOR, 1989, S.67).

Hierzu erläuternd folgendes Szenario:

Anfang der 70er Jahre fanden in der Klinik Weißenau renommierte Tagungen zu Themen der Psychiatrie-Reform statt; nach Verlassen des prunkvoll restaurierten barocken Konferenzsaales gingen die Teilnehmer unter weit nach außen vorspringenden barocken Eisengittern vor den Fenstern der psychiatrischen Stationen vorbei zum Mittagstisch. In diesen Eisenkörben hingen und lagen psychisch Kranke in Anstaltskleidung oder in Anstaltsschlafanzügen und Nachthemden und riefen den in der theoretischen Debatte erhitzten Referenten und Teilnehmern johlend und schreiend unflätige Inhalte zu; die Vorbeischreitenden waren keineswegs irritiert.

In Merida, auf der Halbinsel Jucatan in Mexiko, erlebte ich Anfang der 70er Jahre ähnliches, als die mexikanischen ärztlichen und psychiatrischen Kollegen über neuere theoretische Entwicklungen in Europa, u.a. neuere Ansätze der Verhaltenstherapie oder die Lacansche Psychoanalyse mit mir diskutieren wollten, während mein Blick durch das Fenster des gepflegten Konferenzraumes ein Bild unbeschreiblichen menschlichen Elends und menschlicher Erniedrigung gewährte; diese Kranken bewarfen einander mit Kugeln, die sie aus ihrem Kot geformt hatten.

ERICH WULFF (1979) stellte für die französische Psychiatrieszene fest: "Lebhafte theoretische Dispute zwischen Organo-Dynamikern (Henry Ey), Pharmakopsychiatern (Delay, Deniker) und Psychoanalytikern (Paumelle, Lebovici) lassen die asyläre Psychiatrie im wesentlichen unverändert. Auch die Einführung der Neuroleptika in die psychiatrische Behandlung durch Delay und Deniker (1952) bringt keine wesentliche Veränderung in den Asylen. Erste sozialpsychiatrische Ansätze (Sivadon, Ville Errard) bleiben ohne Echo" (S.169).

Soweit mir beim ersten Lesen des Tagungsbandes vom interdisziplinären Symposium "Die Würde des Menschen im psychiatrischen Alltag" (Borsi, Hrsg., 1989) vom Juni 1988 erkennbar war, tauchten auch hier Fragen, z.B. nach geschlossener Aufnahmestation oder offenen Stationen der psychiatrischen Klinik oder ähnliche, nicht auf.

Verlassen wir hier die Frage nach dem Verhältnis von Theorie und Praxis; Sie haben im Thema Ihres Workshops und auch in unserem jetzigen Thema diese Frage gestellt.

"Geisteskranke sind nicht nur ein Gradmesser für den Entwicklungsstand unserer politischen Kultur, sie sind auch ein integraler Bestandteil der modernen Gesellschaftsgeschichte, über deren Wegrichtung sie in einer ernüchternden und oft erschreckenden Weise Auskunft geben", schreibt BLASIUS (1986).

Die wechselvolle und oft widersprüchliche Geschichte der Psychiatrie weist neben Zeiten der Hilflosigkeit, gar der schlimmsten Barbarei auch Augenblicke, manchmal sogar längere Phasen von humanitärem Aufschwung in der Entwicklung der Versorgungsstrukturen auf. Auch für die Beschäftigung mit der Geschichte des eigenen Faches scheint mir Leo Löwenthals Frage in Auseinandersetzung mit dem "Mißgebilde der Posthistorie" wichtig: "Ist eine Vorgeschichte zu Ende gekommen, lohnt es sich daher gar nicht mehr, sich an die Geschichte als ein Lehrbuch des moralischen und politischen Handelns, als Lehrbuch einer menschlichen Zukunft zu wenden?" (LÖWENTHAL, 1989).

Conolly, dessen Name mit dem Begriff des "Non-Restraint-Systems" verbunden ist, wertete die Vorarbeiten von ROBERT GARDINER HILL (1811-1878) aus, der als Hauschirurg im Lincoln Asylum eine ausführliche Untersuchung des dortigen Anstaltsmilieus vornahm.

Ich zitiere Hill in der Übersetzung von DÖRNER (1975, S.114): "Als ich merkte, daß mildere Behandlung beständig günstige Wirkungen zeigte, stellte ich mit großer Mühe Statistiken auf, trug darin die Ergebnisse der verschiedenen Behandlungsmethoden ein, verfolgte jeden einzelnen Fall, lebte mitten unter den Patienten, beobachtete ihr Verhalten. Auf die Dauer gab ich meiner Überzeugung Ausdruck, daß unter einem geeigneten Überwachungssystem und in einem adäquaten Gebäude Zwang durch Instrumente in jedem einzelnen Fall überflüssig und schädlich sei".

1880 besagte der Bericht der schottischen Aufsichtskommission für die Psychiatrie: "Mehr Beschäftigung und mehr Bewegungsfreiheit führen zur Besserung psychotischen Verhaltens und zu mehr Selbstkontrolle beim Patienten... Die ursprünglich bereits entsprechend vorbereiteten Türen des Hospitals wurden vor zwei Jahren endgültig vollständig geöffnet. Seitdem gibt es in der Anstalt weniger Unfälle bei weniger Personal und weniger Entweichungsversuchen als früher" (zitiert nach GROSSER, 1987).

In der Folgezeit stockt die Liberalisierungsbewegung auch in England und Schottland vorübergehend, insbesondere während der Zeiten der beiden Weltkriege verschlechterte sich die Lage der psychisch Kranken in den Institutionen (teilweise bis zum Verhungern) in praktisch allen beteiligten Ländern.

HERMANN SIMON, Direktor der Provinzial-Heilanstalt Gütersloh, veröffentlichte 1929 sein Buch *Aktivere Krankenbehandlung in der Irrenanstalt*. Über die hier beschriebene Arbeitstherapie weit hinausgehend ist bei Hermann Simon bedeutungsvoll, daß er die Umweltfaktoren, das Milieu der Anstalt genau untersucht und beschreibt:

"Betritt man solche Abteilung, so ist man oft genug sofort von einer Anzahl durcheinander redender, schreiender, schimpfender Gestalten umringt, andere Kranke reden und rufen von ihren Plätzen aus in das allgemeine Durcheinander hinein, wieder andere laufen ruhelos, innerlich geladen umher; die ganze Atmosphäre ist dauernd gespannt, die geringste gegenseitige Berührung führt sofort zu Zank und Streit. Die Reden und Schimpfworte, die da Tag und Nacht und Stunde um Stunde fallen, triefen oft genug von Unflätigkeit und Gemeinheit nach Form und Inhalt, wenn sie nicht ganz verworren und unsinnig sind. Und dieser Umgebung, diesen Einwirkungen war ein großer Teil unserer Kranken doch dauernd, Tag und Nacht, unentrinnbar ausgesetzt. Wir kennen alle die Macht der Gewöhnung, die Neigung unserer Kranken wie unserer Kinder, gerade das Häßliche nachzuahmen; wir wissen vor allem, wie eine dauernd gereizte Umgebung auch auf alle zurückwirkt, die in dieser Umgebung leben müssen. Wenn wirklich die Umwelt den Menschen formt, welche Art von Mensch mag in solcher Umgebung geformt werden! Nun, wir haben die Antwort auf diese Frage ja alle Tage vor uns in dem, was aus vielen Kranken unter unseren Augen geworden ist. Schon lange hat man dafür den sehr treffenden Ausdruck 'Anstaltsartefakte' geprägt... Der Anstaltsartefakt rührt ja gerade daher, daß man nichts getan, sondern den Dingen ihren Lauf gelassen hat; und das ist wahrhaftig keine Kunst!" ("Psychotherapie in der Irrenanstalt", *Klin. Wochenschrift* 1926, Nr. 43; zitiert nach SIMON, 1986, Vorwort von W. Th. Winkler).

OURY zitiert in *Psychiatrie et Psychothérapie institutionnelle* (1976, S.238) aus Hermann Simons Schrift, die in der Klinik Saint-Alban von Tosquelles u.a.

ins Französische übersetzt wurde; der Originaltext bei HERMANN SIMON (1986, S.50) lautet: "Die drei großen Schädlichkeiten, die unsere Geisteskranken in der Anstalt bedrohen und denen unsere Therapie fortgesetzt entgegenarbeiten muß, sind die Untätigkeit, das ungünstige Anstaltsmilieu und die grundsätzliche Unverantwortlichkeit". Von den von ihm eingeleiteten Reformen schreibt Simon: "Diese ganze Einrichtung drängt die Kranken ganz von selbst in die geordnetere Richtung hinein und zwar in automatische Abhängigkeit und Wechselwirkung mit ihrem eigenen Tun und Lassen. Auch der Geisteskranke beginnt hiermit wieder sein Schicksal und die Verantwortung für ein subjektives Wohlergehen selbst in die Hand zu nehmen". (o.a., S.131)

In der Klinik Saint-Alban wurde Hermann Simons Arbeits- und Anstaltskonzept insofern weiterentwickelt, als viele Aufgaben der Planung und Organisation der Arbeit in den verschiedenen Werkstätten ebenso wie andere Fragen der Organisation der Anstalt von Patienten wahrgenommen wurden.

Zur Klinik Saint-Alban schrieben POLACK und SABOURIN (1976, S.29, in der Übersetzung von Hinz, 1984, S.6): "In Saint-Alban im Département Lozère bildet sich ein Netz um Tosquelles, Balvet und Bonnafé. Die Klinik nimmt Flüchtlinge und Widerstandskämpfer auf. Die Patienten verlassen die Anstalt, um den Bauern bei der Ernte zu helfen und Nahrung zu beschaffen. Die Klinikstruktur wird durchlässig, verschwimmt; es enstehet eine Durchgangs- oder Begegnungsstätte" - eine eindrucksvolle Beschreibung von "Durchmischung".

Nach den zitierten Autoren starben in Frankreich während der deutschen Besatzung 40.000 Geisteskranke. Nach HOFMANN (1983) kam 1939 der katalanische Psychiater Francois Tosquelles nach Saint-Alban; er hatte vorher als Psychiater in der republikanisch-spanischen Armee gearbeitet und mußte nach Frankreich fliehen, wo er zuerst in einem Ingenieurlager war; nur indem Patienten und Personal auf den umliegenden Bauernhöfen mitarbeiteten, konnte die Nahrungsmittelknappheit und der Hunger bewältigt werden. Beschaffung von Nahrungsmitteln, Gestaltung des Kliniklebens sowie Organisation des Widerstandes war gemeinsame Aufgabe von Patienten, Pflegern, Ärzten, Besuchern und anderen Bewohnern des Hospitals.

FELIX GUATTARI (1976, S.82) schreibt über den Beginn der institutionellen Psychotherapie in St. Alban: "... aber ein systematischer Ansatz der psychiatrischen Revolution in der Theorie wie in der Praxis wurde zum ersten Mal von den verschiedenen aufeinanderfolgenden Gruppen um Francois Tosquelles im psychiatrischen Krankenhaus von Saint-Alban (Lozère) begründet.

Nach der Entlassung aus Gefangenen- und Konzentrationslagern sah eine Reihe von Pflegern und Psychiatern die Probleme des psychiatrischen Krankenhauses mit neuen Augen. Außerstande, konzentrationslagerhafte Institutionen noch länger zu ertragen, begannen sie, kollektiv die Abteilungen zu transformieren, die Mauern niederzureißen und den Kampf gegen den Hunger zu organisieren etc. In Saint-Alban war die Lage vergleichsweise noch militanter, da das Krankenhaus unter anderem als Versteck für Widerstandskämpfer gedient hatte. Dort fanden sich Intellektuelle aus dem Kreis der Surrealisten, von Freud beeinflußte Ärzte und engagierte Marxisten zusammen. In diesem Schmelztiegel wurden neue Instrumente zur Aufhebung der Entfremdung geschmiedet - zum Beispiel der erste intramurale therapeutische Klub (der Klub Paul Balvet)".

Dieser historische Ausgangspunkt ist für das Verständnis der institutionellen Psychotherapie grundlegend.

Die weitere Entwicklung der Psychiatrie nach dem 2. Weltkrieg kann nur stichwortartig gestreift werden:

1945 begann Dr. George MacDonald Bell die Türen seines Hospitals in Melrose/Schottland zu öffnen; 1949 gab es dort keine geschlossene Tür mehr (1955).

1952 führen Daumezon und Koechlin den Begriff "Psychothérapie institutionnelle" in ihrer Arbeit "La Psychothérapie institutionnelle francaise contemporaine" ein.

1953 öffnet Mac Millan in Nottingham die letzte Stationstür im Mapperly-Hospital. Über die Öffnung der Stationen dieses Hospitals findet sich im *Nervenarzt* 43, Heft 5, 1963, ein auch heute noch eindrucksvoller Bericht von Leppien.

Ebenfalls 1953 beginnt J. Oury mit dem Aufbau der Klinik La Borde bei Cour-Cheverney in der Nähe von Blois.

1953 berichtet Maxwell Jones von dem Versuch, mit Hilfe der therapeutischen Gemeinschaft eine besondere interpersonelle Umwelt für den psychisch Kranken zu schaffen.

1954 berichten Stanton und Schwartz in einer umfangreichen Materialsammlung über die Wirkung der gesamten Umwelt der Klinik auf den Kranken und unterstreichen zusammenfassend, daß das Milieu an sich eine primäre Therapie sein kann.

1958 zeigen Freeman, Cameron, McGhie auf, wie bestimmte Umweltfaktoren auf die psychische Verfassung der Patienten wirken.

1962 veröffentlichen Brown und Wing *Institutionalism and Schizophrenia*.

1966 finden sich im *Nervenarzt* (S.37, 4) zwei bemerkenswerte Arbeiten; Haisch beschreibt in "Vor der Anstalt zum psychiatrischen Krankenhaus" den Versuch, in der Reichenau ab Frühjahr 1964 zwei "Chronischenhäuser" in Rehabilitationsabteilungen umzuwandeln; teilweise erinnern die hier beschriebenen Verhältnisse an Hermann Simons Bericht von 1929; in diesem

Heft findet sich auch der Aufsatz von Flegel "Die psychiatrische Abteilung als therapeutische Gemeinschaft", in welchem unter Bezugnahme auf vielfältige theoretische Quellen, historische Ansätze, sozialpsychologische Theorienbildung, Sozialisationsforschung usw. Grundprinzipien der therapeutischen Gemeinschaft und praktische Erfahrungen mit diesem Konzept berichtet werden. FLEGEL beendet seine Arbeit: "Dritte psychiatrische Revolution ist ... ein berechtigtes Wort wegen der Radikalität des Prozesses, der das psychiatrische Krankenhaus vom alten Bewahr- und Bewachungscharakter befreit und es vom Asyl- und Armenhaus zu einer Stätte der Kultur menschlicher Beziehungen macht" (S. 163-164).

FINZEN (1984, S.18) beklagt: "Unverzichtbare Ziele sind nach wie vor nicht erreicht... die Aufhebung der Gettoisierung und Diskriminierung der psychisch Kranken und Behinderten".

Ein eindrucksvolles Beispiel der "Aufhebung der Gettoisierung und Diskriminierung" berichtet HEINRICH SCHIPPERGES in seinem Aufsatz: "Heilung einer Geisteskranken im hohen Mittelalter. Eine 'Gemeinschaftstherapie' bei Hildegard von Bingen" (1985).

Freunde und Betreuer bringen eine psychisch kranke junge Frau zu Hildegard (1098-1179) auf den Rupertsberg. Hildegard nimmt die geisteskranke Frau in ihre klösterliche Gemeinschaft auf und schildert den Beginn der dortigen "Gemeinschaftstherapie" wie folgt:

> "Über die Ankunft dieser Frau waren wir alle zunächst ziemlich entsetzt, da wir nun diejenige leibhaftig sehen und hören sollten, die das ganze Volk so lange Zeit in Unruhe versetzt hatte. Doch Gott träufelte den Tau seiner Süßigkeit auf uns hernieder. Und ohne Furcht und Schrecken und ohne jede männliche Hilfe brachten wir die kranke Frau in die Wohnräume der Schwestern. Trotz des allgemeinen Entsetzens und all der Verwirrung wichen wir nicht von ihrer Seite" (S. 62).

Gestatten Sie mir einige Aspekte dieser Schilderung aus der Sicht unserer heutigen gemeindepsychiatrischen und institutionell-psychotherapeutischen Praxis zu kommentieren:

"...alle zunächst ziemlich entsetzt":

Viele von uns kennen sicher die Ankündigung von erregten, gar tobenden Patientinnen und Patienten, die in früher Praxis den Notruf auslöste "alle Pfleger an die Pforte"; nach diesem Anfang nahm der weitere Ablauf im Sinne der sich selbsterfüllenden Prophezeiung seinen Gang.

In unserer heutigen psychiatrischen Alltagspraxis ist es ja auch für uns wichtig, dies gilt insbesondere für die jüngeren Kolleginnen/Kollegen, ohne negative Erwartungshaltung möglichst in Ruhe hinzuschauen, - bei welcher Ankündigung auch immer - welchen Patienten mit welchem gestörten Erleben und Verhalten wir "leibhaftig" vor uns haben.

"... ohne Furcht und Schrecken":

Uns allen ist es sicher geläufig, daß es gerade beim Erstkontakt mit dem akut erregten Patienten wichtig ist, therapeutischerseits eine ruhige, gelassene, zuversichtliche Grundhaltung bei Wahrung ausreichender Distanz einzunehmen.

"... ohne jede männliche Hilfe":

Für mich verzichtet Hildegard trotz eigener Verunsicherung ganz eindeutig darauf, ihrerseits ein Droh- oder Gewaltpotential zur Schau zu stellen; wie oben dargelegt, ist dies für uns auch heute eine ganz wesentliche grundsätzliche therapeutische Verhaltensweise.

Zur Veranschaulichung:

In *Die Zeit* vom 1.11. 1985 berichtete Oehler über uns, daß eine weglaufende Patientin stehenblieb und auf die Station zurückkehrte, nachdem die mit Clogs hinter ihr herlaufende Schwester ihr zugerufen hatte, sie möge mit dem Weglaufen aufhören, da sie aufgrund ihres Schuhwerks nicht in der Lage sei, sie weiter zu verfolgen.

"...brachten wir die kranke Frau in die Wohnräume der Schwestern":

Hildegard und ihre Mitschwestern bringen die psychisch kranke Frau nicht in ein neues Getto, eine ganz besonders gesicherte Zelle oder ähnliches; stattdessen nimmt die Kranke am Alltag und am Milieu ihrer Umgebung teil.

Von der trivialen Überlegung ausgehend, daß eine psychiatrische Station von ihrer Struktur und ihrer Atmosphäre her so gestaltet sein soll, daß sie die Genesung der Patienten fördert, halten wir die Station für am leistungsfähigsten, die viele Elemente von "Normalität" enthält und sich "einem gelungenen Alltagsmilieu möglichst weitgehend annähert" (Krisor, 1986a).

Kipp (1986) hat diese Sichtweise auch nachdrücklich formuliert.

Unseres Erachtens kommen die einander bedingenden, aber auch erfordernden Elemente der "gemeindepsychiatrischen Trias"
- Verzicht auf eine Aufnahmestation
- Durchmischung der Krankheitsbilder
- offene Türen sämlicher Stationen

obiger Forderung am ehesten entgegen (Krisor, 1986b).

Zwei andere Stimmen noch zum Aspekt Durchmischung:

> "Für die Entwicklung eines kommunikationsfreundlichen Stationsklimas erscheint mir die heterogene Zusammensetzung einer therapeutischen Gemeinschaft aus schizophrenen, neurotischen, süchtigen, manischen und depressiven Patienten, von Menschen der verschiedenen Altersgruppen außerordentlich förderlich.

Sie repräsentieren im höheren Maße Normalität, stimulieren Wahrnehmung und Handlungswirksamkeit gesunder Anteile im Patienten, reduzieren Etikettierung und Ausgrenzung bestimmter Patientengruppen" (Weise, 1988, S. 5).

DREES (1989) erwidert auf eine kritische Bemerkung von Veltin:

"In Herne habe ich die strikte Einhaltung der Durchmischungsregel als Voraussetzung der Offenheit dieser Klinik schätzen gelernt. Bei mir ist das nur zum Teil gelungen... ich sehe jedoch soviel, daß die auf allen Stationen verteilten geriatrischen Patienten größere Chancen haben, als wenn sie in einer Station zentriert sind, und daß auch die Süchtigen,... eine wichtige therapeutische Funktion für das Gesamtklima einer Station besitzen. Das schließt nicht aus, daß die unterschiedlichen Patientengruppen differenzierter, ihrem Krankheitsbild entsprechender, stationsübergreifender Therapieformen bedürfen. Ich denke, diese Vorstellungen werden augenblicklich in sehr vielen psychiatrischen Abteilungen unterschiedlich bewegt".

Stellen wir dem Strukturmerkmal "Durchmischung" zur Veranschaulichung andere Organisationsformen gegenüber.

Im Heft 30, 1989, des *Deutschen Ärzteblattes* finden sich zwei Anzeigen aus psychiatrischen Abteilungen an Allgemeinkrankenhäusern. Über eine Abteilung heißt es:

"In fünf Funktionsbereichen - Akut-Rehabilitation, Psychotherapie, Gerontopsychiatrie und einer Tagesklinik - stehen insgesamt 106 Behandlungsplätze zur Verfügung"; über eine andere Abteilung mit 48 Betten wird berichtet: "Neben einer geschlossenen Station werden zwei allgemeinpsychiatrische Aufnahmestationen und eine Psychotherapiestation betrieben".

Bei dieser vordergründigen "Differenzierung" sehen wir die Gefahr, daß sich hier Landeskliniken, Landeskrankenhäuser in Miniaturformat reproduzieren; daß es nicht gelingt, die radikale Zäsur, den eindeutigen Trennungsstrich zu den Vorläufern psychiatrisch-stationärer Einrichtungen wie Zucht-, Arbeits- und Tollhäusern zu setzen; oder um es mit Kollegen PHILIPZEN zu sagen:

"...so haben sich doch in die neuen dezentralen Gemeindesysteme alte pathogene Strukturelemente festsetzen können. Sie verhindern, daß aus der gemeindenahen Psychiatrie eine wirkliche Gemeindepsychiatrie wird, ja, sie lassen befürchten, daß sich heuchlerisch unter dem Denkmal der Reformpsychiatrie alte Menschenverachtung eingenistet hat. Dazu gehört vor allem auch die geschlossene Abteilung, Relikt unseligen Angedenkens, wie Grosser sagt, ein Verstoß gegen die Menschenrechte, deren Verletzung an anderen Orten und in anderen Zusammenhängen heute mit Recht radikal verurteilt wird" (in einer Rezension zu Krisor (Hrsg., Gemeindepsychiatrisches Gespräch, 1989)).

Auch FELIX GUATTARI, Philosoph und Verwaltungsleiter in der Klinik La Borde, weist bezüglich der neuen Versorgungsstrukturen auf die dringende Notwendigkeit ihrer instituionellen Analyse hin:

"Die Mehrzahl der modernen Versuche - Tages-, Nachtklinik, Krankenclubs, Hospitalisierung zu Hause, instituionelle und selbst Anti-Psychiatrie - ist weiterhin von der Gefahr bedroht, die Jean Oury so tiefgehend analysiert hat: Wie verhindern, daß die Institution nicht erneut eine Anstaltsstruktur zurückgewinnt oder pervers-künstliche und reformistische Gemeinschaften, oder residuale paternalistische und bemutternde Pseudo-Familien bildet?" (1981, S. 412).

Ohne institutionelle Analyse tendiert jede psychiatrische Versorgungsstruktur (wie auch andere psychosoziale Strukturen) dazu, sich eher "institutionszentriert" statt "patientenzentriert" zu gestalten. CIOMPI (1989) nennt die Organisationsform, "die sich mehr an den Bedürfnissen des einzelnen Patienten... als an denjenigen der Institution orientiert patientenzentriert".

OURY hinterfragt radikal überkommene und veraltete Versorgungsstrukturen als "absurde Systeme kollektiver Organisation... die dem System der Schule und des Gefängnisses oder im besten Fall der Sozialfürsorge... entsprechen" (in: HOFMANN, 1983, S. 91); er betont, die psychiatrischen Institutionen seien immer in Gefahr, zu einer "technokratischen Organisation der Segregation und der Verwahrung im großen Stil" (o.a., S. 95) zu degenerieren. HOFMANN spannt den weiten Bogen vom "Asyl" bis zum "zerstückelten Hospital":

> "Das Asyl bildete ein durch Mauern nach außen abgeschlossenes Terrain, auf dem jede Bewegung der Insassen kontrolliert wurde. Den Patienten wie den Mitarbeitern waren Aktivitäten und Handlungsspielraum durch ihre Positionen innerhalb der Anstaltshierarchie genau vorgeschrieben. Alle Insassen hatten aufeinander bezogene Rollen und Funktionen zu erfüllen: die des Patienten, des Wärters, des Arztes, des Kochs, des Verwaltungsbeamten usw. Sie zählten nicht als Individuen, die totale Institution läßt keinen Raum für Individualität...
>
> Der totalitäre Charakter psychiatrischer Einrichtungen ist nicht an Mauern gebunden. Jede Tagesklinik, Wohngemeinschaft oder therapeutische Gruppe kann zum Instrument totalitärer Therapie werden, die Individualität unterdrückt. Der Patient wird dabei zum Symptomträger, der Therapeut zum Psychotechniker, der in Funktion von Symptomen und Mängeln im psychosozialen Bereich des Patienten Behandlungen als Reparaturen vornimmt.
>
> Die totalitäre Institution kennt keinen individuellen Raum, weder für individuelle Krankheit noch für individuelle Gesundheit oder für individuelle Arbeiten. Sie ist normen- und funktionsorientiert und für ihre Insassen entfremdend. Die Therapeuten finden ihre persönlichen Interessen am Arbeitsplatz nicht wieder, sondern arbeiten unter entfremdeten Bedingungen. Den Patienten, die durch psychische Krankheit sich bereits entfremdet sind, wird zudem eine soziale Entfremdung als Therapie aufgepropft. In der totalitären psychiatrischen Institution sind Therapeuten und Patienten Objekte eines versachlichenden therapeutischen Automatismus, sie begegnen sich als entfremdete Teile dieses Automaten. Geisteskrankheit als individueller Entfremdungsprozeß bestimmt geistige Gesundheit als wiederzuerlangende Individualität.
>
> Diese kann nicht in einer entfremdeten Institution und mit Hilfe sich selbst entfremdeter Therapeuten wiedererlangt werden. Das psychiatrische Hospital muß

dazu des-entfremdet werden, sein totalitärer Charakter zerschlagen werden. Die p i prägt den Begriff vom 'morcellement de l'hôpital' (Zerstückelung des Hospitals): Der entfremdende Apparat des totalitären Hospitals soll in Stücke geschlagen werden. Gerade der Patient mit geistiger Entfremdung läuft Gefahr, daß der psychiatrische Apparat seine Individualität völlig erdrückt: 'Sie müssen dies und jenes tun, lernen oder unterlassen, um so zu werden, wie Sie sein sollten!'- Die Zerstückelung des Hospitals soll dem Patienten als Individuum und als Subjekt seiner Wünsche Raum lassen. Maud Mannoni spricht von der 'zerschlagenen Institution' (institution éclatée), innerhalb derer die psychotischen und autistischen Kinder, mit denen Mannoni in Bonneuil arbeitet, ihren eigenen Weg suchen und zu ihrer Individualität finden können...

Die Bruchstücke des 'zerstückelten Hospitals' sind die verschiedenen Organe des polyzentrischen Netzes, die Ateliers, Werkstätten der Stationen, Einzeltherapeuten, die diversen Gruppen. An die Stelle des therapeutischen Automatismus tritt das institutionelle Netz, das Patienten wie Therapeuten erlaubt, ihre Wünsche einzubringen und ihre Individualität in der Institution zu entfalten. Innerhalb des institutionellen Feldes ordnen sich Patienten wie Therapeuten einzelnen Institutionen, den Bruchstücken des 'zerschlagenen Hospitals, zu" (HOFMANN, 1983, S. 39/40).

An HOFMANN anschließend (und auf die Hörer und Leser Rücksicht nehmend) habe ich von der "in Teile zerlegten Institution Psychiatrische Klinik" gesprochen, "die sich um jeden einzelnen Patienten in jeweils unterschiedlicher Zusammensetzung - seiner Wahl und seinen Bedürfnissen entsprechend - neu aufbaut" (KRISOR, 1989, S.11); diese theoretische Annäherung an die Institution scheint mir die adäquate Form der Antwort auf die "l'unicité même de la personne" zu sein (die strikte Einmaligkeit der Person des Patienten), die OURY (1989) bei seinem Vortrag von "Differenzierung" der Institution, die dem ganz individuellen Patienten gerecht werden will, scheint mir die sog. Differenzierung, z.B. auf Stationsebene einer Ansammlung von 15 bzw. 20 Patienten gegenüber, recht grob zu sein.

Oury führte den von Hegel und Marx gebrauchten Begriff der Entfremdung ("aliénation") in die institutionelle Psychotherapie ein.

> Marx:"Eine unmittelbare Konsequenz davon, daß der Mensch dem Produkt seiner Arbeit, seiner Lebenstätigkeit, seinen Gattungswesen entfremdet ist, ist die Entfremdung des Menschen von dem Menschen. Wenn der Mensch sich selbst gegenübersteht, so steht ihm der andere Mensch gegenüber. Was von dem Verhältnis des Menschen zum anderen Menschen, wie zur Arbeit und zum Gegenstand der Arbeit des anderen Menschen" (in *Ökonomisch-Philosophische Manuskripte* von 1844, zitiert nach FISCHER, 1968, S. 45).

Oury unterscheidet zwischen einer "aliénation psychotique" und einer "aliénation sociale". Die "double aliénation" ist das Zusammentreffen der psychotischen und sozialen Entfremdung beim schizophrenen Erkrankten (siehe oben das Zitat von Hofmann). Die Aufhebung der sozialen Entfremdung läßt sich kontinuierlich entlang der Geschichte der Sozialpsychiatrie verfolgen; so wies Harry Stack Sullivan (1921) darauf hin, daß schizophren Erkrankte sich nicht oder zumindest weniger psychotisch gestört verhielten, wenn sie von verständnisvollem Pflegepersonal betreut würden (nach CUMMING/CUMMING, 1979). BROWN und WING wiesen 1962 in "Institutionalismus und Schizophrenie" (in: FINZEN, Hrsg., 1974) eindrucksvoll darauf hin, daß eine Änderung des Krankenhausmilieus zur Änderung der Psychopathologie und des Verhaltens der Patienten führt.

Oury verlangt: "Sich über die Struktur des psychiatrischen Milieus Klarheit zu verschaffen, wenn man es in seiner Gesamtheit zu einer Aufhebung von Entfremdung hinorientieren will ('Désaliénation'): (zitiert nach HINZ, 1984, S.47).

Unserer gemeindepsychiatrischen Variablen "Durchmischung" entsprechend ist Ourys Begriff der Heterogenität; sie

"... ist nicht beliebig. Sie erlaubt eine funktionelle Verwendung der Unterschiede Alter, Geschlecht, Krankheitsursachen, soziale Herkunft und anderer Merkmale. Die Art der psychotischen Erkrankung im allgemeinen... drückt sich in der Schwierigkeit aus, jemanden anderes als sich selbst zu treffen; es ist also wichtig, daß sich in dieser heterogenen Umgebung Beziehungen, ergänzende Kontakte entwickeln. Das bedeutet, daß sich ein Kranker um einen anderen Patienten kümmern kann, eine junge Frau kann sich um eine sehr alte bemühen und umgekehrt.

Der Begriff 'Ergänzung' kann hier helfen, einige Sackgassen, einige Gefühle der Machtlosigkeit seitens des Pflegeteams gegenüber diesem oder jenem Kranken zu überwinden. Diese Kontakte helfen gegen eine Art der existentiellen Isolierung, der Vereinsamung, des Rückzugs auf sich selbst, sie helfen zu kämpfen, indem man gemeinsame Möglichkeiten der Begegnung organisiert, die es ermöglichen, aus sich herauszugehen und den anderen zu treffen: eine gemeinsame, jedoch nicht autoritäre Organisation. Anders ausgedrückt, paradoxerweise geht es darum, 'den Zufall zu programmieren'.

Denn jeder Kontakt, jede echte Begegnung ist grundsätzlich unvorhersehbar. Es gibt immer einen Überraschungsfaktor; durch die Überraschung wird es ein echtes Treffen, das etwas in der Persönlichkeit verändert. Es geht darum, für jeden Kranken Möglichkeiten zu finden, wieder einen eigenen Wert zu finden, indem er fühlt, für die anderen zu zählen. Oft ist gerade dieses Gefühl verlorengegangen. Die Organisation einer solchen Gemeinschaft muß a priori einem gewissen Gesetz gehorchen... dem Gesetz des maximalen Respekts vor dem anderen als Nächsten. Diese Arbeit ist also eine Aufgabe aus dem ethischen Bereich. Jede Person; Patient oder Arbeiter, Beschäftigungstherapeut oder Pfleger oder Psychologe, alle Personen, die in einer solchen Einrichtung arbeiten, und zwar auf allen Gebieten, ob es nun in der Küche oder im medizinischen Bereich ist, jede Person hat dadurch, daß sie Kranke treffen kann, implizit eine Funktion, die psychotherapeutisch positiv oder negativ sein kann" (OURY, 1986, S.239).

Schon Heinrich von Kleist wies 1800 bei der Besichtigung des Würzburger Julius-Hospitals auf die Notwendigkeit von Durchmischung und Heterogenität hin: "Besonders die Verrückten können in ihrer eigenen Gesellschaft nie zu gesundem Verstande kommen. Dagegen würde dies gewiß bei vielen möglich sein, wenn mehrere vernünftige Leute, etwa die eigene Familie, unter der Leitung eines Arztes sich bemühte, den Unglücklichen zur Vernunft zurückzuführen".

Zum Begriff der "Person" sagt OURY (1986, S.240):

"Nicht nur ein Individuum oder ein Subjekt, sondern das Ganze. Die Person ist wie eine Kreuzung einer gewissen Anzahl von 'Funktionen der Zugehörigkeit', ihr mehr oder weniger großer Reichtum ergibt sich aus den Zugehörigkeiten und den Beziehungen zu anderen Personen und anderen Milieus. Diese Überlegung scheint mir für die Behandlung von destrukturierten Kranken wichtig zu sein. Wenn man mit der Behandlung bei diesen 'Zugehörigkeiten' ansetzt, erreicht man bei der Person eine Änderung ihrer Struktur, diese stellt einen indirekten Eingriff dar".

Dieser Sichtweise korrespondiert auf seiten des Personals (les moniteurs) als institutionell-therapeutische Antwort die genau geregelte und kollektiv kontrollierte Rollen-Rotation ("roulement des roles", OURY, 1976, S.225); hiermit wird sowohl der Gefahr der überrigiden Rollentrennung des traditionellen Krankenhauses als auch der Gefahr der möglichen Rollendiffusion in der therapeutischen Gemeinschaft vorgebeugt.

Zwei kurze Fallbeispiele:

1. Eine tief depressive 60jährige Patientin, Fotografin von Beruf, lehnt jegliche Teilnahme an therapeutischen Veranstaltungen ab, denkt und vehält sich in Visiten und therapeutischen Gesprächen fast ausschließlich negativistisch; nach einiger Zeit kann sie dafür gewonnen werden, daß eine, aus 8 Personen bestehende Gruppe (Patienten/innen und Mitarbeiter/innen der Station) einen Ausflug mit ihr in ihr Fotolabor unternimmt, welches während ihrer Erkrankung von einer Kollegin weitergeführt wird. Der angekündigte Besuch des Fotoateliers erregt auf der Station viel Interesse, so daß die Namen der Teilnehmer über Namenszettel, die aus der Baskenmütze der Patientin gezogen werden, bestimmt werden.

Während der Busfahrt gibt die depressive Patientin den Weg an, schließlich in ihrem Atelier angekommen, führt sie ihre alte Plattenkamera mit einer Brennweite von 300 mm vor; Patienten und Personal hängen sich das schwarze Tuch über den Kopf, um die auf den Kopf stehenden Objekte vor der Kamera deutlich sehen zu können; Belichtungseffekte werden von der depressiven Patientin vorgeführt, sie erteilt präzise Anweisungen an die Kollegin und schließlich fertigt sie selbst von ihren Gästen jeweils Portraitbilder an.

Über diesen Ausflug wird in der Zeitung berichtet, unter Mitwirkung der depressiven Patientin; da von diesem Ausflug auf der Station noch lange die Rede ist, wird für 4 Wochen später ein zweiter Ausflug geplant. Insgesamt ist nach dieser Aktivität ein dauerhafter positiver Effekt auf das Befinden und Verhalten der depressiven Patientin zurückgeblieben.

2. Ein chronisch psychotisch kranker 30jähriger Student hat seit ca. 2 Jahren seine sozialen Kontakte auf den Einkauf von Konserven im nahegelegenen Supermarkt beschränkt; stationär aufgenommen (zwangseingewiesen) lehnt er sowohl Gesprächskontakt wie Teilnahme an irgendwelchen therapeutischen Veranstaltungen weitestgehend ab.

Bei genauer Anamneseerhebung läßt sich eruieren, daß er die meiste Zeit des Tages mit dem Entwurf von Computerprogrammen und entsprechenden technischen Umsetzungen für eine computergesteuerte Hebekranvorrichtung verbrachte, mit welcher auch über ein entsprechendes Computersystem gesteuert kleine Eisenbahnwaggons beladen werden können.

Nach einem gemeinsamen Besuch in der Wohnung des Patienten, berichtet der Stationsarzt sichtlich beeindruckt im Team von den vorgefundenen Aufbauten. Schließlich kann der Patient dafür gewonnen werden, diese Apparatur zum "Tag der Gemeindepsychiatrie" im Hospital aufzubauen und den Besuchern, Kindern und Erwachsenen entsprechende Erläuterungen geben.

Auch diese Aktion wird durch die Zeitung angekündigt, am "Tag der Gemeindepsychiatrie" ist der Tisch, auf dem die Apparatur aufgebaut ist, von Kindern und Erwachsenen umlagert, es werden Fotos für die Zeitung angefertigt und entsprechend darüber berichtet.

Im Anschluß hieran kann mit dem Patienten vereinbart werden, daß er regelmäßige nervenärztliche Betreuung aufsucht; ein weiterer späterer stationärer Aufenthalt kommt jetzt auf freiwilliger Basis zustande, es schließt sich die weitere, regelmäßige nervenärztliche Betreuung an.

WULFF (1972, S.215) stellt bezüglich des "psychiatrischen Dilemmas" fest:

"...des Dilemmas, das darin besteht, den Kranken sowohl in seiner Krankheit - in der reinen Subjektivität seines Irrsinns - auch als Gesunden - in seiner Teilhabe an der gemeinsamen Welt - respektieren zu müssen. Der wichtigste dieser Lösungsversuche wird meines Erachtens von der französischen 'psychothérapie institutionnelle' vertreten, die zuerst 1944 von Tosquelles in Saint-Alban praktiziert worden war und heute in Daumezon und J. Oury ihre bedeutendsten Vertreter gefunden hat".

Ich konnte zu unserem überaus spannenden Thema nur einige Aspekte ausführen und möchte zum Abschluß mit einem Zitat von JACQUES HOCHMANN, in dessen Buch *Thesen zu einer Gemeindepsychiatrie* (1973) ich vor einigen Jahren erstmals den Begriff "Institutionelle Psychotherapie" fand, Ihnen und mir Mut machen, weiter die psychiatrischen Verhältnisse zu verändern:

> "Bei einer vorwiegend praktischen Disziplin wie der Psychiatrie muß die Veränderung an den Institutionen und den durch sie geregelten Möglichkeiten der Interaktion von Individuen ansetzen. Die Entlarvung der Ideologie, die diese Institution rechtfertigt, ist zweitrangig und erst dann erforderlich, wenn ein ideologischer Ersatz notwendig wird. Man kann "die wirklich bestehende Welt nicht bekämpfen, wenn man nur die Phrasen dieser Welt bekämpft"[1]

Literatur

BELL, G.M.: "A mental hospital with open doors." In: *Int. J. Soc. Psychiat.*, 1, 1955.

BLASIUS, D.: *Umgang mit Unheilbarem. Studien zur Sozialgeschichte der Psychiatrie*, Psychiatrie-Verlag, Bonn, 1986.

BORSI, G.M. (Hrsg.): *Die Würde des Menschen im psychiatrischen Alltag*. Verlag Vandenhoeck u. Ruprecht, Göttingen, 1989.

BROWN, G.W./WING, J.K.: "Institutionalism and Schizophrenia." Aus: *Sociological Review Monograph* Nr. 5. University of Keele 1962.

CIOMPI, L.: "Gedanken zu einer patienten- statt institutionszentrierten psychiatrischen Vesorgungsstruktur." In: *Spektrum der Psychiatrie und Nervenheilkunde*, 18, 1 (1989).

CUMMING, J./CUMMING, E.: *Ich und das Milieu. Theorie und Praxis der Milieutherapie*. Verlag für Medizinische Psychologie, Göttingen, 1979.

DAUMEZON, G./KOECHLIN, PH.: "La Psychothérapie institutionnelle francaise contemporaine." In: *Anais Portugueses de Psiquatria*, 4 (4), Dezember 1952.

DREES. A.: Brief an Veltin vom 10.3. 1989.

DÖRNER, K.: *Bürger und Irre. Zur Sozialgeschichte und Wissenschaftssoziologie der Psychiatrie*. Fischer Taschenbuch Verlag, Frankfurt/M., 1975.

FINZEN, A.(Hrsg.): *Hospitalisierungsschäden in psychiatrischen Krankenhäusern. Ursachen, Behandlung, Prävention*. Piper-Verlag, München, 1974.

FINZEN, A.: *Auf dem Dienstweg. Die Verstrickung einer Anstalt in die Tötung psychisch Kranker*. Psychiatrie-Verlag Rehburg-Loccum, 1984.

FISCHER, E.: *Was Marx wirklich sagte*. Fritz Molden Verlag, Wien, 1968.

FLEGEL, H.: "Die psychiatrische Krankenabteilung als therapeutische Gemeinschaft." In: *Der Nervenarzt*, 37, 4 (1966)

FREEMAN TH./CAMERON, J.L./MCGHIE, A.: *Chronic Schizophrenia*. International Universities Press, New York, 1958.

GROSSER, H.-H./GROSSER, S.: "Offene Türen in der klinischen Psychiatrie." In: *Gemeindepsychiatrisches Gespräch*, KRISOR, M. (Hrsg.), perimed Fachbuchverlag, Erlangen, 1989.

---

[1] K. MARX und F. ENGELS, "Die deutsche Ideologie", in: *Die Frühschriften*, Stuttgart 1964, S.346.

GUATTARI, F.: *Psychotherapie, Politik und die Aufgaben der institutionellen Analyse.* Suhrkamp Verlag, Frankfurt/M., 1976.

GUATTARI, F./DELEUZE, G.: *Anti-Ödipus,* Suhrkamp Verlag, Frankfurt/M., 1981.

HABERMAS, J.: *Die neue Unübersichtlichkeit,* Suhrkamp Verlag, Frankfurt/M., 1985.

HAISCH, E.O.: "Von der Anstalt zum psychiatrischen Krankenhaus. Ein Erfahrungsbericht." In: *Der Nervenarzt,* 37, 4 (1966).

HINZ, G.: *Institutionelle Aspekte der Psychosenbehandlung.* Ferd. Enke Verlag, Stuttgart, 1984.

HOCHMANN, J.: *Thesen zur Gemeindepsychiatrie.* Suhrkamp Verlag, Frankfurt/M., 1973.

HOFMANN, W.: "Die Institution als therapeutisches Medium." In: *Wege aus der Zitadelle. Gemeinwesenorientierte Konzepte in der Altenpflege.* HUMMEL, K., STEINER-HUMMEL, I. (Hrsg.), Curt R. Vincentz-Verlag, Hannover, 1986.

HOFMANN, W.: "Beiträge 'institutioneller Psychotherapie' zur Gemeindepsychiatrie." In: *Gemeindepsychiatrisches Gespräch,* KRISOR. M. (Hrsg.), perimend Fachbuch-Verlag, Erlangen, 1989.

JONES, M.: *The therapeutic community. A new treatment method in psychiatry.* Basic Books, New York, 1953.

KLEIST, VON, H.: *Brief an Wilhelmine von Zenge,* Würzburg, den 13. (-18.) September 1800. In: DERS.: *Sämtliche Werke und Briefe.* SEMBDNER, H. (Hrsg.). Zwei Bände. 5., vermehrte und revidierte Auflage; Bd. 2. München 1970.

KIPP, J.: "Konzepte der therapeutischen Arbeit psychiatrischer Abteilungen. Aktion psychisch Kranke", KIPP, J./WOLPERT, E. (Hrsg.): Rheinland-Verlag GmbH, Köln, 1991 (in Druck).

KRISOR, M.: "Ist eine Aufnahmestation in der psychiatrischen Klinik/Abteilung notwendig oder überflüssig?" Vortrag beim Arbeitskreis *Sektorisierte Versorgungsverpflichtung,* Dortmund, 10.3.1986 (a).

KRISOR, M.: (Hrsg.) *Gemeindepsychiatrisches Gespräch.* (s.o.).

KRISOR, M. : "Die psychiatrische Abteilung als Aufnahmestation." Vortrag während der Informationstagung *Die therapeutische Arbeit psychiatrischer Abteilungen der 'Aktion Psychisch Kranke e.V.' und des 'Arbeitskreises leitender Ärzte psychiatrischer Abteilungen an Allgemeinkrankenhäusern in der Bundesrepublik und West-Berlin',* Kassel, 23.10.1986 (b). In: *Die therapeutische Arbeit psychiatrischer Abteilungen.* WOLPERT, E./KIPP, J. (Hrsg.). Rheinland-Verlag, Bonn, 1991 (in Druck).

LEPPIEN, R.: "Das open-door-System in Nottingham/England, seine Voraussetzungen und Auswirkungen." In: *Der Nervenarzt,* 34, 5 (1963).

LÖWENTHAL, L.: "Das kleine und das große Ich. Einspruch gegen die Postmoderne." Rede zur Verleihung des Theodor-W. Adorno-Preises. In: *Frankfurter Rundschau,* 228 (2. Okt. 1989).

OEHLER, R.: "Irre menschlich." In: *Die Zeit,* 45 (1. Nov. 1985).

PHILIPZEN, H.: "Rezension zu Gemeindepsychiatrisches Gespräch." KRISOR, M. (Hrsg. s.o.). In: *Sozialpsychiatrische Information,* 4, 1989, S.40-41.

OURY, J.: *Psychiatrie et Psychothérapie institutionnelle.* Payot, Paris, 1976.

OURY, J.: "Grundbegriffe der institutionellen Therapie." In: *Blätter der Wohlfahrtspflege. Fachzeitschrift für Sozialarbeit und Sozialpädagogik in der BRD*, Stuttgart, 133, 10, 1986.

OURY, J.: "Psychothérapie institutionnelle: Ses principes fondamentaux et l'état actuel en correlation avec la politique actuelle de psychiatrie." Vortrag beim 2. *Herner Gemeindepsychiatrischen Gespräch* am 8.11.1989, Herne.

SCHIPPERGES, H.: "Heilung einer Geisteskranken im hohen Mittelalter. Eine 'Gemeinschaftstherapie' bei Hildegard von Bingen." In: *Zeitschrift f. Klinische Psychologie, Psychopathologie und Psychotherapie*, 33, 1 (1985).

SIMON, H.: *Aktivere Krankenbehandlung in der Irrenanstalt von Hermann Simon*. Psychiatrie Verlag, Bonn, 1986.

STANTON, A./SCHWARTZ, M.: *The Mental Hospital*. Basic Books, New York, 1954.

WEISE, J.: "Theoretische und praktische Probleme gemeindenaher Psychiatrie an der Universitätsklinik." In: *Sozialpsychiatrische Informationen*, 18, 4 (1988).

WULFF, E.: *Psychiatrie und Klassengesellschaft*, Athenäum Verlag, Frankfurt/M., 1972.

WULFF, E.: "Ausland Frankreich." In: *Kritische Stichwörter zur Sozialpsychiatrie*. FRIESEM, D.H. (Hrsg.), Fink-Verlag, München 1979.

Die Institution als therapeutischer Partner.
Eine psychoanalytische Utopie.[1]

Jürgen Hardt

I. Utopia ist nirgendwo, hat keinen Ort. Utopie ist die Schilderung eines erdachten, erhofften oder befürchteten Gesellschaftszustandes, die als Leitbild oder Korrektur bestehender Verhältnisse dienen soll. Ursprünglich wurde in den Utopien ein Idealzustand konzipiert, der nach richtigen Einsichten durch menschliche Handlung erreicht werden kann. Häufig werden Utopien auch dazu benutzt, ausdrücklich alles real zu Erwartende zu übersteigern, um eine über das Mögliche hinausgehende Anstrengung in Gang zu setzen, einen Idealzustand zu erreichen.

Die Utopien stehen im Gegensatz zur gesicherten Erkenntnis dessen, was zu erwarten ist, oder auch zu den als notwendig erlebten Folgen, die - resignativ - im Gegensatz zur utopischen Erwartung in Kauf genommen werden müssen. Gegen Ende des letzten Jahrhunderts herrschten die idealisierenden Utopien vor und setzten sich geschichtlich in totalitäre Staatsbildungen um. Nach den beiden Weltkriegen ist die idealisierende Utopie verschwunden und hat eher Utopien, die durch Skepsis und Pessimismus gekennzeichnet sind, Platz gemacht. Der wissenschaftliche Marxismus meinte, durch seine wissenschaftliche Gesellschaftstheorie die Utopien (die Sozialutopien) überwunden zu haben. Unter anderen marxistischen Denkern blieb allerdings BLOCH dabei, die gesellschaftsverändernde Kraft eines anthropologisch begründeten, durch keine realen Zustände aufhebbaren utopischen Denkens zu betonen. Wir erleben zur Zeit ein Ende des utopischen, wissenschaftlich begründeten gesellschaftlichen Denkens des Marxismus und es ist die Frage, ob utopische Entwürfe überhaupt noch in die Zeit passen. (Der real existierende Sozialismus ist gescheitert, weil er eine Aufhebung des utopischen, dialektischen Denkens beinhaltete.)

Meines Erachtens behalten Utopien ihren progressiven Wert und führen nicht zwangsläufig zu starren totalitären Systemen, wenn ihre Anforderungen

---

[1] Unveränderte Fassung eines Vortrags gehalten am 8.11.1991 im PKH Gießen und am 25.11.1991 in Kassel.

als "Motoren" eines Prozesses verstanden werden und nicht verwechselt werden mit Zuständen, die einmal erreicht durch Festigung der Entwicklung, d.h. Stagnation, zementiert werden.

Utopische Entwürfe sind (ähnlich wie die Idealforderung in der Analyse) Faktoren, die Prozesse in Gang bringen, um einen Idealzustand anzustreben, der *nie* erreicht werden kann.

Deswegen ist es äußerst fragwürdig, Utopien als wirksame Momente in die Hände von Mächtigen zu geben und sie aus ihrer Instrumentalität herauszulösen. In den Händen der Mächtigen führen sie zum Totalitarismus, zum totalen Staat als Endzustand, zur Aufhebung von Zeit und Entwicklung, in wichtigen Momenten des utopischen Entwurfes. Folgerichtig läßt FRANCIS BACON in Neu-Atlantis den Vater des Hauses Salomons sagen, "[auch bei uns] ist es üblich, genau zu erwägen, was von unseren Erfindungen und Versuchsergebnissen zu veröffentlichen angebracht ist, was dagegen nicht. Ja, wir verpflichten uns sogar alle durch einen Eid, das geheim zu halten, was wir geheim zu halten beschlossen haben [Ergebnisse, Erfindungen und Möglichkeiten der technischen Beherrschung]. Wenn wir auch Einiges davon mit allgemeiner Zustimmung zuweilen dem König oder dem Senat enthüllen, so halten wir Anderes doch völlig innerhalb unserer Gemeinschaft."

Der Vater des Hauses Salomons ist der Organisator des wissenschaftlichen Bestandes der Erfindungen und Erkenntnisse im Staat Neu-Atlantis. Die Wissenschaftler entscheiden selbst darüber, welche Erfindungen und welche Befunde in die Hände der politisch Mächtigen gegeben werden können, damit sie nicht Mittel, die dazu dienen sollen und müssen, einen Prozeß der Erkenntnis und der gesellschaftlichen Veränderung in Gang zu bringen und zu halten, mit Regelungen und Techniken verwechseln, mit denen Zustände zementiert werden (auch die Psychoanalyse beinhaltet einen utopischen Entwurf und ist als Technik in der Hand eines geschlossenen Systems eher ein gesellschaftliches Beruhigungsmittel statt fortdauernde Provokation).

II. Erlauben Sie mir, daß ich im 50. Todesjahr Sigmund Freuds mit einer Würdigung seiner bedeutendsten *Erfindung* beginne. Freuds bedeutendste Erfindung ist die psychoanalytische Situation. Die psychoanalytische Situation als Erfindung ist die Vorbedingung und der Weg zu den psychoanalytischen Erkenntnissen und Funden. Nur durch die Entwicklung dieser Erfindung war es Freud möglich, früher verschlossene *Realitäten*, die unbewußte seelische Realität und ihre Wirkungsweise zu entdecken.

Die psychoanalytische Situation ermöglichte Freud, eine wirklich *neue* Psychologie zu konstruieren, die sich aus den Fesseln der traditionellen Geistesentwicklung löste und, d.h. hauptsächlich den moralischen Dialog über seelische Dinge ersetzte durch eine Sichtweise und Redeweise, in der ohne

Bewertung über Seelisches gesprochen werden konnte, wie über andere natürliche Dinge auch.

In dieser neuen Sichtweise stand zunehmend die Frage im Mittelpunkt, wie Seelisches produziert wird, wie gesundes Seelisches und krankes Seelisches funktioniert und auseinander hervorgeht und ineinander übergeht. Die Erfindung der psychoanalytischen Situation machte es möglich, die traditionellen Einteilungen seelischer Phänomene wie z.B. in "kranke" oder "gesunde", in "gute" oder "schlechte", in "normale" oder "verrückte", "wünschenswerte" oder "verachtenswerte" zuerst aufzuheben und dann vorurteilslos in ihrer Funktion zu betrachten.

Durch die psychoanalytische Sichtweise seelischer Phänomene wurde es möglich, "die Einheit des Seelischen herzustellen" (FREUD 1938). Das heißt auch, Gesundes und Krankes in gleicher Weise zu betrachten und zu verstehen.

Die psychoanalytische Situation ist vom äußeren Arrangement her gesehen keine neue Erfindung. Freud benutzte eine bekannte Situation und entdeckte erst im *systematischen Gebrauch* dieser Situation ihren eigentlichen Gehalt und ihre Möglichkeiten. Die psychoanalytische Situation setzt als äußeres Arrangement voraus einen abgeschlossenen Raum mit angenehmer Atmosphäre; in diesem Raum findet ein ungestörtes Gespräch zwischen Arzt und Patient statt, alles Momente, die es auch vorher schon gab und die es auch heute außerhalb der Psychoanalyse gibt. Auch, daß der Patient gemäß dem äußeren Arrangement eine Ruhelage einnimmt, daß er auf der Couch liegen darf, gibt es in anderen psychotherapeutischen Verfahren wie z.B. bei suggestiven Verfahren oder auch bei der Hypnose, von der dieses Arrangement zuerst übernommen wurde. Heute wird diese Situation bei vielen Entspannungsverfahren praktiziert, ohne daß damit eine psychoanalytische Situation zustande kommt. Auch daß der Therapeut sich möglichst zurückhält und dem Patienten einen größtmöglichen Freiraum bereithält, ist *nichts* Spezifisches, dies gibt es z.B. auch in der Gesprächspsychotherapie. An den äußeren Zutaten, am *konkreten Arrangement*, ist das Spezifische der psychoanalytischen Situation *nicht* zu erkennen. Es kommt darauf an, welcher systematische Gebrauch von diesem äußeren Arrangement gemacht wird. Trotzdem sind die konkreten Umstände von größter Wichtigkeit, worauf ich später zurückkomme.

Freuds besondere Erfindung war die Herstellung einer Situation, in der Menschen im ungestörten, von moralischen Vorurteilen befreiten Umgang miteinander Erfahrungen machen konnten und können, die außerhalb dieser Situation verschlossen sind.

In dieser Situation kann unbeeinflußt von Vorurteilen erfahren werden, wie Seelisches "zustande" kommt, wie komplette seelische Erscheinungsreihen (Freud) produziert werden.

Freud selbst kam über Umwege zur Formulierung des Rahmens, der Regeln und der Funktion in der psychoanalytischen Situation, des Verfahrens, das heute das klassische psychoanalytische Setting genannt wird.

Die entscheidende Erfindung ist etwa um die Zeit der Abfassung der *Traumdeutung* (1900) zu lokalisieren. Zu dieser Zeit, etwa um die Jahrhundertwende, beendete FREUD seinen *Briefwechsel mit Wilhelm Fliess* wegen schwerer Zerwürfnisse zwischen beiden. Heute würden wir sagen, daß in diesem Briefwechsel sich eine negative Übertragung, vielleicht auch eine negative Gegenübertragung und heftige Enttäuschung an einer Übertragungsliebe entwickelt hatte, die in diesem Arrangement - nämlich dem Briefwechsel - nicht zu bearbeiten war. Der Briefwechsel begleitete Freuds Selbstanalyse, ist vielleicht Ausdruck, wenn auch verkürzter und zensierter Ausdruck, seiner Selbstanalyse. (Wenn man will, kann man sagen, Wilhelm Fliess war der erste Psychoanalytiker.)

Die Selbstanalyse Freuds endete mit der Einsicht in die Chancen und Grenzen eines analytischen Prozesses außerhalb der streng geregelten analytischen Situation zwischen zwei Personen.

Freud war einereits über seine Funde in der Selbstanalyse beglückt, setzte deren Wert hoch an, anderseits stellte er fest, "daß Selbstanalyse eigentlich nicht möglich sei".

Er stellt damit heraus, daß ein Prozeß des Erkennens von seelischen Zusammenhängen über konventionelle Verbindungen hinaus immer eines Verhältnisses zwischen zwei Menschen bedarf, die in einer geregelten Situation miteinander umgehen und daß wirkliche Veränderung und wirkliche Einsicht in isolierter Beschäftigung mit sich keinen dauerhaften Gewinn, sowohl an Erkenntnis als auch an Veränderung = Heilung zur Folge haben können. Zu wirklichen psychischen Erkenntnissen kommen wir nur in der Begegnung mit einem anderen in einer genau geregelten Situation.

Die Implikationen der analytischen Situation sind zusammengefaßt von M. KHAN in seiner Arbeit über "die Traumpsychologie und die Entwicklung der analytischen Situation" entwickelt worden. Die Komponenten der analytischen Situation sind nach ihm Patient und Analytiker als Partner in einem *geregelten* Prozeß und die Situation selbst, das sogenannte Setting. Das Setting besteht aus einer *konkreten* Situation, weiter aus der sogenannten Grundregel einer paradoxen Aufforderung an den Patienten, die einer Anforderung an den Analytiker entspricht. Diese Anforderung lautet: "Alles zu sagen, was ihm einfalle". Der Patient soll sich über alle zensierenden Gedanken, Einwände hinwegsetzen, die sich im Suchen nach sinnvollen Zusammenhängen, Vermeiden von Peinlichkeit und Ungehörigkeit, als auch dem Bleiben bei thematisch Vorgegebenen ausdrückt, enthalten. Der Analytiker bietet dem Patienten an, er solle frei über sich reden, auch das ausdrücken, was ihm sinnlos erscheint, was ihm peinlich vorkommt, was er als nicht dazugehörig lieber beiseite legen will.

Mit dieser Grundregel ist eine Fiktion (= Utopie) als Norm ausgesprochen. Aus theoretischen und praktischen Überlegungen wissen wir, daß der Patient sich zwar bemühen kann, der Grundregel zu entsprechen, aber daß ein solches Bemühen scheitern muß, nie völlig erfolgreich sein kann. *Notgedrungen* müssen Widerstände das auch noch so starke Bemühen zum Scheitern bringen und auch der Analytiker, der versucht, entsprechend dieser Grundregel, sich dem Patienten gegenüber zu verhalten und sich selbst in einen Zustand der wirklich "gleichschwebenden Aufmerksamkeit" zu bringen und zu halten, wird notwendigerweise Erfahrungen machen, daß dieses Vorhaben scheitert. Durch die Fiktion oder durch den utopischen Entwurf einer Regulation der Situation wird eine neue Erfahrung mit Seelischem möglich: Die Erfahrung des Seelischen jenseits konventioneller, moralischer und anderer vorgegebenen Normen. Durch die Situation kann das Seelische wirklich zu sich kommen. Sie bringt einen Prozeß des Austauschs in Gang, in dem wirkliche Einsicht und Veränderung stattfinden kann.

Sehen wir uns die einzelnen Momente noch einmal an: Wenn wir den Patienten auffordern, alles zu sagen, auch wenn es ihm peinlich sei, dann heben wir damit die moralischen Einteilungen für das Gespräch auf. Das Gebot, moralisch zu zensieren, was man an sich wahrnimmt, zumindest was man anderen gegenüber zum Ausdruck bringt, wird in der analytischen Situation aufgehoben. Wenn Sie den Patienten dazu auffordern, alles zu sagen, auch wenn es ihm sinnlos erscheint, heben Sie damit die üblichen konventionellen, gesellschaftlichen, d.h. durch Erziehung bedingten Sinnzusammenhänge auf. Wir befreien den Patienten von Sinnzusammenhängen, denen er unterliegt in der Wahrnehmung von sich und die ihn mitgeprägt haben. Wir machen es dadurch möglich, andere wirksame Zusammenhänge in seinen seelischen Produktionen aufzufinden. Wenn wir ihn darum bitten, auch das zu erzählen, was scheinbar unzusammenhängend, nebensächlich erscheint, befreien wir den Patienten davon, daß er meint, er müsse durch bewußte Entscheidung, durch Entschluß, dem Festhalten an thematische Einheit sein Seelisches organisieren. So erst ermöglichen wir, daß das, was am Rande ist, was im Hintergrund bleibt, in seiner funktionalen Bedeutung zum Vorschein treten kann. Wenn man sich diese Momente im einzelnen ansieht, stellt man fest, daß durch die Regelung in der analytischen Situation die Fesseln der konventionellen Alltagspsychologie aufgehoben werden.

Die Alltagspsychologie ist die in einer Kultur wirksame Psychologie, die als Erziehungsideal, d.h. zum Zwecke der Selbstregulation vermittelt wird und ein Bild von seelischen Zusammenhängen bereithält, das wirksam und notwendig ist, um sich miteinander zu verständigen und auf andere einzuwirken. Die kulturell vorgeformte Alltagspsychologie, die normalerweise sich in allen Beziehungen durchsetzt und für uns Wahrnehmungsweisen formt, ein wichtiges Regulativ in Beziehungen, Entwicklungen, wird mit Hilfe der analytischen Grundregel außer Kraft gesetzt. Diese Aussetzung der alltagspsychologischen Konzepte, Restriktionen usw. ist eine Voraussetzung für die Entfaltung des analytischen Prozesses. (Denken Sie an diese Befreiung von Normen, sie ist die Aufhebung der Normen und Fesseln, denen die Institutionen unterliegen, die therapeutisch auf Menschen einwirken sollen, die Aufhebung ist die Voraussetzung, daß die Institution therapeutischer Partner werden kann.)

Alltagspsychologie ist eine ungewöhnliche Konzeptualisierung im deutschen Schrifttum. Im amerikanischen und englischen Schrifttum erscheint Alltagspsychologie als vernacular psychology oder als commonsense psychology. Versucht man das ins Deutsche zu übersetzen und den ungewöhnlichen und zuerst unverständlichen Begriff Alltagspsychologie zu vermeiden, müßte man übersetzen mit Psychologie des allgemeinen Menschenverstandes, ein wiederum ungewöhnlicher Begriff, am ehesten müßte man im Deutschen sagen, es ist die Psychologie des gesunden Menschenverstandes. Mit diesem Titel ist aber etwas wesentlich anderes gemeint, nämlich, daß aus Alltagspsychologie herausgeschnitten wird, was es an kranken Verbindungen und Zusammenhängen gibt. Mit der Psychologie des gesunden Menschenverstandes ist immer auch eine schroffe Bewertung verbunden, die zwanglos übergeht in das gesunde Volksempfinden. Im deutschen psychiatrischen Schrifttum findet man diese Übergänge z.B. bei JASPERS, in der die konventionellen Zusammenhänge als Maßstab für Gesundheit gilt. Jaspers macht einen scharfen Schnitt da, wo es konventionell nicht mehr einfühlbar ist (nämlich für einen gebildeten Mitteleuropäer), beginnt der Bereich der Krankheit und da ist auch kein Raum mehr für psychologische, das heißt verständliche Zusammenhänge.

Die klassische analytische Situation oder das klassische Setting gilt als in erster Linie therapeutisches Angebot für die sogenannten "klassischen Neurosen". Das sind Menschen, die an isolierten psychischen Symptomen leiden und die sich Verfahren unterziehen können, in denen Äußerungen nur verbal bearbeitet werden mit Hilfe von sogenannten Deutungen. Alle Arbeit richtet sich auf die Bearbeitung von Übertragungen auf und innerhalb der Situation. Der ideale klassische Patient braucht keinerlei Eingriffe in das reale Leben, er ist selbst dazu in der Lage, genau zu unterscheiden, was im analytischen Prozeß, in der analytischen Situation von Bedeutung ist und kann unbeeinflußt davon sein eigenes Leben gestalten. Er braucht keinerlei Einwirkung des Analytikers zu seinem Schutz oder zur Verhinderung des Ausagierens aus der analytischen Situation in das konkrete Leben.

Im Laufe der letzten 50 Jahre hat es eine enorme Erweiterung der Indikation für Psychoanalyse gegeben. Bei dieser Erweiterung der Indikation für sogenannte frühgestörte Patienten, ist deutlich geworden, welche konkreten Implikationen die analytische Situation eigentlich hat und welchen Wert diese konkreten Implikationen haben. Wir haben verstehen gelernt, was wir als Analytiker in der analytischen Situation dem Patienten alles anbieten und welche enorme dynamische Bedeutung dieses Angebot hat (vgl. BALINT).

Zum Beispiel wird in der Behandlung von sogenannten frühen Störungen deutlich gemacht, daß das Liegen auf der Couch immer eine Begegnung mit dem mütterlichen oder väterlichen Schoß ist. Die Couch ist Ort des Schutzes, vielleicht auch ein Anreiz von sexuellen, inzestuösen Phantasien, die mit Tabus belegt sind, aber gleichzeitig eine Kraftquelle, sie ist Vieles, was es zu bearbeiten gilt. Das Schweigen, das früher - eigentlich generell - als Ausdruck eines Widerstandes verstanden wurde, ist als Suche nach einem wortlosen Verstehen und als Eröffnen eines ungestörten Raumes für die Entwicklung von Phantasien entdeckt worden, des eigentlichen schöpferischen Bereiches. Im Schweigen entwickelt sich das, was wir symbiotische Verschmelzung nennen und es ist eben gerade nicht in erster Linie Widerstand in der Behandlung früher Störung. Der Raum, in dem die analytische Begegnung stattfindet und die auch früher schon in einem angenehmen, wohl temperierten und angenehm beleuchteten Raum stattfinden sollte, wird in der Behandlung von frühen Störungen zum Uterus, der Enge oder auch Geborgenheit oder Gefahr symbolisieren kann. Die analytische Begegnung findet in einem Raum statt, in einer künstlichen Welt, die von der Welt abgeschieden ist, in dem andere Begegnungsweisen gelten, die analytische Begegnung hat symbolische Bedeutung. Der Analytiker selbst wird als jemand wahrgenommen, der den Raum bereithält und sichert. Das Sprechen, das Hauptmedium der Begegnung der beiden Partner im analytischen Prozeß, das früher in erster Linie als Verbalisieren, d.h. übersetzen von Unbewußtem in Bewußtes verstanden wurde, kann in der Behandlung von frühen Störungen eine Fülle von Bedeutungen haben und hat es, übrigens auch häufig in den klassischen analytischen Prozessen. Das Sprechen ist dann als ein "etwas von sich geben" im positiven Verlauf als ein Füttern zu verstehen. Das Sprechen ein Füttern, das gesucht wird, an dem der Patient oder Analytiker, satt werden kann. Das Sprechen kann aber auch ein Angreifen sein oder ein Sich-übergeben, ein Erbrechen bedeuten. Das Zuhören, im Zusammenhang damit, kann gefüttert werden sein, das Zuhören kann aber auch die Bedeutung bekommen, daß man etwas bekommt, was man dringend braucht und das eine Leere füllt.

In der Erweiterung der Indikation wurden nicht nur die konkreten Implikationen der analytischen Situation metaphorisiert, d.h. symbolisiert und in ihrer psychologischen Bedeutungshaftigkeit erkannt, sondern der Analytiker selbst war nicht nur, wurde zunehmend zu jemandem, der nicht nur als Übersetzer fungiert. Natürlich sollte er mit einer möglichst guten Kenntnis seines eigenen Unbewußten Übersetzer sein. Aber er ist nicht nur ein Receiver oder ein Empfänger als unbewußtes Organ gegenüber dem Unbewußten des Patienten eingestellt, er wird zunehmend zu einem "Container", d.h. zu einem Behältnis, das in sich zwar Strukturen hat, die er genau kennen sollte, aber er wird zu einem Behälter für das Material des Patienten, das er aufzubewahren hat. Das "Innere" des Patienten wird aufgenommen, unterliegt einem Verdauungsprozeß und wird dann im gegebenen Moment an den Patienten, mehr oder weniger bekömmlich für diesen, zurückgegeben. Das heißt, der Analytiker wird in der psychoanalytischen Situation zu einem Leib, der psychische Verdauungsprozesse für den Patienten übernimmt.

Die psychoanalytische Situation (z.B. bei WINNICOTT und SEARLES) ist so zu einem Übergangsbereich geworden, in dem nicht nur Übertragungen geschehen und mittels Deutungen korrigiert und sichtbar gemacht werden, sondern eine Situation, in der etwas wirklich Neues geschieht. In dem Übergangsbereich wird Unverdautes neu verdaut (Traumata). Die Grenzen der psychischen Struktur werden neu gebildet. In Differenzierungs- und Integrationsprozessen wird neu bestimmt, was innen und was außen ist. Nichtmenschliche Anteile werden vermenschlicht, d.h. Momente im Patienten, die eher tierhaften oder pflanzlichen Charakter oder sogar dinglichen Charakter haben, werden in ihrer Beziehungsbedeutung, in ihren Entwicklungsmotiven, d.h. in ihrer Menschlichkeit entdeckt. Das Geschehen des Neuen (der Neuanfang von BALINT) kann nur eintreten, wenn der Analytiker das forcierte Deuten zurückstellen kann. Wenn er dem Patienten *Raum* geben kann, selbst neue Worte zu finden oder sogar durch *Neues tun*, das Bisherige in Frage zu stellen. Der Psychoanalytiker stellt in der Behandlung von sogenannten frühen Störungen einen "Bereich" her, in dem alte Lösungen, die lebensnotwendig, wenn auch noch so krank waren, bewußt werden können. Einen Bereich, in dem diese Lösungen ausgesetzt werden können und dann durch andere Lösungen ersetzt werden können (z.B. Projektionen in den vielfältigen Prozessen der projektiven Identifikation usw.).

Die Beachtung und Bearbeitung der sogenannten Gegenübertragung spielt in der Behandlung der nicht-klassischen Neurosen, die offen sind zu den Psychosen, eine eminent wichtige Rolle. Früher war der Gegenübertragungsbegriff sehr eng, heute wird er weiter gefaßt. Die Beachtung und Bearbeitung der Gegenübertragung spielt eine Rolle beim Umgang mit der sogenannten projektiven Identifikation oder auch in der Containerfunktion des Analytikers (BION).

Als weiteres Moment ist deutlich geworden, daß die Analyse immer ein *Übertragungsangebot* impliziert, das vom Analytiker mit in den analytischen Erfahrungsprozeß eingebracht und einbezogen werden muß.

Durch alle diese Erfahrungen ist die psychoanalytische Situation funktional besser beschrieben worden und in ihren konkreten Implikationen durchsichtig geworden. Damit wurde sie aber auch offen für Erweiterungen.

III. Was hat das alles mit Psychiatrie und stationärer Psychotherapie zu tun? Vorerst einmal - leider - nichts.

Die Institution der Psychiatrie tut sich schwer mit therapeutischen Gesichtspunkten. Sie ist in erster Linie ein mehr oder weniger rational organisiertes Verwaltungsgebilde, in dem Therapie mehr oder weniger ungehindert stattfinden kann.

Anfang der 80iger Jahre haben wir uns im Zuge der Psychiatriereform damit beschäftigt, ob Psychotherapie eigentlich zur Aufgabe der psychiatrischen Institution gehört oder ob es nicht in erster Linie "Privatsache" sei, die mehr oder weniger erlaubt, zugestanden und von Privatinitiativen getragen, geduldet wird. Ich denke, daß es uns im Laufe der Zeit gelungen ist, die Institutionen gegenüber psychotherapeutischen-psychodynamischen Gesichtspunkten aufgeschlossener zu machen, d.h. wir bekommen "Räume" und "Zeiten" innerhalb der Institutionen zugestanden, in denen es möglich ist, ohne die institutionellen Regeln zu verletzen, Psychotherapie stattfinden zu lassen. Vielleicht können wir uns gar nicht erst vorstellen, daß es einen institutionellen Apparat, zusammen mit einem Verwaltungsapparat geben könnte, der nicht nur wohlwollend gegenüber psychotherapeutischen Gedanken ist, sondern der sich selbst soweit verstanden hat, daß es auch seine Aufgabe sein könnte, für den Patienten eine *Übergangswelt*, einen *Übergangsbereich* bereitzuhalten, in dem Prozesse stattfinden können.

Die Institution selbst als Übergangsbereich für psychische Prozesse zu verstehen, ist provokativ und stellt die Institution in Frage. Diese Frage ernsthaft zu verfolgen würde bedeuten, die Institution in einen Selbsterfahrungs- und Veränderungsprozeß zu bringen.

Bis in die 70er Jahre (und ich weiß nicht, wie weit sich das wirklich verändert hat) war es so, daß die großen Krankenhäuser in einem übergreifenden Verwaltungsapparat eingeordnet waren, in dem alle wichtigen Entscheidungen, d.h. auch alle Entscheidungen, die letztlich die Gestaltung der Umwelt der Patienten betraf, von Nichtmedizinern und Nichttherapeuten getroffen wurden. Die Leiter der Krankenhäuser waren damals und vielleicht trifft es auch heute noch zu, in einer lockeren Konferenz organisiert, die quasi

"Beraterfunktion" gegenüber der Verwaltungshierarchie hatte. Die Verwaltung selbst war zwar gegenüber den therapeutischen Gedanken neutral, mehr oder weniger, vielleicht manchmal aufgeschlossen, aber sie trennte sich von therapeutischen, d.h. z.B. objektpsychologischen, beziehungstheoretischen Gesichtspunkten völlig ab. (So erinnere ich an einen Personalleiter Anfang der 70er Jahre, der sich brüstete und sein Selbstgefühl daraus zog, daß er zwar Verwaltungsbeamter in der Psychiatrie war, aber mit der Psychiatrie, die er verwaltete, nichts zu tun hatte. Ein Träger eines anderen Krankenhauses versicherte mir noch Anfang der 80er Jahre, daß er zwar bereit sei, in der Psychiatrie zu investieren, wenn es klappe und für ihn etwas dabei herauskomme, daß er aber genauso gut aus seinem Haus ein Hotel (Stundenhotel) machen könne oder eine andere lukrative Institution in der Freizeitindustrie.) Es geht hier nicht darum, die Eigenlogik der Ordnungsaufgabe und auch die Eigenlogik von ökonomischen Gesichtspunkten oder Verwaltungsaufgaben von wirklich großen Apparaten in Frage zu stellen. Es ist aber die Frage, ob aus dem Gegensatz zwischen der Verwaltung einer Institution und der therapeutischen Funktion, die in ihr ausgeübt wird, ein therapeutischer Nutzen zu ziehen ist. Das können wir, wenn die Institution insgesamt sich als differenzierter Partner des Patienten versteht. Dann können wir die in der Institution wirksamen, heftigen Gefühlsprozesse der Abgrenzung gegeneinander, des Behauptungskampfes miteinander, in einem therapeutischen Prozeß zugunsten des Patienten nützen. Um es deutlicher zu machen: "In einer Supervisionsgruppe wird formuliert, daß die Verwaltung der 'natürliche Feind der Therapie' sei." Eine für den damaligen Zustand der Gruppe notwendige Projektion wird darin ausgedrückt. Es kommt darin aber auch zum Ausdruck, daß die Gruppe der Therapeuten nicht selbst für die Lebensbedingungen, in denen sie lebt und die sie mit dem Patienten teilt, die sie vor dem Patienten vertreten muß, verantwortlich ist. Diese "natürliche Feindschaft" drückt eine Spaltung aus, d.h. einen hoch pathologischen Mechanismus, der in der Begegnung mit dem Patienten unter Umständen verheerende Auswirkungen haben kann und wird, wenn er nicht therapeutisch hinterfragt und aufgehoben wird.

Wenn wir die Gedanken zur psychoanalytischen Situation auf die Situation der Behandlung von Patienten anwenden, die nicht von der analytischen Situation profitieren, d.h. den therapeutischen Verzicht auf die konkrete Gestaltung von Lebensverhältnissen nicht leisten können, ernstnehmen und die stationäre Situation als Übergangssituation verstehen, muß die Institution einsehen, daß sie für Patienten, die ihr anvertraut sind, eine Übergangswelt anbietet, eine Welt, in der konkret alle Lebensvorgänge geregelt werden, und sie muß verstehen, daß in diesem Angebot, die möglichst förderlichen Bedingungen für einen Reintegrations- und Redifferenzierungsprozeß des Patienten bereitgehalten werden müssen.

Anders gesagt, eine psychotherapeutisch-psychiatrische Institution bietet für den Patienten einen Übergangsbereich an, ähnlich wie eine Mutter in der Kleinkindversorgung, in der alle Lebensvorgänge konkret geregelt werden. Dieser Übergangsbereich dient dazu, einen Differenzierungs- und Integrationsprozeß zu ermöglichen und zu befördern. Das geschieht dadurch, daß einerseits alles geregelt wird, andererseits in dieser Regelung aber Metaphorisierungsprozesse in Gang gesetzt werden, daß das Kind - analog Patient - über Projektion und Identifikation, Spaltungen und Wiedergutmachungsbemühungen (M. KLEIN) langsam zu einer differenzierten und integrierten Persönlichkeit heranwachsen kann.

Eine solche Fiktion oder Utopie kann natürlich nicht ein wirklicher Endzustand einer Institution sein, sondern ähnlich, wie ich es versuchte, anhand der Grundregel der psychoanalytischen Situation zu entwickeln, ist eine solche Utopie eine Fiktion, die hilft, einen Prozeß in Gang zu bringen, der beide Partner in diesem Prozeß - hier die Institution und der Patient - in einen gemeinsamen Entwicklungsprozeß hineinbringt. Wird die Fiktion mit einem starren Regelwerk verwechselt, besteht die Gefahr, daß die Institution erstarrt und ihren prozessualen Charakter verliert. Gibt es keine Fiktion, kann für den Patienten in einer aufgeklärten psychiatrischen Institution bestenfalls eine Welt angeboten werden, die wegen ihrer Menschlichkeit letztlich dem Patienten nicht noch mehr schadet, aber sie verliert ihren therapeutischen Wert, oder sie verfehlt ihre therapeutische Aufgabe.

Therapeuten müssen häufig die Verantwortung für die nichtmenschliche Umwelt oder die nichtmenschlichen Anteile der Übergangswelt mit dem Patienten aus ihrer Verantwortung entlassen und ohnmächtig zusehen, daß andere Gesetze gelten für einen Bereich, für den sie eigentlich Verantwortung tragen. Das ist eine Verlockung, sich mit dem Patienten gegenüber einem mächtigen Dritten zu verbünden und an diesem zu leiden. Wenn wir uns als Therapeuten *in* einer Institution verstehen, die tatsächlich eine gesamte Welt organisiert, eine Übergangswelt organisiert, wird es ständig erforderlich sein, mit allen, auch den ausgegrenzten Mitgliedern der Institution, Übersetzungsarbeit zu leisten und immer wieder zu versuchen, Projektionen oder Spaltungen aufzuheben.

Eine psychiatrisch-psychotherapeutische Institution stellt für den Patienten eine Übergangswelt bereit, in der alle Lebensvorgänge, hauptsächlich die basalen Lebensprozesse, reguliert aber auch bereitgestellt werden. Die Patienten essen im Krankenhaus, das Essen wird vom Krankenhaus bereitgestellt; damit wird dem Patienten ein wirkliches basales Angebot gemacht, das zu seiner Integration und Differenzierungsarbeit in der Übertragung wesentlich beitragen kann. Das Essen ist die primäre Form des Liebens. Im Essen werden zuerst Prozesse des Zerstörens, des Einverleibens und des Insichaufnehmens deutlich. Das konkrete Essen steht im Zusammenhang mit Prozessen der Identifikation aber auch der Projektion, sie ist die Urform dieser psychischen Prozesse. Im Essen wird spürbar, wie Spaltungen funktionieren zwischen dem was schmeckt, und dem was nicht schmeckt, was ausgespiehen werden soll. Mit den Prozessen des Essens hängen basale Schuldgefühle zusammen, nämlich dann, wenn der/die das Essen anbietet, oder die Mutter, die das Essen selbst ist, nicht überlebt, sondern im Sichbereithalten zum Gegessenwerden, ihre Zerstörung und Tod vermittelt. In diesem einfachen Beispiel kann man deutlich machen, welche hoch komplizierten aber auch basalen emotionalen Prozesse in der Regulierung eines Lebensvorganges beinhaltet sind und wie wichtig es ist, Essen bereitzuhalten und Essen anzubieten und den Umgang mit dem Essen in den Metaphorisierungsprozeß einzubeziehen. Ein weiterer Lebensvorgang, nicht nur das Essen, auch das Ausscheiden geschieht im Krankenhaus. Die Patienten benutzen Ausscheidungen als Ausdruck von Wut und Trotz. Ausscheidungen werden zurückgehalten, zu einem wertvollen oder sogar zum einzigen Besitz, oder werden zu Angriffswaffen und so verwendet. Durch Ausscheidung wird ähnlich wie beim Kleinkind eine Grenze zwischen innen und außen, eine Grenze zwischen Wertlosem und Wertvollem aufgebaut. Auch das sind Prozesse, die bei stationären Patienten innerhalb der Welt geschehen, die wir für sie bereithalten.

In der Regulation von basalen Lebensvorgängen, dem Bereithalten einer Übergangswelt, werden natürlich nicht nur konkrete Angebote gemacht, sondern die konkreten Lebensangebote werden von Personen vermittelt, die mit dem Patienten basale Lebensvorgänge teilen. Die sogenannten Betreuergruppen könnte man als *Mittler* verstehen, die das konkrete Lebensangebot für den Patienten bedeutungsvoll erhalten und das Leben in der Welt mit dem Patienten im Miterleben regulieren.

In einer psychotherapeutischen Institution, die sich als Übergangswelt versteht, können schöpferische Prozesse Raum gewinnen, die dadurch gekennzeichnet sind, daß konkrete Angebote mit inneren Bedürfnissen in Verbindung gebracht werden. Der Patient erlebt Allmacht im Verfügenkönnen über das, was ihm angeboten wird. Gleichzeitig, im schuldfreien Nutzen des Angebots, wird er dazu bereit, den bedeutungsvollen Anderen als wertvoll zu erkennen. So wird eine neue Außen/Innengrenze erfahrbar, in der innere und äußere Realität in anderer Weise reguliert ist, als wir es bei psychotischen Patienten meist beobachten. In der Übergangswelt kommt es zu der Chance, Nähe und Distanz neu zu regulieren. Die Patienten sind für sich und können ungestraft für sich sein oder sollen, dürfen, können Beziehungen verschiedener Nähe aufnehmen, je nachdem, wie sie sie gebrauchen können und wir können sie darin unaufdringlich begleiten. In unserem konkreten Angebot nehmen wir meistens den Patienten die Möglichkeit, wirklich für sich zu sein, etwas, was die Patienten nur durch Verschrobenheit und Verrücktheit oder systematischem Abbau der Beziehung erreichen können. (vgl. Searles) Wenn wir den Übergangscharakter der therapeutischen Welt akzeptieren, müssen wir sehen und darauf achten, daß die Patienten Eigenes in fremden Räumen entdecken und Fremdes sich zu eigen machen können.

Wir haben früher oft polemisiert, daß die Psychiatrie um das Bett zentriert sei, haben gesagt, eigentlich werden psychiatrische Institutionen nach Betten organisiert und weniger nach den Bedürfnissen der Patienten. Wenn eine Institution sich als Übergangswelt für den Patienten versteht, muß sie akzeptieren, daß das Bett für den Patienten ein Ort größter Bedeutung ist. Das Bett kann ein Ort des pathologischen Rückzugs sein, aber auch ein Ort des Rückzugs im Sinne einer schöpferischen Regression. Das Bett kann den Mutterschoß repräsentieren oder ist der einzige Ort der Privatheit, in der sexuelle Impulse, die bei den Patienten meist masturbatorisch geäußert werden, sich ungestraft entwickeln dürfen.

In einer Institution, die sich als Übergangsbereich versteht, als Partner in einem Austauschprozeß, werden Übertragungen auf den Patienten und die Übertragung des Patienten auf die Betreuergruppe und die Entwicklung von Gegenübertragung zwischen allen Gruppierungen, die an der Institution beteiligt sind, einberechnet und benützt. Um diese Prozesse nützen zu können, muß die Institution aber ein Wissen von sich haben und muß dieses Wissen in die Erfahrungen mit dem Patienten einbringen, d.h. selbst einen Veränderungsprozeß im Umgang mit Patienten riskieren können. Ansätze solcher Selbsterfahrungsprozesse der Institution sind in vielfältigen Supervisionen auszumachen. In einem solchen institutionellen Selbsterfahrungsprozeß werden mehr oder weniger ritualisierte Formen des Agierens von Gegenübertragung auf den Patienten deutlich. Meistens sind diese Gegenübertragungsprozesse eingebunden in rationalisierte Verordnungen, die nicht in der Verfügung der Therapeuten stehen. Desweiteren werden den Patienten eine Fülle von *Übertragungsangeboten* gemacht, die häufig versteckt sind in z.B. Berufsidentitäten oder auch Gruppenformationen, auf die die Patienten stoßen. Gegenübertragungsrituale in der Institution sind oft mit Rationalisierung kaschiert und sind zu verstehen als isolierte Reaktionsbildung auf die Herausforderung der Verrücktheit. Sie müssen in einem Prozeß dynamisiert werden und können dann zur Differenzierungs- und Integrationsarbeit mit dem Patienten genützt werden. Es geht bei der Skizzierung der Utopie einer Institution als therapeutischer Partner für den Patienten, nicht um eine totale psychotherapeutische Institution, sondern um eine Institution, die unterschiedlichen Notwendigkeiten unterliegt und in einen Prozeß mit den Patienten eintritt, indem sie versteht, daß sie wirklich Lebensverhältnisse schafft, die therapeutischen Sinn haben sollen. In dieser Welt werden nicht nur konkrete Lebensinhalte bereitgestellt und angeboten, sondern es werden Beziehungen der Therapeuten untereinander angeboten, die in sich mehr oder weniger kompliziert sind. Zum Teil haben sie sich aus Reaktionen auf Patienten entwickelt und präformieren die Beziehung zu den Patienten.

Die Institution als Übergangswelt, in der regulierte, konkrete Lebensprozesse bereitgehalten werden, entspricht dem Erleben der Patienten in der Institution. Von uns wird es meist nicht bemerkt und deswegen auch nicht genutzt. Wir haben hier ein Analogon zur analytischen Situation, die voranalytisch praktiziert wurde, aber erst im psychoanalytischen Prozeß in Bewegung und zur Bedeutung kam. Wenn man Patienten fragt, ob sie in stationärer Behandlung waren, sagen sie z.B., sie waren in Gießen, sie waren in der Licher Straße, fragt man weiter, wie es war, sagen sie manchmal, das Essen war gut, das Zimmer war freundlich und auch die Leute, mit denen ich es zu tun hatte, waren sehr hilfsbereit. Dann setzen sie zögernd fort, und da war noch ein Arzt, sehr nett, wie hieß er eigentlich ...?

Wir haben uns darauf eingerichtet, Handlungen im stationären Rahmen analog zur Behandlung in ambulanten psychotherapeutischen Beziehungen zu verstehen, und haben versucht und sind damit relativ weit gekommen, die institutionellen Umstände möglichst so zu gestalten, daß sich Behandlungsbeziehungen zwischen zwei Menschen oder einer relativ ausgegrenzten Gruppe und der Patientengruppe möglichst störungsfrei entwickeln kann. Das Umfeld haben wir nur unter dem Gesichtspunkt gesehen, daß es so gestaltet sein soll, daß es dem Patienten nicht schadet, ihn nicht demütigt oder verunmenschlicht. Wir überlegen höchstens das Umfeld so zu gestalten, daß die personalen Austauschprozesse nicht behindert werden. Wir tun uns noch schwer damit, alle Umstände, die wir dem Patienten anbieten, als Angebot einer Übergangswelt anzunehmen und zu verstehen. Diesen Ansatz des Verstehens gegenüber den institutionellen (erstmals therapiefremd) Belangen durchzusetzen, fällt uns schwer, er führt zu einem gemeinsamen Erfahrungsprozeß zwischen psychiatrisch-psychotherapeutischen Institutionen und Patienten als Partner. Das ist eine Utopie, die eine über das Mögliche hinausgehende Austragung in Gang setzt, eine förderliche Umwelt für Reifungsprozesse zu entwickeln. (WINNICOTT)

Literatur

BACON, F.: "Neu-Atlantis 1638", in: *Der utopische Staat*, hrsg.v. K.J. HEINISCH, 1960.

BALINT, M.: *Die Urformen der Liebe und die Technik der Psychoanalyse*, Stuttgart 1966.

DERS.: *Therapeutische Aspekte der Regression*, Hamburg 1973.

BION, W.R.: *Second Thoughts*, London 1967.

BLOCH, E.: *Geist der Utopie. Gesamtausgabe* Bd. 3, Frankfurt 1964.

FREUD, S. (1938): "Some Elementary Lessons in Psycho-Analysis", *GW* Bd. 17.

DERS.: *Sigmund Freud Briefe an Wilhelm Fließ*, hrsg. v. J.M. MASSON, Frankfurt 1986.

HARDT, J.: "Spaltungsprozesse und primitive Wünsche in psychotherapeutischen Institutionen", in: *Gruppenanalytische Exkurse*, hrsg. v. D. v. RITTER-RÖHR, Berlin, Heidelberg 1988.

DERS.: "Psychoanalyse - Wissenschaft von der Natur des Geistes" (unv. Manuskript), Vortrag am Gießener Psychoanalytischen Institut am 22.9.1989.

JASPERS, K.: *Allgemeine Psychopathologie*, Berlin, Heidelberg 8. Aufl. 1965.

KHAN, M.M.R.: *The Privacy of the Self*, New York 1974.

DERS.: "Book Rewiew: Countertransference & ...", by H.F. SEARLES, in: *Int. Journal of PsA*, Vol. 62, P.1, 1981.

KLEIN, M.: *Das Seelenleben des Kleinkindes* u.a., Hamburg 1972.

MORTON, A.: "Freudian Commonsense", in: *Philosophical Essays on Freud*, hrsg. v. R. WOLLHEIM, New York 1982.

RORTY, R.: "Freud and Moral Reflection" in: *Pragmatisms Freud*, hrsg. v. J.H. SMITH & W. KERRIGAN, London 1986.

SEARLES, H.F.: *The Nonhuman Environment*, New York 1960.

DERS.: *Collected Papers on Schizophrenia and ...*, New York 1965.

DERS.: *Countertransference and Related Subjects*, New York 1979.

WINNICOTT, D.W.: "Maturational Processes an Facilitating Environment", in: *Collected Papers*, London 1985.

DERS.: "Trough Paediatrics to Psycho-Analysis", in: *Collected Papers*, London 1985.

WOLLHEIM, R. & HOPKINS, J. (Hg.): *Philosophical Essays on Freud*, New York 1982.

Be-Mangeln

Der Mangel als wirksames Moment in der institutionellen Betreuung/Behandlung psychotischer Menschen

Martin Feuling

Freud schreibt über die Dialektik von Ver- und Ent-wöhnung, von Gewähren und Ver-Sagen in der psychoanalytischen Kur:

> "Die analytische Kur soll, soweit es möglich ist, in der Entbehrung/Abstinenz durchgeführt werden. [...] Sie erinnern sich daran, daß es eine Versagung war, die den Patienten krank gemacht hat, daß seine Symptome ihm den Dienst von Ersatzbefriedigungen leisten. [....] Wir müssen, so grausam es klingt, dafür sorgen, daß das Leiden des Kranken in irgendeinem wirksamen Maße kein vorzeitiges Ende findet. Wenn es durch Zersetzung und Entwertung der Symptome ermäßigt worden ist, müssen wir es irgendwo anders als eine empfindliche Entbehrung wieder aufrichten. [....] Die Aktivität des Arztes muß sich in all solchen Situationen als energisches Einschreiten gegen die voreiligen Ersatzbefriedigungen äußern. [....] Einiges muß man ihm ja wohl gewähren, mehr oder weniger, je nach der Natur des Falles und der Eigenart des Kranken. Aber es ist nicht gut, wenn es zuviel wird. Wer als Analytiker etwa aus der Fülle seines hilfsbereiten Herzens dem Kranken alles spendet, was ein Mensch vom anderen erhoffen kann, der begeht den selben ökonomischen Fehler, dessen sich unsere nicht-analytischen Nervenheilanstalten schuldig machen. Diese streben nichts anderes an, als es dem Kranken möglichst angenehm zu machen, damit er sich dort wohlfühle und gerne wieder aus den Schwierigkeiten seines Lebens seine Zuflucht dorthin nehme. Dabei verzichten sie darauf, ihn für das Leben stärker, für seine eigentlichen Aufgaben leistungsfähiger zu machen. In der analytischen Kur muß solche Verwöhnung vermieden werden. Der Kranke soll, was sein Verhältnis zum Arzt [zur Institution - MF, vgl. unten] betrifft, unerfüllte Wünsche reichlich übrigbehalten. Es ist zweckmäßig, ihm gerade die Befriedigungen zu versagen, die er am intensivsten wünscht und am dringendsten äußert." (FREUD 1919a, S.244ff)[1]

---

[1] Z.B. in Form der Halluzination, vor allem aber auch im realen Außen des Handelns anderer Menschen, die der Psychotiker qua 'projektiver Identifikation' zu dem 'macht', was er bei sich selbst verworfen hat. Ich meine allerdings, daß der Melanie Klein'sche Begriff der 'projektiven Identifikation' als ein Modus scheinbar 'magischer Intersubjektivität' in der Begegnung mit psychotischen Menschen durch Lacansche Termini (z.B. der imaginären Identifikation) eine Präzisierung und Differenzierung erfahren könnte.

In der Kur geht es darum, eine ursprüngliche, krankmachende Versagung durch eine andere, 'gesundmachende' Form der Versagung zu revidieren. In der Dialektik der Kur spielt dabei in komplexer Form das Verhältnis innen/außen[2] eine Rolle.

Anzumerken bleibt zu dem Freud-Zitat, daß die Psychoanalyse entgegen manchem Mißverständnis keine Pädagogik ist und nur in einem sehr präzisen Sinne den Kranken für das "Leben stärker, für seine eigentlichen Aufgaben leistungsfähiger" machen will. Psychoanalyse visiert dieses Ziel nur durch das Erforschen seiner unbewußten Wahrheit und das Suchen seines Platzes im Leben an, i.e. durch seine Einrückung in die Reihe der Generationen, in die symbolische Ordnung. Psychoanalyse terminiert nicht darin, kurzfristig Symptome und Leidensdruck zugunsten weniger drückender Ersatzbefriedigungen zu beseitigen, sondern situiert sich nur in Bezug auf die Wahrheit des Subjekts. Dies gilt für Neurotiker wie für Psychotiker gleichermaßen. Dieses Ziel muß aber auf unterschiedlichen Wegen angegangen werden.

In einer ersten Näherung kann man vielleicht sagen, daß der Psychotiker an einem 'Mangel an Mangel' leidet. Er ist zu "unerfüllten Wünschen", i.e. zum Begehren, das ja einen unüberwindbaren Mangel voraussetzt, gerade nicht fähig, weil er die unerträgliche Wahrnehmung eines Mangels in einem ersten Schritt verworfen und dann in einem zweiten Schritt - als Heilungsversuch - durch einen "psychotischen Realitätsersatz" (FREUD 1924e), z.B. durch ein Wahngebilde auf leidvoll-verkehrte Weise ausgefüllt hat. Die Verwerfung bewirkt, daß es "so gut ist, als ob der Mangel nicht existierte" (vgl. Freud, 1918b). So leicht ist es aber mit dem Vergessen der Unerträglichkeit des Mangels nicht: Das Verworfene, "das innerlich aufgehobene kehrt von außen wieder." (FREUD 1911c, S.194)

Die psychoanalytische Arbeit mit psychotischen Menschen - auch wenn Freud selbst sie kaum für möglich hielt - muß nicht nur wie bei Neurotikern darauf hinarbeiten, einen wegen eines Konfliktes zwischen Ich und Es ins Unbewußte - also nach innen, ins 'innere Ausland' des Unbewußten - verdrängten und durch Ersatzbefriedigungen und Symptome verdeckten Mangel als Mangel zur Anerkennung bringen, sondern für die verworfene - weil schlechterdings unerträgliche - Wahrnehmung eines Mangels überhaupt eine Inschrift im psychischen System des Psychotikers herauszuarbeiten. Sie hat zum Ziel, den Psychotiker zum Subjekt dieses Mangels werden zu lassen,

---

[2] "Die gemeinsame Ätiologie für den Ausbruch einer Psychoneurose oder Psychose bleibt immer die Versagung, die Nichterfüllung eines jener unbezwungenen Kindheitswünsche, die so tief in unserer phylogenetisch verwurzelten Organisation wurzeln. Diese Versagung ist im letzten Grunde immer eine äußere; im Einzelfalle kann sie von jener inneren Instanz (im Über-Ich) ausgehen, welche die Vertretung der Realitätsanforderung übernommen hat." (FREUD 1924b, S.335)

dem er - sofern das Verworfene ohne seinen Willen von außen wiederkehrt - nur passiv und als Objekt ausgeliefert ist: als imaginäre oder gar als reale Kastration.

Was ist der in der Psychose nicht übernommene, verworfene Mangel? Die Tatsache der Sterblichkeit? Das Inzestverbot? Die Unmöglichkeit totaler Befriedigung? Die Unerträglichkeit der Kastration? Es ist notwendig, diese Fragen zumindest skizzenhaft zu beantworten, weil nur auf der Grundlage einer Theorie der Psychose etwas über die Möglichkeiten und Wege ihrer Analyse ausgeführt werden kann: wie der psychotische 'Mangel an Mangel' zu restituieren ist.

Ich werde also zunächst einige Marginalien einer psychoanalytischen Theorie der Psychose entfalten, um darauf aufbauend mein eigentliches Thema in Angriff nehmen zu können: die 'stationäre', institutionelle Betreuung von psychotischen Menschen. Präziser : Wie muß eine Institution eingerichtet sein, die psychotische Menschen aufnimmt, um auf ihren spezifischen Mangel an Mangel, ihre Frage, eine Antwort zu finden?

Die 'ganze' (bzw. 'nicht-ganze', "gesprengte"[3]) Institution, i.e. das gesamte darin arbeitende Team und der von Bewohnern und Betreuern unabhängige Rahmen der Institution fungieren im günstigsten Falle - das ist Voraussetzung meiner Überlegungen - in einer vergleichbaren (Übertragungs-) Position wie der Analytiker im Rahmen des klassischen Zweipersonensettings der Psychoanalyse:

> "... das alles sagt schon genug darüber aus, wie nahe der Platz einer 'gesprengten Insitution' an den des Analytikers heranrücken kann. Wie der Analytiker möchte sie ein Ort des Sprechens sein; wie der Analytiker setzt sie ihren eigenen Narzißmus unter Berücksichtigung dessen, was er an Imaginärem, an Prestige- und Verführungsreaktionen produzieren könnte, in Klammern."
> (R.LEFORT, in: MANNONI 1976, S.237)

Marginalien einer psychoanalytischen Theorie der Psychose

Eine psychoanalytische Theorie der Psychose kommt m.E. nicht umhin, gewisse entwicklungstheoretische Annahmen im Sinne einer Konstitutionslogik vorauszusetzen. Entwicklung verstehe ich dabei nicht als irgendeine Form natürlicher Reifung, sondern als Effekt intersubjektiver Prozesse der Identifi-

---

[3] Der scheinbar paradoxe, "antinomische" (R. LEFORT in: MANNONI 1976, S.237) Begriff der "gesprengten Institution" ist zunächst vor allem im Gegensatz zu GOFFMANS (1961) Theorie der "geschlossenen" oder "totalen" Institution zu verstehen. Anzumerken ist, daß keine Institution - Goffman zeigt es - jemals wirklich total sein kann: Was ihr immer entgeht, ist der 'andere Schauplatz' der "Insassen-Subkultur". Ist dieser Schauplatz das 'Unbewußte' der Institution?

zierung. Ein so verstandener Entwicklungsbegriff im Sinne einer Konstitutionslogik führt

"zu einer Objektivierung niemals von Instinkten, sondern immer von Komplexen. [... und forciert also auch hinsichtlich der Frage der Psychose ein - MF] Bedingtsein durch kulturelle Faktoren zulasten der naturalen." (LACAN 1938, S.45)

Trotz aller theoretischer Probleme des Entwicklungsbegriffs in der Psychoanalyse stütze ich mich aus didaktischen Gründen auf den Begriff des Komplexes[4], wie ihn Lacan in seinen frühen Schriften präzisiert und später - trotz aller Kritik und Fortschreibungen - im Grundsatz beibehalten hat. Die Geschichte des Menschen schreibt sich mit Lacan als eine "Abfolge von Krisen", als eine Folge von Trennungen und Verlusten, von phasenspezifischen Konstellationen des Mangels, von "Entwöhnungen" und deren Abwehren und Bewältigungsmodi. Lacan führt drei (bzw. fünf und mehr[5]) unterschiedene Stufen der Entwöhnung an, in denen jeweils eine grundlegende Neuorganisation der gesamten psychischen Struktur erfolgen muß: den Komplex der Entwöhnung, den Komplex des Eindringlings oder Geschwisterkomplex, den Ödipus-Komplex, die Pubertät, die Adoleszenz.

Die Schwellen zwischen diesen Stufen der Libidoorganisation und der Beziehung zur Welt sind erfahrungsgemäß die typischen Punkte des Aufbrechens einer manifesten Psychose. Jede Psychose muß - insofern der Ödipuskomplex die absolute Schwelle zwischen Neurose und Psychose markiert - qua Fixierung in Teilbereichen der Persönlichkeit auf einem Niveau diesseits

---

[4] "Der Komplex verknüpft in der Tat in einer fixierten Form ein Gesamt von Reaktionen, die alle organischen Funktionen von der Emotion bis zum gegenstandsangepaßten Verhalten betreffen können. Den Komplex definiert, daß er eine bestimmte Realität der Umgebung reproduziert; und zwar auf doppelte Weise. Erstens repräsentiert seine Form diese Realität in dem, was sie an objektiver Distinktheit zu einer gegebenen Etappe der psychischen Entwicklung hat; diese Etappe spezifiziert seine Entstehung. Zweitens wiederholt seine Wirksamkeit im Erleben die so fixierte Realität, immer wenn bestimmte Erfahrungen eintreten, die eigentlich eine höhere Objektivierung jener Realität erfordern würde; diese Erfahrungen spezifizieren die Konditionierung des Komplexes. Diese Definition allein impliziert schon, daß kulturelle Faktoren den Komplex beherrschen: in seinem Gehalt als repräsentativ für ein Objekt; in seiner Form an eine erlebte Etappe der Objektivation gebunden; endlich in seinem Auftreten als objektiver Mangel gegenüber einer aktuellen Situation." (LACAN 1938, S.45f).

[5] "In allen genetischen Phasen des Individuums, in allen Graden der menschlichen Verwirklichung in der Person, finden wir dieses narzißtische Moment im Subjekt wieder, in einem Vorher, in dem es eine libidinöse Frustration annehmen muß, und in einem Nachher, in dem es sich in einer normativen Sublimierung transzendiert. Diese Konzeption läßt uns die in den Wirkungen aller Regressionen, aller Abbrüche, aller Weigerungen einer typischen Entwicklung im Subjekt implizierten Aggressivität verstehen, speziell auf der Ebene der sexuellen Realisierung, genauer im Innern jeder der großen Phasen, die im menschlichen Leben die libidinösen Metamorphosen bestimmen, deren hauptsächliche Funktion die Analyse nachgewiesen hat: Entwöhnung, Ödipus, Pubertät, Reife oder Mutterschaft, sogar rückbildendes Klimakterium." (LACAN 1948, zit. nach WIDMER 1990, S.119).

des Ödipus, i.e. diesseits des Eintritts ins Symbolische[6], immer schon als latent[7] vorhanden gedacht werden.

Jeder dieser Komplexe hat drei Aspekte: materialiter konstelliert er sich in Bezug auf ein bestimmtes Objekt auf der affektiven Ebene (in der Reihenfolge: Mutter; gleichaltriger, imaginärer Anderer; erwachsener Anderer/Vater); formal repräsentiert er ein bestimmtes Niveau der Objektkonstitution, eine Erkenntnisbeziehung; daraus begreift sich drittens, daß der Komplex wesentlich als Mangel gegenüber einer aktuellen Situation erscheint, als Mangel, der in einem dialektischen Prozeß "jede neue Form aus den Konflikten der vorangegangenen mit dem Realen erzeugt" (1938, S.46). In jedem dieser konstitutiven Komplexe, die Lacan auch als "phänomenologische Knoten" der Entwicklung bezeichnet, formieren sich auf je spezifische Art und Weise zwei grundlegende Mechanismen der Bewältigung: Erstens die aktive masochistische Wendung gegen die eigene Person und die Wiederholung der Trennung; zweitens: die Antizipation, die Entfremdung an ein Ideal, das dem tatsächlich erreichbaren Vermögen vorauseilt.[8]

Wesentlich für die absolute Differenz von Psychose und Neurose und für ihre unterschiedliche Behandlung ist, daß in ersterer vor allem die formale Seite der fehlgelaufenen Subjekt- und Objektkonstitution wirksam ist, in letzterer aber die materiale Seite biographischer Inzidenzen bei grundsätzlich formal korrekter Bildung.[9]

---

[6] "Einen Neurotiker ohne Ödipus, das gibt es nicht. Man hat das in Zweifel gezogen, aber es ist nicht wahr. In einer Psychose, das gestehen wir gern zu, hat etwas nicht funktioniert, hat sich etwas im Ödipus essentiell nicht vollendet." (LACAN 1955c, zit. nach WIDMER 1990, S.189)

[7] "Die Grenze der Objektrealität und der Umschlagpunkt der Sublimation in der Psychose scheint von dem Augenblick an gegeben, der für uns die Aura der ödipalen Realisation [die eben auch an den anderern o.g. typischen Umschlag- und Krisenpunkten der Entwicklung wie Pubertät, Adoleszenz, Vaterschaft/Mutterschaft oder Klimakterium auftreten kann - MF] bezeichnet: jene Aufrichtung des Objekts, die nach unserer Formel im Lichte des Erstaunens stattfindet. Diesen Augenblick reproduziert eine Phase, die wir für konstant halten und als fruchtbare Phase des Wahns bezeichnen. Es ist die Phase, wo die Objekte, von einer unsäglichen Fremdheit verwandelt, sich als Chocs, Rätsel und Bedeutungen enthüllen. In dieser Reproduktion bricht der oberflächlich angenommene Konformismus zusammen, mittels dessen sich das Subjekt bis dahin den Narzißmus seines Realitätsbezugs maskierte. Dieser Narzißmus überträgt sich in die Form des Objekts." (LACAN 1938, S.79)

[8] Wiederholung und Antizipation, Trennung und Entfremdung sind die beiden grundlegenden und bleibenden Operationen der Subjektkonstitution, die Lacan 1964 auf logischem Niveau reformuliert als Struktur des "vel" der Entfremdung. (LACAN 1964, 220ff et passim)

[9] "In den Psychosen erfüllen die familialen Komplexe eine formale Funktion: Familiale Themen dominieren im Wahn aufgrund ihrer Konformität [i.e. ihrer strukturellen Homologie - MF] zum Entwicklungsstillstand, den die Psychosen im Ich und in der Realität bewirken. In den Neurosen erfüllen die Komplexe eine kausale Funktion: Familiale Inzidenzen und Konstellationen bestimmen die Symptome und Strukturen, nach denen die Neurosen die Persönlichkeit

Was ich hier und im folgenden entwickle, muß Skizze und Anregung bleiben, wiewohl eine systematische Ausarbeitung essentiell für meine Frage wäre: Wie muß eine Institution konstruiert sein, die auf Fixierungen in bzw. Regressionen auf frühe Stadien der Subjekt- und Objektkonstitution reagiert, indem sie derartige Stillstandsformen auf eine "ganz normale Geschichte" der Subjekt- und Objektkonstitution hin eröffnet? Dabei will ich hier die Frage nach der 'Heilbarkeit' der Psychose, also der Erlangung des ödipalen Niveaus und des Symbolischen vorerst nicht entscheiden. Um die Skizze einer Antwort zu geben, wie man die frühen Stadien der Subjekt- und Objektkonstitution einordnen und systematisieren kann, scheint mir ein Rückgriff auf Freud sinnvoll:

> "Die Regression geht [bei der Schizophrenie - MF] nicht mehr nur bis zum Narzißmus [wie bei der Paranoia - MF], sondern bis zur vollen Auflassung der Objektliebe und Rückkehr zum infantilen Autoerotismus. Die disponierende Fixierung muß also weiter zurückliegen, als die der Paranoia, im Beginn der Entwicklung, die vom Autoerotismus zur Objektliebe strebt, enthalten sein" (FREUD, 1911c, S.198 ff).

Beim Versuch einer metapsychologischen Verortung der Psychosen kommt man nicht um die Begriffe der "übrigens nicht genetischen, wohl aber topischen Regression des Subjekts" (LACAN 1955a, S.101) auf ein frühes, logisches Stadium der Strukturentwicklung und um den Begriff der Fixierung herum. Freuds Stratifizierung der Psychosen entlang dem Ausmaß der Regression auf frühe Phasen der Subjekt- und Objektstrukturierung muß man m.E. noch einen weiteren Term hinzufügen: den autismus infantum als früheste Form der Fixierung auf rudimentärstem Niveau der Subjekt- und Objektkonstitution, ohne Zustandekommen einer "oberflächlich konformen Entwicklung" (LACAN 1938, S.79) und folglich ohne (topische) Regression im strengen Sinne. Freuds Schema liest sich dann so:

- die Paranoia etabliert sich auf dem logischen Niveau der Subjekt- und Objektkonstitution des Narzißmus und des Spiegelstadiums;

- die Schizophrenie auf dem logischen Niveau des Autoerotismus;

- der Autismus auf dem logischen Niveau einer dem Autoerotismus vorausgehenden Stufe, die ich mit Jacques Lacan, Jean Hyppolite und Emmanuel Lévinas (1947) einen Seinsmodus des "Es gibt....", eines an-

---

spalten, introvertieren oder invertieren. [.....] Im Fortgang unserer Forschung mußten wir in den mentalen Formen, die die Psychosen bilden, die Rekonstitution von Stadien des Ich erkennen, die früher sind als die Persönlichkeit. Wenn man jedes dieser Stadien tatsächlich durch das Stadium des ihm entsprechenden Objekts definiert, so findet sich an den Wahngebilden in einer Reihe von Stillstandsformen die ganze normale Geschichte des Objekts wieder." (LACAN 1938, S.78f) fänglichen, unsagbaren und unsymbolisierten Realen nennen möchte.[10] Man findet für die Annahme einer solchen Phase übrigens auch Belege bei Freud: seine Ausführungen über das "anfängliche Real-Ich".[11]

Auf jeder dieser Stufen spielt ein sehr komplexes Verhältnis von innen und außen eine Rolle. Wie kommt es zu solchen unterschiedlichen Formen von Entwicklungsstillständen, die als Abwehren schmerzhafter Wahrnehmungen (von Trennungen, Verlusten, der logischen und realen Unmöglichkeit totaler Befriedigung) durch weitgehende Blockierung der Objektentwicklung und des Denkens zu verstehen sind? Freud (ähnlich LACAN 1938, 78 vgl. Fußnote 8) setzt voraus, daß

> "der seelische Apparat vor der scharfen Sonderung von Ich und Es, vor der Ausbildung eines Über-Ichs, andere Methoden der Abwehr übt, als nach der Erreichung dieser Organisationsstufen." (FREUD 1926d, S.301)

Der früheste pathogene und psychosengenerative - und grundsätzlich von der neurosengenerativen Verdrängung zu unterscheidende - Abwehrmechanismus ist die "Verwerfung", die Lacan in Anschluß an den frühen Freud[12] theoretisch ausgearbeitet hat.[13] Verwerfung ist Verweigerung der Symbolisierung,

---

[10] Lacan hat diese Ebene frühester Störungen nie theoretisch ausgearbeitet; es bleibt hier vieles zu extrapolieren. Hinweise auf die logische Ebene des "Es gibt (Il y a)" tauchen aber u.a. in seiner und Jean Hyppolites Kommentierung von Freuds Text "Die Verneinung" auf: Hyppolite schreibt dort: " ... zu Anfang scheint Freud zu sagen, aber zu Anfang bedeutet nichts anderes als im Mythos 'Es war einmal' .... In dieser Geschichte war einmal ein Ich (wir verstehen hier: ein Subjekt), für das es noch kein Fremdes gab. ... Was wichtig ist, ist dies, daß es 'zu Anfang' gleichgültig ist, zu wissen, ob es gibt oder nicht gibt. Es gilt." (HYPPOLITE 1953, S.197) Lacan beschreibt den Zustand des "Es gibt" so: "Wir unterstellen am Ursprung all das, Objekte, Triebe, Begierden, Strebungen, usw. Das ist also schlicht und einfach die Realität, die sich in nichts begrenzt, die das Objekt irgendeiner Definition noch nicht werden kann, die weder gut ist noch böse, aber zugleich chaotisch und absolut, ursprünglich." (LACAN 1953c, S.105).

[11] Freud beschreibt den Zustand des "Es gibt..." vor dem Übergang zum Autoerotismus mit dem Begriff des "anfänglichen Real-Ich". "Es wandelt sich so aus dem anfänglichen Real-Ich, welches Innen und Außen nach einem guten objektiven Kennzeichen unterschieden hat, in ein purifiziertes Lust-Ich, welches den Lustcharakter über jeden anderen setzt. ... Die Sexualtriebe, welche von vorneherein ein Objekt fordern, und die autoerotisch niemals zu befriedigenden Bedürfnisse der Ichtriebe stören natürlich diesen Zustand und bereiten die Fortschritte vor. Ja, der narzißtische Urzustand [also derjenige der nächsten, "autoerotisch" genannten Phase - MF] könnte nicht jene Entwicklung nehmen, wenn nicht jedes Einzelwesen eine Periode von Hilflosigkeit und Pflege durchmachte, währenddessen seine drängenden Bedürfnisse durch Dazutun von außen befriedigt und somit von der Entwicklung abgehalten würden." (FREUD 1915c, S.98).

[12] "Es gibt nun eine weit energischere und erfolgreichere Art der Abwehr, die darin besteht, daß das Ich die unerträgliche Vorstellung mitsamt ihrem Affekt verwirft und sich so benimmt, als ob die Vorstellung nie an das Ich herangetreten wäre. Allein in dem Moment, in dem dies gelungen ist, befindet sich die Person in einer Psychose." (FREUD 1894a, S.72f).

[13] Lacan führt den Terminus Verwerfung am Beispiel der Lektüre von Freuds Wolfsmann aus (kursiv i.O. deutsch): "Dies Subjekt, sagt uns Freud, wollte von der Kastration nichts wissen, ... 'im Sinne der Verdrängung'... Und um uns diesen Vorgang zu bezeichnen, verwendet er den Terminus *Verwerfung* [...] Ihr Effekt ist eine symbolische Tilgung [abolition]. ... 'Damit war

der Inschrift eines für die Subjekt- und Objektkonstitution, d.h. für die Differenzierung von Subjekt und Objekt unverzichtbaren Elements ins Psychische. Die Verwerfung betrifft einen Signifikanten, dem kein Signifikat zuzuordnen ist, sie bewirkt das Fehlen eines Signifikanten, der außerhalb des Systems der Signifikanten mit Signifikaten steht.[14] Ein solcher Signifikant ist notwendig, um die 'Liquidität' des Psychischen und die Verarbeitbarkeit, die Introjizierbarkeit neuer und bedrohlicher Erfahrungen ins System der 'Welt' des Subjekts - um überhaupt eine Entwicklung - zu ermöglichen.

Die psychotische Realität, die durch die Verwerfung, den Ausschluß dieses einen und einzigartigen signifikanten Elements konstituiert wird, ist wegen des Fehlens dieses Elements starr fixiert und nicht entwicklungsfähig.

Lacan bezeichnet dieses notwendige und vom Gebrauch ausgeschlossene, transzendente Element als "Namen-des-Vaters"; der Vater als nennbarer - d.h. als nicht vorstellbarer, imaginärer und als nicht greifbarer, realer - Vater ist die "Grundlage der Symbolfunktion, die seit Anbruch der historischen Zeit seine Person mit der Figur des Gesetzes identifiziert." (1953, S.119) Der Name-des-Vater ist dasjenige, was als Gesetz den Inzest mit der Mutter verbietet; aber sofern der Inzest mit der Mutter als phantasmatisch begehrte vollkommene Vereinigung, als Restitution des verlorenen Objekts unmöglich ist, verbietet dieses Gesetz nichts Konkretes, nichts Realisierbares, sondern fordert vielmehr die Anerkennung dieser Unmöglichkeit und d.h. die Anerkennung der (symbolischen) Kastration.[15] Sofern die Sprache (weil man nie

---

eigentlich kein Urteil über ihre Existenz gefällt, aber es war so gut, als ob sie nicht existierte. Der Vorgang, um den es hier unter dem Namen *Verwerfung* geht und von dem ich nicht weiß, ob er jemals Gegenstand einer einigermaßen konsistenten Bemerkung in der analytischen Literatur geworden ist, situiert sich ganz genau in einer der Phasen, die J. Hyppolite eben für Sie in der Dialektik der *Verneinung* herausgehoben hat: das ist genau das, was sich der primären *Bejahung* entgegensetzt und als solches das bildet, was ausgestoßen worden ist [est expulsé]. Ich werde also weiter voranschreiten, ohne daß die größten Liebhaber der Entwicklungsidee mir den späteren Zeitpunkt [date] des Phänomens entgegenhalten können, da J. Hyppolite Ihnen bewunderungswürdig gezeigt hat, daß das mythisch ist, was Freud als ursprünglich beschreibt. Die *Verwerfung* hat also den Weg jeder Manifestation der symbolischen Ordnung abgekürzt [coupé court], das heißt den Weg der *Bejahung*, die Freud als Primärprozeß ansetzt, in dem das Attributionsurteil seine Wurzel hat, und der nichts anderes ist als die vorgängige Bedingung [condition primordiale] dafür, daß sich vom Realen irgendein Ding [quelque chose] der Enthüllung des Seins darbiete, oder um mich der Sprache Heideggers zu bedienen, sein gelassen werde. Denn an eben diesen zurückliegenden Punkt führt uns Freud, da erst im Nachhinein, was es auch sei, darin als seiend wiedergefunden werden kann." (LACAN 1953b, S.206f - Übersetzung teilweise geändert).

[14] Vielleicht kann man der Anschaulichkeit zuliebe sagen, daß dieser Signifikant ohne Signifikat insofern mit einer "Instanz" im Sinne Freuds vergleichbar ist, als eine Instanz "für sich selbst" ja auch keine Bedeutung hat, wohl aber die Bedeutung aller anderen Vorstellungen beeinflußt und generiert.

[15] Die Lacansche Konzeption der Kastration definiert sich nicht durch die Kontingenz einer väterlichen oder mütterlichen Drohung, sondern als Trennung der imaginär-narzißtischen Ein-

alles sagen kann ...) selbst die Form dieser unmöglichen vollkommenen Vereinigung, die Unmöglichkeit eines Ganzen ohne Anderes ist, ist die Instanz des Namen-des-Vaters auch die Regel jeder Generierung von (sprachlicher) Bedeutung, das "Gesetz des Signifikanten" (LACAN 1955a, S.111).[16]

Welche Instanzen, die aus den verschiedenen Identifizierungsmodi in den Stadien der Subjekt- und Objektkonstitution entspringen, machen das Feld der menschlichen Realität in seiner Komplexität aus? Lacan hat Freuds Topik durch feine aber wesentliche Unterscheidungen ausdifferenziert und kommt schließlich auf anders gewichtete Instanzen als Freud. Sein "Schema R" (1955a, S.85) - ich lese: 'Schema der Realität' - präzisiert, wie eng Subjekt- und Objektkonstitution, Imaginäres, Symbolisches und Reales miteinander verknüpft sind. Die Ausdehnung der 'Fläche' des Realen - das nach Lacans Definition das ist, was dem Symbolisierungsprozeß entgangen ist - richtet sich nach dem Verlauf der imaginären[17] und symbolischen[18] Identifizierungen in den nicht "präödipalen" sondern "prägenitalen Stadien, sofern diese ihre Ordnung in der Rückwirkung des Ödipus finden." (1955a, S.87)

Lacan modifiziert das "Schema R" am Beispiel der Psychose Schrebers zum "Schema I" (1955a, S.104) - ich lese: 'Schema der Hypertrophie des Ichs in der Psychose'. Dieses Schema I zeigt, was passiert, wenn der Name-des-Vaters nicht an seine Stelle im Symbolischen, die Bedeutung des Phallus nicht

---

heit von Mutter und Kind. Für die Mutter ist das Kind ihr imaginärer Phallus, sofern es - strukturell gesehen - das Begehren jeder Frau ist, den Phallus zu haben. Das Kind identifiziert sich mit diesem Objekt des Begehrens der Mutter, es will das Begehren der Mutter befriedigen; es identifiziert sich damit, Phallus der Mutter zu sein, das, was ihren Mangel ausfüllt. Die Kastration betrifft also nicht isoliert das Kind alleine, sondern vielmehr das Band zwischen Mutter und Kind, die Kastration ist eine intersubjektive Struktur. Die Kastration konstituiert sich durch ein doppeltes Verbot: sie verbietet der Mutter, das Kind zum Phallus zu haben, und dem Kind, Phallus der Mutter zu sein: dieses Verbot ist das allgemeine Gesetz der symbolischen Ordnung und mit der Funktion des Vaters verbunden. Es ist zugleich ein Gebot, nämlich: sich zu besondern und zu individuieren - was jedoch für Lacan allemal heißt: sich zu subjektivieren, zu unterwerfen unter das Gesetz der symbolischen Ordnung. Jeder reale Vater ist selbst diesem Gesetz unterworfen, im günstigsten Falle sein Agent. Die Kastration ist also symbolisch, ihr Objekt aber ist imaginär: die Kastration verbietet Mutter wie Kind die Illusion, sich im Besitz einer narzißtisch-imaginären Vollkommenheit zu wähnen.

[16] Die Funktion der Drei ist basal in der Logik des Menschlichen: zwei Elemente können nicht miteinander in Beziehung gesetzt d.h. verglichen werden, wenn es nicht ein abstraktes, transzendentes Drittes als Maßstab der Äquivalenz gibt (Marx). Diese vermittelnde Funktion nehmen der Name-des-Vaters und der imaginäre Phallus ein. Diese Termini erfordern sich also primär durch die Notwendigkeit der Struktur selbst und gehen nicht in historisch kontingenten Konstellationen der Familie nach dem Muster Papa-Mama-Ich auf, wie sie häufig noch in der Psychoanalyse gedacht werden.

[17] Idealich, Ich (moi), und der imaginäre Phallus als transzendentes Drittes (Vergleiche hierzu besonders die ausführliche Beschreibung und Entfaltung der Lacanschen Termini im Aufsatz von Max Kleiner, "Einige Bemerkungen über die psychotische Realität" in diesem Heft).

[18] Mutter/das Ding, Ichideal und Name-des-Vatres als transzendentes Drittes.

an ihre Stelle im Imaginären gekommen ist; das Reale erscheint dann nicht mehr als Rest, sondern nimmt die ganze Fläche der psychischen Realität ein. Oder: das Reale ist nicht urverdrängtes Phantasma, sondern die ganze Realität ist in der Psychose 'phantasmatisch': Das ist der "Realitätsverlust in der Psychose" (FREUD 1924e). In Termini psychischer Instanzen gelesen heißt das, daß in der (paranoischen) Psychose das Ichideal an den Platz des Anderen kommt, an dem eigentlich der Name-des-Vaters als bloß nennbarer und vom Gebrauch und somit von der Identifizierung ausgeschlossener Term stehen müßte. Und daß das Idealich den Platz der Bedeutung des Phallus als transzendentem Äquivalent aller Objekte des Begehrens ausfüllt, ver-stellt: Der Psychotiker hört und sieht in der Halluzination immer nur sich selbst. Das Subjekt hat in der Psychose keinen Zugang zur Nicht-Identischen im Sinne Adornos, zum (großen) Anderen im Sinne Lacans.

Psychose ist also ein 'Unfall der Struktur' selbst, Nicht-Konstituierung einer notwendigen Leerstelle und insofern 'Mangel an Mangel'.

Das verworfene Element müßte entlang der drei oben angeführten Stadien der Fixierung 'Autismus - Schizophrenie - Paranoia' allerdings präzisiert werden: Neben der Verwerfung des Namens-des-Vaters in der Paranoia könnte man vielleicht von der Verwerfung des "Dings" - ein Begriff, den Lacan ebenfalls beim frühen Freud[19] aufgegriffen und ausgearbeitet hat - sprechen. Dies zu präzisieren - was ich hier nicht leisten kann - wäre wichtig für eine Ausarbeitung einer Theorie des Autismus' als der 'frühesten' psychotischen Störung in Weiterung von Lacans Texten.

2. Praxis der institutionellen Betreuung/Behandlung psychotischer Menschen: Institutionalisierung des Mangels

Wie sind diese theoretischen Vorgaben - die gewiß noch weiter differenziert werden müßten - in eine institutionelle Praxis umzusetzen? Nach welchen Koordinaten ist eine Institution auszurichten, die das zu sehr abgeschlossene psychotische Reale in einer für das psychotische Subjekt verarbeitbaren

---

[19] "Nehmen wir an, das Objekt, welches die Wahrnehmung liefert, sei dem Subjekt ähnlich, ein Nebenmensch. Das theoretische Interesse erklärt sich dann auch dadurch, daß ein solches Objekt gleichzeitig das erste Befriedigungsobjekt, im ferneren das erste feindliche Objekt ist, wie die einzig helfende Macht. Am Nebenmenschen lernt darum der Mensch erkennen. ... Und so sondert sich der Komplex des Nebenmenschen in 2 Bestandteile, von denen der eine durch konstantes Gefüge imponiert, als Ding beisammenbleibt [d.h. nicht in Form eines Zeichens einschreibbar ist - "was wir Dinge nennen, sind Reste die sich der Beurteilung entziehen" S.339], während der andere durch Erinnerungsarbeit verstanden, d.h. auf eine Nachricht vom eigenen Körper [Lust-Unlust -MF] zurückgeführt werden kann. Diese Zerlegung eines Wahrnehmungskomplexes heißt ihn erkennen, enthält ein Urteil." (FREUD 1895, S.337f)

Weise durch eine Dialektik von Gewährung und Versagung durch Differenzierungen und Verluste aufbrechen und dem psychotischen Subjekt einen Zugang zum Mangel verschaffen will. Wie können die fehlenden psychischen Instanzen (Ding, Phallus, Name-des-Vaters) errichtet werden? Reicht es hin, angesichts der zwei 'Abhänge' des psychotischen Dilemmas, der "Symbiose mit der Mutter" und der "Suche nach dem Vater"[20], entschieden Partei für das 'Väterliche' zu ergreifen?

Ich meine, daß die Rede vom 'mütterlich-gewährenden' vs. 'väterlich-versagenden' Aspekt der Institution nur einen näherungsweisen Wert hat, denn es müßte noch mit Lacan zwischen symbolischer/m, imaginärer/m und realer/m Mutter und Vater differenziert werden. Diese Instanzen haben durchaus widersprüchliche Positionen und Funktionen als 'Agenten des Mangels', ihre Interventionen sind von ganz entgegengesetzter - konstruktiver oder hemmender - Wirksamkeit für das Subjekt.[21] Ferner wäre zwischen Bedürfnis, Anspruch und Begehren zu unterscheiden, und zwischen verschiedenen existenzbestimmenden Formen von Versagungen, die Lacan als Frustration, Kastration und Privation[22] präzisiert. Bei diesen, von Lacan sehr differenziert entwickelten Modi des Be-Mangelns überschneiden sich außen und innen, Reales, Symbolisches und Imaginäres sehr komplex und bilden (borrhomäische) 'Knoten', die nicht mehr wie die o.a. Schemata Lacans zweidimensional darzustellen sind.

Die aufgeworfenen Fragen wären grundlegende Anknüpfungspunkte für eine künftige Forschungsarbeit. An dieser Stelle muß ich mich auf einige wenige, eher praktisch orientierte Fragen institutioneller Analyse der Psy-

---

[20] Peter Warsitz formuliert als These, "... daß die Institution Psychiatrie für den Psychotiker als Ersatzkörper des Körpers der Mutter fungiert. Die These hat zwei Teile: 1. Das psychotische Begehren richtet sich auf den Körper der Mutter und auf deren Ersatzkörper, den Körper der Institution. 2. Die Dynamik der akuten Psychose ist gar nicht anders zu verstehen, als eine Suche nach dem Vater; dieser gesuchte Vater fungiert ebenso in Ersatzrollen, die die psychiatrische Institution anbietet... Die Rolle des Vaters findet sich repräsentiert in der symbolischen Ordnung der Institution, im System der Verhaltensregeln, mit denen sich diese Institution meist übermäßig anfüllt, bis hin zu den Regeln des Sprechens, dem Setting der psychotherapeutischen Institution, dem väterlichen Gesetz." (WARSITZ 1988, S.58)

[21] Lacan spricht beispielsweise von den "verheerendsten Auswirkungen [die die reale] Vaterfigur [haben kann ...], sei es, daß er tatsächlich zu jenen gehört, die die Gesetze machen, oder sei es, daß er sich als eine Stütze des Glaubens nur hinstellt, als Ausbund an Integrität oder Ergebenheit, als Tugend- oder Tatenbold, als Diener eines heiligen Werks, egal um welchen Gegenstand oder Nicht-Gegenstand es dabei gehen mag, um Nation oder Geburtenzahl, um Wehr oder Wache, um Legat oder Legalität, um den Kampf für die Reinheit, die Richtigkeit oder fürs Reich, alles Ideale, die ihm nur zu oft Gelegenheit geben, in einer Haltung zu erscheinen, die Schuld ausdrückt, Ungenügen oder Betrug und auch, um alles zu sagen, Gelegenheit, den Namen-des-Vaters aus seiner Stellung im Signifikanten auszusperren." (1955a, S.113)

[22] Ich verweise für diese Themenbereiche auf die sehr erhellende Ausarbeitungen von REGULA SCHINDLER (1990 und 1991).

chose beschränken, ausgehend von dem Hintergrund eigener institutioneller Erfahrungen.

Nachdem ich diesen Praxis-Hintergrund als Voraussetzung meiner Ausführungen skizziert habe, möchte ich meine Hypothese zur Grundfrage institutioneller Analyse der Psychose in Relation zu der (anti-) institutionellen, "theoretischen Praxis der Gesprengten Institution" setzen, wie sie Maud Mannoni, aufbauend auf der Lacanschen Theorie entwickelt hat[23]:

Ich habe zu tun mit Menschen, deren Lebensschwierigkeiten so gravierend sind, daß sie in einem offenen sozialen Rahmen selbst bei umfassender ambulanter Unterstützung nicht überleben können. Ich meine, daß es solche Konstellationen gibt und daß es daher auch Institutionen 'stationärer Unterbringung' im psychiatrischen und außerpsychiatrischen Bereich geben muß.

Ich gehe das Problem der stationären, institutionellen, psychoanalytisch orientierten Arbeit mit psychotischen Menschen aus der Perspektive der stationären Betreuung autistischer und psychotischer Kinder und Jugendlicher und junger Erwachsener an. Eine solche psychoanalytisch fundierte Arbeit wird psychiatrisch sowohl in der Abteilung Kinder- und Jugendpsychiatrie der Universitätsnervenklinik Tübingen als auch im außerpsychiatrischen Bereich im Therapeutischen Heim des Vereins für Psychoanalytische Sozialarbeit in Rottenburg und Tübingen seit 15 bzw. 13 Jahren geleistet; seit einem Jahr baut der Verein für psychoanalytische Sozialarbeit zudem auf der Basis seiner Erfahrungen in der stationären Arbeit eine Wohngruppe für autistische und psychotische junge Erwachsene auf - mit dem Ziel größtmöglicher Integration dieser Menschen in den sozialen Zusammenhang und weitestmöglicher 'Sprengung' der Institution.

Den zahlreichen strukturellen Unterschieden der psychischen und sozialen Situation zwischen Menschen, die schon im Kindes- und Jugendalter und Menschen, die erst im Erwachsenenalter psychotisch geworden sind, müssen unterschiedliche Konzeptionen der Betreuung Rechnung tragen. So steht z.B. bei den lebensgeschichtlich sehr früh psychotisch gewordenen Menschen zwangsläufig der versorgende Aspekt und die Hilfe bei den einfachsten Verrichtungen im lebenspraktischen Bereich mehr im Vordergrund. Diese handelnden anstelle der verbalen Formen des Umgangs bergen mithin auch die

---

[23] Ich meine, daß die konkrete Praxis der Versuchsschule von Bonneuil - oder auch der "Klinik La Borde" und des Projekts "Grand Real", den in Deutschland bekanntesten französischen Projekten, die aus der Bewegung der "psychothérapie institutionnelle" (vgl. HOFMANN 1983) nach dem zweiten Weltkrieg entstanden sind - nicht unmittelbar von französischen auf deutsche Lebensverhältnisse zu übertragen ist, sondern daß sie auf deutsche Denk- und Lebensverhältnisse und auf die sozial(politisch)e Realität in der Bundesrepublik Deutschland umgesetzt und modifiziert werden muß.

Gefahr eines Überhangs von Verwöhnung vor den konstruktiven Momenten der Entwöhnung.

Trotz dieser grundlegenden Unterschiede meine ich aber, daß sich in der Betreuung autistischer und psychotischer Kinder und Jugendlicher einige Probleme der stationären Arbeit mit psychotischen Menschen überhaupt in zugespitzter aber durchaus übertragbarer Form stellen. Diese Übertragbarkeit stelle ich zur Diskussion.

Wie lassen sich aber angesichts der Gegebenheiten bundesdeutscher sozialpolitischer Realitäten[24] auf der Grundlage einer psychoanalytischen Theorie der Psychose Grundrisse einer Institution entwerfen, die den "Wahnsinn empfangen" (Mannoni) und dem psychotischen Subjekt eine Chance zur Entwicklung und teilweisen Gesundung oder zumindest zu einem weniger leidvollen Leben mit seinen Lebensschwierigkeiten geben will?

Mit den beiden o.a. stationären Einrichtungen für Kinder, Jugendliche und junge Erwachsene hat der Verein für psychoanalytische Sozialarbeit in Rottenburg und Tübingen unter relativ optimalen - manche Leute sagen auch: elitären - Bedingungen zwei von Grund auf psychoanalytisch konzipierte stationäre Einrichtungen außerhalb der Psychiatrie realisiert. Diese Einrichtungen sind hinsichtlich der grundständigen konzeptionellen Umsetzung psychoanalytischen Denkens in einen institutionellen Rahmen und eine Praxis in Deutschland wahrscheinlich beispielhaft. Psychoanalyse ist hier nicht eine unter mehreren denkbaren 'therapeutischen' Richtungen, die neben dem stationären Alltag ein Eigenleben führen, Psychoanalyse ist hier nicht nur Sache der Ärzte, Psychologen und Therapeuten jeder Couleur, sondern Sache aller Mitarbeiter in allen Funktionen des Überlebens und Lebens im Alltag. Psychoanalyse will hier vor allem institutionelle Psychoanalyse sein, also eine Psychoanalyse, die auf die Institution selbst angewandt wird, z.B. auf die notwendig aus der Eigendynamik der Institution entstehenden Einschluß- und Ausschlußphänomene bei Mitarbeitern wie Bewohnern.

'Relativ optimal' sind unsere Bedingungen für solche Projekte, weil wir ein kleiner, unabhängiger Verein sind, der sich anfangs ausschließlich auf die Arbeit mit einer zahlenmäßig sehr kleinen Problemgruppe psychotischer Menschen spezialisiert hat, die gewöhnlich für 'nicht therapiefähig' und 'nicht behandelbar' gilt: auf autistisch-psychotische Kinder und Jugendliche. Diese Problemgruppe - und der "Verein für psychoanalytische Sozialarbeit" - war einerseits so klein, daß sie aus der Perspektive der Sozialpolitik und ihres flä-

---

[24] Um nur ein Beispiel zu erwähnen, wie gewisse administrative Formen inhaltlich rückwirken, weise ich auf das deutsche "Pflegesatzwesen" hin, das kaum von der Anwendung pauschal (d.h.: nach "unten") gemittelter Gesamtversorgungssätze zu Gunsten individuell gestaffelter und differenzierter Pflegesätze abzubringen ist, und dadurch immer wieder die Tendenz zur einen, alles (pauschal) abdeckenden geschlossenen Institution verstärkt.

chendeckenden Versorgungsauftrages zum Gründungszeitpunkt nicht die Gefahr einer Lawine von Ansprüchen und finanziellen Folgen heraufbeschwor, die man aufgrund ökonomischer Erwägungen schon im Ansatz hätte eindämmen müssen. Andererseits war diese Randgruppe und die durch sie aufgeworfenen Versorgungsprobleme - und der Verein - doch so relevant, daß dieses 'Exotikum' überhaupt eingerichtet werden konnte. Als Exotikum erfüllte das Therapeutische Heim - mit Pflegesätzen, die über denen vieler Kliniken liegen - vielleicht sogar eine Legitimationsfunktion für den Sozialstaat: Der Neid anderer, größerer Einrichtungen, die vergleichbare Arbeitsbedingungen nicht durchsetzen konnten, war zwar immer wieder spürbar, hielt sich aber in Grenzen angesichts einer Problemgruppe, die sonst niemand aufnehmen konnte und wollte. In dieser 'Nische' konnten wir relativ lange Zeit relativ ungestört arbeiten und konzeptionelle Entwicklungen vorantreiben. Heute befinden wir uns auf der Schwelle, eine kritische Größe der Expansion[25] zu erreichen, jenseits der eine gewisse 'Lawine' - aus Sicht der Sozialpolitik: bedauerlicherweise; aus unserer Sicht: hoffentlich! - zu erwarten ist.

Wir streben eine Generalisierung unserer Erfahrungen und Konzepte an, auch wenn wir wissen, daß ihre sozialpolitische Durchsetzbarkeit z.B. für die flächendeckende Versorgung der Gesamtpopulation 'Psychisch Kranker' problematisch ist. Problematisch ist die sozialpolitische Durchsetzbarkeit auch deshalb, weil es den Anschein hat, als wäre unsere Gesellschaft bei Kindern

---

[25] Alle Teilinstitutionen des Vereins für Psychoanalytische Sozialarbeit wurden übrigens für einzelne Menschen gegründet, denen anderweitig kein Hilfsangebot gemacht werden konnte. So wurde 1978 für ein 8-jähriges Mädchen, dem in der Kinder- und Jugendpsychiatrie kein hinreichend langfristiges und kontinuierliches Angebot gemacht werden konnte, eine Sonderpflegestelle eingerichtet. Dieses Mädchen war die eigentliche Begründerin des Vereins für Psychoanalytische Sozialarbeit. Es kam ein zweiter Junge hinzu und schließlich 1981 die Heimanerkennung des Therapeutischen Heims für 5 Kinder und Jugendliche (vgl. BECKER 1981a und ALLERDINGS ET.AL 1984). 1984 wurden die Ambulanten Dienste gegründet, wiederum für einen Jugendlichen, für den es - aus vielerlei Gründen - anderswo im stationären oder ambulanten Rahmen nichts Geeignetes (mehr) gab, weil er schon alle bestehenden Angebote "gesprengt" hatte. Die Ambulanten Dienste expandierten im Laufe der letzten Jahre auf ca. 7 Stellen und arbeiten heute mit etwa 30 Menschen aus dem weiteren Umkreis von Tübingen in ganz unterschiedlichen Settings: Ein Teil unserer Arbeit findet in unseren Räumen in Tübingen statt, ein anderer Teil vor Ort: in Familien oder auf der Straße, in Schulen oder am Arbeitsplatz, auf Spielplätzen oder in Werkstätten, in Gefängnissen oder in Kliniken. Die Bandbreite der Angebote reicht von Einzelstunden bis zu Tagesbetreuungen und betreutem Wohnen. Oft werden die Ambulanten Dienste von anderen Institutionen angefragt, die mit einem besonders schwierigen Menschen überfordert sind. (vgl. STAIGLE 1986) 1990 wurde die erwähnte Wohngruppe gegründet, wiederum speziell für zwei junge Erwachsene, die vier bzw. acht Jahre in der Kinder- und Jugendpsychiatrie bzw. im Therapeutischen Heim betreut und gefördert worden waren. Trotz großer Entwicklungen gab es in beiden Fällen keine andere Einrichtung in der BRD, die diese jungen Menschen aufnehmen konnte bzw. wollte. Deshalb gründeten wir diese neue Einrichtung. (vgl. FEULING 1991b)

und Jugendlichen eher als bei erwachsenen Menschen bereit, in eine - immer ökonomisch aufwendige - fördernde Betreuung zu investieren: Wieviel ein erwachsener psychotischer Mensch, der aus dem Verwertungsprozeß herausgefallen ist, der Gesellschaft noch wert ist, läßt sich auch in DM ausdrücken: an der Höhe der Pflegesätze, die durchschnittlich weit unter den in Kinder und Jugendliche 'investierten' Summen liegen....

Hier will ich aber - diesseits der Fragen nach der sozialpolitischen und ökonomischen Durchsetzbarkeit - nur grundlegende konzeptionelle Fragen aufwerfen: Wie muß eine Institution konstruiert sein, die nicht Symptome behandeln, sondern Subjekte aufnehmen und ihre weitestgehende soziale Integration durch den Aufbau psychischer Strukturen erreichen will, die ein möglichst hohes Maß an Autonomie erlauben?

Meine - vielleicht etwas simple - These, mit der ich zur Diskussion anregen will, lautet:

Die institutionelle (stationäre und teilstationäre) psychoanalytische Arbeit mit psychotischen Menschen hat ihr fruchtbares Moment darin, innere Orte, "psychische Lokalitäten"[26], die ontogenetisch nicht konstituiert werden konnten und deren Fehlen die Psychose als Psychose definiert, in realen, äußeren Orten und Instanzen zu konstruieren, um entweder ihre Herausbildung in der psychischen Struktur zu fördern und ihre Verinnerlichung zu ermöglichen, oder um diese fehlenden psychischen Lokalitäten langfristig im realen Außen zu substituieren.

Natürlich ist diese These nicht operationalisierbar im Sinne einer Sozialtechnologie der Institution. Aus mehreren Gründen: Zum einen, weil das Problem von innen und außen in der Psychoanalyse problematisch ist, und sich immer wieder in komplexen, dialektischen Verschränkungen darstellt: als

---

[26] "Die Idee, die uns so zur Verfügung gestellt wird, ist die einer psychischen Lokalität. Wir wollen ganz beiseite lassen, daß der seelische Apparat, um den es sich handelt, uns auch als anatomisches Präparat bekannt ist, und wollen der Versuchung vorsichtig aus dem Weg gehen, die psychische Lokalität etwa anatomisch zu bestimmen. Wir bleiben auf psychologischem Boden und gedenken nur der Aufforderung zu folgen, daß wir uns das Instrument, welches den Seelenleistungen dient, vorstellen wie etwa ein zusammengesetztes Mikroskop, einen photographischen Apparat u. dgl.. Die psychische Lokalität entspricht dann einem Orte innerhalb eines Apparats, an dem eine der Vorstufen des Bildes zustandekommt. Beim Mikroskop und Fernrohr sind dies bekanntlich zum Teil ideelle Örtlichkeiten, Gegenden, in denen kein greifbarer Bestandteil des Apparats gelegen ist. [...] Wir stellen uns also den seelischen Apparat vor als ein zusammengesetztes Instrument, dessen Bestandteile wir Instanzen oder der Anschauung zuliebe Systeme heißen wollen. Dann bilden wir die Erwartung, daß diese Systeme vielleicht eine konstante räumliche Orientierung zueinander haben, etwa wie die verschiedenen Linsensysteme des Fernrohres hintereinanderstehen. Strenggenommen, brauchen wir die Annahme einer wirklich räumlichen Anordnung der psychischen Systeme nicht zu machen. Es genügt uns, wenn eine feste Reihenfolge dadurch hergestellt wird, daß bei gewissen psychischen Vorgängen die Systeme in einer bestimmten zeitlichen Folge von der Erregung durchlaufen werden." (FREUD 1900a, S.512f)

Außen des Innen und als Innen des Außen. Zum anderen, weil sich das, was gewesen sein wird, nur nachträglich und rückwirkend, also in der analytischen Reflexion erschließen und nicht konstruktiv und operationell im Voraus bestimmen läßt - die Zeitlichkeit der Psychoanalyse ist nicht linear, es sind immer Figuren des Vorher eines Nachher bzw. des Nachher eines Vorher wirksam. Raum und Zeit sind basale Probleme der Psychoanalyse; Freud stößt immer wieder darauf, ohne eine befriedigende Lösung zu finden (vgl. oben 1900a, 512 et passim). Es gibt keine 'Einbahnstraßen' von Projektion und Introjektion in einem Subjekt, sondern nur komplexe, dialektische Figuren der Intersubjektivität. Diese Konstellationen sind nur nachträglich durch analytische Reflexion zu entschlüsseln.

Definiert man Psychose als Fehlen bestimmter psychischer Strukturen bzw. Instanzen, so läuft man leicht Gefahr, diese Defizite mittels pädagogischer oder orthopädischer Manipulationen beheben zu wollen. Einer solchen Defizittheorie der Psychose muß man entgegenhalten, daß trotz zweifellos vorhandener Strukturdefizite das autistische oder psychotische In-der-Welt-Sein ein originärer Modus des Seins ist, den es als solchen zu respektieren gilt. Dies, weil die autistischen und psychotischen Abwehrmechanismen dieselbe Doppelfunktion haben wie die neurotischen: pathogen und Selbstheilungsversuch zugleich zu sein.

Grundprinzip der psychoanalytischen Arbeit mit psychotischen Menschen muß - auch aus ethischen Gründen - sein, niemals die Abwehr zu durchbrechen, vielmehr 'entlang der Abwehr'[27] zu arbeiten und dem eigenen Rhythmus und Tempo der Menschen zu folgen, um gemeinsam mit ihnen ihre - selten erinnerten, meist agierten - Übertragungs-Wiederholungen durchzuarbeiten.

Grundsätzlich ist der Psychotiker - wie jeder Analysant - Subjekt des Prozesses und nicht die Institution. Auch wenn es oft umgekehrt zu sein scheint, ist dies dennoch wahr. Der gar nicht so seltene Extremfall verdeutlicht es: Wenn es zu einem imaginär-paranoischen Entweder-Ich-oder-Du zwischen Psychotiker und Institution kommt, hat schlußendlich immer der Psychotiker den längeren Atem. Keine Institution kann jemals die Psychose unterdrücken. Eher noch kann die Unerbittlichkeit der Psychose die Institution dahin bringen, den pädagogisch nicht manipulierbaren Psychotiker auszuscheiden, ihn

---

[27] " ... eine Interpretation [darf - MF] sich nur auf das stützen, was der Patient selbst in seinem Reden liefert. Beginnt man aber ohne Rücksicht darauf sofort mit der unmittelbaren Enthüllung der Phantasien, so begibt man sich in die Gefahr, unversehens eine Wahnphase heraufzubeschwören. [... Deshalb - MF] dürfen wir nicht schneller vorangehen, als der Patient zu akzeptieren bereit ist. Eine überstürzte, voreilige Interpretation kann nur als Vergewaltigung, als Eindringen empfunden werden und wird im Grunde nur zur Bestätigung der Paranoia oder eines Verfolgungswahnes führen." (MANNONI 1970, S.82)

zu 'ver-legen' und also durch ihn in ihrer imaginären Vollständigkeit 'gesprengt' zu werden; um den Preis eines kaum zu verarbeitenden Schuldgefühls.[28]

Um nicht von der Unerbittlichkeit der Psychose 'gesprengt' zu werden, muß sich die Institution die 'Sprengung' selbst zufügen:

> "Die Metapher der Sprengung zielt ab auf die Öffnung eines Lebensortes gegenüber der Außenwelt; eines Ortes, der, obwohl instituiert, sich dennoch weigert, als Ersatz für das gesamte Netz von Institutionen zu dienen, in welche das Subjekt sich integrieren muß: zunächst die Familie, dann die schulischen, die beruflichen und die sozio-politischen Institutionen etc. Die Institution selbst nimmt die Sprengung auf sich; und zwar nicht nur, indem sie sich einer pädagogischen Absicht verweigert, sondern auch, indem sie auf den gesetzgeberischen Zusammenhalt eines institutionellen Diskurses verzichtet. Ein solcher gesetzgebender Diskurs würde sich den Subjekt in der Tat in der Form eines Befehls und eines Imperativs [kurz: werde gesund/normal! - MF] aufzwingen und auf diese Weise nicht nur die Teilung eben dieses Subjekts (bis hin zur Dissoziation) verschärfen, sondern auch dessen Gesprengtsein auf der Ebene des Körperbildes. Nur auf jenem anderen Niveau der Sprengung - auf dem Niveau der gesprengten Institution - kann etwas von dem wiederaufgenommen, oder vielmehr suspendiert werden, was unter anderen Bedingungen Zwang und Verstopfung bedeuten würde." (R. LEFORT in: MANNONI 1976, S.237)

Nur durch das Sprengen, Öffnen der Institution kann die Psychose produktiv erhalten werden im Sinne eines Möglichkeitsraumes für weitere Entwicklungen und im Gegensatz zu einer Erstarrung auf einem mittleren Niveau der Chronifizierung. Die Psychose kann als Möglichkeitsraum nur produktiv erhalten werden durch ein Auf-sich-nehmen, Anerkennen und Durcharbeiten des Schmerzes der Trennung, des Verzichts, der Unvollständigkeit, des Mangels, und zwar auf Seiten des psychotischen Subjekts wie der behandelnden Institution. Nur durch die Wiedereinführung einer Dialektik in der Interaktion zwischen beiden Teilen - die in der Familie bzw. im 'abgebenden' sozialen Umfeld erstarrt war - kann sich etwas bewegen.

Die Konstruktion der Institution muß 'entlang der Abwehr' all ihrer Angehörigen geschehen: vornehmlich entlang der Abwehr der Betreuten, nicht zu vergessen aber auch die Abwehren der Betreuer und der Institution. Um die Anpassung der Institution an jeden einzelnen darin aufgenommenen Menschen und ein je individuell spezifisches Setting zu konzipieren, muß eine Analyse der psychischen Struktur und der Abwehren jedes in die Institution aufgenommenen Menschen vorausgehen. Dabei ist es natürlich mit einer psychiatrischen Diagnose, die ein Subjekt auf eine bestimmte Position fest-

---

[28] Über die Art der Schuldgefühle der "ver-legten" Psychotiker will ich hier nichts weiter ausführen: auch er wird nicht einen reinen Triumph genießen, sondern verzweifelt, vernichtet sein über den Verlust eines Teils seiner selbst, seines Körpers....

schreibt, nicht getan. Vielmehr geht es um die Herausarbeitung einer komplexen Arbeitshypothese über die subjektive und intersubjektive Position des psychotischen Subjekts gegenüber seinen Objekten und dem Anderen.

Diese Arbeitshypothese muß herausgearbeitet werden, d.h. sie ist schon Teil der eigentlichen Analyse. Weil aber erfahrungsgemäß der faktische Modus des Eintritts eines Subjekts in eine Institution dieses Subjekt schon auf eine bestimmte Position festschreibt, von der kaum wieder loszukommen ist, kommt den Modi der Vorbereitung der Aufnahme, den Modi des Kennenlernens und der Entwicklung einer ersten Arbeitshypothese schon vor der Aufnahme eine entscheidende Bedeutung zu. Diese Arbeitshypothese, die nicht von ärztlich-definitorischer Art sein kann, muß aus der Analyse der Gegenübertragungen aller in den Prozessen des Kennenlernens involvierten Personen entwickelt werden und führt schließlich zugleich mit der Aufnahme zu einer ersten Konstruktion eines individuellen Settings. Vielleicht ist es auch das, was Maud Mannoni meint, wenn sie schreibt:

> "Unter dem, was wir als Sprengung der Institution bezeichnen, verstehen wir die Entschleierung der Funktion, die ein Kind für die anderen einnimmt."
> (MANNONI 1973, S.77)

Die Entschleierung der Funktion, die ein Kind für die anderen einnimmt, bezieht sich zum einen auf die anderen des familiären und sonstigen Umfelds, aus dem das Kind herkommt; aber auch auf die Funktion, die es für die aufnehmende Insitution und ihre Mitglieder einnimmt: weil sich in der Institution die ursprünglichen familiären Beziehungen in der real agierten, i.e. in der psychotischen Übertragung und deren verschiedenen Modi wiederholen. Die Entschleierung der Funktion, die ein Mensch für die anderen einnimmt, i.e. die Analyse der Bedürfnisse, des Anspruchs und des Begehrens der Institution und der Betreuer gegenüber dem aufgenommenen Menschen - oder anders gesagt: die Analyse der Gegenübertragungen - ist die Grundlage psychoanalytischer Arbeit mit psychotischen Menschen. Diese Analyse ist umso wichtiger, je weniger das aufgenommene Subjekt selbst einen Anspruch auf Aufnahme in die Institution oder auf Heilung artikuliert und sich scheinbar nur in der Objekt-Position gegenüber den Wünschen der anderen zu halten scheint. Der Rückzug in die Objekt-Position ist eine Abwehr und insofern auch Selbstheilungsversuch des psychotischen Subjekts angesichts einer Subjektposition, deren Einnahme als zu bedrohlich empfunden wird. Diese Abwehr kann nicht aufgrund bloßer Ermunterung oder pädagogischer Unterstützung aufgegeben werden.

Um der Veränderung eine Chance zu geben, braucht es eine Institution, die sowohl die unvermeidliche Wiederholung genügend zuläßt, als auch in der Wiederholung die Chance zu etwas (vielleicht nur minimal) Neuem eröffnet: um die ewige Wiederkehr des schlecht unendlichen Kreislaufs des Selben wie in der Familie oder im übrigen sozialen Leben des Psychotikers, den Teufelskreis des Einschlusses und Ausschlusses zu vermeiden, muß die Institution sich selbst sprengen: um nicht vom Psychotiker gesprengt zu werden.

Ich habe oben nur von der 'Anpassung der Institution an jeden einzelnen darin aufgenommenen Menschen' geschrieben, und nicht umgekehrt von der Anpassung des psychotischen Subjekts an den vorgegebenen Rahmen der Institution und an das Soziale überhaupt, worein sich "das Subjekt integrieren muß." (LEFORT a.a.O.) Unzweifelhaft gibt es auch diese Anpassungsanforderung. Sie ist Ziel der Psychosenanalyse, und sehr genau zu reflektierender Schritte auf diesem Weg müssen durch die Vorgabe eines unver-rückbaren Rahmens auch antizipiert werden: Die komplexen Verschränkungen der Zeitlichkeit in der intersubjektiven Dialektik der Veränderung, vor allem der Modus der "Nachträglichkeit", verbieten ein lineares Denken, wie es psychologische und pädagogische Modelle oft voraussetzen. Die Antizipation einer anzustrebenden Integration ins Soziale führt sukzessive Andersheit in das geschlossene psychotische Universum des Selben ein, denn ohne Einführen einer Andersheit, durch bloße, passive Anpassung der Institution an die Psychose oder umgekehrt des Psychotikers an die (teilweise neurotisch strukturierte) Institution gäbe es keine Chance des Heraustretens aus der Psychose. Es geht vielmehr um aktive Anpassungsprozesse beider Subjekte - des Psychotikers und der Institution. Es geht - anders formuliert - um die Ermöglichung einer Dialektik der gegenseitigen Abgrenzung und Beeinflußung, um einen intersubjektiven Prozeß zwischen Subjekten. Einen solchen Prozeß anzustoßen, ist allerdings ein langfristiges Ziel, das nicht leicht und schnell zu erreichen ist. Oft ist schon sehr viel erreicht, wenn es ein Oszillieren zwischen Subjekt- und Objektposition zwischen Psychotiker und Institution gibt, und nicht ein statisches Entweder-Oder der phantasmatischen oder tatsächlichen gegenseitigen Unterdrückung und Vernichtung.

Darf es also in der Psychosenbehandlung nur den einen, unverrückbaren Rahmen oder muß es unterschiedliche geben? Herr Rohlfs formulierte auf dem Psychosen-Workshop in Kassel 1989 unter dem Titel "Psychosenbehandlung in unterschiedlichen Settings", daß es bei der Behandlung von Psychotikern nur ein Setting geben dürfe und das müsse möglichst gleichbleibend und kontinuierlich sein. Das ist richtig. Ebenso richtig ist es aber zu sagen, daß der Rahmen kontinuierlich verändert, 'gesprengt' werden müsse, weil sich sonst stereotype Haltungen und Aktionen beider Subjekte festhaken. Das Schwanken zwischen den Extremen, die große Schwierigkeit der Integration sich ausschließender Strebungen ist ein Merkzeichen der Psychose, die unweigerlich auch die Institution erfassen muß, die mit ihr umgeht. Jede Institution wird immer wieder passager psychotisch, insbesondere die, die mit Psychotikern umgeht.[29] Das ist nicht schlimm, wenn man produktiv-psychotische Phasen und ihre Folgen der Dissoziation immer wieder auch als Entwicklungsmöglichkeit aufgreifen kann.

Das Festfahren der Institution in einer starr fixierten psychotischen - z.B. depressiven oder paranoiden - Position kann nur verhindert bzw. wieder aufgelöst werden durch das Eingreifen einer Andersheit. Auch eine Supervision[30] kann ein Stück Sprengung der Institution darstellen - ich behaupte dies und stelle es zur Diskussion, obwohl ich von der strikten Ablehnung supervisionsähnlicher Veranstaltungen wegen ihrer totalisierenden Effekte bei Maud Mannoni weiß. Es ist sicher richtig - abhängig u.a. von der Frequenz der Sitzungen[31] - daß die Institution und die Gruppe der Mitarbeiter die Tendenz hat, sich den Supervisor einzuverleiben, und mit diesem zusammen einen "gesetzgeberischen Zusammenhalt eines institutionellen Diskurses" (Lefort, a.a.O.), also eine Form des Zuviel-Wissens zu begründen. Gegen diese unvermeidbare Gefahr der Totalisierung der Institution - der man m.E. aber nicht einfach dadurch entgeht, daß man gar keine Supervisionen veranstaltet - hilft nur, daß der Supervisor mit seinen Deutungen die Etablierung von sich abschließenden Sinn- und Wissens-Systemen unterbricht und auf neue Horizonte, auf ein Nicht-Wissen und auf die Emergenz von neuem Material hin öffnet. Dazu brauchen wir und unsere Supervisoren immer wieder das Korrektiv von Personen, die von 'ganz woanders her' mit uns sprechen.

Anders gesagt: Es geht immer um ein Spiel von Wissen und Nichtwissen, von zu viel und zu wenig wissen. Eine geschlossene Institution tendiert dahin, selbst zu einem paranoischen System des Zuviel-Wissens zu werden; die

---

[29] Ich stimme hierin grundsätzlich mit BION (1961) überein, der in Gruppen nicht nur neurotische Mechanismen am Werke sieht, sondern auch prinzipiell psychotische Ängste und deren Abwehr. Bion schreibt, "daß Gruppen nach Freuds Auffassung neurotischen Verhaltensweisen, nach meiner Auffassung dagegen psychotischen Verhaltensweisen nahekämen" (a.a.O. S.134). Bions (und Melanie Kleins) Termini der projektiven Identifikation, der paranoid-schizoiden und depressiven Abwehrmechanismen und der Grundannahmen (basic assumptions) könnten allerdings durch eine Reformulierung in Lacanschen Termini noch an Schärfe gewinnen.

[30] "Supervision" ist - wortwörtlich verstanden und auch in seinen derzeit aktuellen Bedeutungen in der Sozialbranche - überwiegend ein häßliches Wort; ich gebrauche es nur, weil ich kein besseres weiß und nicht ein Wort-Ungetüm wie z.B. "einzelsubjektzentrierte Institutionsanalyse" kreieren will. Natürlich spreche ich hier von Supervisionen nur im Sinne von "Fall"-Supervisionen, keinesfalls im Sinne von Teamselbsterfahrung. Die "fall"-zentrierten Supervisionen müssen die radikale Analyse der je wirksamen Übertragungs- und Gegenübertragungskonstellationen bis hin zu einer Analyse der Institution vorantreiben. (Vgl. FEULING 1988)

[31] In den stationären Bereichen unserer Arbeit praktizieren wir ein Supervisionsmodell, das zwei wöchentliche Gruppensupervisionen aller involvierter Mitarbeiter vorsieht, und darüberhinaus - als Korrektiv und Ergänzung - bis zu einer Einzelsupervision wöchentlich pro Mitarbeiter. Dieses vergleichsweise sehr dichte Supervisionsnetz imponiert als das Gegenextrem der Bonneuilschen Praxis - und ist ihr vielleicht qua Extrem nahe.

Sprengung der Institution zielt dahin, auf der Basis eines Wissens, das ein "kollektiver Diskurs (ist), der, insofern er in der Instutition gefangen bliebe, zu einem Ritual erstarren würde" (MANNONI, a.a.O.), eine Öffnung und ein Nichtwissen einzuführen. Vielleicht muß die Politik einer Institution immer messianisch, und das heißt katastrophisch, sein. (vgl. BECKER 1990)

Die Sprengung der Institution versucht, ein Entweder-Oder aufzulösen zugunsten der Einführung einer Dialektik von Kontinuität und Diskontinuität, von Permanenz und Sprengung. Von Anpassung des psychotischen Subjekts an den ihm vorgegebenen Rahmen, sowie von Anpassung der Institution an das psychotische Subjekt. Maud Mannoni fährt weiter fort:

> "Ausgehend vom Mangel eines Liebesobjekts[32] entfaltet sich ein dialektischer Prozeß, d.h. ausgehend von Einschnitten im kollektiven Diskurs, der, insofern er in der Institution gefangen bliebe, zu einem Ritual erstarren würde. Anstelle der Permanenz bietet der Rahmen von nun an auf der Grundlage der Permanenz[33] Öffnungen nach außen, Breschen aller Art. Unverändert bleibt er nur als Ort des Rückzugs; aber der wesentliche Teil des Alltags spielt sich woanders ab, bei der Arbeit oder in irgendeinem Projekt außerhalb. Vor dem Hintergrund dieser Oszillation von einem Ort zum andern kann ein Subjekt entstehen, das sich nach seinem eigenen Willen befragt. Das soeben Gesagte ist in Hinsicht auf die Phantasie zu verstehen." (1973, S.77f)

Interessant an dieser Grundlegung der "gesprengten Institution" bei Mannoni ist, daß - gemäß meiner These von der Konstruktion psychischer Instanzen im realen Außen, die Vorbedingung einer Aneignung und Verinnerlichung dieser Instanzen ist - in Bonneuil sehr viel Gewicht auf reale Wechsel zwischen realen Orten gelegt wird, die immer wieder inszeniert werden. Aber auch dort bildet dieses reale Geschehen nur den "Hintergrund", um - a forteriori im 'Vordergrund', im Inter- und/oder Intrapsychischen, in der "Phantasie"? -

---

[32] D.h. ausgehend davon, daß die Institution nicht der "Ersatzkörper des Körpers der Mutter" (WARSITZ a.a.O.) ist, und sich auch - im Gegensatz zu "unseren nicht-analytischen Nervenheilanstalten" - weigert, sich vom Psychotiker dazu machen zu lassen, ihm etwa qua pflegend-versorgender Mütterlichkeit "alles zu spenden, was ein Mensch vom anderen erhoffen kann" (FREUD a.a.O.). Im Gegenteil: " ... wenn Liebe heißt: geben, was man nicht hat, [... dann kann Liebe nur in der Gabe dieses Nichts bestehen - MF] Aber selbst dieses Nichts ist nicht geschenkt, und es ist besser so: Für dieses Nichts bezahlt man [in der Analyse...]. Wenn der Andere, der ja auch seine Vorstellungen von seinen Bedürfnissen hat, sich [aber] einmischt, und es anstelle von dem, was er nicht hat, bis zum Ersticken vollstopft mit dem Brei dessen, was er hat, und so seine Pflege mit dem Geschenk seiner Liebe verwechselt," (LACAN 1958a, S.208/219) dann findet der Psychotiker nie einen Zugang zum Begehren und bleibt Objekt der Wünsche des Anderen.

[33] Wo die "Grundlage der Permanenz", der Ort des Rückzugs und das heißt auch des Zulassens der Regression in der Versuchsschule von Bonneuil ist, wird mir allerdings aus den Texten Maud Mannonis nicht sehr deutlich. Im Wohnbereich? In der Schule? Bei der Arbeit? Bei der Analyse? Oder ist die Permanenz nur im beständigen Wechsel von Ort-zu-Ort selbst gelegen? Dies unter der Bedingung einer Begleitung durch langfristig und kontinuierlich wiederauffindbarer Betreuungspersonen?

ein "Subjekt entstehen zu lassen, das sich nach seinem eigenen Willen befragt" und eben überhaupt erst Subjekt wird. Um dieses Subjekt entstehen zu lassen, fordert die Institution ihm ein Stück Anpassung an ihre Regeln ab. Die Einführung des Mangels als strukturaufbauendes Moment in der Psychosenbehandlung ist immer mit gewissen Formen von Gewalt[34] verbunden:

> "Die Einführung eines dritten Elements zwischen Mutter und Kind, (das dem Kind die Mutter als Eigentum raubt) vermittelt die Dimension des Mangels, aus der der Wunsch hervorgeht. [...] Ausgehend von einem Einschnitt, einem hergestellten Mangel wird das Kind schließlich zum gesprochenen Wort finden und menschliche Gestalt annehmen." (MANNONI 1973, S.78ff)

Ohne Aporien ist eine institutionelle Behandlung psychotischer Menschen nicht denkbar. Ich habe eingangs von der Einführung des Mangels als strukturaufbauendes Moment in der psychoanalytischen Arbeit mit psychotischen Menschen geschrieben und dann einige theoretisch Figuren aufgezeigt, mit denen sich vielleicht am konkreten Detail zeigen ließe, worin der 'Mangel an Mangel' bei einem psychotischen Menschen besteht. Nicht zufällig bin ich zurückgekommen auf den (herzustellenden) Mangel der Institutionen, die psychotische Menschen aufnehmen und behandeln wollen.

3. Beispiel eines institutionellen Settings

Ich will im folgenden versuchen, an den Settings der beiden, oben schon erwähnten stationären Einrichtungen anzudeuten, wie die Einführung des Mangels qua Setting der Institution aussehen kann: Die Konstruktion beider Institutionen hat als Grundlage eine strikte Differenzierung und Trennung von drei (bzw. vier) (Er-)Lebens- und Begegnungsfeldern, die sich nach unterschiedlichen Regeln strukturieren:

1. Alltag des Überlebens und Lebens

2. Schule bzw. Arbeit

3. Psychoanalytischen Einzelstunden

(4. Alle sonstigen Begegnungen mit Orten, Menschen und sozialen Gesetzmäßigkeiten innerhalb und außerhalb der Institution und des

---

[34] und paradoxer Intervention: wenn der Psychotiker sich stabil anpaßt, wird er wieder weggeschickt. "Das Kind sollte den Ort wechseln, sobald sich eine adaptive Stereotypie einstellt. Die Veränderung mit ihrer 'heilenden' Wirkung vermittelt sich durch das, was zwischen zwei Orten aufbricht." (MANNONI 1976, S.82)

konstruierten Settings. Diese Begegnungen entgehen der Planbarkeit und Kontrolle durch die Institution systematisch (und absichtsvoll): Kontakte mit der Putzfrau, mit Handwerkern, mit den Eltern, mit dem sozialen Außen in Form von Nachbarn, Geschäftsleuten, Polizisten, Ärzten, mit Musik-, Körper- oder Reittherapeuten ...)

Ich handle hier natürlich nur von den ersten drei Bereichen, wohl wissend, daß "ungewöhnliche Vorkommnisse"[35] speziell im vierten Bereich sehr wirksam sind, (hoffentlich) aber auch in den anderen Bereichen immer wieder möglich sind und eintreten. Grundsätzlich ist die Haltung in allen drei Bereichen - allerdings je spezifisch differenziert - eine psychoanalytische, sofern das heißt: Prozesse der Veränderung nicht durch gezielte und symptomorientierte 'Therapie'[36] und/oder auf Lernprozesse abzielende Pädagogik anzustreben. Vielmehr geht Psychoanalyse in meinem Verständnis ausschließlich mit dem, 'was sich zeigt', deutend - verbal und handelnd -, oder konstruierend - verbal und handelnd[37] - um. Zugespitzt formuliert: Psychoanalyse (und 'Psychoanalytische Sozialarbeit') arbeitet grundsätzlich nicht 'therapeutisch' - im oben präzisierten Sinn einer Orientierung am Symptom, seiner Beseitigung und des Lernens neuer Verhaltensmodi - sondern 'analytisch' im strengen Wortsinne des 'Auflösens' und 'Zersetzens'[38] psychischer Konstrukte.

---

[35] "Hinter dem von uns eingeführten Begriff der gesprengten Institution steht die Absicht, aus allen ungewöhnlichen Vorkommnissen Nutzen zu ziehen (aus dem Ungewöhnlichen, das man gewöhnlich unterdrückt)." (MANNONI 1973, S.77)

[36] Es sollen beispielsweise in den vergangenen 3 Jahrzehnten mehr als 200 namentlich unterschiedene Therapieformen für Autisten entwickelt worden sein. Mehr oder weniger alle setzen systematisch an dem an, was ihre Protagonisten für das Kernsymptom des Autismus halten, und versuchen hier - meist auf verhaltenstherapeutischer Grundlage - systematisch Verbesserungen zu erreichen.

[37] Die Diskussion der Interventionsformen der "psychoanalytischen Sozialarbeit" mit autistischen und psychotischen Menschen, die notwendig in spezifischer Weise das psychoanalytische Gebot der Enthaltsamkeit übertreten, muß einer anderen Arbeit vorbehalten bleiben. Vgl. dazu Freuds Ausführungen über "die Aktivität des Arztes" im Eingangszitat, ferner den Text über "Konstruktionen in der Analyse" (1937d) und FEULING (1991d).

[38] Freud vergleicht die Arbeit der Psychoanalyse als "Vivisektion" des Seelenlebens mit der des Chemikers, der "hochzusammengesetzte" Naturstoffe im Laboratorium in ihre Bestandteile zerlegt: "Wir haben den Kranken analysiert, das heißt seine Seelentätigkeit in ihre elementaren Bestandteile zerlegt, diese Triebelemente einzeln und isoliert in ihm aufgezeigt; was läge nun näher als zu fordern, daß wir ihm auch bei einer neuen und besseren Zusammensetzung derselben behilflich sein müssen? Sie wissen, diese Forderung ist auch wirklich erhoben worden. Wir haben gehört: Nach der Analyse des kranken Seelenlebens muß die Synthese desselben erfolgen! [...] Wollte ich mir gestatten, aufrichtig und unhöflich zu sein, so würde ich sagen, es handelt sich da um eine gedankenlose Phrase [... weil,] wir es im Seelenleben mit Strebungen zu tun haben, die einem Zwang zur Vereinheitlichung und Zusammenfassung unterliegen. Ist es uns gelungen, ein Symptom zu zersetzen, eine Triebregung aus einem Zusammenhange zu befreien, so bleibt sie nicht isoliert, sondern tritt sofort in einen neuen ein." (FREUD 1919a, S.241ff)

Psychoanalyse orientiert sich nicht am Symptom sondern am Subjekt mit dem einzigen Ziel, neue Zusammensetzungen der elementaren Bestandteile des Seelenlebens durch "ungewollte Synthesen dank der freigewordenen Affinitäten und der Wahlverwandtschaft der Stoffe" (FREUD ebd.) zu ermöglichen. Das heißt auch: neues Material auftauchen zu lassen, das dann im Prozeß der (theoretisch) unendlichen Analyse wieder zer-legt werden kann.

Die Entgegensetzung von 'Therapie' vs. 'Psychoanalyse' impliziert auch, daß eine Gegenüberstellung von 'Alltag' vs. 'Therapie' - wie sie im Feld stationärer, institutioneller Unterbringung gebräuchlich und mehr oder weniger bewußt wirksam ist - keinen Sinn macht. Ebensowenig übrigens wie die Unterscheidung von 'Phantasie' vs. 'Realität': Alltag wie Schule oder Einzelstunden sind schlußendlich nur hinsichtlich ihrer subjektkonstitutiven Wirkungen in der "Phantasie" (MANNONI 1973, S.77 vgl. oben), also in der 'psychischen Realität' wirksam - weil es eine andere Realität nicht gibt. Das Verhältnis von innen und außen ist in psychoanalytischem Verständnis nicht linear, sondern - wie oben gesagt - komplex und dialektisch verschränkt.

Dies zumal bei autistisch-psychotischen Menschen, die auf einem sehr frühen Niveau der Subjekt- und Objektkonstitution fixiert sind, bei denen Psyche und Soma, innen und außen, vorher und nachher noch weitgehend undifferenziert sind und allenfalls im Denken der Betreuer - aus deren neurotischer Perspektive, also 'von außen' - unterschieden werden können.

Nicht der Gegensatz von Alltag vs. Therapie oder die Opposition von Realität vs. Phantasie ist in der Konstruktion der Institution und in ihren drei unterschiedenen Feldern Alltag, Schule/Arbeit, analytische Einzelstunden bestimmend und wirksam, sondern unterschiedliche Regeln, die den unterschiedlichen mediatisierenden Objekten und den daraus sich generierenden Formen der Versagung und des Mangels entspringen. Es stellt sich die Frage: Welche Regeln generieren in welchem Feld welchen Mangel?

Der folgende Versuch einer deskriptiven Charakterisierung der Differenzen der drei Felder ist idealtypisch und kann allenfalls am Ende einer institutionellen Behandlung annähernd realisiert werden. Kriterium der Differenzierung kann nur das in jedem Feld unterschiedliche Verhältnis zum Sprechen des autistisch-psychotischen Subjekts sein. Natürlich muß in der institutionellen, psychoanalytischen Psychosen-Betreuung/Behandlung - da die Analyse sich nicht im klassischen Zweiersetting und somit noch nicht einmal überwiegend im Verbalen abspielt - jedes 'Verhalten' in seinem signifikanten Wert als unbewußt motiviertes Handeln des Subjekts, d.h. als Sprechen, als Mitteilung an den Anderen verstanden werden. Jedes 'Verhalten' kann in die Form eines gesprochenen Satzes übersetzt werden. Das (oft stumme) Hantieren des Autisten mit seinen autistischen Objekten oder an seinem eigenen Körper muß als monadische, in der Diskussion der Psychiatrie als "eigenlogisch" definierte, Sprachverwendung verstanden werden, die in einer signifikanten Differenz (also nicht nur defizitiär) zum neurotischen, umgangssprachlichen, sozialkonformen Sprachgebrauch steht. Die drei Felder der Begegnung im Setting der Institution: Alltag, Schule/Arbeit, psychoanalytische Einzelstunden konstituieren sich gemäß dieses Unterscheidungskriteriums in ihrer je spezifischen Regelhaftigkeit[39] durch unterschiedliche Relationen zwischen eigenlogisch, autistisch-psychotischem und sozialkonformem Sprachgebrauch.

a. Konstitutive Regel der Schule[40] ist - ansetzend am eigenlogischen Sprachgebrauch, also 'entlang der Abwehr' - die eigenlogische und oft sehr reduzierte Sprache der Autisten in Richtung auf das soziale System der Bedeutungen, das ein System des Wissens und Kultur zugleich ist, zu öffnen. Dies ist nur durch setzende Affirmation und Konfrontation des Autisten mit der sozialen Bedeutung des Lerngegenstandes möglich.

> Ein Beispiel: Ein 9-jähriger autistischer Junge macht tagein-tagaus kaum etwas anderes, als eine Pappschachtel mit sich herumzutragen, die er öffnet und verschließt, weglegt und wieder holt, aus der er Dinge herausnimmt und wieder hineinlegt. Er sagt dazu - mal fragend mal freudig - "Schachtel?!". Wenn die Schachtel ihm nicht alles gibt, was er von ihr erhofft, gerät er in aggressive Durchbrüche. Es war vielleicht sein Glück, trotz diagnostizierter geistiger Behinderung, die Fähigkeit zu besitzen, daß er seine Schule immerhin so sehr zu terrorisieren vermochte, daß sie ihn nicht mehr behalten konnte und er ins Therapeutische Heim kam. Anfangs war er vollkommen unfähig, sich in der Schule des Heims auf etwas anderes einzulassen als auf seine Schachtel: Sie ist sein ganzes Universum, weil sie seine schützende Abwehr vor unerträglichen Wahrnehmungen der Trennung und des Verlusts ist. Die Schule plant deshalb ein Unterrichtsprojekt über die Schachtel: Für die Schule ist eine Schachtel aber ein von Menschen mit Schweiß und in bestimmter Absicht produziertes Objekt, hergestellt für die Aufbewahrung bestimmter Dinge. Sie ist Tauschwert und Gebrauchswert zugleich. Ein solches Unterrichtsprojekt ist kein pädagogischer Motivations-Trick, sondern die einzige Chance, einem Kind, das wegen seiner Angst vor dem Fremden und Neuen nicht lernen und wissen wollen kann, einen Zugang zu einem größeren Reichtum an Bedeutungen, i.e. zum Wissen und zur

---

[39] Die Regeln der einzelnen Felder müssen prinzipiell vom Willen und der Willkür der involvierten Subjekte unabhängig, ihnen qua Konzeption der Institution und Setting als fixe "Parameter" gesetzt sein, um einen (analytischen) Prozeß möglich werden zu lassen.

[40] Im Therapeutischen Heim ist Schule über lange Zeit fast nur als Einzelunterricht möglich.

Kultur zu ermöglichen. Der eigenlogischen Bedeutung der Schachtel wird in der Schule systematisch-antizipierend ihre soziale Bedeutung gegenübergestellt, auch wenn der Autist zunächst noch weit davon entfernt ist, die soziale Bedeutung der Schachtel kennenlernen zu können oder zu wollen.[41]

b. Konstitutive Regel der psychoanalytischen Einzelstunden ist dagegen, das eigenlogische Sprechen auf seine immanente Bedeutung im System der Vorstellungen des Analysanten hin zu zerlegen, damit es im Sinne Freuds zu neuen "ungewollten Synthesen" mit anderen Triebrepräsentanzen, damit es zur Produktion von neuem Material kommen kann. Natürlich ist auch dies nur auf dem Wege der Mediatisierung, also durch ein benennendes Sprechen und durch ein Handeln mit signifikantem Wert durch das sozialkonforme, neurotische Bedeutungssystem des Analytikers hindurch möglich.

Aber nie wird dem Analysanten etwa - um im obigen Beispiel zu bleiben - wie in der Schule in den Einzelstunden be-deutet: 'die Schachtel ist nicht das, was sie für dich ist, sie hat diesen und jenen sozialen Sinn und Zweck'. Vielmehr wird seinem opaken, stereotypen Handeln qua Deutung oder Konstruktion eine unbewußte, existenztragende Bedeutung unterstellt, etwa: 'Schachtel ist Mama; du willst Mama fort und Mama da machen; Mama leer und Mama voll machen. Was ist in Mama?'[42]

c. Konstitutive Regel des Alltags ist, dem stereotypen, eigenlogischen Gebrauch einerseits Raum zur Wiederholung und Entfaltung, zum Ausprobieren neuer, ungewollter Synthesen und andererseits zum Aufnehmen der unterschiedlichen Reaktionen verschiedener Anderer zu geben. Hier gilt zunächst positiv nur die einzige Regel: Das Verbot, also weder sich selbst noch andere körperlich zu verletzen. Negativ gilt die Regel, daß sich hier der

---

[41] Ähnliches gilt für die Arbeit: die eigenlogische Bedeutung und der autistische Mißbrauch der Arbeitsgegenstände wird immer wieder - sofern störend - verboten und mit der sozialen Bedeutung der Arbeitsgegenstände konfrontiert. Für Arbeit wie Schule gilt: "Was wirksam ist, ist nicht die Tugend der Arbeit, sondern die Entdeckung der 'Gesellenzeit', die eine Wissensbegierde fördert."(Mannoni 1973, S.153)

[42] Solche Interventionen führen vielleicht zur Produktion von neuen Vorstellungen, die durch Signifikanten repräsentiert werden können; schlußendlich aber zur Produktion von "Vorstellungsrepräsentanzen" (Freud), i.e. Signifikanten im strengen Sinne Lacans, die kein Signifikat bezeichnen, sondern nur das Sein des Subjekts (des Aussagens) selbst auftauchen lassen. Anders gesagt: Was beispielsweise LORENZER (1970, S.136) für die Sache der Psychoanalyse hält: die Auflösung der Privatsprache und das Zur-Deckung-Bringen mit der allgemeinen Sprache ("Vater=Vater; Pferd=Pferd; Analytiker=Analytiker") halte ich für die Sache der Schule und einer guten Pädagogik; nicht aber für die Sache der Psychoanalyse. Im Gegenteil: die Psychoanalyse kulminiert nach Lacan in einem irreduzibel Einmaligen, dem urverdrängten "Signifikanten - Un-sinn, irreduzibel, traumatisch - [dem es als] Subjekt unterworfen, assujettiert ist." (LACAN 1964, S.264).

Anspruch eines einzelnen Kindes auf ausschließliche Inbesitznahme der Betreuer sich dem Anspruch der Gruppe und den Notwendigkeiten des Überlebens und der Aufrechterhaltung der sozialen Rituale unterordnen muß. Der Alltag ist vorrangig der Ort des Handelns und Sprechens dessen, was zum Überleben der Gemeinschaft notwendig ist, Ort des Teilens und des Austauschs, nicht der Ort exclusiver Ansprüche. Der Alltag ist Ort des Überlebens, wo in 'Hilfs-Ich-Funktion', also in (vorübergehender, wenn auch manchmal langfristiger) Antizipation, den vom Autisten noch nicht in eigener Verantwortung zu übernehmenden Notwendigkeiten gefolgt wird, bis hin zur Übernahme rudimentärster Funktionen der Pflege und Selbsterhaltung (des Essens, der Körperpflege usw.). Jede der zur Erhaltung notwendigen und in der sozialen Gemeinschaft durchgeführten Handlungen beschränkt sich nicht auf ihren unmittelbaren Zweck, sondern führt eine Vielfalt von Bedeutungen ein, die sich in gesprochene Sätze übersetzen lassen. Im Alltag wird der Autist über seinen eigenen Horizont hinaus mit einer - zunächst für ihn sehr unüberschaubaren - Vielfalt von Objekten und Begehren konfrontiert. Damit diese Unüberschaubarkeit nicht zu Angstüberschwemmung und vermehrten Rückzug auf autistische Objekte führt, werden feste Rituale des Überlebens, Rückzugs- und Regressionsräume eingerichtet werden, die ebensowenig wie die Regeln der Schule oder der Einzelstunden von der Willkür und vom Wollen Einzelner abhängig sind. Nur in der Differenz zu diesen gleichbleibend sich wiederholenden Ritualen können die "ungewöhnlichen Vorkommnisse" im Alltag als solche erscheinen. Der Alltag bestimmt sich wesentlich aus seiner 'inneren' Differenz zwischen Gewöhnlichem und Ungewöhnlichem und aus der 'äußeren' Differenz zu den anderen Orten, Zeiten und Regeln der Schule/Arbeit und der psychoanalytischen Einzelstunden.

> Um beim Beispiel mit der Schachtel zu bleiben: Die Schachtel ist im Alltag sowohl legitime Möglichkeit des autistischen Rückzugs wie der Kontaktaufnahme (wo ist die Schachtel?), Ort der Befriedigung (ich helfe dir bei der Suche der Schachtel) wie Ort der Versagung des Anspruches (ich will jetzt nicht mit dir deine Schachtel suchen, ich will gerade für jemand anderen oder für mich etwas anderes tun!).

Wahrgenommen werden kann die Differenz zwischen den drei Feldern zuerst vielleicht nur aus der realen Unterschiedlichkeit der Orte, an denen die symbolisch unterschiedenen Felder der Begegnung stattfinden; später vielleicht auch aus der unterschiedlichen zeitlichen Logik dieser Begegnungen; schlußendlich aus der Anerkennung und Verinnerlichung ihrer unterschiedlichen Regeln.

Jede der Regeln in diesen Begegnungsfeldern schließt bestimmte Aspekte der "hochzusammengesetzten" Komplexität der Bedeutungen aus, verbietet sie am einen Ort, mutet ihnen eine zeitlichen Aufschub zu, und verweist diese 'verbotenen' Aspekte auf ein anderes Feld. Die unterschiedenen Orte und Regeln verhindern, daß alle Bedeutungs-Aspekte in einer nicht-differenzierten, diffusen 'Lebensweltlichkeit' des Alltags aufgehen. Sie sind künstliche Setzungen zwecks Herstellung des Mangels. Diese Differenzierungen haben auch zum Ziel, keinen Aspekt des 'Verhaltens' total zu unterdrücken, vielmehr ein aushaltbares Nebeneinander von Progression und Regression, eine Gleichzeitigkeit von unterschiedlichen Strukturniveaus in verschiedenen Bereichen zu ermöglichen. Weder am einen noch am anderen Ort kann der Jugendliche 'alles' bekommen. Stattdessen gibt es je spezifische Versagungen und Gewährungen. Die ersehnte Heimat totaler Befriedigung gibt es nicht. Das totale Objekt ist auf immer verloren.

Literatur

ALLERDINGS, INGRID; BECKER, STEPHAN ET AL. : *Der psychotische Jugendliche, die Institution und die Psychoanalyse*, Zeitschrift Psychoanalyse 4/1984, Salzburg 1984.

BECKER, STEPHAN: "Psychoanalytische Sozialarbeit mit psychotischen Kindern und Jugendlichen", in: BIERMANN, G. (Hg.) *Handb. für Kinderpsychotherapie* Band VI, München 1981.

BECKER, STEPHAN: *Objektbeziehungspsychologie und katastrophische Veränderung - Zur psychoanalytischen Behandlung psychotischer Patienten*, Tübingen 1990.

BECKER, STEPHAN (Hg.): *Psychose und Grenze - Zur endlichen und unendlichen psychoanalytischen Sozialarbeit mit psychotischen Kindern, Jugendlichen, jungen Erwachsenen und ihren Familien*, Tübingen 1991.

BION, W.R.: *Erfahrungen in Gruppen und andere Schriften*, Frankfurt 1990.

FEULING, MARTIN: "Zur Psychonalayse (in) der Institution", in: *Fragmente* Bd. 26, Kassel 1988.

FEULING, MARTIN: "Übergänge - Ein Modellprojekt zur Integration autistischer und psychotischer junger Erwachsener", in: *Schriftenreihe der Freudenberg-Stiftung*, Weinheim 1991.

FEULING, MARTIN: "Einbrüche in die Unendlichkeit - Einige Probleme psychoanalytischer Arbeit mit autistischen Menschen", *Arbeitshefte Kinderpsychoanalyse* Bd. 14, Kassel 1991.

FREUD, SIGMUND (1894a): *Die Abwehrneuropsychose*; GW I.

FREUD, SIGMUND (1895): "Entwurf einer Psychologie", in: DERS.: *Aus den Anfängen der Psychoanalyse*, Frankfurt 1950.

FREUD, SIGMUND (1900a): *Die Traumdeutung*, SA II.

FREUD, SIGMUND (1911c): "Psychoanalytische Bemerkungen über einen autobiographisch beschriebenen Fall von Paranoia", SA VII.

FREUD, SIGMUND (1915c): "Triebe und Triebschicksale", SA III

FREUD, SIGMUND (1918b): "Aus der Geschichte einer infantilen Neurose", SA VIII.

FREUD, SIGMUND (1919a): "Wege der psychoanalytischen Therapie", *SA* Ergänzungsband.
FREUD, SIGMUND (1924b): "Neurose und Psychose", *SA* III.
FREUD, SIGMUND (1924e): "Der Realitätsverlust bei Neurose und Psychose", *SA* III.
FREUD, SIGMUND (1926d): "Hemmung, Symptom und Angst", *SA* VI.
FREUD, SIGMUND (1937d): "Konstruktionen in der Analyse", *SA* Ergänzungsband.
GOFFMAN, ERVING (1961): *Asyle - Über die soziale Situation psychiatrischer Patienten und anderer Insassen*, Frankfurt 1972.
HOFMANN, WOLFGANG: *Die "psychothérapie institutionnelle" - Theorie und Praxis einer psychiatrischen Bewegung in Frankreich*, Frankfurt/New York 1983.
HYPPOLITE, JEAN (1953): "Gesprochener Kommentar über die 'Verneinung' bei Freud", in: LACAN, *Schriften 3*, Olten 1980.
LACAN, JACQUES (1938): "Die Familie", *Schriften 3*.
LACAN, JACQUES (1948): "L'Aggressivite en psychanalyse", *Ecrits*, Paris 1966.
LACAN, JACQUES (1953): "Funktion und Feld des Sprechens und der Sprache in der Psychoanalyse", *Schriften 1*.
LACAN, JACQUES (1953b): "Zur Verneinung bei Freud", *Schriften 3*.
LACAN, JACQUES (1953c): *Das Seminar 1, Freuds technische Schriften*.
LACAN, JACQUES (1955a): "Über eine Frage, die jeder möglichen Behandlung der Psychose vorausgeht", *Schriften 2*.
LACAN, JACQUES (1955c): *Les Psychoses, Seminar III*, Paris 1981.
LACAN, JACQUES (1958a): "Die Ausrichtung der Kur und die Prinzipien ihrer Macht", in: *Schriften 1*.
LACAN, JACQUES (1964): *Das Seminar XI, Die vier Grundbegriffe der Psychoanalyse*.
LEVINAS, EMMANUEL (1947): *Die Zeit und der Andere*, Hamburg 1984.
LORENZER, ALFRED: *Sprachzerstörung und Rekonstruktion*, Frankfurt 1970 (1973).
MANNONI, MAUD: *Der Psychiater, sein Patient und die Psychoanalyse*, Olten 1973 (frz. Paris 1970).
MANNONI, MAUD: *"Scheißerziehung". Von der Antipsychiatrie zur Antipädagogik*; Frankfurt 1976 (frz. Paris 1973).
MANNONI, MAUD: *Ein Ort zum Leben, Die Kinder von Bonneuil*, Frankfurt 1978 (frz. 1976).
SCHINDLER, REGULA: "Topologie der Versagung", in: *RISS - Zeitschrift für Psychoanalyse* Bd. 13/14 Zürich 1990.
SCHINDLER, REGULA: "Symbolische Mutter - realer Vater", in: *RISS - Zeitschrift für Psychoanalyse* Bd. 17, Zürich 1991.
STAIGLE, JOACHIM: "Die Ambulanten Dienste des Vereins für Psychoanalytische Sozialarbeit", in: *Zeitschrift psychosozial* Bd. 32, München 1986.
WIDMER, PETER (1990); STRÄULI, DIETER; BORENS, RAYMOND: "Zusammenstellung der Aussagen Jacques Lacans über Ödipus und den Ödipuskomplex", in: *RISS - Zeitschrift für Psychoanalyse* Bd. 13/14, Zürich 1991.
WARSITZ, PETER: "Institutionelle Gewalt - Symbiose mit der Mutter oder Suche nach dem Vater. Kontroverse Konzepte in der Psychosenbehandlung", *Fragmente* Bd. 26 Kassel 1988.

Einige Bemerkungen über die psychotische Realität

Max Kleiner

1. Wie man nicht verrückt wird

Auch in der psychoanalytischen Theorie kann die Sache der Psychose offensichtlich nicht anders zur Sprache kommen denn als das Andere des Gleichen, des Normalen, des Neurotischen. Seit ihrer Gründung versucht die Psychoanalyse, die Fragen, die ihr die Psychose stellt, vom Feld der Neurose aus zu beantworten, die Psychose in Abgrenzung von der Neurose zu begreifen - zumindest, sofern sie nicht einfach als besonders schwerwiegende Ausformung der letzteren subsumiert wird. Die Möglichkeit einer sauberen Trennung sieht Freud mit der in *Das Ich und das Es* vollzogenen Neugliederung des seelischen Apparates gekommen. Mit allem ihm eigenen Mißtrauen gegen Vereinfachungen ließ er sich (von Ferenczi) zu der Formel hinreißen, die Neurose sei der Erfolg eines Konflikts zwischen dem Ich und seinem (sic) Es, die Psychose aber der analoge Ausgang einer solchen Störung in den Beziehungen zwischen Ich und Außenwelt.[1] Die Besonderheit der Psychose ist damit in den Beziehungen des Ich mit seiner (?) Realität zu suchen.[2]

In der Übersetzung Freuds durch Lacan findet sich der Akzent auf die Beziehungen des Subjekts mit seiner (sprachlich verfaßten) Realität verschoben. Ebenso wie bei Freud jedoch zeichnet sich die Psychose durch eine Störung in dieser Beziehung aus, also dadurch, daß hier etwas nicht funktioniert, im Vergleich zur Neurose. Der Schritt - der Schnitt -, der in der Psychose nicht gemacht wird, ist der des Subjekts in die Sprache - womit es von der Sprache erfaßt ist, ohne diese jedoch zu erfassen[3]. Anders gesagt,

---

[1] S. FREUD 1924, "Neurose und Psychose", *SA* Bd. III, S.331-337.

[2] siehe auch: S. FREUD 1924, "Der Realitätsverlust bei Neurose und Psychose", *SA* Bd. III, S. 355-361.

[3] Weshalb es außerordentlich problematisch ist, unter dem Vorzeichen der Psychose überhaupt von "Subjekt" zu sprechen; es ist ein emblematisches Sprechen, wie J.-P. Adjedj sagt s. J.-P.

und um der Versuchung zur Antithese ein weiteres Mal nachzugeben - in der Psychose ist die Realität nicht sprachlich verfaßt, sondern die Sprache ist im Realen, sie wird nicht gesprochen, sie geschieht. Wie kommt nun aber das Subjekt in die Sprache, zu seiner Realität? Durch die Sprache, genauer: durch die Metapher. In seinem kleinen Aufsatz über "Die Metapher des Subjekts" faßt Lacan deren Bedeutung so zusammen:

> Das heißt, daß die ernsthafteste Realität, und für den Menschen sogar die einzig ernsthafte, wenn man ihre Rolle in Betracht zieht, die Metonymie seines Begehrens zu stützen, nur in der Metapher zurückgehalten/aufrechterhalten werden kann.[4]

Die eminente Rolle, die Lacan hier der Metapher zuschreibt, fordert natürlich deren Visualisierung in einer Formel. In dieser soll veranschaulicht werden, wie ein Signifikant durch einen anderen ersetzt wird. Im Vorgang der Urverdrängung ist der ersetzende Signifikant der Name-des-Vaters, der zu ersetzende der des Begehrens der Mutter, die damit entstehende Bedeutung, an die sich das Subjekt binden wird, ist die des Phallus.[5] Um nachvollziehen zu können, wie die in dieser *väterlichen Metapher* beschriebene Urverdrängung scheitern kann, ist es nötig, sie in zwei Schritte zu zerlegen. Der erste Schritt ist derjenige der vorläufigen Symbolisierung des Begehrens der Mutter, ermöglicht und hervorgerufen durch ihre Abwesenheit, wie es in der immer wieder gerne erzählten Anekdote des Fort-Da-Spiels deutlich wird. Damit ist das Subjekt zwar von der Sprache erfaßt, aber noch nicht als ein sprechendes. Es muß erst - zweiter Schritt - vom Begehren auf einen Anderen Ort verwiesen werden, um auf die Unmöglichkeit seiner damit entstandenen eigenen Realität zurückgeworfen zu werden.

In dem von Lacan zur Darstellung der subjektiven Realität ersonnenen Schema R[6] sind die hier nur kurz angerissenen zwei Etappen der Symbolisierung deutlich artikuliert. Die Grundkonstruktion des Schemas geht von einer Situation aus, in der das Subjekt noch nicht in das symbolische Spiel einbezogen ist:

ADJEDJ, "Le langage psychotique", in: *Le Curieux, Courrier de la Bibliothèque de Recherche Freudienne et Lacanienne*, Nr. 11, S.39-42.

[4] J. LACAN, *Ecrits*, Seuil, Paris 1966, S.892: C'est dire que la réalité la plus sérieuse, et même pour l'homme la seule sérieuse, si l'on considère son rôle à soutenir la métonymie de son désir, ne peut être retenue que dans la métaphore; dt. in: *Schriften II*, Olten 1975, S.59; die im vorliegenden Aufsatz verwendeten Übersetzungen stammen von dessen Autor.

[5] loc. cit. S.515, 557; *Schriften II*, S.41, 90.

[6] loc. cit. S.553; *Schriften II*, S.86.

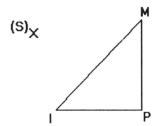

wobei M als Signifikant des mütterlichen Objekts steht, P als der Name-des-Vaters und I als das (spätere) Ich-Ideal. Der vierte Term bezeichnet das Subjekt, das hier in seiner Realität ausgeschlossen (forclos) ist. Das Beispiel des Bridge-Spiels aufgreifend, bringt Lacan es als Toten ins Spiel der Signifikanten. Der Tod des Subjekts im Realen ist die Voraussetzung für seinen Eintritt ins symbolische Spiel, in dem es als ein anderes wiederauferstehen kann. Aus einer Position, in der ihm nur mitgespielt wird, muß es seine Karten aufnehmen und seine Farbe ansagen.

Auf dem Wege des Imaginären vollzieht sich sein Eintritt ins Symbolische. Mit Hilfe eines *Sets imaginärer Gestalten*[7] versucht es, die unaufhebbare Polarität des Imaginären (zwischen den Phantasien körperlicher Zerstückelung und dem ganzheitlichen Trugbild vor dem Spiegel) mit der Basis des symbolischen Dreiecks zur Deckung zu bringen: die Linie $\overline{\text{im}}$ mit der Linie $\overline{\text{MI}}$. Diese Operation ist die der Identifizierung. In ihr vollzieht sich die Einbindung des Subjekts an seinem Ort im Imaginären in das Spiel der signifikanten Verkettungen - zugleich aber entsteht an der Grenzlinie von Symbolischem und Imaginärem das Feld der subjektiven Realität.

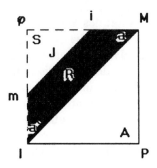

---

[7] loc. cit. S.552; *Schriften II*, S.84.

Der erste Aspekt dieser Operation, die Einbindung des Subjekts ins Symbolische, läßt sich als Umlauf der Signifikanten auf zwei Bahnen im vereinfachten Schema visualisieren:

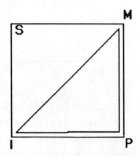

Der Umlauf auf der Innenbahn entspricht dem Zeitpunkt, da das Subjekt als x vom Spielen ausgeschlossen ist, während es in der doppelten Umkreisung konstituiert wird als in innerer Ausschließung (die letzte Bestimmung verweist auf die Strukturierung des Subjekts als Torus, über die weiter unten noch zu sprechen sein wird). Diese läßt sich ebenfalls darstellen in der von Lacan häufiger verwendeten Figur der Innenacht.

Die als zweiter Aspekt der Identifizierung genannte Herausbildung des Feldes R der subjektiven Realität stellt einen Ansatzpunkt für weitere theoretische Entwicklungen dar, die sich aus einer gewissen Mißverständlichkeit der Schematisierung ergeben. Aus dem Begleittext des Schemas R kann nämlich der Eindruck entstehen, als bilde sich die Realität des Subjekts sukzessive in Identifizierungsschritten, die vom Imaginären an das Symbolische heranführen. Diese Lesart wird bei der Herausgabe der Schriften 1966 in einer Anmerkung zum Schema R korrigiert[8]. Lacan stellt dort klar, daß es sich bei der Realität des Subjekts nicht um etwas handelt, das sich aus dem Imaginären ableitete. Sie ist weniger ein Feld als ein reiner Schnitt. Denn die Linien, die das Feld R im Schema aufspannen - die jeweiligen Basen des imaginären und des symbolischen Dreiecks -, sie sind keine wohlunterschiedenen und mit sich in ihrem Feld identischen Linien. Vielmehr sind sie zwei nicht-orientierbare Linien, der einzige Rand eines Moebiusbandes. Dessen Struktur ist identisch mit dem reinen Schnitt, d.h. mit dem Schnitt, der nicht sekundär zu etwas ist, das er schnitte, sondern der die Voraussetzung selbst ist für den durch ihn bestimmten Raum. Dieser Raum ist im Falle des Schemas R ein projektiver, d.h. ein nicht- euklidi-

---

[8] loc. cit. S.553f. Anm.; Schriften II, S.86f. Anm..

scher (die zweite Art des nicht-euklidischen Raumes ist die im Schema I dargestellte, der hyperbolische Raum, - s.u.)[9]. Während die Darstellung der subjektiven Realität als Feld Funktion des Phantasmas ist (das Abdecken der unerträglichen Realität des Schnitts, des Mangels), gibt ihre Formalisierung als Schnitt dessen Struktur an. *Als Vorstellungsrepräsentant im Phantasma also, das heißt als urverdrängtes Subjekt, trägt hier das $, vom Begehren gebalktes S, das Feld der Realität, und dieses hält sich nur durch die Extraktion des Objekts a, das ihm gleichwohl seinen Rahmen gibt.*[10]

Dieses Objekt, das dem Körper entrissen zur Ursache des Begehrens wird und das Subjekt auf der Suche nach ihm in der Urverdrängung bestehen bleiben läßt, beschreibt den Ort der inneren Ausschließung des Subjekts; denn das ausgeschlossene Objekt wird zum Zentrum seines Begehrens. Eine Darstellung gibt die Figur des Torus, der kreisförmig in sich gebogenen Röhre. Die Suche des Anspruchs, der *demande*, bewegt sich "auf" der Röhre um deren Höhlung, jedoch in einer Spiralform, da das gesuchte Objekt immer wieder ein anderes ist. Die Bewegung um das periphere Loch des Anspruchs biegt sich damit um das zentrale Loch des Begehrens, um das Objekt, das "hinter" allem steht, was der Anspruch will. (Wobei die Biegung um das zentrale Loch genau die Funktion der Metapher ausmacht, s.o. das Zitat aus der *Metapher des Subjekts*.)

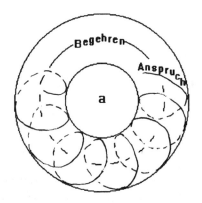

---

[9] Zu den topologischen Konsequenzen der beiden Schemata s. MARC DARMON, *Essais sur la topologie lacanienne*, Edition de l'Association Freudienne 1990, S.178-190.

[10] J. LACAN, *Ecrits*, S. 554 Anm.: C'est donc en tant que représentant de la représentation dans le fantasme, c'est-à-dire comme sujet originairement refoulé que le S, S barré du désir, supporte ici le champ de la réalité, et celui-ci ne se soutient que de l'extraction de l'objet a qui pourtant lui donne son cadre. *Schriften II*, S.87 Anm. .

Die Struktur des Torus kann jedoch nur funktionieren, wenn das zentrale Loch des Objekts des Begehrens mit dem peripheren Loch eines anderen Torus ineins fällt, d.h. mit dem Anspruch eines anderen Subjekts, so daß sich das Begehren des einen jeweils mit dem Anspruch des anderen überlagert.

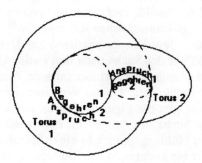

Für die Frage der Urverdrängung ergibt sich daraus, daß diese nur wirksam werden kann, wenn es ein Begehren eines Anderen gibt, das sich auf den Anspruch des Subjekts richtet, d.h. diesem zu Diensten ist. Nur wenn auf diesem Wege (der väterlichen Metapher) der Signifikant des Anspruchs durch den des Begehrens des Anderen ersetzt wird, kann vom Subjekt selbst ein Begehren ausgehen, das sich auf den Anderen richtet und so zu dem des Anderen wird.

Es wird im weiteren zu klären sein, inwiefern dies beim Psychotiker nicht der Fall ist und welche nicht-torische (und nicht törichte, da er sich vom Begehren nicht düpieren läßt) Struktur für ein psychotisches Subjekt zu finden sein wird.

2. Die Nicht-Toren sind die Irren[11]

Bei dem Bemühen, die Psychose klar von der Neurose zu scheiden, bietet sich der Psychoanalyse das Kriterium der (Abwehr- oder nicht) Mechanismen, mit denen der psychische Apparat seinen Input, das *perceptum*, bearbeitet. Während Freud eher dazu neigt, als den der Verdrängung in der Neurose analogen Mechanismus die Verleugnung zu begreifen, stützt sich Lacan auf eine unsystematische Erwähnung der *Verwerfung* beim Wolfs-

---

[11] Eine mögliche Übersetzung des Titels des 21. Seminars von Lacan, Les non-dupes errent, eine Homophonie zu Les Noms-du-Père Die Namen-des-Vaters

mann[12] durch Freud, um daraus einen eigenen psychotischen Mechanismus abzuleiten. Dazu dient ihm der juristische und in der übrigen Sprache nicht mehr geläufige Begriff der *forclusion*, den er etwas eigenwillig in das deutsche *Verwerfung* "rückübersetzt". Das Wort setzt sich aus den lateinischen Anteilen foras (hinaus, heraus) und claudere (ein-, abschließen, beenden) zusammen. Allgemein aufgefaßt, bedeutet die forclusion jeglichen Verfall oder Ausschluß von einem Recht oder einer Befugnis, die nicht rechtzeitig ausgeübt wurden. Der spezielle Kontext des Ausdruckes ist jedoch der folgende: Zur Aufteilung des Erlöses einer Immobilie wurde unter den Gläubigern, die auf dieser Immobilie eine Hypothek besitzen, eine Reihenfolge aufgestellt; der kommissarische Richter hat eine vorläufige Ranganweisung der Gläubiger erstellt, entsprechend ihren Hypothekenrängen, und die Aufstellung dieser provisorischen Ranganweisung wurde durch die in der Reihenfolge voranstehende Partei den in der Reihenfolge nachfolgenden Gläubigern eröffnet. Es tritt Ausschluß (forclusion) dieser Gläubiger ein, wenn sie in der Frist eines Monats die provisorische Aufstellung der Ranganweisung nicht angefochten haben; diese Gläubiger bleiben von der Befugnis ausgeschlossen (forclos), von nun an die provisorische Tätigkeit des kommissarischen Richters anzufechten und deren Änderung zu verlangen, betreffs welchen Punktes und aus welchem Grunde auch immer. - Soweit die leicht gekürzten Ausführungen des Artikels 756 des zivilen Verfahrensrechts (Code de procédure civile). Diese besondere Art des Verfalls der Rechte von Gläubigern ist übrigens die einzige, die das französische Recht formal als forclusion bezeichnet.[13]

Die verspätete Einreichung eines Verlangens am Ort des Gesetzes wird somit von Lacan dem Scheitern der Urverdrängung gleichgesetzt. Das Subjekt wird zum Outlaw. Am Ort des in der väterlichen Metapher zu seiner Wirkung gelangenden Namens-des-Vaters hinterläßt die forclusion ein Loch. Was forcludiert wird, ist ein Signifikant, und zwar der zentrale, das Subjekt strukturierende Signifikant des Namens-des-Vaters. Es ist so gut, als ob er nicht existierte. Jedoch nur als ob, denn er kann aufgerufen werden und so den psychotischen Prozeß auslösen: *An dem Punkt, wo (...) der Name-des-Vaters aufgerufen wird, kann also im Anderen schlicht und einfach ein Loch antworten, das durch das Ausbleiben des metaphorischen Effekts ein*

---

[12] S. FREUD, *SA* Bd. VIII, S.199: Er verwarf sie die Kastration und blieb auf dem Standpunkt des Verkehrs im After. Wenn ich gesagt habe, daß er sie verwarf, so ist die nächste Bedeutung dieses Ausdrucks, daß er von ihr nichts wissen wollte im Sinne der Verdrängung. Damit war eigentlich kein Urteil über ihre Existenz gefällt, aber es war so gut, als ob sie nicht existierte.
[13] s. *Encyclopédie Larousse*

entsprechendes Loch am Ort der phallischen Bedeutung hervorrufen wird.[14] Der Signifikant wird aufgerufen, aber er ist nicht zur Stelle, denn er hat es "damals" versäumt, sein Recht geltend zu machen. Er befindet sich in einem Zwischenreich, jenseits des gesetzlichen Bereichs von Gut und Böse, im Limbus, der Vorhölle. Weniger scholastisch ausgedrückt: Er ist im Innenkreis der im vereinfachten Schema R formalisierten väterlichen Metapher eingeschlossen, der äußere Kreis wird nicht durchlaufen, die Metapher wirkt nicht, das Subjekt bleibt außen. Für den väterlichen Signifikanten jedoch bedeutet dies, daß er in einem "reinen" Symbolischen verbleibt (dem symbolischen Dreieck des Schemas), das nicht jederzeit, als Rand des Moebiusbandes, ins Imaginäre kippt. Denn nur was symbolisch ist, kann an seinem Platz fehlen.

Für die psychotische Struktur, wenn sie sich nach dem durch die Anrufung des Verworfenen ausgelösten Zusammenbruch herstellt, folgt daraus, daß sie sich nicht auf der durch den Schnitt des Moebiusbandes bestimmten projektiven Ebene des Schemas R entfalten kann, sondern nur in dem der Sprache eigenen Raum, auf der hyperbolischen Ebene des Schemas I (Schema der Struktur des Subjekts am Ende des psychotischen Prozesses, hier ohne die komplette Beschriftung wiedergegeben)[15]:

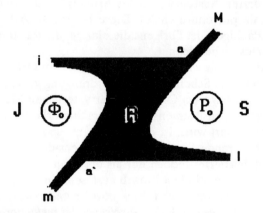

Man kann dieses Schema begreifen, wie es Lacan im Text vorschlägt, als die Modifikation des Schemas R durch die Wirkung der Fehlstellen in den Fel-

---

[14] J. LACAN, *Ecrits*, S.558: Au point où ... est appelé le Nom-du-Père, peut donc répondre dans l'Autre un pur et simple trou, lequel par la carence de l'effet métaphorique provoquera un trou correspondant à la place de la signification phallique. *Schriften II*, S.91.

[15] loc. cit. S.571; *Schriften II*, S.104.

dern S und I. Diese Felder können sich nicht aneinanderlagern und so ein stabiles Feld R umgrenzen. Die beiden Schlünde im Imaginären und im Symbolischen biegen die Basislinien der vormaligen Dreiecke zu Hyperbeln, so daß die Eckpunkte des Feldes der psychischen Realität, die dieses im Schema R vermittels der Operation der Identifizierung aufspannten, nun in alle Richtungen ins Unendliche entfliehen.

Es ist aber auch möglich, und angesichts Lacans korrigierender Anmerkung zum Schema R zwingend, die Strukturierung der psychotischen Realität ähnlich wie die der neurotischen nicht als sekundär gegenüber den Feldern I und S zu begreifen, sondern die Schnittlinien als die Felder konstituierend aufzufassen.

Es wurde schon erwähnt, daß das Schema I einen hyperbolischen Plan darstellt, während das Schema R einen projektiven Plan aufspannt. Der Unterschied zwischen beiden läßt sich in einer geometrischen Umformung zeigen.[16] So ist es möglich, die Punkte des Schemas R auf den Rand einer Scheibe aufzutragen. Der projektive Plan wird konstituiert durch Identifizierung der antipodischen Punkte auf diesem Rand. Der Rand entspricht im projektiven Plan der unendlichen Geraden, wobei diese zur Scheibe gehört und ein jeder ihrer Punkte mit dem diametral entgegengesetzten zu identifizieren ist.

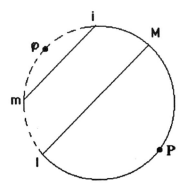

Ebenso ist es möglich, die vier Punkte des Schemas I auf den Rand einer Scheibe aufzutragen. Um einen hyperbolischen Plan aufzumachen, ist es nur notwendig anzunehmen, daß der Rand der Scheibe selbst im Unendlichen liegt und somit nicht zur Oberfläche gehört. Die Linien $\overline{im}$ und $\overline{MI}$

---

[16] s. dazu MARC DARMON, loc.cit. S.182-188.

werden damit zu Hyperbeln, die in das von den vier Punkten aufgespannte "Feld" gelegten Diagonalen zu deren Asymptoten.

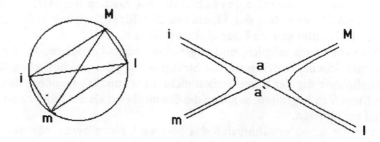

Der einzige bestimmte Punkt dieser Konstruktion ist der Schnittpunkt der beiden Asymptoten. Wenn er als Punkt der Spiegelbeziehung a-a' aufgefaßt wird, ist es möglich, ihn zu verdoppeln und entlang der Achse M-m zu verschieben. Die damit entstandenen Fixpunkte geben Rechenschaft von dem Fortbestehen einer spiegelhaften Beziehung in der Psychose und einer Begrenzung des Feldes der wahnhaften Realität.

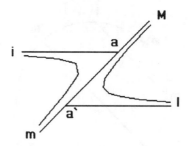

Der Unterschied zwischen der psychotischen und der neurotischen Strukturierung des Subjekts läßt sich demnach auf ein einziges Merkmal zurückführen, nämlich die Position des Randes. Ob der Rand "geschlossen" ist und damit einen projektiven Plan konstituiert, oder ob er "offen" ist, was den hyperbolischen Raum kennzeichnet, läßt sich wiederum auf die Lage eines einzigen Punktes zurückführen. Das ist der Punkt P, der im Schema R den Namen-des-Vaters bestimmt, der Punkt, in dem das symbolische Feld in das imaginäre übergeht und der in diesem Übergehen die Bedeutung (zunächst des Phallus, dann aber jede Bedeutung) produziert. Dieser Punkt P, der auch als moebischer Punkt bezeichnet wird, liegt im Falle des projektiven Plans auf dem Rand der Scheibe und schließt diese damit auf der Seite des symbolischen Feldes ab. Im Falle des hyperbolischen Plans gibt es jedoch keinen Punkt, der das "moebische" Umkippen zwischen Imaginärem und Symbolischem gewährleisten könnte, bzw. dieser Punkt liegt verworfen außerhalb des Raums. Die Grenze bleibt somit offen, der Raum wird ein hyperbolischer.

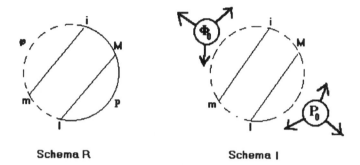

Schema R   Schema I

Was im Schema I dargestellt werden soll, ist die Strukturierung der subjektiven Realität am Ende des psychotischen Prozesses, speziell die Realität Schrebers. Wie zu sehen war, ist die einzige feste Beziehung in diesem Schema die zwischen den Punkten der Spiegelbeziehung a und a'. Diese Beziehung entfaltet sich auf der asymptotischen Achse m-M. Auf dieser Achse vollzieht sich die Versöhnung des Schreber'schen Ichs (m) mit seinem Gott (M). Beide Punkte nähern sich von zwei verschiedenen Seiten derselben Asymptote an, indem sie ins Unendliche voreinander fliehen. Für Schrebers Realität bedeutet dies eine Stabilisierung in Form einer, wie Freud es ausdrückt, *asymptotischen Wunscherfüllung*[17], d.h. in Form einer räumlichen und zeitlichen Extrapolation ins Unendliche. Die Erlösung der Welt wird in immer fernere Zukunft verschoben, Gott zieht sich in immer fernere Räume zurück, was als Verlangsamung des Sprechens der Gottesstrahlen deutlich wird. Im unbegrenzten Aufschub wird ein Verhältnis gegenüber der forclusion gefunden, das eine im Hinblick auf die neurotische Struktur andersartige Zeitlichkeit konstituiert. Während das in der Verdrängung gehaltene Subjekt seinen Sinn immer erst in der Nachträglichkeit erfaßt und dieser Sinn sich dann hastig überstürzt, gibt es im Wahn keine Überra-

---

[17] S. FREUD, *SA* Bd. VII, S.173f.

schungen: Der Sinn ist ewig und immer schon da, das Wissen ist das der Wahrheit.

Die asymptotische Annäherung des symbolischen und des imaginären Feldes bringt diese beiden Felder in ein Verhältnis, ohne sie jedoch ineinander umkippen zu lassen, wie dies im projektiven Raum der Fall wäre. Der moebische Punkt, der Name-des-Vaters, wird ersetzt durch das Unendliche und die Ewigkeit, die väterliche Metapher durch die *Wahnmetapher (métaphore délirante)*[18] - deren Anrecht auf den Titel einer Metapher sich allein auf ihre Funktion stützt, dem Feld der Realität als Krücke zu dienen.

In der Psychose tritt die Metapher nur in denaturiertem Zustand auf, denn als Wirkungsfeld steht ihr lediglich das Reale zur Verfügung. So kann sie sich z.B. in der Gestalt der kleinen Tiere zeigen, von denen Schreber sagt, sie seien eigens für ihn in eben dem Moment, da er sie wahrnimmt, erschaffen worden - oder sie klingt in ihrer krudesten symbolischen Form dem Subjekt als Schimpfwort in den Ohren, das nach Lacans Worten *die radikale Metapher* ist, der Ursprung der Metapher[19], wie in dem Beispiel aus dem Seminar über die Psychosen, in dem die Patientin ihren eigenen Gedanken in unvermittelter Form von ihrem Gegenüber zu sich selbst gesagt hört: *Sau!*[20] Das Fehlen eines wirklich metaphorischen Effektes in der Psychose begründet im übrigen die oft beklagte Unempfänglichkeit der Psychotiker selbst für die geistreichste Deutung. Da die subjektive Realität als Feld und als Schnitt nicht die Form des Moebiusbandes aufweist, ist die Voraussetzung für die Wirkung der Deutung nicht gegeben, nämlich die jederzeitige Möglichkeit des Umkippens von Symbolischem und Imaginärem, von Signifikant und Signifikat, von Unbewußtem und Bewußtem. In der psychotischen Struktur des Wahns ist die barré, der Balken zwischen Signifikant und Signifikat, nicht überschreitbar, die beiden Bereiche sind völlig getrennt voneinander (weshalb sie auch "reiner" ausgeprägt sind), sie finden sich nur in der unendlichen Annäherung der Wahnmetapher.

Eine weitere Folge des fehlenden Übergangs zwischen dem Symbolischen und dem Imaginären im moebischen Punkt ist in der Abwesenheit des Phantasmas als die Realität organisierende Struktur zu sehen. In der Urverdrängung entsteht das Phantasma durch die "Extraktion" des Objektes a aus der Realität des Körpers (wie auch aus den Körpern der Realität, die damit in der euklidischen Geometrie berechenbar werden). Im Schnitt

---

[18] J. LACAN, *Ecrits*, S.577; *Schriften II*, S.111, dort als "delirierende Metapher" übersetzt.

[19] s. *Ecrits*, S.891; *Schriften II*, S.58 ; wo Lacan das Beispiel aus dem Rattenmann zitiert, der seinen Vater mit den Worten beschimpft: du Lampe, du Handtuch, du Teller s. FREUD, *Stud.ausg.* Bd. VII, S.72..

[20] J. LACAN, *Le séminaire III* - "Les Psychoses", Kap. IV S.55-68.

dieser Operation bleibt das Subjekt zurück, während das Objekt in den Reigen des Begehrens, welches das des Anderen ist, aufgenommen wird. Mit der forclusion wird dieser Schnitt unmöglich, Subjekt und Objekt trennen sich nicht, das Subjekt macht die Metamorphosen des Objekts mit, es ist der letzte Dreck wie auch der Ort des höchsten Genusses.

3. Fin - Again (Schweijk)

Es lassen sich mehrere Möglichkeiten denken, wie trotz der forclusion eine Strukturierung der subjektiven Realität erreicht werden kann. Die Frage, welche davon ein Subjekt unter welchen Umständen "wählt", ist sicherlich mindestens ebenso schwer zu beantworten wie die der Neurosenwahl, was den Autor mit dem Scheitern seines Verlangens zu wissen in dieser Frage versöhnen kann.

Ein Weg, der unbegrenzten Pein wie auch dem grenzenlosen Genießen (was vom strukturellen Gesichtspunkt aus dasselbe ist) zu entgehen, wird in bewundernswerter Klarheit in den *Denkwürdigkeiten* des Präsidenten Schreber dargelegt. Das ist der Weg der Wahnmetapher, der Versöhnung mit dem real auf und in das Subjekt eindringenden Anderen. Diese geschieht als asymptotische Wunscherfüllung, die geplatzte Verbindung des Symbolischen mit dem Imaginären wird als hyperbolische Annäherung an dieselbe Asymptote im Unendlichen wiederhergestellt. Das wahnhafte Ich verschiebt seine endgültige Zerstörung durch die Vereinigung mit dem Anderen in die Unendlichkeit von Raum und Zeit.

Die Stabilisierung der Realität auf dem Wege der Wahnmetapher ist - mit mehr oder weniger Erfolg erreicht - in unseren psychiatrischen Krankenhäusern wohl am häufigsten anzutreffen. Sie beschränkt sich auf die Schaffung einer Wahnwelt, d.h. sie versucht, mit dem Genießen des Anderen, das den eigenen Körper zum Objekt a degradiert, einen modus vivendi zu finden, ohne jedoch dieses Genießen in einer wirklichen Metapher einfangen zu können. Der Anschluß an das Begehren des Anderen gelingt nicht, da der Andere keinen Mangel erkennen läßt. Es läßt sich nicht übersehen, daß der Ausweg in den Wahn vom institutionellen Charakter der Psychiatrie nahegelegt wird; denn die Institution kennt kein Begehren, und insofern sie funktioniert - und sie funktioniert immer, insofern sie Institution ist -, kennt sie keinen Mangel. Sie tritt ihrem Patienten als ihn genießender Anderer entgegen, sie weiß alles über ihn, und nur in diesem Maße existiert er für sie. Das Objekt ihres Genießens ist der kranke Körper, in ihn dringt sie ein mit Strahlen und Substanzen. Wie in der Wahnmetapher verlangsamt sich in ihr die Zeit und wird zur Ewigkeit; das Phänomen ihrer räumlichen Entfernung ins Unendliche stellt sich als unendlicher Regreß ihrer Zuständigkeiten dar - was von Kafka eindrücklich beschrieben wurde.

Neben der Wahnmetapher gibt es eine weitere Möglichkeit, die katastrophalen Auswirkungen der psychotischen Grundverfaßtheit der forclusion zu vermeiden und die subjektive Realität auf eine andere Weise zu retten: das *Sinthome*[21]. Es handelt sich dabei um eine "symptomatische" Verdoppelung des Symbolischen, ähnlich dem oben dargestellten "doppelten Umlauf" der Signifikanten in der väterlichen Metapher. Es ist ein Versuch, die Funktion des an seinem Platz fehlenden Namen-des-Vaters zu ersetzen, indem man sich selbst einen Namen macht. Für Joyce wird der Name, den er sich macht, zum zentralen Loch seiner damit gewährleisteten torischen Struktur, er erhält metaphorische Funktion. Der eigene Name selbst kann auch vertreten werden durch einen beliebigen Signifikanten, der jedoch die Bedingung erfüllen muß, für das Subjekt das Begehren eines Anderen zu evozieren. Damit wird das Objekt a an einen Ort außerhalb des eigenen Körpers verwiesen und in innerer Ausschließung als Objekt des Begehrens konstituiert.[22]

Ein anderer Weg, zu einer subjektiven Strukturierung außerhalb des Wahns zu kommen, eröffnet sich mit dem Konzept des Begehrens des Analytikers. An der Grenze des Wahns kann ein Anspruch an andere weiterbestehen, nämlich der auf Zeugenschaft. Die anderen sollen Zeugen dessen werden, was das Subjekt in seinem Wahn weiß und was es als Wahrheit verkündet. Dieser Anspruch auf Zeugenschaft begründet eine Art von Übertragung, die insofern von der neurotischen unterschieden ist, als der andere nicht als Subjekt aufgefaßt wird, dem Wissen unterstellt wird - das psychotische Subjekt selbst weiß die Wahrheit mit Gewißheit. Wenn sich jedoch das Begehren des anderen auf das Wissen richtet, das der Psychotiker hat, und sich so mit dessen Anspruch zusammentut, dann ist damit eine Konstellation gegeben, die eine metaphorische Wirkung und also eine wirksame Deutung ermöglicht. Ein Signifikant kann plötzlich aus der festen Kette des wahnhaften Wissens ausbrechen und sich dem Begehren des anderen anbieten. Er erfüllt damit die Funktion des Symptoms, das sich an den Anderen im anderen richtet, genauer: an dessen Mangel. Als Sinthom vollzieht er eine Verdoppelung des reinen Symbolischen, so wie es der Wahn aufweist. Diese Verdoppelung entspricht in ihrer Topologie einem Moebiusband mit

---

[21] s. Lacans Seminar über Joyce 1975-76 in: *Ornicar?* und den Sammelband *Joyce avec Lacan*, Navarin, Paris 1987.

[22] Eine genauere Darstellung dieses Vorgangs würde voraussetzen, näher auf die Knotentheorie Lacans einzugehen, worauf hier verzichtet werden muß.

doppelter Drehung, dessen Ränder orientierbar sind, d.h. sie sind voneinander getrennt und gehen nicht ineinander über:

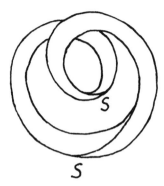

Die damit entstandenen zwei "Punkte", an denen sich das Band wendet, stellen den verdoppelten Knotensignifikanten des Sinthoms dar. Der Signifikant gehört an dem einen Punkt dem Wahn an, am anderen Punkt richtet er sich auf das Begehren des Anderen. Er wiederholt sich an einem Anderen Ort, was ihn seines festen, wahnhaften Sinns beraubt und ihm metaphorische Wirkung verleiht. Diese Wiederholung findet im Realen statt, denn sonst könnte sich der Signifikant nicht von seiner Stellung und Bedeutung im Wahn unterscheiden (im Zusammenhang damit ist auch die heilsame Wirkung der *passage à l'acte* bei vielen Psychotikern zu sehen). Im Handeln kann sich der Signifikant als unterschieden artikulieren, er kann sein Double im Wahn auf einer anderen Ebene ersetzen und dadurch dem Subjekt seinen Ort in der Metapher geben. Das Übereinanderlegen des zweiten Signifikanten über den ersten läßt aus dem doppelt gedrehten Band ein wahres Moebiusband entstehen, der sinthomatische Signifikant übernimmt die Funktion des moebischen Punktes P, des Namens-des-Vaters:[23]

---

[23] Zur topologischen Operation der Verdoppelung s. JEANNE GRANON-LAFONT, *Topologie lacanienne et clinique analytique*, Point Hors Ligne 1990, Kap. 4; vgl. auch LACANS Bemerkungen in "L'Etourdit", in: *Scilicet* Nr. 4 1973 , S.26.

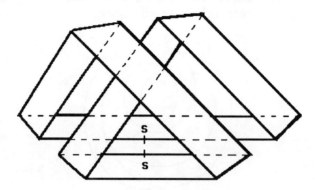

Die Entstehung einer subjektiven Metapher kann nur in einer Überraschung stattfinden - sie überschreitet damit die gleichmäßige Zeitlichkeit des Wahns wie auch der Institution. Sie ist zwar in der Institution möglich, aber nur, wenn dem Subjekt in diesem Rahmen eine Person gegenübersteht, die nicht (nur) als Funktionsträger agiert, sondern im eigenen Namen ein Begehren nach dem Wissen des Wahns deutlich macht.

Schließlich sollte sich der Analytiker darüber im Klaren sein, daß er hinsichtlich der Übertragung dieselbe Position wie der Psychotiker einnimmt: wie der Analytiker sieht sich auch Schreber in eine Übertragung gestellt[24], geliebt und gehaßt von Gott, der sein Wohl an ihm ausrichtet und ihm das Wissen um sein Genießen unterstellt. In diesem Sinne ist der Psychotiker *unterstellter Analytiker*[25]. Das Sprechen des Psychotikers in der Analyse ist also dem des Analytikers in seiner "Kontrollanalyse" oder "Supervision" vergleichbar - einschließlich der Klage, seinem Verfolger/Analysanten zuviel von sich selber zu geben und der Unterstellung, der andere wisse, wie man sich dessen besser erwehrt.

---

[24] s. dazu den Artikel von JEAN ALLOUCH, "Vous êtes au courant, il y a un transfert psychotique", in: *Littoral* Nr. 21, S.89-110, v.a. S.108-110.

[25] J. LACAN, *Télévision*, Seuil, Paris 1973, S.10; *Radiophonie Television*, Weinheim 1988, S.61.

ZEITZEICHEN

Harold Bloom zur Einführung

Roy Sellars

> Der Text Menards und der Text Cervantes' sind Wort für Wort identisch; doch ist der zweite nahezu unerschöpflich reicher.
> Jorge Luis Borges
> ("Pierre Menard, Autor des Quijote")[1]

Harold Bloom ist einer der bedeutendsten und schwerverständlichsten Theoretiker, die heutzutage in Anglistik und Amerikanistik arbeiten. Die explizite und implizite Schwierigkeit seiner Arbeit steht für einige der kritischen Feindseligkeiten und Mißverständnisse ein, von denen er weiterhin umgeben ist. Bloom stellt hohe Ansprüche an seine Leser, und allein das kann den Widerstand oder gar die Empörung des Kritikers erwecken. Ein feindseliger Kritiker wird immer genügend Grund für Provokationen in den Arbeiten von Bloom finden. Insofern er ein "kakangelist" (ein Überbringer schlechter Nachrichten) ist, erwartet er nicht, daß seine Analyse der wachsenden Bürden der Tradition willkommen geheißen wird.[2] Leser wollen ihr Lesen nicht entmystifiziert wissen. Aber Feindseligkeit Bloom gegenüber ist oftmals mit Mißverständnissen verbunden, die komplexere Fragen aufwerfen. Blooms eigene wiederholten Erklärungen und Klarstellungen scheinen nicht fähig, den Fluß sorgloser Lektüren aufzuhalten, den seine Arbeit anzieht. In dieser Hinsicht ist das Anwachsen seines Rufes zu einem Hindernis geworden. So groß war sein Einfluß in bestimmten Gebieten der Literaturkritik, daß viele Kritiker, die ihn nicht studiert haben, eine Vertrautheit mit seinen Ideen und Methoden als selbstverständlich betrachten. Durch eine besondere Art der Ironie, an der Bloom sich ohne Zweifel selbst erfreut, war sein kritischer Einfluß am größten, wo er am wenigsten gelesen und verstanden wurde: Peter de Bolla hat dies in seiner unlängst entstandenen Studie über Bloom-

---

[1] J.L. BORGES, *Erzählungen*, übersetzt von Karl August Horsts. *Gesammelte Werke* 3.1, München: Hanser, 1981, S.121.

[2] H. BLOOM, *A Map of Misreading*, S.39.

sche Rhetorik herausgearbeitet.³ Bloom vor seinen Fehl-Lesern⁴ zu schützen, ist keine einfache Aufgabe, da es Blooms eigenes Kennzeichen ist, Fehllesen als solches problematisiert zu haben. Es wäre interessant zu zeigen, wie die kritische Rezeption von Bloom dazu tendiert, die Bloomschen Effekte des Fehllesens zu wiederholen. In anderen Worten, eine Ablehnung der Bloomschen Theorie, die auf defensivem Fehllesen basiert, kann als ein Beispiel dessen gesehen werden, was sie ablehnt. "Wenn sie in ihrer Torheit verharrten, würden all diese empörten Rezensenten weise werden", bemerkt Bloom in diesem Kontext, indem er polemisch auf einen seiner Lieblingstexte anspielt, Blakes *Marriage of Heaven and Hell*.⁵

Blooms kritischer Diskurs über das Fehllesen stiftet keinen neutralen Status, der ihm erlauben würde, den Effekten dessen, was er beschreibt, zu entkommen. Das heißt, dieser Diskurs über das Fehllesen kann nicht von einem Diskurs des Fehllesens getrennt werden. Mehr noch, die unterstellte Distanz von 'Kritik' und 'Literatur' tendiert dazu, in Bloom zusammenzubrechen, insofern diese konventionell abgegrenzten Felder ineinander verwickelt sind: beide sind vom Fehllesen gekennzeichnet. Bloomscher Diskurs hat selbst ein wesentlich literarisches Interesse, vor den kritischen Anwendungen, durch die er schnell assimiliert und domestiziert wurde. Falls dieser Prozeß der Assimilation in Frage gestellt und ihm widerstanden werden soll, dann wird es notwendig sein, zu Blooms Texten als Texte zurückzukehren, zu versuchen, die übliche grobe Vereinfachung ihrer Bewegungen zu vermeiden. Mit diesem Ziel im Sinn, erstattet der vorliegende Essay kurzen Bericht über Blooms Theorie der Dichtung, mit besonderer Aufmerksamkeit auf seine Arbeit zu Freud und Milton. Der Essay schließt mit einer Einschätzung von Blooms schwierigem aber entscheidendem Verhältnis zu seinem damaligen Kollegen in Yale, Paul de Man. Es wird behauptet werden, daß es zumindest zwei 'Blooms' gibt. Bloom ist nicht nur ein kampfbereiter Neo-Romantiker oder Neo-Humanist, sondern auch ein Autor, dessen Texte eine subversive Kraft haben, die seine vorgeblichen Ziele übersteigt. In einem aufdeckenden Interview, das 1985 aufgenommen wurde, gibt Bloom zu, daß, als er zuletzt versuchte, *The Anxiety of Influence* zu lesen, selbst er "nicht ganz ausfindig machen konnte, was in ihm vorgegangen war."⁶ Hier steht mehr als bloße Unverständlichkeit auf dem Spiel, und er fährt fort zu sagen, daß seine Arbeit in

---

³ P. DE BOLLA, *Harold Bloom: Towards Historical Rhetorics*, S.15. Rezensiert von Roy Sellars in *Notes and Queries* 37, 1990, S.521-522.

⁴ A.d.Ü.: Zum Begriff des 'Fehllesens' vgl. auch weiter unten. Der Übersetzer dankt an dieser Stelle dem Autor für Durchsicht und Mitarbeit an der Übersetzung.

⁵ H. BLOOM, *Agon: Towards a Theory of Revisionism*, S. 16.

⁶ I. SALUSINSZKY, *Criticism in Society*, S.51.

ihrer Hauptphase "Abneigung" und "Schock" in ihm hervorgerufen hat, als er sie schrieb.[7] Ausgehend vom Hadern mit sich selbst, macht Bloom Kritik - um Yeats zu paraphrasieren. Aber das 'Selbst' wird als Bezugspunkt dabei in Frage gestellt. Die Spannungen, die von diesem Hadern herrühren, sind nicht aufzulösen, weder von Bloom noch von seinen Lesern.

Bloom ist überaus fruchtbar: wenn dieses ziemlich abgenutzte Wortspiel vergeben werden kann - er steht in voller Blüte.[8] Jeder knappe Bericht über seine Arbeit ist dazu bestimmt, selektiv und unzulänglich zu sein. In einem Zeitalter von Überspezialisierung und schwachem Gedächtnis sind seine Vielseitigkeit und umfassenden kritischen Fähigkeiten bemerkenswert. Es ist nicht möglich, alles zu lesen, wie Bernard Bergonzi in einer Übersicht der gegenwärtigen Schwierigkeiten von Anglistik feststellt.[9] Allerdings ruft Bloom oft selbst diese Unmöglichkeit als eine Rechtfertigung für seine Theorie des poetischen Wettkampfes und der poetischen Auswahl an, die dem Leser einen Weg anbietet, mit der textuellen "Überbevölkerung" der Informationsgesellschaft zurechtzukommen.[10] Nichtsdestoweniger scheint es manchmal, als ob Blooms Gedächtnis einfach mit dem literarischen Kanon übereinstimmt - weil, Bloom zufolge, die Kanonisation selbst nicht mehr als eine Art Formalisierung des Effekts des starken Lesens ist. Eines seiner letzten Veröffentlichungsunternehmen schließt die Herausgabe und Einführung Hunderter von kritischen Anthologien für den Chelsea House-Verlag (New York) ein, über den Kanon der westlichen Literatur von Homer bis zu Freud und der Gegenwart. Es ist schwer, sich einen anderen Kritiker vorzustellen, der ein solches Projekt unternehmen würde. Im ersten Buch, das über ihn geschrieben wurde, begann David Fite auf der Grundlage einer Doktorarbeit damit, nahezulegen, daß Bloom an Energie verliere.[11] Berichte von seinem Tod sind jedoch weitaus übertrieben. Abgesehen von den erscheinenden Chelsea House Anthologien, wurde 1988 *Poetics of Influence*, eine einführende Auswahl von Blooms Essays, veröffentlicht. Seine Norton-Vorlesungen *Ruin the Sacred Truths* erschienen 1989. 1990 veröffentlichte er eine Ausgabe und historische Abhandlung über den sogenannten J-Schreiber im Alten Testament, *The Book of J*, die kein geringerer Rezensent als Frank Kermode

---

[7] Ebd., S.70.

[8] A.d.Ü.: Bloom ist im Englischen die Blüte. Eine komplette und mit Anmerkungen versehene Bibliographie, die als ein Führer für den Leser verstanden werden will, ist zur Zeit für den Garland Verlag (New York) in Vorbereitung.

[9] B. BERGONZI, *Exploding English: Criticism, Theory, Culture*, S.83.

[10] I. SALUSINSZKY, *Criticism in Society*, S.69.

[11] D. FITE, *Harold Bloom: The Rhetoric of Romantic Vision*, S.ix-x.

bereits als Blooms "bestes Buch" willkommen geheißen hat.[12] Vier weitere Bücher sind momentan in Vorbereitung: eine Polemik unter dem Titel *The American Religion: A Prophecy*; eine weitere historische Abhandlung, *The Book of Kabbalah*; *Shakespeare and Originality*, in dem Bloom seine Sichtweise Shakespeares als starkem Dichter darlegen wird; und, in fernerer Zukunft, FREUD: *Transference and Authority*, ein langerwarteter Kommentar zu den wichtigsten Texten Freuds, die für die Entwicklung von Blooms eigener Arbeit so bedeutend gewesen sind. Übersetzungen von Bloom ins Deutsche, die jetzt im Roter-Stern-Verlag in Frankfurt am Main publiziert werden,[13] sind ein Beispiel für die Nachfrage nach Bloom außerhalb der anglo-amerikanischen Welt. Seine Stunde mag noch kommen.

Blooms frühe Phase, von 1956 bis 1970, ist hauptsächlich, aber nicht ausschließlich, für Studenten der Englischen Romantik von Interesse. Seine Doktorarbeit in Yale wurde sein erstes Buch, *Shelley's Mythmaking* (1959), gefolgt von *The Visionary Company* (1961) und *Blake's Apocalypse* (1963). Eine beträchtliche Anzahl von Essays, Besprechungen und Einführungen in die Romantik wurden dann in *The Ringers in the Tower* (1971) gesammelt. Sie reichen von einem kurzen Artikel über die Dialektik von Blakes *Marriage of Heaven and Hell*, zuerst 1958 veröffentlicht, bis zu einem wichtigen Essay, der den Titel "The Internalization of Quest Romance" trägt und zuerst 1969 publiziert wurde. Dieser Essay setzt sich dem, was als kritische Doktrin über die Romantik empfangen wurde, entgegen und zeigt den weiteren Weg zu Blooms theoretischen Durchbrüchen auf. Er diskutiert hier die romantische poetische Vorstellungskraft als eine *antithetische* Kategorie, indem er argumentiert, daß das Erfahrene, das Natürliche und das bloß Gegebene ihre dialektischen Gegensätze sind.[14] Laut Bloom ist es bestenfalls eine irreführende Idealisierung, anzunehmen, daß Wordsworth 'Natur'-Dichtung schreibe: stattdessen muß Wordsworths poetische Erhabenheit mit der gleichermaßen anti-natürlichen "Kraft" Miltons verglichen werden.[15] Um etwas hervorzubringen und zu setzen, muß die Vorstellungskraft um ihre Autonomie kämpfen - sich von der organischen Selbst-Präsenz und Selbst-Identität der Natur unterscheiden, die ein verlockendes aber unmögliches Vorbild ist. Tatsächlich hat Paul de Man in seiner frühen Arbeit über das poetische Bild

---

[12] F. KERMODE, *New York Times Book Review*, 23. Sept. 1990, S.24.

[13] Bisher erschienen sind: H. BLOOM, *Kabbala: Poesie und Kritik*, Frankfurt 1988; H. BLOOM, *Kafka, Freud, Scholem: 3 Essays*, Frankfurt 1990. Der Roter-Stern-Verlag hat auch die deutschen Rechte für *A Map of Misreading* und *The Breaking of the Vessels* erworben. Beim Suhrkamp Verlag ist gerade *"Die Heiligen Wahrheiten stürzen": Dichtung und Glauben von der Bibel bis zur Gegenwart* erschienen. Die drei Texte sind von Angelika Schweikhart übersetzt worden.

[14] H. BLOOM, *The Ringers in the Tower*, S.19-22.

[15] Ebd., S.20.

genauso argumentiert, die Bloom aufgenommen hat, als er 1970 die hilfreiche Anthologie der Literaturkritik *Romanticism and Consciousness* herausgab.[16] Die Ursprünge der Bloomschen Theorie sind manchmal in größerer Nähe zu de Man, als Bloom bereit wäre zuzugeben: in ihren verschiedenen Weisen bedrohen beide Theoretiker die Kontinuität zwischen Dichter und Natur oder Erfahrung, die vom humanistischen Kritiker angenommen wird. In Blooms späterer Arbeit über die Tropologie, tendiert Buchstäblichkeit dazu, Natur als das Antithetische der Dichtung zu ersetzen. Buchstäbliche Bedeutung wird den Tod darstellen, gegen den der Dichter sich verteidigen muß, auf die Wechselwirkungen oder die Dialektik figurativer Ersetzungen vertrauend.[17] Blooms frühe Arbeit, ungeachtet ihrer konservativen Annahmen und Terminologie, kann rückblickend gesehen werden als zu dieser radikalen Theorie der poetischen Arbeit führend.

Es ist sogar schon in seiner frühen Arbeit deutlich, daß 'starke' oder erfolgreiche Dichtung nicht zum Ziel hat, mit buchstäblichen Daten von Erfahrung und Natur identifiziert zu werden oder diese darzustellen. Stattdessen bringt Blooms Theorie mit wachsender Klarheit und Stärke die Dichtung zurück zur Rhetorik, als ein System von Sprachfiguren oder Tropen betrachtet. Um darauf ausführlich einzugehen, muß man sagen, daß die Vorstellungskraft laut Bloom nicht mehr eine Art und Weise des Selbst-Ausdrucks oder gar der Darstellung ist. Tatsächlich stellt er in seiner späteren Arbeit heraus, daß die Vorstellungskraft überhaupt keinen referentiellen Aspekt hat.[18] Gleichwohl heißt dies nicht, wie wir sehen werden, daß Bloom ein verkleideter Formalist ist. Er argumentiert, daß ein poetischer Text in einer nicht reduzierbar gegensätzlichen und figurativen Beziehung zu vorgänglichen Texten und zur Vorgänglichkeit als solcher geformt wird. Der vorliegende Aufsatz wird versuchen, diese komplexe Beziehung zu erklären. *The Internalization of Quest Romance* schließt mit einer Formel für die phantasmatische aber notwendige Suche des romantischen Dichters: sein eigener poetischer Vater zu werden, sozusagen, und dabei ein 'autonomer' Autor zu werden.[19] Aber Bloom war noch nicht fähig, die Freudschen Implikationen dieser abschließenden Formel auszuarbeiten, und seine Bezugnahme auf Freud am Anfang des Essays - wo er annimmt, daß der Freudianismus dazu verurteilt ist, die romantische Dialektik auf die Grenzen des Realitätsprinzips zu redu-

---

[16] Siehe P. DE MAN, *The Rhetoric of Romanticism*, S.1-7.

[17] H. BLOOM, *A Map of Misreading*, S.91; siehe auch DERS., *Agon: Towards a Theory of Revisionism*, S.107.

[18] H. BLOOM, *A Map of Misreading*, S.48.

[19] H. BLOOM, *The Ringers in the Tower*, S.35.

zieren - ist konventionell und nicht bemerkenswert.[20] Mit seinem Buch über Yeats, 1970 veröffentlicht, war Bloom beinahe ebenso lange schwanger gegangen wie mit *The Ringers in the Tower*, als Blooms Kritik - nicht immer erfolgreich - darum rang, in dieser Periode mit der Bewegung seiner theoretischen Einsichten Schritt zu halten.[21] Die Einleitung des Buches stellt ironisch fest, daß der poetische Einfluß "ein Labyrinth" ist, "das unsere Kritik gerade erst zu entdecken beginnt."[22] Bloom beginnt hier, dieses Labyrinth zu entdecken, skizziert kurz einige Strategien, die der neue Dichter zu übernehmen genötigt ist, um sich gegen das zu verteidigen, was nun grob als die Angst vor Einfluß familiarisiert wurde.[23] Die poetische Tradition - die kumulative Wirkung der Vorgänger oder Vorläufer des Dichters - wird als eine potentiell blockierende Kraft betrachtet, gegen die der neue Dichter sich zu verteidigen hat, um hervorzutreten und zu überleben.

Die wichtigsten Vorläufer von Yeats, so Blooms Buch, seien Blake und Shelley.[24] Jedoch muß zugegeben werden, daß die hier vorgestellte Lektüre von Yeats nicht die in der Einleitung erzeugten Erwartungen erfüllt. Später gibt Bloom selbst gerade das zu.[25] Die Spannung zwischen seiner Theorie und seiner kritischen Praxis ist nicht abgeschafft - wie es bei ihm so oft der Fall ist. Nichtsdestoweniger ist das Buch doch wertvoll.[26] Es lohnt sich, Blooms kraftvolle Abweisung der Annahme zu bemerken, Yeats sei eine Art moderner Dichter, der schließlich darin erfolgreich ist, seine romantischen Ursprünge zu übersteigen. Laut Bloom ist der poetische Modernismus allgemein eine merkwürdige Art Blindheit oder Selbstbetrug, der, während er die Wirkungen der Angst vor Einfluß abstreitet, jene Wirkungen nur umso stärker offenbart.[27] Diese Ansicht bringt Bloom nahe zu de Mans Analyse des selbstwidersprechenden Reizes der Modernität für Autoren, die sich eine *tabula rasa*, einen neuen Anfang wünschen: Indem sie ihre Modernität behaupten, "entdecken" Schriftsteller "ihre Abhängigkeit von den gleichen Behauptungen, die ihre literarischen Vorgänger aufgestellt haben."[28] Es wird deutlich, daß de Man und Bloom hier eine intellektuelle Quelle miteinander

---

[20] Ebd., S.13-15; siehe auch S.23.
[21] H. BLOOM, *Yeats*, vii-viii.
[22] Ebd., S.4; siehe auch S.87-88.
[23] Ebd., S.5-7.
[24] Ebd., S.v; siehe auch S.59.
[25] H. BLOOM, *Poetry and Repression*, S.205-206.
[26] Siehe A. WORDSWORTH, "Wrestling with the Dead".
[27] H. BLOOM, *Ringers in the Tower*, S.17; siehe auch DERS., *A Map of Misreading*, S.28.
[28] P. DE MAN, *Blindness and Insight*, S.161.

teilen, und zwar Nietzsches Abhandlung über die Geschichte.[29] Auch ist es wert, zu bemerken, daß Bloom die kanonischen Werturteile von T.S. Eliot umstürzt, die die literaturkritische Szene beherrschten, als Bloom seine Karriere begann.[30] Eliot mochte nicht und mißverstand z.B. Shelley; Bloom setzt sich zum Ziel, ihn zu retten. Gleichermaßen mochte F.R. Leavis Milton nicht und mißverstand ihn; Bloom setzt sich zum Ziel, ihn zu retten. Ein großer Teil von Blooms Polemik gegen das literaturkritische Establishment ist gegen den übriggebliebenen kritischen Einfluß von Eliot und Leavis, und gegen das, was der 'New' Criticism war, gerichtet. Ein umfassender Essay könnte dieser revisionären Polemik gewidmet sein, nicht zu sprechen von Blooms Verhältnis zu seinen eigenen kritischen Vorläufern, von Freud bis zu Northrop Frye. Allgemein gesagt, fordert Bloom sowohl den Inhalt als auch die Struktur der traditionellen poetischen Hierarchie heraus. Er bietet seine eigene 'große Tradition' und einen bedeutenden neuen Weg dar, sich dem literarischen Kanon als solchem zu nähern und ihn zu ordnen.

Blooms wichtigste Phase beginnt mit der Veröffentlichung von *The Anxiety of Influence* (1973), deren These in einer Reihe von Büchern, die innerhalb weniger Jahre veröffentlicht wurde, entwickelt und fortschreitend verfeinert wird: *A Map of Misreading* (1975), *Kabbalah and Criticism* (ebenfalls 1975)[31] und *Poetry and Repression* (1976). Der vorliegende Essay bietet Raum nur um den ersten und berühmtesten Teil dieser bemerkenswerten Tetralogie ins Auge zu fassen. *The Anxiety of Influence*, im Untertitel *A Theory of Poetry*, ist ein dicht geschriebenes und manchmal schwerverständliches Manifest dessen, was Bloom 'antithetische' Kritik nennt. Er beschreibt die romantische Dichtung als antithetisch, wie wir gesehen haben, insofern als das poetische Schreiben sich von dem Zustand der bloß gegebenen Natur entfernt, den zum Beispiel Blake Ulro nennt - die Hölle der phänomenalen Erfahrung, die mit der Zerstörung der poetischen Vorstellungskraft droht.[32] Bloom zufolge wird die Literaturkritik erst antithetisch, wenn sie sich selbst gegen das, was er die "primäre" Kritik des literaturwissenschaftlichen Establishments nennt, auflehnt.[33] Bloom bezeichnet als 'primär' die bekannten kritischen Verfahren der Tautologie und der Vereinfachung, denen zufolge ein Gedicht entweder tautologisch beschrieben oder mit Gewalt vereinfacht wird, bis zu etwas Extrapoetischem, zu etwas, das weniger als das Gedicht selbst ist. Blooms Ge-

---

[29] Ebd., S.149-152; siehe auch H. BLOOM, *The Anxiety of Influence*, S.49-50.

[30] I. SALUSINSZKY, *Criticism in Society*, S.61.

[31] A.d.Ü.: Auf deutsch erschienen als *Kabbala: Poesie und Kritik* (vgl. oben, A.13).

[32] Zur Klärung des Zustandes Ulro bei Blake, siehe Blooms Kommentar in *Complete Poetry of Blake*, S.949-950.

[33] H. BLOOM, *The Anxiety of Influence*, S.70.

brauch desselben Begriffs, 'antithetisch', um sowohl romantische Dichtung als auch die Bloomsche Kritik zu beschreiben, zeigt an, wie eng die beiden Felder für ihn miteinander verbunden sind: Tatsächlich geht er sogar soweit, zu behaupten, daß "jede Kritik Poesie in Prosa" ist.[34] Diese Behauptung muß mit einiger Vorsicht behandelt werden, da sie oftmals die Ursache von Mißverständnissen und Empörung gewesen ist.[35] Es handelt sich nicht um eine Frage des Wertes: Bloom spielt sicherlich nicht darauf an, daß die Literaturkritik, als eine gesonderte Wesenheit, ebenso wertvoll wie die Literatur selbst ist. Bloom zufolge ist die Kritik gar keine gesonderte Wesenheit, denn seine Theorie unterminiert die epistemologischen Grenzen zwischen der Kritik und der Literatur. Ein starker Kritiker wie Dr. Johnson ist also wesentlich in demselben Kampf mit Texten eingebunden, wie es bei einem starken Dichter ist.[36] Im allgemeinen "ist die Lektüre starker Dichtung beinahe ebenso ein poetischer Sachverhalt, wie das Schreiben solcher Dichtung."[37] In diesem Sinne hat Bloom eine poetische Theorie von der Dichtung konstruiert, die auf poetischem Fehllesen und der kämpferischen Besitznahme von Bedeutung basiert.[38]

Wie oben angedeutet wurde, gibt es oftmals überraschende Kontinuitäten zwischen Blooms ersten Arbeiten und seiner Hauptphase. Wohl nicht ganz im Ernst behauptet er, die Angst vor Einfluß 1942 im Alter von zwölf Jahren entdeckt zu haben, während er Hart Cranes Dichtung gelesen hat.[39] Aber um 1970 macht er zumindest zwei bedeutende, miteinander zusammenhängende Durchbrüche, und gewissermaßen rückt Bloom heute von seinen früheren Arbeiten ab.[40] Erstens wird Kritik nicht mehr als eine Art Deutung betrachtet, und zweitens wird das Gedicht nicht mehr als ein Objekt angesehen. Wenn diese grobe Beschreibung rätselhaft klingt, mag das als Maßstab dessen genommen werden, wie ungewöhnlich die radikaleren Verwicklungen von Blooms Arbeit noch bleiben. Erstens muß dann hervorgehoben werden, daß Fehllesen nicht auf die Deutung in konventionellem Sinne reduziert werden darf, und daß der Fokus Bloomscher Theorie nicht auf der Deutung liegt,

---

[34] Ebd., S.95.

[35] Ein Mißverständnis bzgl. dieses Punktes hat im Fall von Colin Falck, einem der selbsternannten und schlecht unterrichteten 'Inquisitoren' der zeitgenössischen Literaturtheorie, zu Empörung geführt (C. FALCK, *Myth, Truth and Literature: Towards a True Post-modernism*, S.24). Ein besprechender Essay über sein Buch wird in *Textual Practice* (Cardiff) erscheinen.

[36] I. SALUSINSZKY, *Criticism in Society*, S.57.

[37] H. BLOOM, *Poetry and Repression*, S.6; DERS., siehe *Kabbalah and Criticism*, S.101.

[38] Ebd., S.109; siehe auch P. DE BOLLA, *Harold Bloom*, S.8.

[39] I. SALUSINSZKY, *Criticism in Society*, S.50.

[40] Siehe H. BLOOM, *Poetry and Repression*, S.46.

sondern auf den Ursprüngen und Zwischenbeziehungen poetischer Sprachfigurationen. Dieser Fokus wird von Blooms Lesern gewöhnlich verloren, wie Jonathan Culler bemerkt hat, weil wir so an die Annahme gewöhnt sind, die Aufgabe des Kritikers bestehe darin, zu deuten und Bedeutung zu identifizieren.[41] Um die Bedeutsamkeit des zweiten Durchbruchs anzuzeigen, was das Gedicht als Objekt betrifft, können wir kurz zu Blooms kritischen Anfängen zurückkehren. Seine allererste Veröffentlichung war eine begeisterte Besprechung von Fryes *Anatomy of Criticism*, die 1957 erschienen war und noch nicht in einen Band aufgenommen wurde. Diese Besprechung macht schon Blooms Antipathie gegen den Formalismus und den 'New Criticism' deutlich, die den poetischen Text zu einem Objekt, einer 'well-wrought urn', reduzieren. Er heißt Frye und seine archetypische Kritik insofern willkommen, als sie die Rhetorik gegen die Einschränkungen der 'New Critics' verteidigen.[42] Doch erst viele Jahre später fand Blooms Antipathie ihre volle theoretische Grundlage. "Laßt uns das gescheiterte Unternehmen aufgeben, danach zu trachten, jedes einzelne Gedicht als eine Wesenheit in sich selbst zu 'verstehen'", protestierte Bloom, indem er für die radikale Alternative der antithetischen Kritik eintritt.[43] Blooms Arbeit stellt eines der besten gegenwärtig verfügbaren theoretischen und praktischen Mittel zur Verfügung, dem zu entkommen, was er, sich vor der Arbeit Paul de Mans verbeugend, "die Sackgasse der formalistischen Kritik" nennt.[44]

Bloom unterschätzt nicht die Schwierigkeit, dieser Sackgasse zu entkommen, die noch immer weitgehend die Grenzen des Lesens für uns bestimmt. Wenn auch der formalistische Versuch, ein Gedicht als ein eingerahmtes Objekt zu verstehen, gescheitert ist, heißt das bestimmt nicht, daß formalistische Annahmen jetzt als irrelevant aufgegeben werden können. Wie Jacques Derrida in *Die Wahrheit in der Malerei*[45] gezeigt hat, ist eine bestimmte Einrahmung eines vermeintlich textuellen Objekts grundlegend für das Verständnis des Textes[46], und eine Alternative zu diesem formalen Vorbild ist nur schwer vorstellbar. Es muß hinzugefügt werden, daß Derrida dann nicht, wie oft behauptet wird, fortfährt, die 'Außenseite' des 'Textes' abzuschaffen. Vielmehr arbeitet er das Problem des Formalismus durch, indem er den Rahmen als einen Anhang analysiert, dessen strukturale Logik bestimmt, daß

---

[41] J. CULLER, *The Pursuit of Signs:* S.14.
[42] H. BLOOM, "A New Poetics", S.133.
[43] H. BLOOM, *The Anxiety of Influence*, S.43.
[44] Ebd., S.12.
[45] J. DERRIDA, *Die Wahrheit in der Malerei*. Übersetzt von Michael Wetzel, Originalfassung: J. DERRIDA, *La vérité en peinture*, Paris: Flammarion, 1978.
[46] Ebd.

er dem Text zugleich äußerlich und innerlich ist, 'außen' und 'innen', so daß diese konventionellen binären Gegensätze ununterscheidbar werden und schließlich zusammenbrechen. Bloom seinerseits beschäftigt sich mit figurativen "inner-poetischen Beziehungen"[47] oder "den verborgenen Wegen, die von Gedicht zu Gedicht führen"[48], und er zeigt, daß der Text keine Einheit ist und daß textuelle 'Form' selbst eine weitere Sprachfigur ist.[49] Blooms eigener kritischer Weg führt ihn weit weg von Derrida. Obgleich auf sehr unterschiedlichen Wegen, decken sowohl Bloom als auch Derrida die Willkürlichkeit und figurative Unzuverlässigkeit der Innen/Außen-Oppositionen auf, die fortfahren eine solche Macht über unser Lesen auszuüben. Und die Spannung zwischen diesen beiden Theoretikern bleibt ein produktives Element in Blooms Arbeit, ungeachtet der offenen Feindschaft gegen das, was er ironischerweise die "Straßenbaugesellschaft Dekonstruktion" nennt.[50] Es ist etwas unaufrichtig von Bloom, zu behaupten, seine Arbeit hätte "überhaupt keine Beziehung" zur Dekonstruktion.[51] Bloom selbst jedoch behauptet ja im Hinblick auf die starke Dichtung: "Diskontinuität ist Freiheit."[52]

Am Anfang von *Poetry and Repression* stellt Bloom die Frage des Textes in die folgende Perspektive: "Nur wenige Vorstellungen sind schwieriger zu zerstreuen als jene 'vernünftige', die gemeinhin den poetischen Text als in sich abgeschlossen ansieht und annimmt, daß er eine feststellbare Bedeutung oder Bedeutungen ohne Bezug zu anderen poetischen Texten hat. Etwas in beinahe jedem Leser will sagen: '*Hier* ist ein Gedicht und *dort* ist eine Bedeutung, und ich bin ziemlich sicher, daß die beiden zusammengebracht werden können.'"[53] Anstatt die "Bedeutung" des "Textes" festzustellen zu versuchen, besteht Bloom auf die Innen-Beziehungen der literarischen Sprache. Er zielt auf eine strenge Analyse dieses Phänomens, das damit vergleichbar ist, was Roland Barthes die Intertextualität genannt hat. Blooms Analyse ist umso zwingender, indem sie gegen einen Widerstand ihren eigenen Einsichten gegenüber kämpfen muß. Wenn er auf den 'vernünftigen' Wunsch "in beinahe jedem Leser" bezug nimmt, die Bedeutung eines Gedichts als eine Wesenheit zu bestimmen, läßt er durchblicken, daß dieser Widerstand sich auch bis zu ihm selbst ausdehnt, wie er in dem zu bekräftigen scheint, was

---

[47] H. BLOOM, *The Anxiety of Influence*, S.5.
[48] Ebd., S.96.
[49] H. BLOOM, "The Breaking of Form", S.1.
[50] H. BLOOM, *Agon: Towards a Theory of Revisionism*, S.35.
[51] I. SALUSINSZKY, *Criticism in Society*, S.67-68.
[52] H. BLOOM, *The Anxiety of Influence*, S.39.
[53] H. BLOOM, *Poetry and Repression*, S.2-3.

dem obigen Zitat folgt: "Unglücklicherweise sind Gedichte keine Dinge, sondern lediglich Worte, die auf andere Worte verweisen, und *diese* Worte verweisen auf noch mehr andere Worte, und so weiter, hinein in die dicht überbevölkerte Welt der literarischen Sprache. Jedes Gedicht ist ein Zwischen-Gedicht und jedes Lesen eines Gedichtes ist ein Zwischen-Lesen. Ein Gedicht ist nicht Geschriebenes, sondern Wiedergeschriebenes..."[54] "Unglücklicherweise" also ist ein Gedicht keine Wesenheit, und es wird kein Ende des Lesens geben, ungeachtet des Widerstandes, der hier von diesem anscheinend nostalgischen Adverb bezeichnet ist. Es gibt keine Möglichkeit, daß die Kritik jemals fähig sein wird, ein textuelles Objekt zu sehen wie es wirklich 'ist', da das Bezugssystem, das ein solches Projekt stützen würde, als irreführend entlarvt worden ist.

Die Wirkung von Blooms Nachdruck auf das "Zwischen-Gedicht" ist demnach sehr weitreichend. Sich vor Oscar Wilde verbeugend, erörtert er mit unerhörter Logik, daß die Kritik "das Objekt, das Gedicht sehen muß, wie es in sich selbst nicht wirklich ist", da das Verhältnis des Gedichtes zu dem, was es ausgeschlossen hat, entscheidend ist.[55] Formelhafter: "Ein Text ist ein beziehungshaftes Ereignis, und keine zu analysierende Substanz."[56] Wie er es am Anfang von *A Map of Misreading* mit erhabener Übertreibung formuliert, "gibt es *keine* Texte, sondern nur Beziehungen *zwischen* Texten."[57] Den poetischen Einfluß zu überdenken, schließt ein, die Textualität zu überdenken, welche den Text als solchen konstituiert. Anstatt die Bedeutung im Text, oder unterhalb oder außerhalb des Textes festzustellen, verschiebt Bloomsche Theorie die Bedeutung als eine konstante Bewegung zwischen den Texten. Es sollte betont werden, daß diese Bewegung für Bloom keine neutrale oder automatische Form eines Treibens ist, sondern eher die Wirkung eines ununterbrochenen Kampfes, in dem der verspätete Schriftsteller - und, gleichermaßen, der verspätete Leser - unvermeidlich eingeschlossen sind. Blooms Theorie bietet daher eine dynamische oder kampflustige Sichtweise der Literaturgeschichte, da von dieser Geschichte gesagt wird, sie sei ein Produkt des konfliktuösen Prozesses des Einflusses.[58] Selbstverständlich hat der Bloomsche Einfluß wenig mit der Weitergabe von Bildern und Ideen zu tun, die vom herkömmlichen Quellenstudium bekannt ist.[59] Noch kann

---

[54] Ebd., S.3.

[55] H. BLOOM, *Agon: Towards a Theory of Revisionism*, S.18; siehe auch DERS., *Kabbalah and Criticism*, S.121-125.

[56] Ebd., S.106.

[57] H. BLOOM, *A Map of Misreading*, S.3; siehe DERS., *Kabbalah and Criticism*, S.88.

[58] H. BLOOM, *The Anxiety of Influence*, S.5.

[59] Ebd., S.7.

Blooms Sichtweise auf ein Schema reduziert werden, in dem Schriftsteller mit Bezug auf eine bestimmte Quelle und einem verspäteten Einfluß klassifiziert werden, da in jedem Fall die sogenannte 'Quelle' selbst schon verspätet und der Entstellung unterworfen sein wird. Mit anderen Worten, Bloomsche Literaturgeschichte ist keine Aufeinanderfolge von mehr oder weniger statischen autorhaften Anwesenheiten, sondern ein entstellter Effekt der Verspätetheit. Figurative Umschreibungen und Überarbeitungen geraten in Konflikt mit anderen figurativen Umschreibungen und Überarbeitungen, ohne einen zeitlichen Ursprung, der ursprünglich zu nennen wäre und der dann als ein Führer für den Leser dienen könnte. Die herkömmliche Annahme, daß literarische Zeitlichkeit ein mehr oder weniger anzugleichendes lineares Kontinuum sei, das sich teleologisch von der Vergangenheit bis zur Gegenwart bewegt, wird von Blooms Darlegung subvertiert, daß der Einfluß rückwärts wirken kann, worauf auch Borges in seinen Studien über den Einfluß hingewiesen hat.

Mittlerweile sollte deutlich genug sein, daß der Bloomsche Dichter dort beginnt, wo er konfrontiert ist mit und beinahe überwältigt ist von den ungeheuren Lasten der übervollen poetischen Tradition. Das heißt, zu Beginn ist der Dichter dazu verurteilt, immer schon verspätet zu sein. Indem er eine Theorie der poetischen Verspätetheit konstruiert, wendet sich Bloom dem Freudschen Begriff der Nachträglichkeit zu, einem schwierigen Begriff, den Freud zum Beispiel benutzt, um eine Beziehung zwischen dem verzögerten Erscheinen eines Symptoms und seinem vermeintlichen Ursprung - der phantasmatisch sei - in einem krankheitserregenden Ereignis oder Wunsch zu beschreiben. Freuds Begriff kann nur mit einiger Unbeholfenheit ins Englische übersetzt werden, als 'supplementarity' (wie bei Derrida) oder, wie Bloom vorschlägt, als *aftering* oder gar "retroactive meaningfulness".[60] Neologismen sind letztlich der Alternative vorzuziehen, Freuds Begriff überhaupt unbeachtet zu lassen, wie in der Tat bei der sogenannten *Standard Edition* seines Werkes auf englisch verfahren worden ist. Bloomsche Verspätetheit, die ein Symptom dieses quasi pathologischen Zustandes, bekannt als 'Dichtung', ist, konstituiert eine unbestimmte Reihe von Nachträgen. Um eine andere Formulierung zu wagen, Verspätetheit ist immer schon ein Text; ein Text ist immer schon ein Nachtrag. Der Ausdruck 'immer schon' ist hier Derridas Essay "Freud und der Schauplatz der Schrift" entlehnt.[61] Bloom bewundert diesen Essay ebenso wie er sich ihm widersetzt - wegen seiner stren-

---

[60] H. BLOOM, *Poetry and Repression*, S.4; siehe auch ebd., S.287-288, und DERS., *Wallace Stevens*, S.168-170.

[61] J. DERRIDA, *Die Schrift und die Differenz*, übersetzt von Rodolphe Gasché, Originalfassung: J. DERRIDA, *L'écriture et la différence*, Paris: Seuil, 1967.

gen Dekonstruktion von Freudschem Gedächtnis, Verdrängung, Textualität und Differenz, die er nur unter Schwierigkeiten seiner eigenen Theorie des Einflusses und des Vorläufers angleichen kann.[62] Sein unruhiges Verhältnis zu Derrida ist einer eigenen Studie würdig.

Bloom vergleicht die Reaktion des Dichters auf sein ursprüngliches Trauma, die Entdeckung, daß er nicht sein eigener Erzeuger ist, mit der Reaktion des Kindes im Freudschen Familienroman, wenn es seine eigenen gefürchteten und begehrten Eltern durch eine ausweichende aber potentiell lenksamere Phantasie über eine adlige Abkunft ersetzt.[63] Unter den Zwängen der poetischen Version des Ödipus-Komplexes werden der Ursprung und der ursprüngliche Einfluß untrennbar von der Mythologie und der Figuration.[64] Ungeachtet der groben Vereinfachungen seiner Kritiker, kann von Bloom nicht gesagt werden, er reduziere die Dichtung auf ein psychologisches Produkt ödipaler Kräfte. In *Poetry and Repression* beklagt Bloom das Mißverständnis, wobei er beständig dafür herhalten muß, eine ödipale Deutung der Geschichte der Dichtung zu liefern. Er erinnert seine Leser daran, daß, wenn wir die Dichtung studieren, wir nicht den Geist oder gar das Unbewußte studieren.[65] Er hat seinen eigenen kritischen Gebrauch des Familienromans in Frage gestellt, indem er erkannte, daß seine Implikationen irreführend sind.[66] Bloomsche Theorie kann überhaupt nur in einem sehr sorgfältig definierten Sinn des Begriffs psychologisch genannt werden. Denn die Angst vor Einfluß ist nicht etwas, das der Dichter als Person erfährt - als ob Wordsworth etwa irgendwie Angst vor Miltons unterstellter Anwesenheit verspürte - sondern sie ist statt dessen etwas, das konstitutiv für den Dichter als Dichter ist. Das ist eine höchst bedeutsame Unterscheidung, die Bloom schon in seinem ersten Buch gemacht hat.[67]

Seine Konzentration auf die Ästhetik der literarischen Entstehung, auf den Dichter-als-Dichter und ebenso auf den Leser-als-Dichter, sollte deshalb nicht vergessen werden, wenn man seine komplexe Beziehung zur psychoanalytischen Theorie ins Auge faßt. Die Theorie der Angst kann als ein Beispiel dessen dienen, was geschieht, wenn Bloom Freud liest. Insofern Bloom

---

[62] H. BLOOM, *A Map of Misreading*, S.48-50.

[63] S. FREUD, *Gesammelte Werke* (*GW*), Bd. VII., S.227-231; DERS., *Studienausgabe* (*SA*), Bd. IV., S.223-226.

[64] H. BLOOM, "The Breaking of Form", S.3. Zur entsprechenden Analyse des Ödipuskomplexes und den Problemen des Begriffs der Identifikation bei Freud, siehe M. BORCH-JACOBSEN, *Le Sujet freudien*, Paris: Flammarion, 1982.

[65] H. BLOOM, *Poetry and Repression*, S.25.

[66] H. BLOOM, *Agon: Towards a Theory of Revisionism*, S.44; siehe auch I. SALUSINSZKY, *Criticism in Society*, S.55.

[67] H. BLOOM, *Shelley's Mythmaking*, S.21; siehe DERS., *The Anxiety of Influence*, S.11.

sich hier vor Freud verbeugt, könnte man sagen, daß die Dichtung Angst *ist*,[68] aber unter dem Vorbehalt, daß die Freudsche Angst ein problematisches und wenig stabiles Konzept ist, das ontologisch nicht identifiziert werden kann. Freud begann in seinen frühen Arbeiten zur Psychopathologie mit einer ökonomischen Theorie der Angst als eine Art auf die Verdrängung folgende Quantität: die Verdrängung eines bedrohlichen Gefühls oder Affekts wandelt schlicht diesen Affekt in lauter Angst um. Als Freud jedoch *Hemmung, Symptom und Angst* zu schreiben begann (in Amerika als *The Problem of Anxiety* übersetzt), war er übergegangen zu einer Theorie der Angst als eine Art Signal, in dem die Angst nicht als eine affektive Antwort auf die Gefahr hervorgebracht wird, sondern vielmehr als eine Art defensiver Darstellung vor dem Auftauchen der potentiellen Gefahr, gegen die sie vermeintlich verteidigt. Samuel Weber erläutert diese komplexe Theorie deutlicher als Bloom selbst.[69] Für den vorliegenden Aufsatz ist eine kurze Zusammenfassung notwendig: die Freudsche Angst ist kein einfacher psychischer Affekt, sondern vielmehr ein Präventiv-Signal, das effektiv dazu tendiert, die Verbindung zwischen einer Vorstellung und dem, was vorgestellt ist, zu zertrennen.[70]

Freud ist äußerst wichtig für Bloom, vor allem als ein Theoretiker der Abwehr - das heißt, der Wege, auf denen die Psyche danach strebt, weiterzubestehen und sich gegenüber unaufnehmbaren Anforderungen und Ansprüchen von Außen und von Innen selbst zu regulieren. Bloom wertschätzt zum Beispiel Freuds Betonung auf dem Reizschutz des noch unentwickelten lebenden Organismus in *Jenseits des Lustprinzips*, wodurch die Abwehr gegen Reize - oder gegen Einfluß, bei Bloom - als eine beinahe wichtigere Aufgabe als die Reizaufnahme beschrieben wird.[71] Bloom entwickelt die oben umrissene spätere Freudsche Theorie der Angst, d.h. die Signal-Theorie, um seine Schlußfolgerung zu stützen, daß die poetische Bedeutung weder erfahrungsgemäß noch referentiell ist.[72] Zu sagen, daß die Dichtung Angst ist, heißt folglich nicht, biographische Behauptungen über die Erfahrung eines Dichters aufzustellen, als ob die Dichtung eine Art Selbst-Ausdruck sei. Und poetische Referenz heißt bei Bloom, wie wir gesehen haben, nicht Referenz auf eine außer-textuelle Realität, sondern auf andere Gedichte, in einer endlosen Kette von Verspätetheit, Aufschub und Differenz. Die 'Bedeutung' eines Gedichts, wenn wir noch in solchen Begriffen denken müssen, kann nur ein anderes Gedicht oder andere Gedichte sein, d.h. ein Text, der sich vom in

---

[68] H. BLOOM, *The Anxiety of Influence*, S.94.

[69] S. WEBER, *Freud-Legende: Vier Studien zum psychoanalytischen Denken*, S.51-63.

[70] S. FREUD, *GW* 14, S.166-168 und 197-201; DERS., *SA* 6, S.276-278 und 302-305.

[71] S. FREUD, *GW* 13, S.27; DERS., *SA* 3, S.237.

[72] H. BLOOM, *Agon: Towards a Theory of Revisionism*, S.109-111.

Frage stehenden Gedicht unterscheidet.[73] Weit davon entfernt, die Realität darzustellen, versucht das Gedicht, die Gefahr mit figurativen Präventivmaßnahmen zu vermeiden, indem es andere Gedichte schützend überarbeitet: die Dichtung ist daher eine Art "vermittelte Überarbeitung, für welche die Angst ein anderer Name ist."[74]

Es ist wichtig zu erkennen, daß dieser Prozeß zwischen-poetischer Überarbeitung nicht einfach auf ein vor-textuelles Selbst zurückgeführt werden kann, d.h. ein Selbst vor der Sprache, obgleich Bloom in diesem Punkt manchmal unklar ist. Seine Theorie der Dichtung beherbergt sowohl eine Autor-lose Intertextualität als auch doppelsinnigerweise 'starke' Autorschaft, und es gibt zwischen diesen beiden Konzepten eine starke Spannung, wie im Falle Miltons.[75] Das poetische Selbst ist bei Bloom irgendwo zwischen der bei Derrida gefundenen 'dekonstruierten' Psyche und der in der herkömmlichen Kritik gefundenen, mehr oder weniger souveränen Selbst-Präsenz situiert. Einmal mehr weicht Bloom stark von konkurrierenden Versionen davon, was er vorzustellen versucht, ab. Über Freud schreibend, hatte Derrida gefragt, "was ein Text ist und was das Psychische sein muß, um vermittels eines Textes dargestellt werden zu können."[76] Bloom beginnt sein eigenes Vorhaben, indem er Derridas wegweisende Frage umkehrt, demgemäß fragend: "'Was ist eine Psyche, und was muß ein Text sein, wenn er vermittels einer Psyche dargestellt werden kann?'"[77] Er übersetzt nicht einfach die Psychologie in poetische Begriffe, sondern versucht, eine Theorie der Dichtung auszuarbeiten, die auf der 'Psyche' als Figur aufbaut - ausdrücklich eine Figur des Atems, der Stimme, des Willens oder der Haltung.[78] Die Bloomsche 'Psychologie' ist nicht erfahrungsgemäß.[79] Aber während er die Sicherheit des humanistischen Selbst scheut, kämpft Bloom auch gegen Derrida - und de Man -, um die Psyche als eine Figur der Stimme zu retten. Auf einer strikt figurativen Ebene begehrt der Dichter sein Überleben, seine Haltung, die ihn vermeintlich von seinen Vorläufern scheidet. Die Bloomsche poetische Psyche ist also eine Art Figur oder Trope und keine psychische Identität oder Präsenz.

---

[73] H. BLOOM, *The Anxiety of Influence*, S.70 und S.94.

[74] H. BLOOM, *Agon: Towards a Theory of Revisionism*, viii.

[75] H. BLOOM, *The Breaking of the Vessels*, S.82; siehe auch J. CULLER, *The Pursuit of Signs*, S.107-111.

[76] J. DERRIDA, *Die Schrift und die Differenz*, S.306. Siehe auch R. SELLARS, "Bloom, Freud, and Milton", eine Dissertation, die Derridas Frage zum Ausgangspunkt nimmt (S.15).

[77] H. BLOOM, *Poetry and Repression*, S.1.

[78] Ebd., S.1-2; siehe auch S.55.

[79] P. DE BOLLA, *Harold Bloom: Towards Historical Rhetorics*, S.16-20.

Aber was ist eine Trope? Zu den Ursprüngen zurückkehrend, was eine von Blooms Lieblingsgesten ist, können wir sagen, daß die Trope sofort notwendig wird, um das Schreiben zu stützen, wenn der neue Dichter mit der Angst vor Einfluß konfrontiert ist - oder genauer gesagt, wenn er durch diese Angst konstituiert wird. Alles ist bereits geschrieben worden, so daß der Dichter dem, was schon benannt worden ist, den Namen nehmen muß, um überhaupt zu beginnen und eine Art imaginären Raum für sein eigenes poetisches Projekt zu befreien. Doch verlangt diese Befreiung einen hohen Preis, denn der Schriftsteller muß, um mit dem Schreiben fortzufahren, lügen und entstellen. Wie Bloom es oft ausdrückt, muß der Schriftsteller gegen die Zeit lügen, das heißt, er (oder sie) muß die Tatsachen der Verspätetheit verleugnen und schreiben, als ob es Morgen sei, als ob es die Vorläufer einfach noch nicht gegeben hätte. Diese Notwendigkeit sollte zu erklären helfen, warum die Trope in Blooms theoretischem Entwurf so beharrlich mit der Lüge verbunden ist: im allgemeinen definiert er Tropen als "Figuren gewollter Verfälschung."[80] Die poetische Trope ist das, was sich gegen die buchstäbliche Bedeutung oder gegen die vorgängige Figuration wendet, mit einer rücksichtslosen Mißachtung unserer vertrauten Vorstellungen von der Wahrheit, dem Besitz und dem Anstand. Es sollte angemerkt werden, daß der letztere Fall, wo sich die Trope gegen vorangehende Tropen wendet, der wichtigere für Bloom ist und in seiner Theorie der Dichtung als "Metalepsis" bezeichnet wird.[81] Die Trope bietet dem Bloomschen Dichter das rettende antithetische Moment. Die Dichtung oder das figurative Schreiben ist eine Art kreativer Entstellung oder "misprision", ein Begriff, den Bloom oft gebraucht, um sein "misreading" (Fehllesen) von der belanglosen alltäglichen Lesart zu unterscheiden.[82] Die poetische 'misprision' ist die grundlegende Verteidigung gegen Einfluß, ohne den die Literatur als solche undenkbar wäre. Mit wachsender Komplexität hat Bloom es sich zum Ziel gesetzt, diese 'misprision' in und zwischen Texten zu verzeichnen.

The Anxiety of Influence beschreibt eine Reihe von sechs revisionären 'ratios', Verhältnisse oder Tropen, über die der antithetische Kritiker versuchen mag, die entstellende Beziehung des Dichters und dessen Vorläufern zu bestimmen. Die 'ratios' haben esoterische Namen, doch keine sind Neologismen. Bevor wir uns kurz Blooms Arbeit über Milton zuwenden, mag eine

---

[80] H. BLOOM, *Poetry and Repression*, S.25.; siehe DERS., *A Map of Misreading*, S.93.

[81] H. BLOOM, *The Breaking of the Vessels*, S.74; siehe auch J. HOLLANDER, *The Figure of Echo: A Mode of Allusion in Milton and After*.

[82] H. BLOOM, *Kabbalah and Criticism*, S.97. 'Misprision' ist, nebenbei bemerkt, kein Neologismus. Es findet sich bei Spenser (*Faerie Queene* 2.12.19.4) und bei Shakespeare (Sonnet 87.11), wie Hollander in seiner Einleitung zu *Poetics of Influence* zeigt (H. BLOOM, *Poetics of Influence*, xI-xIii).

rasche Zusammenfassung der 'ratios' hilfreich sein, da einige schon in das allgemeine kritische Vokabular in einer mehr oder weniger entstellten Form eingetreten sind. Die erste revisionäre 'ratio', *clinamen*, ist vielleicht die am besten bekannte: Sie ist eine korrektive Abweichung vom Vorläufer, mit der Anspielung, daß der Vorläufer sich genau in die Richtung des neuen Gedichts bewegt haben sollte.[83] Die zweite 'ratio', wodurch ein Dichter seine Vorläufer fehlliest, heißt *tessera*, und umfaßt eine antithetische Vollendung, wodurch die Bedeutung des Textes des Vorläufers verändert wird. Die dritte 'ratio', *kenosis*, ist eine Art Ausleerung des Dichters, um eine Diskontinuität mit dem Vorläufer zu erlangen.[84] *Daemonization*, die vierte 'ratio', ist eine Bewegung auf das Erhabene zu, die mit einer höheren Kraft gleichgesetzt wird, angeblich gerade jenseits der Reichweite des Vorläufers.[85] *Askesis*, die fünfte 'ratio', umfaßt eine kreative Selbst-Reinigung oder Einschränkung, um den Dichter vom Vorläufer zu isolieren, während *apophrades*, die sechste, eine unheimliche Wiederkehr der Toten bezeichnet, als hätte sich das Rad einmal voll gedreht: die Macht der Arbeit des reifen Dichters erscheint als ein Produkt des Vorläufers.[86] Diese komplexe Struktur von 'ratios' muß im Kontext der gesamten Arbeit Blooms betrachtet werden, mit größerer Aufmerksamkeit auf seine Verwendung von Freud. Leider ist hier kein Raum, um die bemerkenswerte Verwicklung zu erläutern, die in *A Map of Misreading* und in *Poetry and Repression*[87] erreicht wurde, in denen Bloom Parallelen zwischen seinen revisionären 'ratios' und Freudschen Mechanismen der psychischen Abwehr ausarbeitet, um nicht spätere Arbeiten, etwa *Agon*, zu erwähnen, die Freuds Triebtheorie als einen weiteren Dualismus deutet, in dem der revisionäre Wille sich manifestiert.[88]

Es mag lohnend sein, sich hier Milton zuzuwenden, um auf einige der mehr praktischen Anwendungen und Probleme Bloomscher antithetischer Kritik hinzuweisen. Es gibt keinen Zweifel über die Bedeutsamkeit Miltons für Bloom: "Milton ist das zentrale Problem in jeder Theorie und Geschichte des poetischen Einflusses im Englischen", versichert er.[89] Er neigt dazu, Milton als eine Art 'proto-Bloomian' zu sehen, so daß insbesondere der Satan aus *Paradise Lost* zu einem Archetyp des modernen Bloomschen Dichters wird, der seinen allmächtigen Vorläufer - Gott - mit einer trügerischen aber

---

[83] H. BLOOM, *The Anxiety of Influence*, S.14.
[84] Ebd., S.14-15.
[85] Ebd., S.15.
[86] Ebd., S.15-16.
[87] H. BLOOM, *A Map of Misreading*, S.71-74; DERS., *Poetry and Repression*, S.16-20.
[88] H. BLOOM, *Agon: Towards a Theory of Revisionism*, S.136.
[89] H. BLOOM, *The Anxiety of Influence*, S.33.

rhetorisch bewundernswerten Macht herausfordert.[90] Bloom zitiert gerne die Forderungen, die der Satan für sich und die aufrührerischen Engel stellt, als er auf die göttlichen Drohungen von Abdiel, dem treu ergebenen orthodoxen Engel, antwortet. Laut Bloom sind dies die Forderungen des 'ephebe' oder neuen Dichters, der der Angst vor Einfluß die Stirn bietet und dadurch die Bürde der Tradition zu unterdrücken versucht.[91] Während Bloom Miltons Satan als eine Gestalt poetischer Stärke begreift, muß gleichfalls unterstrichen werden, daß Bloomsche Stärke nicht der Besitz eines Urhebers oder eines Objektes ist, noch ein quantitativer Maßstab. In Blooms Sprachgebrauch sind 'starker Dichter' und 'Dichter' nahezu synonyme Begriffe, da er sich nicht mit 'schwachen' Dichtern befaßt. Laut Bloom sind Dichter schwach, wenn sie die Tradition idealisieren und von ihr verzehrt werden, oder wenn sie die Dichtung der Tradition in Gestalt von der Autobiographie oder der Darstellung wiederholen. Wenn Bloom über poetische Stärke schreibt, erörtert er einen *Effekt*, der, wenn überhaupt, nur mit Rücksicht auf das identifizierbar sein sollte, was offensichtlich vom Gedicht ausgeschlossen oder zurückgehalten wurde.[92] Die Stärke ist daher ein Effekt des Lesens und keine wesentliche Identität in sich selbst. Aber Blooms fast religiöse Verehrung besonderer Schriftsteller - Milton, Blake, Wallace Stevens, Freud und so weiter - führt ihn oftmals dazu, poetische Stärke zu setzen oder zumindest anzudeuten, die in der Tat der Besitz des als Urheber angesehenen Dichters ist. Die Entstellung von Bloom, die annimmt, seine Literaturgeschichte sei ein Ringkampf zwischen riesenhaften (männlichen) Selbsten, wird dann verständlich. Bloom hat dazu geneigt, sich vom Schreiben über die Romantiker zum Schreiben über Milton zu bewegen, als ob die romantischen Reaktionen auf das, was der Milton-Effekt genannt werden könnte, tatsächlich einen poetischen Riesen geschaffen hätten, der fähig gewesen wäre, sich von den Ängsten vor Einfluß zu befreien.[93] Gelegentlich räumt Bloom ein, daß Milton nicht in dieser Weise frei sein konnte, aber solch ein Eingeständnis wird dann manchmal von einem weiteren historischen Rückfall der grundlegenden autorhaften Mystifikation begleitet - so daß Shakespeare, Spenser oder Homer zum Stellvertreter des mythischen goldenen Zeitalters wird, bevor sich die Leiden des Einflusses und die rettende 'misprision' bemerkbar zu machen begannen.[94] Manchmal scheint es, als ob Bloom lediglich T.S. Eliots

---

[90] Ebd., S.19.
[91] Siehe J. MILTON, *Paradise Lost*, 5.859-61 und H. BLOOM, *A Map of Misreading*, S.63.
[92] H. BLOOM, "The Breaking of Form", S.5.
[93] Siehe H. BLOOM, *A Map of Misreading*, S.37.
[94] Siehe H. BLOOM, *The Anxiety of Influence*, S.11, 27 und 122; DERS., "Daemonic Allegorist", S.479; und DERS., *Ruin the Sacred Truths*, S.53. Der literarhistorische Hintergrund zu Blooms

historischen Mythos vom Zerfall der poetischen Sensibilität umschreibt. Der Fall von Milton, der sehr viel ausführlicher analysiert werden könnte, offenbart eine hochinteressante Spannung in Blooms Arbeit, hinsichtlich der Frage der Stärke. Diese Spannung zwischen der Theorie, in der die Stärke ein Effekt des Lesens ist, und der Kritik, in der die Stärke der Besitz eines autorhaften Urhebers zu sein scheint, könnte als exemplarisch gelten, indem nahegelegt wird, Bloom fehllese in Bloomscher Manier. Einmal mehr stünden wir dann einer problematischen Selbst-Reflexivität gegenüber, der Wendung von Blooms Arbeit gegen sich selbst, die eine ihrer Kennzeichen ist. Wie Blooms Freud "dient" Bloom selbst "als Beispiel" dessen was er "untersucht".[95] Wir könnten sagen, daß er sich dabei 'richtig' erweist über 'misprision', indem er sich 'falsch' erweist, oder vielmehr, genauer gesagt, daß er die empirische Dialektik des 'Lesens' und des 'Fehllesens' umstürzt, die laut Bloom den komplexen Prozessen der Literatur nicht entspricht.

Wenden wir uns zum Schluß Blooms Beziehung zu seinem Freund und Kollegen an der Yale Universität zu, Paul de Man. Im Jahre 1962 hatte de Man eine weitsichtige Besprechung von Blooms *The Visionary Company* geschrieben, die vor kurzem in de Mans *Critical Writings, 1953-1978* aufgenommen wurde. De Man beklagt zum Beispiel, daß es Blooms Kommentaren zu den Gedichten der englischen Romantik allgemein "nicht gelingt, der Macht der These gerecht zu werden", und diese Klage, die auf eine Trennung zwischen der Theorie und der Kritik hinweist, kann in Hinsicht auf weite Teile von Blooms später Arbeit ausgesprochen werden.[96] Es wurde bereits darauf hingewiesen, daß seine Arbeit in gewissem Grade ein Beispiel für dieses Problem ist, insofern als es eine Kluft zwischen Blooms komplexer Theorie der Dichtung als rhetorische 'misprision' und seiner hartnäckigen Neigung gibt, Milton als starke 'Anwesenheit' zu vereinfachen und zu monumentalisieren. Wiederum de Man empfiehlt, daß Bloom einfach sein Lesen verlangsamen und größere Vorsicht walten lassen sollte - eine kritische Warnung, die Bloom selbst einige Jahre später hinsichtlich der Lektüre von Shelley aussprach.[97] Doch bleibt Bloom so fruchtbar wie immer: Es wäre nicht zu unrealistisch, Bloom in Blakes Begriffen als einen 'Prolific' zu beschreiben, der einen 'Devourer' benötigt.[98] Bloom behauptet, auf de Mans Kritik mit der

---

instabilem Schema ist von Thomas McFarland ergänzt worden; siehe TH. MCFARLAND, *Originality and Imagination*, S.17.

[95] H. BLOOM, *Agon: Towards a Theory of Revisionism*, S.92.

[96] P. DE MAN, *Critical Writings*, S.92.

[97] H. BLOOM, *The Ringers in the Tower*, S.102.

[98] A.d.Ü.: 'Prolific' muß als substantiviertes Adjektiv, = 'fruchtbar', gelesen werden. Ähnlich 'Devourer', das hier als substantiviertes Verb, 'devour' = 'fressen', 'verschlingen', Eingang gefunden hat.

Vorbereitung der überarbeiteten Fassung seines Buches, die 1971 veröffentlicht wurde, geantwortet zu haben, auch wenn die einbegriffenen Überarbeitungen nicht sehr bedeutsam genannt werden können. 1973 schrieb de Man dann eine Besprechung von *The Anxiety of Influence*, die in der zweiten Auflage von de Mans *Blindness and Insight*[99] aufgenommen wurde. Es ist eine jener seltenen Buchbesprechungen, die leicht ein ganzes Buch hätte hervorbringen können.

De Man richet seine Aufmerksamkeit auf die problematische Frage des schreibenden Subjekts oder Autors in Blooms Arbeit, und auf die gleichzeitige naturalistische Sprache, von der Bloom sich angezogen fühlt. Laut de Man, dessen eigene Arbeit von theoretischer Strenge gekennzeichnet ist, ist dieses Bezugssystem eine Verdunkelung, die die Macht von Blooms Entwurf hinsichtlich des poetischen Fehllesens beeinträchtigt. De Man lobt die von Blooms Theorie des Antithetischen eingeleitete Änderung in der literaturkritischen Praxis, fährt aber fort, überzeugend zu erörtern, daß es Bloom nicht gelingt, den radikalsten Implikationen dieser Theorie nachzugehen.[100] De Man zufolge neigt Bloom dazu, in eine Sprache des Wunsches, der Herrschaft und des Besitztums zu verfallen, als ob die Literaturgeschichte tatsächlich als ein angewandtes Feld des Ödipuskomplexes vorstellbar wäre, in dem der Sohn für immer versucht, den Platz des Vaters einzunehmen. Der Konflikt zwischen de Man und Bloom ist unumgänglich und unauflösbar: Während de Man an der Abweichung und erkenntnistheoretischen Unzuverlässigkeit der Figuration als solcher interessiert ist, besteht Bloom darauf, am Willen als einer wesentlichen Kategorie poetischer Bedeutung festzuhalten. Laut de Man ist Blooms poetische Tradition zu sehr wie "eine zeitliche Hierarchie, die einer elterlichen Struktur ähnelt", wie er es in seinem entmystifizierenden Essay über die literarische Modernität ausgedrückt hat.[101] De Man legt nahe, daß Bloomscher Einfluß "eine Metapher" ist, "die eine linguistische Struktur in eine diachronische Erzählung dramatisiert".[102] Indem er der hier auf dem Spiel stehenden Metaphorizität Aufmerksamkeit zollt, schlägt er dann eine Sichtweise des Einflusses als tropologischer Wechselwirkung zwischen dem Buchstäblichen und dem Figurativen vor, anstelle von Blooms intersubjektivem Kampf zwischen dem Dichter und dem Vorläufer. Das würde Blooms Arbeit über die rhetorische Ersetzung in neue Richtungen entwickeln. Kaum überraschend jedoch ist dies eine Sichtweise des Einflusses, der

---

[99] P. DE MAN, *Blindness and Insight*, S.267-276.
[100] Ebd., S.270-276.
[101] Ebd., S.164.
[102] Ebd., S.276.

Bloom selbst nicht nachgegangen ist.[103] In einer Reihe von Büchern und Essays fährt Bloom fort, der dekonstruktivistischen Kritik zu widerstehen, die an seinem theoretischen Entwurf angebracht wurde: In dieser Hinsicht ist insbesondere der Nachtrag zu seinem *Wallace Stevens* von Bedeutung.[104]

Man kann getrost sagen, daß, wie Blooms Milton, Bloom selbst als Kritiker ein heftiger Individualist ist - der sozusagen seine eigene kritische Sekte gegründet hat. Einige der bedeutendsten Spannungen, die sein Werk durchziehen, rühren von seinem Antrieb her, eine eigenartige Position abzustecken zwischen den etablierten Methoden der humanistischen Kritik, für die viele von Blooms akademischen Lehrern als Beispiel dienen, und den herausfordernderen Methoden der Dekonstruktion, für die de Man und Derrida als Beispiel dienen. Egal zu welchem Preis hat Bloom beschlossen, ein 'starker' Kritiker zu sein. In der Einleitung zu seiner Vorlesungsreihe mit dem Titel *The Breaking of the Vessels* bietet er eine hilfreiche Zusammenfassung seines Werkes und eine Rechtfertigung der Notwendigkeit poetischer Stärke dar. Er erklärt sich hier als "gleichermaßen unglücklich sowohl mit älteren als auch mit jüngeren Methoden der Deutung, gleichermaßen überzeugt, daß etwa M.H. Abrams und ebenso Jacques Derrida mir nicht dabei helfen, Gedichte als Gedichte zu lesen. Die Macht, die ich über einen Text zu gewinnen suche, ist jene, die Miltons Satan 'belebende Macht' nannte, die Gewißheit pragmatischer Selbst-Erzeugung. Eine solche Macht ist parallel zur Macht jedes starken Gedichts über seine Vorläufer-Gedichte. Macht, in diesem Sinne, ist weder die Selbstbestimmung des autonomen Ichs in der Geschichte, wie bei Abrams, noch die im dekonstruktivistischen Prozeß statthabende Entmystifikation sowohl des Ichs als auch der Geschichte, wie bei Derrida... Was mich an einem starken Dichter beschäftigt, ist weder das Selbst noch die Sprache, sondern die Äußerung, innerhalb einer Tradition von Äußerungen, des Bildes oder der Lüge von der Stimme, wo die 'Stimme' weder Selbst noch Sprache ist, sondern vielmehr ein zündender Funke... dem Selbst entgegengesetzt, und eine mit dem Wort eins gemachte Tat... eher als ein Wort, das lediglich auf ein anderes Wort verweist."[105]

Es wäre eine kaum überzeugende Vereinfachung, zu sagen, daß Bloom über die Kluft zwischen dem Humanismus und dem Dekonstruktivismus eine Brücke schlägt. Vielmehr kämpft Bloom, wie er es betrachtet, um seinen eigenen theoretischen Raum zwischen der humanistischen Wiedereinsetzung

---

[103] Siehe H. BLOOM, *A Map of Misreading*, S.76-77 und S.93-94.
[104] H. BLOOM, *Wallace Stevens*, S.375-406; siehe A. WORDSWORTH, "An Art that will not Abandon the Self to Language", S. 209-214.
[105] H. BLOOM, *The Breaking of the Vessels*, S.3-4.

des Selbst und der dekonstruktivistischen Entmystifikation der Sprache.[106] In diesem Kampf um Bedeutung verteidigt er ein Bild der poetischen "Stimme", die ihre eigene nicht reduzierbare Macht hat, selbst wenn dieses Bild unnachgiebig als eine "Lüge" preisgegeben ist. Er schließt die Einleitung zu *The Breaking of the Vessels* wie folgt: "Ein Gedicht ist ein zündender Funke und eine Tat, sonst müssen wir es kein zweites Mal lesen. Die Literaturkritik ist ein zündender Funke und eine Tat, sonst müssen wir sie gar nicht lesen."[107] Für den Literaturstudenten ist Harold Bloom sicherlich ein Kritiker, dessen Werk zumindest einmal gelesen zu werden verlangt. Bloom fordert uns zum Wagnis des Lesens heraus.

Aus dem Englischen von Frank Grohmann

Literatur

BERGONZI, BERNARD, *Exploding English: Criticism, Theory, Culture*. Oxford: Clarendon, 1990.

BLOOM, HAROLD, *Agon: Towards a Theory of Revisionism*. New York: Oxford UP, 1982.

BLOOM, HAROLD, *The Anxiety of Influence: A Theory of Poetry*. New York: Oxford UP, 1973.

BLOOM, HAROLD, *Blake's Apocalypse: A Study in Poetic Argument*. London: Gollancz, 1963.

BLOOM, HAROLD (Hrsg.), *The Book of J*. Übersetzt von David Rosenberg. New York: Grove, 1990.

BLOOM, HAROLD, "The Breaking of Form." *Deconstruction and Criticism*. London: Routledge, 1979, S.1-37.

BLOOM, HAROLD, *The Breaking of the Vessels*. Chicago: U of Chicago P, 1982.

BLOOM, HAROLD, Kommentar von *The Complete Poetry and Prose of William Blake*, von WILLIAM BLAKE. Hrsg. von DAVID V. ERDMAN, Überarbeitete Ausgabe. Garden City, New York: Anchor-Doubleday, 1982, S.894-970.

BLOOM, HAROLD, "The Daemonic Allegorist." Besprechung von *The Prophetic Moment: An Essay on Spenser*, von ANGUS FLETCHER. *Virginia Quarterly Review* 47, 1971, S.477-480.

BLOOM, HAROLD, *Kabbalah and Criticism*. New York: Seabury, 1975.

BLOOM, HAROLD, *A Map of Misreading*. New York: Oxford UP, 1975.

BLOOM, HAROLD, "A New Poetics." Besprechung von *Anatomy of Criticism: Four Essays*, von NORTHROP FRYE. *Yale Review* 47, 1957, S.130-133.

BLOOM, HAROLD, *Poetics of Influence: New and Selected Criticism*. Hrsg. von JOHN HOLLANDER. New Haven: Schwab, 1988.

---

[106] H. BLOOM, *Poetry and Repression*, S.270.

[107] H. BLOOM, *The Breaking of the Vessels*, S.4.

BLOOM, HAROLD, *Poetry and Repression: Revisionism from Blake to Stevens*. New Haven: Yale UP, 1976.

BLOOM, HAROLD, *The Ringers in the Tower: Studies in Romantic Tradition*. Chicago: U of Chicago P, 1971.

BLOOM, HAROLD (Hrsg.), *Romanticism and Consciousness: Essays in Criticism*. New York: Norton, 1970.

BLOOM, HAROLD, *Ruin the Sacred Truths: Poetry and Belief from the Bible to the Present*. Cambridge, Mass.: Harvard UP, 1989.

BLOOM, HAROLD, *Shelley's Mythmaking*. Yale Studies in English 141. New Haven: Yale UP, 1959.

BLOOM, HAROLD, *The Visionary Company: A Reading of English Romantic Poetry*. 1961. London: Faber, 1962.

BLOOM, HAROLD, *Wallace Stevens: The Poems of Our Climate*. Ithaca: Cornell UP, 1977.

BLOOM, HAROLD, *Yeats*. New York: Oxford UP, 1970.

BORCH-JACOBSEN, MIKKEL, *Le Sujet freudien*. Paris: Flammarion, 1982.

CULLER, JONATHAN, *The Pursuit of Signs: Semiotics, Literature, Deconstruction*. London: Routledge, 1981.

DE BOLLA, PETER, *Harold Bloom: Towards Historical Rhetorics*. London: Routledge, 1988.

DE MAN, PAUL, *Blindness and Insight: Essays in the Rhetoric of Contemporary Criticism*. 2. Aufl. London: Methuen, 1983.

DE MAN, PAUL, *Critical Writings, 1953-1978*. Hrsg. von LINDSAY WATERS, Theory and History of Literature 66. Minneapolis: U of Minnesota P, 1989.

DE MAN, PAUL, *The Rhetoric of Romanticism*. New York: Columbia UP, 1984.

DERRIDA, JACQUES. *Die Schrift und die Differenz*. Übersetzt von R. Gasché, Frankfurt/M.: Suhrkamp, 1972.

DERRIDA, JACQUES, Die Wahrheit in der Malerei. Übersetzt von M. Wetzel, Wien: Passagen, 1990.

FALCK, COLIN, *Myth, Truth and Literature: Towards a True Post-modernism*. Cambridge: Cambridge UP, 1989.

FITE, DAVID, *Harold Bloom: The Rhetoric of Romantic Vision*. Amherst: U of Massachusetts P, 1985.

FREUD, SIGMUND, *Gesammelte Werke*, hrsg. von ANNA FREUD ET AL, 18 Bände, London: Imago; Frankfurt/M: Fischer, 1940-1968.

FREUD, SIGMUND, *The Standard Edition of the Complete Psychological Works of Sigmund Freud*. Übersetzt und hrsg. von JAMES STRACHEY, ET AL. 24 Bände. London: Hogarth, 1953-1974.

FREUD, SIGMUND, *Studienausgabe*, hrsg. von ALEXANDER MITSCHERLICH, ET AL. 11 Bände, Frankfurt/M: Fischer, 1969-1975.

HOLLANDER, JOHN, *The Figure of Echo: A Mode of Allusion in Milton and After*. Berkeley: U of California P, 1981.

KERMODE, FRANK, Besprechung von *The Book of J,* von HAROLD BLOOM. *New York Times Book Review*, 23. Sept. 1990, S.1 u. 24.

McFarland, Thomas, *Originality and Imagination*. Baltimore: Johns Hopkins UP, 1985.

Milton, John, *Paradise Lost*. Hrsg. von Alastair Fowler. London: Longman, 1971.

Salusinszky, Imre, *Criticism in Society: Interviews with Jacques Derrida, Northrop Frye, Harold Bloom, Geoffrey Hartman, Frank Kermode, Edward Said, Barbara Johnson, Frank Lentricchia, and J. Hillis Miller*. New York: Methuen, 1987.

Sellars, R.H., "Bloom, Freud, and Milton: Misprision, Psychoanalysis, and the Question of the Text." Dissertation, U Oxford, 1989.

Shakespeare, William, *The Complete Works*. Hrsg. von Peter Alexander. London: Collins, 1951.

Spenser, Edmund. *The Poetical Works of Edmund Spenser*. Hrsg. von J.C. Smith u. E. de Selincourt. London: Oxford UP, 1912.

Weber, Samuel, *Freud - Legende: Vier Studien zum psychoanalytischen Denken*. Überarbeitete Ausgabe, übersetzt von Michael Scholl, Georg Christoph Tholen u. Theo Waßner, Wien: Passagen, 1989.

Wordsworth, Ann, "An Art that will not Abandon the Self to Language: Bloom, Tennyson and the Blind World of the Wish." *Untying the Text: A Post-structuralist Reader*. Hrsg. von Robert Young. Boston: Routledge, 1981, S.207-222.

Wordsworth, Ann, "Wrestling with the Dead." Besprechung von *Yeats*, von Harold Bloom. *Spectator* 25. Juli 1970, S.74.

Postmodernismus: Amerikanisch

Barbara M. Kehm

> "In der Vergangenheit war das große literarische Bestimmungswort der Begriff 'jenseits': jenseits der Tragödie, jenseits der Kultur, jenseits der Gesellschaft. Aber wir haben das 'jenseits' anscheinend erschöpft und heute ist das soziologische Bestimmungswort 'post...'"[1]

1. Kontext

Mit dem Titel seines Bestsellers über die postindustrielle Gesellschaft hat der amerikanische Soziologe Daniel Bell einen Boom von 'Postismen' ausgelöst, dessen Ende heute noch nicht abzusehen ist. Vom Präfix 'Post-' kann behauptet werden, daß es eines der wichtigsten diskursiven Ereignisse der internationalen Intellektuellen-Szene in den letzten fünfzehn Jahren ist. Der Begriff 'Postmodernismus' hat in diesem Zusammenhang eine wichtige Distinktionsfunktion in fast allen kulturwissenschaftlichen Diskursen erhalten. Seit den späten siebziger Jahren ist er "eines der umstrittensten Terrains im intellektuellen Leben der westlichen Gesellschaften."[2] Angefangen von Monographien und Aufsatzsammlungen, über Sondernummern wissenschaftlicher Zeitschriften bis hin zu Subkultur-Magazinen und Tageszeitungen scheint ein 'Post-' im Titel die Auflagenzahl zu erhöhen, und alles was nicht 'mainstream' ist, ist halt 'Post-'.

Es liegt also nahe, dieses Phänomen einmal genealogisch zu untersuchen, ohne seinen heterogenen und paradoxen Charakter gleich einer eurozentrischen Identitätslogik inkorporieren zu wollen. Da die westeuropäische Postmodernismus-Debatte - wie so vieles - ein amerikanischer Import ist, der zudem auch noch durch den Streit zwischen Habermas und den französischen Philosophen gewaltig verzerrt wurde, möchte ich mich einmal auf die amerikanischen Positionen beschränken und diese auch nur im Hinblick auf den

---

[1] DANIEL BELL, *The Coming of the Post-Industrial Society*. New York 1973, S.52.
[2] ANDREAS HUYSSEN, "Mapping the Postmodern." In: *New German Critique*, No. 33, Fall 1984, S.5-52, hier S.12.

Oberbegriff 'Postmodernismus' untersuchen, von dem die Flut der restlichen Postismen abgeleitet zu sein scheint. Zur genaueren Differenzierung schlage ich zunächst vor, mit dem Begriffspaar Moderne/Postmoderne das ihnen je entsprechende philosophische Projekt zu bezeichnen, und das Begriffspaar Modernismus/Postmodernismus den jeweiligen Diskursen über dieses Projekt vorzubehalten.

In der Gegenüberstellung ist jedoch bereits der erste Stolperstein enthalten: Der Begriff 'Postmodernismus' enthält in seinem Inneren noch den eigenen Gegner, indem schon der Name das "evoziert, was er überschreiten oder unterdrücken will, nämlich Modernismus selbst." Als Signifikant "denotiert (er) temporale Linearität und konnotiert Verspätung", er "leidet unter einer semantischen Instabilität", so daß "kein eindeutiger Konsens über seine Bedeutung existiert."[3]

Auch ich möchte an dieser Stelle keinen Konsens herstellen, der ja doch nur imaginär bliebe. Eher deskriptiv sollen Herkunft und Verbreitung des Begriffs verfolgt, die wichtigsten diskursiven Positionen dargestellt und einige Argumente versammelt werden, die seine Positivität unterstützen können.

2. Begriffsgeschichte: Genealogisch

Es sollte aufgeräumt werden mit der verbreiteten Annahme, der Begriff 'Postmoderne' und der rhizomatische Diskurs des Postmodernismus stamme aus der Architektur. Dieser kulturelle Bereich bildet vermutlich nur deshalb das wichtigste Referential, weil seine Artefakte sich der Wahrnehmung größerer Öffentlichkeiten eher anbieten, als die der Literatur, der Malerei, der Musik oder des Tanzes. Wer, außer kleinen Insiderkreisen, könnte schon die Unterschiede zwischen Karl-Heinz Stockhausen, Hans Werner Henze oder György Ligeti auf der einen Seite und Terry Riley, Philip Glass oder John Cage auf der anderen Seite genau bestimmen? Dagegen ist Portmans Bonaventura-Hotel in Los Angeles ein weithin sichtbares Monument postmoderner Architektur, das die Wahrnehmung von Differenzqualität - als ein Ausgangspunkt unter anderen für Erkenntnis - öffentlich macht.

Das vage Gefühl einer Beschleunigung zeitlicher Rhythmen, nicht nur durch die neuen Informations- und Kommunikationstechnologien, sondern ebenso durch den immer schnelleren, mittlerweile sich dekadenweise ablösenden Umsatz kultureller Trends, konnte mit der Bezeichnung

---

[3] IHAB HASSAN, "Postface 1982: Toward a Concept of Postmodernism." In: DERS., *The Dismemberment of Orpheus. Toward a Postmodern Literature.* Madison: University of Wisconsin Press, 2. Aufl. 1982, S.259-271, hier S.263.

'Postmodernismus' auf den theoretischen Begriff gebracht werden. Sicherlich haben die von Roberto Venturi und Charles Jencks in der Architektur vertretenen Positionen - teils durch Manifeste publikumswirksam in die Öffentlichkeit gebracht - zu seiner Popularisierung beigetragen und charakterisieren einige seiner spezifisch ästhetischen Merkmale.[4] Und wem wäre angesichts der zensierten Medienberichterstattung über den Golfkrieg Baudrillards Theorem des Simulacrums in all seinem Zynismus aber auch all seiner Plausibilität nicht etwas einsichtiger geworden?

In einem begriffsgeschichtlichen Überblick hat Michael Köhler den frühesten Beleg für 'Postmodernismus' jedoch in einer Anthologie spanischer und hispanoamerikanischer Poesie finden können, die 1934 in Madrid erschien.[5] In der spanischen und lateinamerikanischen Literaturgeschichte bezeichnet der Begriff die Periode ab 1930. In der Architekturgeschichte war dies noch die Zeit der Bauhaus-Gruppe um Gropius, Le Corbusier und Mies van der Rohe.

Ein weiterer wichtiger Schritt zur Popularisierung war die Verwendung des Attributs 'postmodern' zur Charakterisierung der historischen Phase ab 1875, und zwar in der 1947 erschienenen Kurzfassung von Arnold Toynbees 'Der Gang der Weltgeschichte'. Die Postmoderne setzte in diesem Kontext mit dem "Übergang vom engen nationalstaatlichen Denken zu einer Perspektive globaler Interaktion" ein.[6]

Von der Geschichtswissenschaft wanderte der Begriff Ende der fünfziger Jahre in die Literaturkritik der Amerikaner Harry Levin und Irving Howe ein, die in der literarischen Produktion der Nachkriegszeit - gemessen an Yeats, Pound, Eliot oder Joyce - das Ende des episch angelegten Romans gekommen sahen. Diese Bestimmung finden wir dann später bei Jean-François Lyotard auf anderer Ebene: Legitimationsverlust der 'großen Erzählungen', der 'grands récits' in der Philosophie. Aber bis zu Lyotard fehlt noch ein Zwischenschritt: die Aufnahme des Begriffs in den philosophischen Diskurs. Sie erfolgte wesentlich durch Leslie Fiedlers Aufsatz "Die neuen Mutanten" und Susan Sontags Sammelband *Against Interpretation* etwa Mitte

---

[4] Vgl. dazu die ausgezeichnete Analyse der ästhetischen Konzeption des Bonaventura-Hotels von Fredric Jameson, einem der interessantesten Theoretiker des amerikanischen Postmodernismus, "Postmodernism, or the Cultural Logic of Late Capitalism." In: *New Left Review*, No. 146, July/August 1984, S.53-91, bes. S.80ff. Deutsche Übersetzung erschienen als "Postmoderne - zur Logik der Kultur im Spätkapitalismus." In: ANDREAS HUYSSEN, KLAUS R. SCHERPE (Hrsg.), *Postmoderne. Zeichen eines kulturellen Wandels*. Reinbek bei Hamburg 1986, S.45-102, bes. S.82ff. Ich zitiere im folgenden nach der deutschen Übersetzung.

[5] MICHAEL KÖHLER, "'Postmodernismus': ein begriffsgeschichtlicher Überblick." In: *Amerikastudien/American Studies*, 22. Jg., Heft 1, 1977, S.8-18, hier S.10.

[6] M. KÖHLER, a.a.O., S.11.

der sechziger Jahre.[7] Fiedlers Schlagwort der 'futuristischen Revolte' und Sontags 'neue Sensibilität' verdeutlichen "eine Abwendung von der Vergangenheit überhaupt" und "eine fast ausschließliche Beschäftigung mit der Antizipation von Zukunft."[8]

Etwa ab Mitte der sechziger Jahre ist ein Paradigmenwechsel in den theoretischen Reflexionen zum Thema 'Postmodernismus' zu erkennen. Bis Levin und Howe bezogen sich die Definitionen auf eine zu Ende gegangene Moderne und blieben dadurch von ihr determiniert. Die Abgrenzung von einer Vergangenheit, die mit temporalen Kategorien (früher vs. jetzt) argumentiert und für die Jetztzeit häufig das Fortschrittsideologem zu besetzen sucht, verändert sich zu einer Perspektivierung in spatialen Kategorien, die durch Synchronie und Zukunftsgerichtetheit gekennzeichnet sind.[9] Dabei wurde der anfängliche Technologie-Optimismus bald durch Skeptizismus ersetzt. Die beschriebene Blickrichtung bewirkt nicht nur Brüche in der Wahrnehmung von Temporalität, sondern hat auch die für postmodernistische Diskurse typischen Metaphern wie Fläche, Topologie, Kartographie, Serie, Horizontalität, u.ä. zur Folge.

Von der Philosophie ging der Begriff schließlich in die Kunstkritik und Soziologie über, um dann Anfang der siebziger Jahre von Ihab Hassan erneut für die Literaturkritik fruchtbar gemacht zu werden.[10] Zu diesem Zeitpunkt diffundierte er in die verschiedensten kulturellen und künstlerischen Bereiche und provozierte eine Flut von Aussagen und Publikationen. Erst mit Lyotards Gutachten über "Die Lage des Wissens in den höchstentwickelten Gesellschaften", das im Auftrag der kanadischen Regierung erstellt, 1979 abgeschlossen und 1982 ins Deutsche übersetzt wurde,[11] sowie aufgrund der Interventionen von Jürgen Habermas - vor allem seiner 1980 gehaltenen Adorno-Preisrede - setzte die Postmodernismus-Debatte auch in Deutschland ein, allerdings mit anderen Vorzeichen als in den USA.

Ich möchte hierzu nur einen kurzen Auszug aus Derridas Stellungnahme zitieren, die Habermas als "Wortführer" einer "Abwehrfront gegen den französischen Geist" sieht, deren "Kulturkampf" darauf zielt, "den französischen Philosophen Derrida, Lyotard oder Foucault ... Lehren in Sachen Progressis-

---

[7] LESLIE FIEDLER, "The New Mutants." In: *Partisan Review* 1965 und SUSAN SONTAG, *Against Interpretation*. New York, 1966. Angaben nach M. Köhler, a.a.O., S.12.

[8] M. KÖHLER, a.a.O., S.12.

[9] Die räumlichen Metaphern sind z.B. auch sehr ausgeprägt bei Michel Foucault.

[10] Vgl. M. KÖHLER, a.a.O., S.13f.

[11] JEAN-FRANÇOIS LYOTARD, "Das postmoderne Wissen". *Theatro Machinarum*, 1. Jg., Heft 3/4, Wien 1982, S.9.

mus" zu erteilen.[12] Derrida greift damit einen Vorwurf Lyotards an die Adresse Habermas' wieder auf,[13] der deutlich werden läßt, daß es in diesem Zusammenhang weder um einen 'herrschaftsfreien Diskurs' noch um einen 'Widerstreit', sondern eher um die Wahrung einer Art intellektuellen Besitzstandes geht, deren Grund die Angst vor dem Verlust des Kritikmonopols zu sein scheint.

3. Diskursive Positionen der amerikanischen Postmodernismus-Diskussion

Im Nachwort zur zweiten Auflage seines Buches über postmoderne Literatur fragt der amerikanische Literaturkritiker Ihab Hassan: "... können wir, in den westlichen Gesellschaften im allgemeinen und in ihren Literaturen im besonderen, tatsächlich ein Phänomen wahrnehmen, das von Modernismus unterschieden und benannt werden muß? Wenn ja, ist die provisorische Rubrik 'Postmodernismus' hinreichend?"[14] Hassans Antwort ist 'ja', insofern er dem Postmodernismus, trotz der Heterogenität seiner Erscheinungsweisen "eine Anzahl verwandter kultureller Tendenzen, eine Wertekonstellation, ein Repertoire von Verfahrensweisen und Haltungen ..."[15] zuweist, die von den kulturellen Annahmen des Modernismus unterschieden werden müssen. Der Begriff Postmodernismus erfüllt für Hassan zunächst einmal den Zweck der Distinktion. Sein Versuch, diese zu beschreiben, läßt sich eher als Annäherung an eine mögliche historische und theoretische Bestimmung, denn als Fixierung des Begriffs verstehen, weil er bewußt die Falle der Doxa vermeidet. Hassan folgt hier Lacan, demzufolge der Name, der die Wahrheit sprechen soll, nur eine imaginäre Beziehung zwischen Signifikat und Signifikant etabliert. Die Aktivität der Benennung exekutiert das väterliche Gesetz und setzt in ihrer linguistischen Funktion den Prozeß der Kopplung von Macht und Wissen in Gang. Deshalb weicht Hassan in eine fast spielerisch zu nennende Annäherung aus und beschreibt den Postmodernismus als "vierfach komplementäre Vision", die sich aus den Elementen "Kontinuität und

---

[12] JACQUES DERRIDA, "Positionen, 14 Jahre später." In: DERS., *Positionen*. Graz/Wien 1986, S.9-31, hier S.9.
[13] Vgl. J.-F. LYOTARD, "Rasche Bemerkung zur Frage der Postmoderne." In: DERS., *Grabmal des Intellektuellen*. Graz/Wien 1985, S.80-88, bes. S.83.
[14] IHAB HASSAN, "Postface 1982." a.a.O., S.259 (Alle Zitate aus fremdsprachigen Texten sind von mir übersetzt, B.M. Kehm).
[15] ebd., S.260.

Diskontinuität, Diachronie und Synchronie"[16] zusammensetzt. Er will den Begriff im Stadium eines gleitenden Signifikanten belassen, der verschiedene Plätze besetzen und dort jeweils mit einem Namen markiert werden kann. In diesem Prozeß "ist der Platz selbst nicht eine fixierte Identität, sondern der Ort eines Effekts, einer Konstellation von Texten."[17] Entsprechend charakterisiert Hassan das Phänomen 'Postmodernismus' mit dem Neologismus "Indetermanenz", einer Mischung aus Unbestimmtheit und Immanenz.[18] Er stellt aber schließlich auch zwei Serien oppositioneller Begriffe gegenüber, die als distinktive Merkmale des Modernismus und des Postmodernismus fungieren:[19]

1. Rubrik	2. Rubrik
Modernism	Postmodernism
Romanticism/Symbolism	Pataphysics/Dadaism
Form (conjunctive/closed)	Antiform (disjunctive/open)
Purpose	Play
Design	Chance
Hierarchy	Anarchy
Mastery/Logos	Exhaustion/Silence
Art Object/Finished Work	Process/Performance/Happening
Distance	Participation
Creation/Totalization	Decreation/Deconstruction
Synthesis	Antithesis
Presence	Absence
Centering	Dispersal

---

[16] ebd., S.265.

[17] RAINER NÄGELE, "Modernism and Postmodernism. The Margins of Articulation." In: *Studies in 20th Century Literature. Special Issue on Modernism and Postmodernism in Contemporary German Literature.* Vol. 5, 1980/81, Fall 1980, S.5-25, hier S.13.

[18] IHAB HASSAN, "Postface 1982." a.a.O., S.269. Im englischen Original heißt es "indetermanence", eine Zusammensetzung aus 'indeterminacy' und 'immanence'.

[19] IHAB HASSAN, "Postface 1982." a.a.O., S.267f. Ich lasse die folgende Serie unübersetzt, weil die meisten Begriffe in den entsprechenden Diskursen im Deutschen ähnlich lauten, bzw. bei einigen sich zu leicht eine Verfälschung ergäbe.

Genre/Boundary	Text/Intertext
Semantics	Rhetoric
Paradigm	Syntagm
Hypotaxis	Parataxis
Metaphor	Metonymy
Selection	Combination
Root/Depth	Rhizome/Surface
Interpretation/Reading	Against Interpretation/Misreading
Signified	Signifier
Lisible (Readerly)	*Scriptible* (Writerly)
Narrative/*Grande Histoire*	Antinarrative/*Petite Histoire*
Master Code	Idiolect
Symptom	Desire
Type	Mutant
Genital/Phallic	Polymorphous/Androgynous
Paranoia	Schizophrenia
Origin/Cause	Difference-Differance/Trace
God the Father	The Holy Ghost
Metaphysics	Irony
Determinacy	Indeterminacy
Transcendence	Immanence

Neben Fredric Jameson, auf den ich noch zurückkommen werde, hat Hassan in seiner 'parakritischen Bibliographie', die auch einen genaueren Periodisierungsversuch und die Gegenüberstellung 'modernistischer Rubriken' und 'postmodernistischer Anmerkungen' zu diesen Rubriken enthält,[20] eine Reihe literarischer Texte und Kritiker/innen genannt, die seiner Meinung nach teils den Übergang von der Moderne zur Postmoderne bilden, teils zur Postmoderne gehören. Den Schlüsseltext, in welchem sich für Hassan Moderne und Postmoderne begegnen, bildet dabei *Finnegans Wake* von James Joyce.[21] Finnegans Wake erschien zuerst 1939 und Hassan liegt mit dieser Bestimmung zehn bis fünfzehn Jahre früher als die meisten anderen amerikanischen Postmodernismus-Theoretiker/innen, die in der Regel den Beginn in die Nachkriegszeit legen (z.B. F. Jameson oder R. Nägele). Doch Hassans Parakritik ist nicht nur ernst zu nehmen. Er spielt mit Ironie, redet selbst von

---

[20] Vgl. IHAB HASSAN, "POSTmodernISM. A Paracritical Bibliography." In: *New Literary History*, vol. III, no. 1, Autumn 1971, S.19-21 und S.24-28. Die 'modernistischen Rubriken' sind: a) Urbanität, b) Technologismus, c) Enthumanisierung, d) Primitivität/Archetypen, e) Erotik, f) Antinomie, g) Experiment. Zu jeder dieser Rubriken, die mit literarischen Beispielen belegt sind, gibt es mehrere postmodernistische Anmerkungen in Form von Entgegnungen.

[21] IHAB HASSAN, "POSTmodernISM...", a.a.O., S.5-30.

"Willkürlichkeit" und "seltsamen Chronologien",[22] und seine Taxonomie mutet teilweise an, wie eine Parodie auf Foucaults Aufzählung der Tiergruppierungen einer chinesischen Enzyklopädie im Vorwort zu *Die Ordnung der Dinge*.[23] Eine solche uns fremdartig, ja komisch anmutende Taxonomie öffnet jenseits aller Einordnung den Blick für die Wahrnehmung von Differenzen. Sie wirkt zudem verfremdend - durchaus im Brechtschen Sinne - auf unsere eigenen Klassifikationssysteme. Die Ordnung der Wörter und der Sachen wird tendenziell dekonstruiert. Auf diese Weise ließen sich Unterschiede z.B. zwischen Alfred Döblin und Umberto Eco oder Italo Calvino, zwischen John Heartfield und Joseph Beuys, zwischen Habermas und Baudrillard oder Derrida, zwischen Balanchine und Pina Bausch, selbst zwischen Fernseher und btx oder Video, bzw. zwischen Kohlekraftwerk und Atomenergie qualitativ genauer fassen.

Hassans Texte scheinen mir in diesem Zusammenhang eine Variation folgender Aussage des amerikanischen Kunstkritikers John Perreault zu sein: "Mitte der sechziger Jahre war ich dazu gezwungen, den Begriff post-modern zu benutzen, weil ich Kunstwerke aller Art diskutieren wollte, die nicht zu den Regeln des Modernismus in der Kunst zu passen schienen. (...) Postmodernismus ist kein besonderer Stil, sondern eine Menge von Versuchen, den Modernismus zu überschreiten."[24] Eine solche Aussage bedeutet nicht 'rückwirkende Annektion' eines 'Primärkorpus' literarischer Texte und Kunstwerke für eine rein theoretisch konzipierte Epochen- oder Stilformation. So problematisch heute auch Epocheneinteilungen und Periodisierungen geworden sind,[25] von der zeitlichen Reihenfolge her hat es doch meistens so ausgesehen, daß im Kunst- und Kulturbereich neue Formen und Konzeptionen entstanden, die nachträglich mit Namen versehen und einem Stil oder Genre subsumiert wurden.

Wenn davon ausgegangen werden kann, daß Auschwitz wirklich den Bruch - im Sinne Adornos - repräsentiert, dann finden wir z.B. in den diskursiven Positionen von Habermas einerseits und Lyotard andererseits ein Phänomen

---

[22] Vgl. ebd., S.12 und S.14.

[23] "a) Tiere, die dem Kaiser gehören, b) einbalsamierte Tiere, c) gezähmte, d) Milchschweine, e) Sirenen, f) Fabeltiere, g) herrenlose Hunde, ..." MICHEL FOUCAULT, *Die Ordnung der Dinge*. Frankfurt/M., 3. Aufl. 1980, S.17. Eigenen Angaben zufolge, entnimmt Foucault selbst dieses Zitat aus JORGE LOUIS BORGES, *Das Eine und die Vielen. Essays zur Literatur*. München 1966, S.212.

[24] Zitiert nach M. KÖHLER, a.a.O., S.13.

[25] Vgl. zu dieser Frage besonders, URSULA LINK-HEER, "Literarhistorische Periodisierungsprobleme und kultureller Bruch: Das Beispiel Rousseau." In: B. CERQUIGLINI, H.U. GUMBRECHT (Hrsg.), *Der Diskurs der Literatur- und Sprachhistorie. Wissenschaftsgeschichte als Innovationsvorgabe*. Frankfurt/M. 1983, S.243-264.

der Ungleichzeitigkeit, während die Unterschiede zwischen Daniel Bell und Ihab Hassan aus der Konkurrenz zweier sozialhistorischer Blöcke und den ihnen entsprechenden Blockprojekten erklärt werden können. Die konservativen Theoretiker der Postmoderne in Amerika - ich denke hier besonders an Hilton Kramer und die Gruppe um seine Zeitschrift 'New Criterion' - wollen, ähnlich wie Odo Marquard, Friedrich Tenbruck oder Hermann Lübbe in der Bundesrepublik, die durch Fortschrittsschäden bzw. -folgen ausgelösten Orientierungs- und Sinnverluste durch die Rückkehr zu traditionalen Werthaltungen kompensieren. Die Analogie der Namen bleibt jedoch teilweise ungerecht. Hilton Kramer und seine Gruppe führen ihren Kulturkampf weniger mit liberalen als mit autoritär-puritanischen Argumenten, etwa auf dem Niveau des Kongresses "Mut zur Erziehung" in Bonn 1978.[26]

Ich möchte jedoch auf die Positionen der konservativen Theoretiker der Postmoderne nicht ausführlich eingehen, sondern noch einmal auf das Verhältnis von Raum und Zeit in der Postmoderne zurückkommen. Die dominierenden Symbole des postmodernistischen Diskurses sind zumeist räumlich determiniert: Topologie, Überschreitung, Durchquerung/Transversale, Streuung, De- und Reterritorialisierung, Oberfläche, ... um nur einige zu nennen. Diese spatiale Logik hat Rainer Nägele in einem Satz auf den Punkt gebracht: "Marginalität ist das dezentrierende Zentrum des postmodernen Projekts."[27] Wir finden diese Logik auch im Titel von Lyotards Essayband *Das Patchwork der Minderheiten*.[28]

Moderne und avantgardistische Texttheorie beruht auf Modellen von Oberflächen- und Tiefenstrukturen, die sich selbst noch im Algorithmus des S/s (Signifikant/Signifikat) ausdrücken. Jameson unterscheidet fünf 'Tiefenmodelle', die für die modernen Traditionen des westlichen Denkens bestimmend waren: "Neben dem hermeneutischen Modell vom Innen und Außen ..., das dialektische Modell von Wesen und Erscheinung ..., das Freudsche Modell vom Latenten und Manifesten bzw. der Verdrängung ..., das existenzialistische Modell von Authentizität und Nichtauthentizität, dessen ... Themen eng zusammenhängen mit jener anderen großen Opposition von Entfremdung und Versöhnung ..., und schließlich ... die große semiotische Opposition von Signifikant und Signifikat."[29]

Die Abkehr von Tiefenstrukturen und die Hinwendung zu (Ober-)Flächen in der postmodernen Kunst verdeutlich Jameson mit einem Vergleich von

---

[26] Vgl. KLAUS HILDEBRAND, "Der Mut marschiert. Diskurse über Bildungsreform und was daraus wurde." In: *kultuRRevolution*, Nr. 5, Februar 1984, S.37-39.

[27] RAINER NÄGELE, a.a.O., S.10.

[28] JEAN-FRANÇOIS LYOTARD, *Das Patchwork der Minderheiten*. Berlin 1977.

[29] FREDRIC JAMESON, a.a.O., S.56f.

Van Goghs "Ein Paar Schuhe" und Andy Warhols "Diamond Dust Shoes".[30] Vergleichbare Phänomene lassen sich auch in der neueren Kunstphotographie finden. Baudrillard hat diese spatiale Logik mit seiner Kategorie des Simulacrums zugespitzt, die Jameson treffend beschrieb als "die identische Kopie von etwas, dessen Original nie existiert hat."[31]

Zugleich bedeutet dieser Umschwung eine andere Wahrnehmung von Temporalität, meist mit den provokanten Schlagwörtern vom 'Ende des Menschen und der Geschichte' angedeutet. Durch die zunehmende Dominanz des Simulacrums, hervorgerufen von der Vervielfältigung der Medien auch und gerade in der Alltagskultur, "wird die Vergangenheit als 'Referent' schrittweise in Klammern gesetzt, bis sie schließlich ganz ausgelöscht ist und uns nur mehr 'Texte' hinterläßt."[32] Das Verschwinden des historischen Referenten, der Schritt also von 'der Geschichte' zu 'den Geschichten', läßt die Vergangenheit tendenziell zu einer Kollektion unserer Bilder, Vorstellungen, Klischees und Stereotypen über diese Vergangenheit werden, wodurch das Subjekt die Fähigkeit verliert, sowohl seine Geschichte als auch seine Zukunft "in einer kohärenten Erfahrung zu organisieren."[33]

Es gibt nun noch eine weitere relevante diskursive Position in Bezug auf den Postmodernismus, die in Amerika mit Namen wie z.B. Andreas Huyssen, Matei Calinescu, Richard Wolin oder Martin Jay verbunden ist. Sie beschreiben die Postmoderne als eine weitere Avantgarde der Moderne, bzw. als deren krisengeschütteltes Endstadium.

Die Differenzen der unter der genannten Position zusammengefaßten Aussagen resultieren im wesentlichen aus unterschiedlichen Einschätzungen der Avantgarde-Theorie(n)[34] und der kritischen Traditionen Walter Benjamins, Max Webers oder der Frankfurter Schule. Im Hinblick auf letztere ist es häufig ausschlaggebend, ob die Namen Horkheimer, Adorno, Marcuse, Habermas auf einer kontinuierlichen Theorie- und Traditionslinie angeordnet werden, oder ob diese Serie von Namen - d.h. die mit ihnen verbundenen Theoriebildungen - Brüche aufweist.[35]

---

[30] ebd., S.51ff.

[31] ebd., S.63.

[32] ebd., S.63.

[33] ebd., S.69f.

[34] Wichtigster Referenztext ist hier PETER BÜRGER, *Theorie der Avantgarde*. Frankfurt/M. 1974

[35] Vgl. dazu besonders, DETLEV CLAUSEN, *Abschied von Gestern. Kritische Theorie heute*. Antrittsvorlesung an der Universität Hannover, Oktober 1985. Wassmann Verlag, o.O., o.J. Außerdem, STEFAN BREUER, "Horkheimer oder Adorno: Differenzen im Paradigmakern der Kritischen Theorie." In: *Leviathan*, 13. Jg., Heft 3, September 1985, S.357-375; sowie eine Antwort auf Breuers Aufsatz, ALFRED SOHN-RETHEL, STEFAN BREUER, BODO VON GREIFF,

Huyssen unterscheidet zwischen einem amerikanischen Postmodernismus der sechziger Jahre und einem der siebziger und achtziger Jahre. Im ersteren stellt er - durchaus im Blochschen Sinne - ein Phänomen der 'Ungleichzeitigkeit' innerhalb der Moderne fest, welches zugleich "eine amerikanische Avantgarde *und* das Endspiel des internationalen Avantgardismus" war.[36] Sich nur auf seine eigene Position beziehend, findet er in den späten siebziger Jahren einen amerikanischen Konsens, der davon ausgeht, daß der Postmodernismus die zeitgenössische 'Avantgarde' in der Kunst repräsentiert, während der Poststrukturalismus zur "Theorie des Modernismus" wird.[37] Die französische Philosophie begreift Huyssen als "Theorie des Modernismus im Stadium seiner Erschöpfung" und stellt eine Serie zentraler Einflüsse "klassischer Modernisten" in ihr zusammen. So findet er "Flaubert, Proust, Bataille in Roland Barthes, Mallarmé, Nietzsche, Heidegger, Artaud in Jacques Derrida, Nietzsche, Magritte, Bataille in Michel Foucault, Mallarmé, Lautréamont, Joyce, Artaud in Julia Kristeva, Freud in Jacques Lacan und Brecht in Louis Althusser und Pierre Macherey."[38] Postmodernismus wird solchermaßen zur "Suche nach einer verläßlichen modernen Tradition ... außerhalb des klassischen Modernismus-Kanons,"[39] so daß Huyssen schließlich postmoderne Kunst und Kritik als durchaus genuine Elemente des modernen Avantgardismus interpretieren kann; mit dem Unterschied, daß der Postmodernismus jeglichen politischen und emanzipatorischen Anspruch aufgegeben habe. Das ist nun nicht mehr weit entfernt von Habermas' Einschätzung in seiner mittlerweile berühmt gewordenen Adorno-Preisrede von September 1980.[40]

Calinescu spricht hingegen von einer "Krise der Avantgarde" in den sechziger Jahren, in die sie durch "ihre lange und fast inzestuöse Beziehung mit der Idee und Praxis kultureller Krise" geraten sei, so daß sich die Avantgarde selbst zu einer "Kultur der Krise" entwickelt habe.[41] Postmodernismus ist für Calinescu synonym mit einer 'Neo-Avantgarde', die nicht nur die Begriffe der

---

"Differenzen im Paradigmakern der Kritischen Theorie, Teil 2." In: *Leviathan*, 14. Jg., Heft 2, Juni 1986, S.308-320.

[36] ANDREAS HUYSSEN, "Mapping the Postmodern." a.a.O., S.24.

[37] ebd., S.36 und S.38.

[38] ebd., S.39.

[39] ANDREAS HUYSSEN, "The Search for Tradition: Avant-Garde and Postmodernism in the 1970s." In: *New German Critique, Special Issue on Modernism*, no. 22, Winter 1981, S.23-40, hier S.32.

[40] JÜRGEN HABERMAS, "Die Moderne - ein unvollendetes Projekt." In: DERS., *Kleine Politische Schriften I-IV*. Frankfurt/M. 1981, S.444-464.

[41] MATEI CALINESCU, "Avant-Garde, Neo-Avant-Garde, Post Modernism, The Culture of Crisis." In, *Clio*, 4. Jg., Nr. 3, 1975, S.317-340, hier S.320.

Vorkriegsavantgarden (z.B. Dada und Surrealismus) erweitert und durch ihre populistischen Elemente einem größeren Publikum zugänglich macht, sondern auch den Gegenstand früherer Avantgarden - d.i. 'die Krise der Kultur' - in eine "Kultur der Krise" transformiert hat.[42]

4. Postmodernismus als Symbol von Tui-Macht?

Das Aufgreifen subkultureller, marginalisierter und gesellschaftlich tabuierter Interessen und Sichtweisen durch die postmoderne Kunst und Kultur unter zugleich populistischen Prämissen, setzt sich bewußt vom häufig elitären Selbstverständnis ('Kunst versus Massenkultur') der modernen Avantgarden ab, deren Kunstkonzept wesentlich auf dem Autonomieanspruch gründete. Die Theoriebildung darüber entbindet zwar nicht von der Arbeit an der Anstrengung des Begriffs, aber Adorno, der diese Maßgabe Hegels zur unverzichtbaren Richtschnur ernsthaften Denkens machte, hat die Lust dabei ja nicht ausgeklammert: mag sie nun 'jouissance', Extase, Spiel, Ironie oder Vergnügen heißen. In dieser Haltung steckt einerseits ein Stück Widerstand gegen oder Subversion der hegemonialen Macht bzw. Ideologie, sie begünstigt andererseits aber auch die Fähigkeit, mit den Inkommensurabilitäten der heutigen Gesellschaft und Kultur produktiv, d.i. 'paralogisch', umzugehen. Das ist z.B. die Botschaft des Zitats in der postmodernen Architektur.

Für diese Form von Ironie oder Vergnügen sind für mich in der Literatur Umberto Ecos *Der Name der Rose* und eine Reihe von Texten Italo Calvinos paradigmatisch.[43] "Es kommt ... der Moment, da die Avantgarde (also die Moderne) nicht mehr weitergehen kann, weil sie inzwischen eine Metasprache hervorgebracht hat, die von ihren unmöglichen Texten spricht (die Concept Art). Die postmoderne Antwort auf die Moderne besteht in der Einsicht und Anerkennung, daß die Vergangenheit, nachdem sie nun einmal nicht zerstört werden kann, da ihre Zerstörung zum Schweigen führt, auf neue Weise ins Auge gefaßt werden muß: mit Ironie, ohne Unschuld."[44]

Ich denke nicht, daß Auschwitz der Bruch *in* der Moderne war, deren Projekt nun wieder - aufklärerisch akzentuiert - aufgegriffen und vollendet werden könnte (so die These Habermas'). Das Ende des Nationalsozialismus und des Zweiten Weltkriegs war der Bruch *mit* der Moderne. Es geht nicht

---

[42] ebd., S.332f. und S.335.

[43] Besonders, I. CALVINO, *Die unsichtbaren Städte*. München 1977. DERS., *Wenn ein Reisender in einer Winternacht*. München, 6. Auflage 1984. DERS., *Herr Palomar*. München 1985.

[44] UMBERTO ECO, "Postmodernismus, Ironie und Vergnügen." In: DERS., *Nachschrift zum 'Namen der Rose'*. München 1986, S.76-82, hier S.78.

um das Vergessen, sondern um das 'wie' und 'wozu' des Weitermachens/Andersmachens trotz alledem. Insbesondere nachdem die Hoffnungen, die die Studentenbewegung in dieser Richtung erweckt hatte, doch nicht dauerhaft durchgesetzt werden konnten. Vielleicht müssen wir uns tatsächlich (erneut?) auf die Suche nach Antworten auf zwei Fragen machen, die Lyotard in einem Interview formulierte:

"Die Moderne ist ... nicht 'unvollendet', sondern sie wurde 'liquidiert'. Nach Auschwitz und dem Stalinismus läßt sich gewiß nicht behaupten, daß die Hoffnungen, die sich mit der Moderne verbanden, erfüllt worden sind. Allerdings sind sie nicht vergessen, sondern zerstört. Die Frage ist nun folgende: kann man die Hoffnung heute, wenn schon nicht verwirklichen, so doch *als* Hoffnungen wiederaufbauen, als 'Projekt', d.h. als ein Denken von Zeit, das willkürlich und fortschrittlich zugleich ist?"[45]

Und: "Wenn wir also nicht vergessen dürfen, müssen wir versuchen, eine Philosophie der zeitgenössischen Kunst zu denken, und uns von der romantischen Ästhetik vollkommen lösen. (...) Im Grunde lautet die Frage ...: Was machen wir, wenn wir keinen Horizont der Emanzipation haben, wo bieten wir Widerstand?"[46]

Der faszinierende Dominantenwechsel von zeitlichen zu räumlichen Kategorien, gerade auch in den postmodernen Theoriebildungen, hat entsprechend neue Kollektivsymbol-Bildungen zur Folge. Dazu haben die Entwicklungen auf dem Gebiet der Mikroelektronik nicht unerheblich beigetragen. Durch sie wurden die Zeitrhythmen der Informationsvermittlung stark beschleunigt, und die gesellschaftliche Auseinandersetzung dreht sich hauptsächlich um ihre Implementation, d.h. die Frage, welche Kultur-, Lebens- und Arbeitsbereiche wie 'abgedeckt' werden - wiederum eine räumliche Kategorie. Viele diskursive Elemente aus dem Bereich der Technik und Elektronik sind mittlerweile in den gesellschaftlich übergreifenden Interdiskurs aufgenommen worden und kollektiv verankert. Auch in der Alltagskultur werden die wichtigen Fragen häufig mit Hilfe von Bildern konstruiert und diskutiert und mögliche Antworten in Form von imaginierten Szenarios gefunden, denen sich die Menschen in der einen oder anderen Weise zuordnen. Protestformen und Sitzblockaden bei der Stationierung von Atomwaffen, die Reaktionen auf Tschernobyl, die Demonstrationen gegen den Golfkrieg haben gezeigt, daß gesellschaftliche Orte besetzt werden, die einer größeren Öffentlichkeit vorher nicht zugänglich waren. Während aber im Alltag mit

---

[45] "Sprache, Zeit, Arbeit." Gespräch zwischen JEAN-FRANÇOIS LYOTARD und GIAIRO DAGHINI. In: J.-F. LYOTARD, U.A., *Immaterialität und Postmoderne*. Berlin 1985, S.35-53, hier S.37f.

[46] "Kunst heute?" Gespräch zwischen JEAN-FRANÇOIS LYOTARD und BERNARD BLISTENE. In: J.-F. LYOTARD, U.A., *Immaterialität und Postmoderne*. a.a.O., S.55-74, hier S.69.

Hilfe von Szenarios die Fragmente imaginär integriert und gekoppelt werden können - wodurch dann wieder Simulationen entstehen -, finden wir im intellektuellen und künstlerischen Bereich das unverbundene Nebeneinander von Fragmenten und Leerstellen. Schweigen und Ortlosigkeit werden zu häufig aufgegriffenen Themen.

Das Konzept der seriellen Geschichte der französischen *Annales-Schule* könnte paradigmatisch für die intellektuelle Reflexion auf die Postmoderne stehen. Diesem Konzept zufolge entsteht so etwas wie historische Kausalität an den Kreuzungspunkten materieller, ökonomischer, sozialer und kultureller Kräfte. Nicht der 'Gang durch die Zeit', sondern die Zeit der Ereignisse *in* der Zeit der langen Dauer formiert sich zur Geschichte: Die Zeit verräumlicht sich.

Foucault hat die These aufgestellt, daß die klassische Rolle der Intellektuellen als universale Sinndeuter, als Träger 'der Wahrheit' heute verloren gegangen ist und ihre Aufgabe nun darin bestehe, in die lokalen Kämpfe einzugreifen. Der Legitimationsverlust der 'grands récits' (Lyotard) betrifft ebenso den Universalitätsanspruch von Wahrheit, und wie sich die 'großen Erzählungen' in 'kleine Geschichten' und 'Sprachspiele' auflösen, so geschieht die Arbeit am Sinn als Transformation von Sinnschichten, Aufdeckung von Spuren, Dekonstruktion und Subversion von Codes, die insbesondere an diskursiven Elementen wie Metapher, Metonymie, Mythos und Paradox entlang verläuft. Dabei werden in vielfältiger Weise Kunst und Alltagskultur miteinander gekoppelt, so daß sowohl die gemeinsamen Ausgangspunkte als auch voneinander abweichende, sich gleichwohl punktuell überschneidende Entwicklungslinien sichtbar werden.

Obwohl Postmodernismus als Distinktionsbegriff zum Modernismus fungiert, ist er weit davon entfernt, ein einheitliches Phänomen zu sein. Mit Ambivalenzen und Antinomien spielend, bildet er eine Serie von Subdiskursen, die sich im kulturellen und intellektuellen Raum verstreuen und selbst ständige Transformationen eingehen. In einem Interview über die wichtigsten Referenztexte und Theorieentwicklungen der französischen Philosophie der Nachkriegszeit, fragt Michel Foucault - als das Stichwort 'Postmoderne' fällt: "Was nennen wir Post-Moderne? Ich bin nicht auf dem Laufenden." Sein Interviewer, Gérard Raulet, faßt zur Erklärung die Position Habermas' zusammen und zitiert dessen Aussage, der Begriff sei eine französische Strömung, deren Tradition "von Bataille zu Derrida über Foucault" verlaufe.[47] Dann fragt er Foucault, wie er sich selbst innerhalb dieser Strömung situieren

---

[47] GERARD RAULET, "Structuralism and Post-Structuralism: An Interview with Michel Foucault." In: *Telos*, No. 55, Spring 1983, S.195-211, hier S.204f.

würde. Foucaults Antwort ist typisch: er sagt, was er nicht ist,[48] aber nicht, was er ist:

" ... ich habe niemals genau verstanden, was in Frankreich mit dem Wort 'Moderne' gemeint war. Im Falle Baudelaires ja, aber danach beginnt der Sinn, denke ich, verloren zu gehen. Ich weiß nicht, was Deutsche mit 'Moderne' meinen. (...) Aber ich begreife auch nicht die Art von Problemen, die mit diesem Begriff gemeint sind - oder wie sie den Leuten gemeinsam sind, die für 'post-modern' gehalten werden. (...) Ich sehe nicht, wie wir sagen können, daß die in den drei erwähnten Bereichen [das sind Wissensarten, Technikformen, Herrschaftsmodalitäten; B.K.] dominanten Rationalitätsformen im Prozeß des Zusammenbruchs und des Verschwindens begriffen sind. (...) Ich kann vielfältige Transformationen sehen, aber nicht, warum wir diese Transformationen ein Zusammenbrechen nennen sollten. (...) Es gibt überhaupt keinen Grund für den Vorschlag, daß die Vernunft eine lange Erzählung sei, die jetzt aufgehört habe und daß eine andere Erzählung gekommen ist. (...) Eine der schädlichsten Gewohnheiten im zeitgenössischen Denken, im modernen Denken sogar; auf jeden Fall im posthegelianischen Denken, (ist) die Analyse der Gegenwart als genau, in der Geschichte, eine Gegenwart des Bruchs oder des Höhepunkts, oder der Vollendung, oder einer wiederkehrenden Morgenröte, etc. (...) Ich denke, wir sollten die Bescheidenheit besitzen, uns einerseits zu sagen, daß die Zeit, in der wir leben, nicht *der* einzigartige oder fundamentale oder Einbruchspunkt in der Geschichte ist, an welchem sich alles vollendet und neu beginnt. Wir müssen andererseits auch die Bescheidenheit besitzen, zu sagen, daß ... die Zeit, in der wir leben, interessant ist; sie muß analysiert und aufgeschlüsselt werden; und daß wir gut daran tun würden, uns zu fragen: 'Was ist die Natur unserer Gegenwart?' Ich wüßte gern, ob eine der großen Rollen philosophischen Denkens seit der kantischen Frage *Was ist Aufklärung?* nicht durch die Aussage charakterisiert werden könnte, daß es die Aufgabe der Philosophie ist, die Natur der Gegenwart und 'unserer selbst in der Gegenwart' zu beschreiben?"[49]

---

[48] ebd., S.205. Vgl. aber auch ebd., S.198: "Ich bin nie ein Freudianer gewesen, ich bin nie ein Marxist gewesen und ich bin nie ein Strukturalist gewesen."
[49] ebd., S.205f.

LEKTÜREN

Folies à deux

Gerhard Busse über Daniel Paul Schreber und Paul Emil Flechsig, Roy Porter über James Tilly Matthews und John Haslam

Martin Stingelin

Im Dezember 1910 war Sigmund Freud "ganz Schreber"[1]: Noch hatte er dessen Buch *Denkwürdigkeiten eines Nervenkranken* (1903) im Sommer auf Sizilien "nicht halb durchgelesen"[2], da lag sein paranoischer Mechanismus für ihn schon klar zutage: jetzt eiferten die Kunst- und die Eilfertigkeit seiner Deutung miteinander um die Wette. Freud suchte den rettenden Boden des Vaterkomplexes - um den Preis einer *petitio principii*: das zu Beweisende wurde dem Beweisgang zugrunde gelegt.

Tatsächlich haben sich mittlerweile beziehungsreiche Hinweise gehäuft, die nur eine paranoische Deutung von Freuds Paranoiatheorie und ihrer Entstehung zulassen. So war Freud durch seinen Dresdener Schüler Stegmann über biographische Details unterrichtet, von denen er in seinen "Pychoanalytischen Bemerkungen über einen autobiographisch beschriebenen Fall von Paranoia (Dementia paranoides)", die 1911 im *Jahrbuch für psychoanalytische und psychopathologische Forschungen* erschienen sind, keine Kenntnis haben will: Wie aber sollte ihn unter der Voraussetzung, daß er es bereits wußte, seine Hoffnung betrügen, Schrebers verstorbener Bruder möge älter als dieser selbst gewesen sein?[3] Auf diese *carte forcée* läßt sich

---

[1] SIGMUND FREUD an C.G. Jung, Wien, IX., Berggasse 19, 3. Dez. 10, in: SIGMUND FREUD/C.G. JUNG, *Briefwechsel*, herausgegeben von WILLIAM MCGUIRE und WOLFGANG SAUERLÄNDER, Frankfurt/Main 1974, S.417.

[2] SIGMUND FREUD an C.G. Jung, Wien, IX., Berggasse 19, 1. Okt. 10, in: *Briefwechsel* (Anm. 1), S.395.

[3] Vgl. SIGMUND FREUD, "Psychoanalytische Bemerkungen über einen autobiographisch beschriebenen Fall von Paranoia (Dementia paranoides)" (1911), in: DERS., *Studienausgabe* Band VII: *Zwang, Paranoia und Perversion*, herausgegeben von ALEXANDER MITSCHERLICH, ANGELA RICHARDS und JAMES STRACHEY, Frankfurt/Main 1982, S.175. Tatsächlich hat Freud von Stegmann schon vor der Drucklegung erfahren, "daß die Vermutung, er habe einen älteren Bruder durch den Tod verloren, richtig ist"; vgl. den Auszug aus dem Brief an Marie Bonaparte vom 13.

beruhigt setzen, zumal das Verschweigen dessen, was sich im Nachhinein als vermeintlich richtig herausstellen muß, Freuds Deutung einen zusätzlichen Evidenzgewinn einräumt. Sie entdeckt hinter der Person (im etymologischen Wortsinn von Maske) des Psychiaters Paul Emil Flechsig, durch den sich Daniel Paul Schreber verfolgt fühlt, den älteren Bruder und den Vater:

> "Wüßte man sicher, daß der verstorbene Bruder Schrebers ein älterer war, so dürfte man die Zerlegung Gottes in den niederen und oberen Gott [architektonischer Bestandteil von Daniel Paul Schrebers Wahnsystem, M. St.] als den Ausdruck der Erinnerung ansehen, daß nach dem frühen Tode des Vaters der ältere Bruder die Stellung des Vaters übernahm."[4]

> "Die Wurzel jener femininen Phantasie, die soviel Widerstreben beim Kranken entfesselte, wäre also die zu erotischer Verstärkung gelangte Sehnsucht nach Vater und Bruder gewesen, von denen die letztere durch Übertragung auf den Arzt Flechsig überging, während mit ihrer Zurückführung auf die erstere ein Ausgleich des Kampfes erzielt wurde."[5]

Das entspricht und bestätigt Freuds Grundannahme über den paranoischen Mechanismus, "daß die Paranoiker an der Aufgabe scheitern, die Wiederbesetzung ihrer homosexuellen Neigungen zu verhüten"[6]. Die Macht und der Einfluß des Psychiaters Paul Emil Flechsig über seinen Patienten Daniel Paul Schreber erweisen sich in der psychoanalytischen Deutung Freuds als bloße Projektion.[7] Schrebers sehnsüchtige Furcht vor der "'Entmannung' (Verwandlung in ein Weib)"[8] weiß sich Freud nur als ausdrücklichstes Symptom des Kastrationskomplexes zu deuten, der bei Schreber so "überevident"[9] sein soll:

> "Die gefürchtetste Drohung des Vaters, die der Kastration, hat der zuerst bekämpften und dann akzeptierten Wunschphantasie der Verwandlung in ein Weib geradezu den Stoff geliehen."[10]

So überrascht es doppelt, daß sich in Freuds Bibliothek ein Exemplar jener Studie von Paul Emil Flechsig gefunden hat, die - Anhaltspunkt für Schrebers

---

September 1926, in: ERNEST JONES, *Sigmund Freud: Leben und Werk* Band 3: Die letzte Phase. 1919-1939, München 1984, S.517-518.

[4] SIGMUND FREUD, "Psychoanalytische Bemerkungen" (Anm. 3), S.178.

[5] Ebd., S.175.

[6] SIGMUND FREUD an C.G. Jung, Wien, IX., Berggasse 19, 1. Okt. 10, in: *Briefwechsel* (Anm. 1), S.395-396.

[7] Vgl. SIGMUND FREUD, "Psychoanalytische Bemerkungen" (Anm. 3), S.167.

[8] DANIEL PAUL SCHREBER, *Denkwürdigkeiten eines Nervenkranken* (1903), herausgegeben von PETER HEILIGENTHAL und REINHARD VOLK, Frankfurt/Main 1985, S.36; vgl. auch S.40-47 und 90-91 ("'Miß Schreber'").

[9] SIGMUND FREUD an C.G. Jung, Wien, IX., Berggasse 19, 31. Okt. 10, in: *Briefwechsel* (Anm. 1), S.407.

[10] SIGMUND FREUD, "Psychoanalytische Bemerkungen" (Anm. 3), S.180.

Furcht - belegt, daß Flechsig die von ihm empfohlene gynäkologische Behandlung der Hysterie durch Kastration an der Universitäts-Irrenklinik zu Leipzig in wenigstens drei Fällen erproben ließ[11]. Dieser Sonderdruck wurde Freud offenbar von Flechsig persönlich zugeschickt[12], ein Umstand, der ihm den nächstliegenden Schluß verbietet; er kann Schrebers Psychiater nur in der Reihe "Flechsig - Vater - Gott - Sonne"[13] wahrnehmen und notiert sich am Rande seines Exemplars von Schrebers *Denkwürdigkeiten eines Nervenkranken* (heute im Freud-Museum London) zu Schrebers Visionen von Flechsig in der Unterhaltung mit seiner Frau, "wobei sich Professor Flechsig seiner Frau gegenüber 'Gott Flechsig' nannte, sodaß diese geneigt war, ihn für verrückt zu halten"[14]: "Bravo! identific".

Ein mögliches Motiv für Freuds Überdeutung von Schrebers Paranoia findet sich schon im Briefwechsel mit C. G. Jung: Die Abfassung der "Psychoanalytischen Bemerkungen" zu den *Denkwürdigkeiten eines Nervenkranken* fällt zusammen mit Alfred Adlers Abfall von Freud; beides reißt in Freud "die Wunden der Fließaffäre" wieder auf, die "Bekämpfung innerer Komplexe (Fließ)" stört die Ruhe der "Paranoiaarbeit" und Freud schreibt selbst: "ich bin diesmal nicht sicher, wieweit ich meine Eigenkomplexe fernehalten konnte, und will mich auch gerne kritisieren lassen"[15].

---

[11] PAUL EMIL FLECHSIG, "Zur gynaekologischen Behandlung der Hysterie", in: *Neurologisches Centralblatt* 3. Jg., No. 19, 1. October 1884, S.433-439 und No. 20, 15. October 1884, S.457-468.

[12] Vgl. JEFFREY M. MASSON, "Schreber and Freud", unveröffentlichtes Manuskript, 1982, S. 6 und 13 (Anm. 22); Masson hat seinen Hinweis wiederholt in: JANET MALCOLM, *Vater, lieber Vater... Aus dem Sigmund-Freud-Archiv* (1983), Frankfurt/Main-Berlin 1986, S.126, der Nachweis findet sich bei K.R. EISSLER, "Bericht über die sich in den Vereinigten Staaten befindenden Bücher aus S. Freuds Bibliothek", in: *Jahrbuch der Psychoanalyse. Beiträge zur Theorie und Praxis* Band XI (1979), S.25 (11), Nr. 257 des Hinterbergschen Katalogs zur Versteigerung von Freuds Bibliothek.

Zwar ist es nach der Aussage Massons durchaus möglich, daß dieser Sonderdruck Freud erst nach der Publikation seiner "Psychoanalytischen Bemerkungen über einen autobiographisch beschriebenen Fall von Paranoia (Dementia paranoides)" zugegangen ist, aber selbst als er 1923 auf den Fall Schreber zurückkommt, deutet nichts auf eine neue Lesart des Kastrationskomplexes hin, im Gegenteil: Freud schreibt sogar, "Schreber fand seine Heilung, als er sich entschloß, den Widerstand gegen die Kastration aufzugeben und sich in die ihm von Gott zugedachte weibliche Rolle zu fügen" ("Eine Teufelsneurose im siebzehnten Jahrhundert", in: *Studienausgabe* (Anm. 3), S.307), obwohl er von Stegmann über Schrebers dritten Rückfall von 1907 unterrichtet worden war (vgl. Freuds Brief an Marie Bonaparte vom 13. September 1926, Anm. 3).

[13] SIGMUND FREUD an C.G. Jung, Wien, IX., Berggasse 19, 31. Okt. 10, in: *Briefwechsel* (Anm. 1), S.407.

[14] DANIEL PAUL SCHREBER, *Denkwürdigkeiten* (Anm. 8), S.60.

[15] SIGMUND FREUD an C.G. Jung, Wien, IX., Berggasse 19, 18. Dez. 10 und 22. Dez. 10, in: *Briefwechsel* (Anm. 1), S.420 und S.422-423.

All dies lädt förmlich zu einer paranoisch-parodistischen Deutung des Beziehungsdreiecks zwischen Flechsig, Freud und Schreber ein[16], und Roberto Calasso[17] hat eindrücklich gezeigt, daß man dazu nicht die quellensichere Grundlage verlassen und eine Begegnung zwischen dem kokainabhängigen Freud, der sich in Flechsigs Klinik 1893/94 einer Entziehungskur unterzogen haben soll, und Schreber erfinden muß, die Gegenstand einer empirisch-metatheoretischen Debatte zwischen Grigori N. Betsusov und William P. Gross auf·dem Fünften Internationalen Kongreß für Psychoanalyse in Berlin gewesen sein soll.[18] Bis heute kommt Calassos Buch der Wahrheit im Fall Schreber vielleicht am nächsten; leider wird es in der einschlägigen Forschung kaum beachtet[19].

Ernsthafter Natur ist die Absicht von Gerhard Busses Dissertation *Schreber, Freud und die Suche nach dem Vater*[20], der sich zahlreiche weitere interessante Details entnehmen lassen (etwa die Entdeckung, daß Schrebers Fall nicht erst 1906 durch Jungs Buch *Über die Psychologie der Dementia praecox*, sondern bereits 1905 durch seinen Psychiater Guido Weber, Direktor der Heilanstalt Sonnenstein/Pirna, Eingang in die Fachliteratur gefunden hat[21]): Busse unternimmt in streitbarer Weise jene Kritik an Freuds Deutung von Schrebers *Denkwürdigkeiten*, zu der dieser eingeladen hat. Dabei teilt seine Arbeit mit Han Israëls' Biographie von Vater und Sohn Schreber nicht nur zahlreiche Recherchen, sondern auch die in theoretischer Hinsicht strikt

---

[16] Zum Verhältnis zwischen Parodie und Paranoia vgl. JEAN-MICHEL RABATE, "Literatur zwischen Parodie und Paranoia. Zu Pound und Pynchon", in: *Fragmente. Schriftenreihe zur Psychoanalyse* Nr. 27/28 (Aug. 1988), "Krieg und Medien I: Simulationen des Schreckens", S.93-109.

[17] ROBERTO CALASSO, *Die geheime Geschichte des Senatspräsidenten Dr. Daniel Paul Schreber* (1974), aus dem Italienischen von Reimar Klein, Frankfurt/Main 1980.

[18] DIDIER A. CHARTIER, "Sigmund Freud, Daniel-Paul Schreber: une incertaine histoire", in: *Genitif 5* (1984), S.29-48. Tatsächlich fand der V. Internationale Psychoanalytische Kongreß am 28. und 29. September 1918 in der Ungarischen Akademie der Wissenschaften in Budapest statt, sein Gegenstand war die Psychoanalyse der Kriegsneurosen (*Zur Psychoanalyse der Kriegsneurosen*, Leipzig-Wien 1919); vgl. zu diesem historischen Kontext WOLFGANG SCHÄFFNER, "Der Krieg ein Trauma. Zur Psychoanalyse der Kriegsneurose in Alfred Döblins *Hamlet*", in: VF. und WOLFGANG SCHERER (Hrsg.) *HardWar/SoftWar. Krieg und Medien 1914 bis 1945*, München 1991 (= *Literatur- und Medienanalysen* Band 3), S.31-46.

[19] Eine Ausnahme macht FRIEDRICH A. KITTLER, "Flechsig/Schreber/Freud. Ein Nachrichtennetzwerk der Jahrhundertwende", in: *Der Wunderblock. Zeitschrift für Psychoanalyse* Nr. 11/12 (März 1984), S.56-68, seinerseits bisher kaum berücksichtigt.

[20] GERHARD BUSSE, *Schreber, Freud und die Suche nach dem Vater. Über die realitätsschaffende Kraft einer wissenschaftlichen Hypothese*, Frankfurt/Main-Bern-New York-Paris: Peter Lang 1991 (= *Europäische Hochschulschriften* Reihe III: Geschichte und ihre Hilfswissenschaften, Band 480).

[21] GUIDO WEBER, "Ein interessanter Entmündigungsfall", in: *Allgemeine Zeitschrift für Psychiatrie und psychisch-gerichtliche Medicin* 62 (1905), S.402-406; abgedruckt bei Busse, *Schreber, Freud* (Anm. 20), S.336-340.

negative (positivistische) Methode, viele neue Informationen zu bieten, die zahlreiche überkommene Forschungsergebnisse korrigieren[22], selbst aber - folgerichtig - nur eine sehr vorsichtige Deutung zu wagen, die allerdings Beachtung verdient.

In einer Mischung aus wissenschaftslogischer Kritik und Stilkritik, die Freud grobe Literarisierungen biographischer Fakten nachweisen kann, entlarvt Busse dessen darstellungstechnische Kunstgriffe als eristische Dialektik, die keinem quellenkritischen Vergleich standhält und tatsächlich wohl eher auf Wilhelm Fließ gemünzt ist, den sie aus dem Feld schlagen will[23]. Nichtsdestotrotz hat sich Freuds Fixierung auf den Vaterkomplex durch das, was Busse die '"realitätsschaffende Kraft der Wiederholung"' nennt, auf die Schreberforschung übertragen. Busse kritisiert in diesem Zusammenhang vor allem die psychoanalytische und psychohistorische Forschung (Franz Baumeyer, William G. Niederland, Maurits Katan, Lloyd deMause und die strukturalistische Schule von Jacques Lacan), aber auch die pädagogische (Morton Schatzman und Alice Miller) und die biographische (Han Israëls); hier wie dort seien Freuds Deutungen den von ihm selbst geweckten "Erwartungsvorstellungen" entgegengekommen.

Busse erschüttert diese durch die "Arbeitshypothese", Schrebers hypochondrischer Wahn sei möglicherweise eine Reminiszenz an die - allerdings nicht zweifelsfrei erwiesene - progressive Paralyse von Schrebers Bruder Daniel Gustav, der sich 1877 durch einen Kopfschuß das Leben genommen hat (und nicht an das ominöse Kopfleiden des Vaters, wie Niederland geglaubt hat).

Vornehmlich aber konzentriert sich seine Untersuchung im letzten Viertel auf die Person von Schrebers Psychiater Paul Emil Flechsig.[24] Sorgfältig be-

---

[22] Vgl. HAN ISRAELS, *Schreber: Vater und Sohn. Eine Biographie* (1980), aus dem Holländischen von Wenda Focke, München-Wien 1989, zur Methode insbes. S.10.

[23] So hätte man gerne ARTHUR SCHOPENHAUER, *Eristische Dialektik oder Die Kunst, Recht zu behalten in 38 Kunstgriffen dargestellt* (1830/31, zu Lebzeiten nicht publiziert), Zürich 1983, in Busses Hand gesehen.

[24] Diese Forschungsergebnisse sind bereits vorab publiziert worden, vgl. GERHARD BUSSE, "Schreber und Flechsig: der Hirnanatom als Psychiater", in: *Medizinhistorisches Journal. Internationale Vierteljahresschrift für Wissenschaftsgeschichte* Band 24 (1989), Heft 3/4, S.260-305. Bestimmter als Busse sieht ZVI LOTHANE, "Schreber, Freud, Flechsig, and Weber Revisted: An Inquiry into Methods of Interpretation", in: *The Psychoanalytic Review* Vol. 76, Number 2 (Summer 1989), S.203-262, in Flechsig den eigentlichen Verfolger von Schreber. Zu einer diskursanalytischen Analyse der Texte von Flechsig, Schreber und Freud vgl. neben FRIEDRICH A. KITTLER, "Flechsig/Schreber/Freud" (Anm. 19) auch VF., "Paul Emil Flechsig. Die Berechnung der menschlichen Seele", in: JEAN CLAIR, CATHRIN PICHLER und WOLFGANG PIRCHER (Hrsg.), *Wunderblock. Eine Geschichte der modernen Seele*, Wien 1989, S.297-308 und DERS., "Die Seele als Funktion des Körpers. Zur Seelenpolitik der Leipziger Universitätspsychiatrie unter Paul

legt Busse verschiedene mögliche Verbindungen zwischen der historischen Person Flechsig und dem Protagonisten Flechsig in Schrebers *Denkwürdigkeiten eines Nervenkranken* und kommt zum Schluß:

> "Die Äußerungen des Patienten über Flechsig lassen sich weit eher in einem Kontext realer Verfolgung und realistischer Furcht begreifen als mit Hilfe tiefenpsychologischer Konstruktionen."[25]

Der Leser erkennt nach der Lektüre von Gerhard Busses Buch im Beziehungswahn von Schrebers *Denkwürdigkeiten eines Nervenkranken* eine weitere *folie à deux*, wie sie Roy Porter in seiner Einleitung zur Neuauflage von *Illustrations of Madness* (1810) am Beispiel von James Tilly Matthews und John Haslam beschreibt[26]. Die Ähnlichkeit der beiden Wahnsysteme ist schon in einer der ersten Rezensionen von Daniel Paul Schrebers *Denkwürdigkeiten* erkannt worden.[27] Porter sieht in Matthews' Wahnsystem darüber hinaus - ganz ähnlich wie Bernhard Siegert[28] - eine Mischung aus dem paranoischen Diskurs der Französischen Revolution und der ihre Folgen eindämmenden Reaktion, "public fascination with textile machinery", "a concern with pneumatic chemistry ('air')" und "the Mesmeric craze"[29]. Die Pointe von Porters psychiatriehistorisch breit abgestützter Interpretation aber ist die mögliche Identifikation der "gang of seven", die im Mittelpunkt von James Tilly Matthews' Wahnsystem steht, mit dem Anstaltspersonal von Bethlem unter der Leitung von John Haslam.

Beide Untersuchungen geben ihren Lesern Instrumente an die Hand, um die Geschichte der Psychiatrie als Disziplin der Menschenfassung genealogisch zu analysieren, wobei in Roy Porters Einleitung zu *Illustrations of Madness* ihre *raison d'être* - die Voraussetzung, daß die Vernunft das geeignete

---

Emil Flechsig", in: FRIEDRICH A. KITTLER, MANFRED SCHNEIDER und SAMUEL WEBER (Hrsg.), *Diskursanalysen 2: Institution Universität*, Opladen 1990, S.101-115.

[25] GERHARD BUSSE, *Schreber, Freud* (Anm. 20), S.279.

[26] JOHN HASLAM, *Illustrations of Madness* (1810), edited with an Introduction by Roy Porter, London-New York: Routledge 1988; vgl. dazu auch die Rezensionen von OTTO M. MARX in: *Bulletin of the History of Medicine* 65 (1991), S.272-273 und HUGH FREEMAN in: *Medical History* Vol. 35, Number 3 (July 1991), S.362-363.

[27] Vgl. PELMAN in: *Allgemeine Zeitschrift für Psychiatrie und psychisch-gerichtliche Medicin* 60 (1903), S.657-659, insbes. S.658. In Gegensatz gesetzt werden die beiden Wahnsysteme etwa durch J.E. MEYER UND RUTH MEYER, "Selbstzeugnisse eines Schizophrenen um 1800", in: *Confinia Psychiatrica* Vol. 12 (1969), S.140.

[28] BERNHARD SIEGERT, "Gehörgänge ins Jenseits. Zur Geschichte der Einrichtung telephonischer Kommunikation in der Psychoanalyse", in: *Fragmente. Schriftenreihe zur Psychoanalyse* Nr. 35/36 (Juni 1991), "Unterbrochene Verbindungen: I. Stimme und Ohr, II. Computer und Psyche", S.51-69, insbes. S.56-58. Wer Näheres über den Kontext von James Tilly Matthews' Wahnsystem erfahren möchte, sei nachdrücklich auf diese aufschlußreiche Studie verwiesen.

[29] PORTER, "Introduction" (Anm. 26), S.xxxvi.

Instrument ist, um den Wahnsinn zu diagnostizieren, zu verstehen und zu behandeln - schon im ersten Satz auf dem Spiel steht.

Psychoanalyse und Aufklärung:
Pathognostische Studien[1]

Hans-Martin Schönherr-Mann

Mit dem dritten Band seiner 'Pathognostischen Studien' rundet der Philosophieprofessor und Psychoanalytiker seine Kritik an der Psychoanalyse und seine darauf fußende Theorie der Pathognostik ab. Die Sammlung von Texten behandelt dabei schwerpunktmäßig bestimmte Psychopathologien: Phobie, Anorexie, Schizophrenie und Rosacea. Im Vordergrund stehen jedoch kulturkritische Überlegungen zur Freudschen Todestriebtheorie im Anschluß an Lacan und zur Technikphilosophie in der Umgebung von Lyotard und Heidegger. So führt der Band, wenn auch manchmal aufgrund seines aphoristischen Anscheins auf labyrinthisch anmutenden Wegen, in eine der brisantesten zeitgenössischen Philosophien ein und setzt die Pathognostik ins Verhältnis vor allem zu Gegenwartsphilosophien, z.B. Derrida, Deleuze, Kamper, Lorenzer. In verschiedenen Variationen - nicht zuletzt in mythologischer Perspektive - kehrt dabei die Grundfrage des frühneuzeitlichen okzidentalen Denkens wieder, nämlich: Was heißt Aufklärung?

Psychoanalysekritisch führt diese Frage nicht - wie man vorschnell meinen könnte - in eine simple postmoderne Kritik am technischen und sozialen Fortschrittsverständnis. Dergleichen verbliebe letztlich gar im Rahmen der traditionellen Psychoanalyse, bzw. der rationalistischen Metaphysik. Psychoanalyse verfehlt für Rudolf Heinz jedoch sowohl als eine aufklärende Naturwissenschaft, wie auch als eine spezielle Hermeneutik zur Erforschung der Tiefen der menschlichen Seele ihr eigenes Wesen und ihre selbstformulierten aufklärerischen Ansprüche. Wenn die Psychoanalyse nämlich die Theorie des Unbewußten ist, gerät sie mit ihrem eigenen aufklärerischen Vermögen in eine Falle. Sie reflektiert nämlich das ihr eigene Unbewußte keineswegs, das sie als Theorie des Unbewußten in ihr Vermögen einbringt. Deshalb sitzt die Psychoanalyse ihrem eigenen Verfahren auf und bereitet dort Illusionen, wo sie über das Unbewußte aufklären möchte. Wie anderen Spitzenwissenschaften eignet ihr der gängige Exkulpationsmechanismus: Wissenschaftliche

---

[1] Zu: RUDOLPH HEINZ, *Pathognostische Studien* Bd. III, Zeichnungen: Heide Heinz, Verlag die blaue Eule, Essen 1990.

Grundlagenkrisen führen demnach bestenfalls zu fortschreitender Schuldverhüllung, indem wissenschaftliche Selbstreflexion regelmäßig nur neue Vorwände liefert, ein angeblich diese Krise bewältigendes, weiteres Fortschreiten zu legitimieren.

Dergleichen erfaßt gleichfalls die psychoanalytischen Therapieerfolge, die Heinz keineswegs dementiert. Sie beruhen jedoch weitgehend nicht auf Aufklärung von psychischen Krankheitsursachen, sondern häufiger darauf, daß die geforderte lückenlose Aufklärung mißlingt, also auf verbliebenen Lücken der Prozedur, die dem analysierten Ich Entzugs- und Fluchtpunkte gestatten und die analytische Disziplinierung unterlaufen. Die Selbstanwendung der Psychoanalyse auf sich selber bleibt dagegen aus. Dadurch reproduziert sie selbst jene Unbewußtheit, die sie aufklären möchte, d.h. sie sitzt selbst jenem Komplex auf, der für die Psychoanalyse Freudscher Prägung konstitutiv und sinnstiftend ist, nämlich dem Ödipuskomplex. Die ödipale Theorie unterstellt das Verdrängte, das Unbewußte, als das Grundproblem, das es aufzuklären gilt. Die ursprüngliche, kindliche Verdrängung zeigt sich dabei als eine Urkatastrophe, die in einen nicht-katastrophischen Zustand einbricht, in dem zumindest ein relatives Gleichgewicht herrscht. Indes entspringt dieser hypostasierte Zustand für Heinz nur einer Überkompensation des vermeintlichen Mangels an Gleichgewicht, bzw. einem Wahn von inzestuösem Glück in einer frühkindlichen oder frühmenschheitlichen Entwicklungsstufe. Dieser Traum von Sicherheit kann dabei nicht mal als intrauteriner Zustand vorgestellt werden, eher noch als jenes Nichts vor der Geburt, das sich schwerlich realisieren läßt, so wenig wie es als ein besonders erstrebenswerter Zustand erscheinen kann. Insofern zeigt sich der Ödipuskomplex in einer anderen Art als notorisch wiederkehrend und ist psychoanalytisch dem neurotischen Ich schwerlich auszutreiben. Heinz plädiert daher für eine technikphilosophische Interpretation des Mythos mit entsprechenden Konsequenzen für die analytische Theorie. Die Ödipusgeschichte will er als eines Krüppels gelesen wissen, der aus körperlichen Gründen nicht vor dem Vatermord davonlaufen konnte. Ödipus ist somit einerseits auf das Sehen fixiert, um gleichzeitig natürlich um so blinder zu sein: das Dilemma der Aufklärung, die sich dagegen mit technischen Prothesen wappnet. Der Schuldige im Ödipuskomplex bleibt das Kind, so daß alle Schuldübernahme in der praktischen Analyse einen frustranen Masochismus erfordert. Daher scheitern Psychoanalysen nach Heinz regelmäßig. Wie kann man das ödipale Kind im Erwachsenen exkulpieren, wenn das Ich zunächst zur Schuldübernahme vom Analytiker gezwungen wurde? Kaum vermag das Ich seine Entschuldigung daraus zu ziehen, daß es sich selbst hat zwingen lassen. Äußerst praktisch schafft sich die traditionelle Psychoanalyse derart ihren Grundkomplex selbst, den aufzuklären sie sich dann im Opfer bemühen kann.

Der neuere und für Heinz unauflösbare Ödipuskomplex hat dagegen wesentliche Bezüge zur Technik. Das wird nicht erst durch eine mythische Parallele deutlich. Auch der Technikgott Hephaistos ist verkrüppelt und gehbehindert. Auch er hat Ärger mit der Mutter, die ihn aus dem Olymp hinauswirft, ein immerhin nicht ganz unfreundlicher Akt: Er wird nicht getötet, sondern nur vertrieben. Sein Mutterinzest taucht als Prothese Technik auf, mit der er sich ersetzt, was seiner Mutter an ihm mißriet. Heinz entwickelt Technikphilosophie im Blickwinkel der Freudschen Todestriebtheorie, die er antibiologisch ins Zentrum seiner Analysen, vor allem auch der des Sadismus, stellt. Die Kulturentwicklung wird von einer Libido durchherrscht, der es mißlang, den Todestrieb unschädlich zu machen, die ihn aber vom Ich nach außen kehrte. Der nach außen gerichtete Todestrieb schlachtet im technisch produzierten Gegenstand den menschlichen Körper aus. Diese technische Produktion von Prothesen aus dem menschlichen Körper heraus wird durch die Krankheit oder den neuen Ödipuskomplex stabilisiert. Letzterer realisiert sich im durchgängigen Technikfetischismus der nachfolgenden Generationen, die sich begeistert an alle vorhandenen Maschinen anschließen: Der Walkman als simples Beispiel.

Nützt dagegen irgendeine Form von Aufklärung. Heinz gibt sich nicht übermäßig optimistisch. Ob im an Maschinen angeschlossenen und in Prothesen veräußerlichten Körper noch Widerstandskraft gegen die Technikentwicklung siedelt, bleibt selbst angesichts der Krisis von Naturwissenschaften und Technik zweifelhaft. Eine selbstkritische Aufklärung müßte ihre Kraft wohl aus einer kaum noch evozierbaren Menge an infantiler Agilität ziehen: Die Chancen für den maschinenangeschlossenen und prothesengestützten Erwachsenen nicht verrückt zu werden, sind nicht gerade vielversprechend.

Was heißt dann noch Aufklärung? Worüber wäre aufzuklären? Etwa noch über Vorurteile und Illusionen, wie es Freud der Psychoanalyse eingab? Freud fordert zu diesem Zwecke die Disziplinierung der Wünsche. Illusionen entspringen eher dem Lustprinzip, nicht dem Realitätsprinzip. Wünsche müssen sich vielmehr der Realität anpassen. Dabei beseelt Freud ein säkulares Pathos, das für Heinz trotzdem eine innerweltliche Heilsgeschichte der Aufklärung propagiert. Träger der Hoffnungen Freuds sind nämlich die Naturwissenschaften, zu denen auch die Psychoanalyse zählt. So heißt Freuds aufklärerisches Programm am Ende nur den Aufklärungsanspruch zu dehnen, zu ermäßigen, auszudünnen und jedenfalls nicht grundsätzlich in Frage zu stellen.

Die wissenschaftlich propagierte Entillusionierung führt dabei in tödliche Illusionen zurück. Die technischen Dinge werden zu Waffen, die psychoanalytisch aufgeklärte Vernunft zur Droge. Daher muß es für Heinz um eine Kritik des wissenschaftlichen Anspruchs auf Aufklärung selbst gehen. Was aber nützen die Einsichten über technische Illusionen, die sich als Desillusionierungen ausgeben, wenn der Zug der Kulturentwicklung bereits in die Katastrophe abgefahren sein könnte? Ist dann Aufklärungskritik nicht mehr als ein vielleicht sogar erwünschter Parasit? Heinz sieht alle fundamentale Aufklärungskritik und somit sich selbst in dieser Rolle, eine Rolle, die bei ihm manchmal todestriebvergessen anmutet. Wenn die vorödipale Situation selbst bereits von der Katastrophe beherrscht wird und sie nicht erst als Ödipus in einen Gleichgewichtszustand einbricht, veralltäglicht sich die Katastrophe, so daß sie als solche nicht mehr bedenkenswert sein könnte.

Psychiatrie zwischen Versorgung und Gewalt.

Oder: Warum die Lektüre des »Gemeindepsychiatrischen Gesprächs« von 1987 in Herne[1] aktueller ist denn je.

Peter Warsitz

Der Text, von dem hier die Rede ist, handelt auf faszinierende und verwirrende Weise von der ebenso verwirrenden wie faszinierenden Vielfalt moderner sozialpsychiatrischer Praxis. Ist die Sozialpsychiatrie sonst weithin durch ihre Theorieblindheit, ihren Polypragmatismus und ihre empiristische, oft antitherapeutische Grundeinstellung zum undankbaren Pendant der neuen biologischen Psychiatrie verkommen, so hat sie umgekehrt doch auch in Nischen und Refugien therapeutische Interaktionsformen entwickelt, deren Praxis ihrem (auch wissenschaftlichen) Verständnis weit voraus ist - ein Novum für die Psychiatrie hierzulande. Und: diese Nischen und Refugien haben sich in der Zwischenzeit z. T. zu bemerkenswerter Bedeutung gemausert. Die sog. "psychiatrischen Abteilungen an Allgemeinkrankenhäusern", eine Erfindung der Ära bundesdeutscher Psychiatriereform der 70er und 80er Jahre, galten zunächst als kleine Pilot-Projekte, als wenig tragfähiges drittes Bein neben den althergebrachten klassischen Asylen, den psychiatrischen Landeskrankenhäusern und den Universitätspsychiatrien, die in ihrer biologischen Fixierung heute zumeist medikozentristischer und rückwärtsgewandter denn je sind.

Mittlerweile haben nun jene psychiatrischen Abteilungen ihre Existenzberechtigung längst erwiesen, sie übernehmen Pflichtversorgungsaufgaben, die früher ausschließlich auf den Schultern der LKHs lasteten, da sich die Universitätspsychiatrien schon immer zu fein für solche Aufgaben waren. Andererseits sind sie aber ebenfalls von Anfang an nicht den alten Systemzwängen der Asyle ausgeliefert, an denen sich die wohlmeinenden Reformer der LKHs bis heute die Zähne ausbeißen, anstatt einfach diese Systeme aufzulösen. Ist doch gerade die Möglichkeit der Auflösung der Großkrankenhäuser (ohne sofort "italienische Verhältnisse" befürchten zu müssen) gerade durch die

---

[1] Hg. M. KRISOR (1989), Erlangen; im folgenden beziehen sich Zahlenangaben in Klammern immer auf diesen Text.

mittlerweile ein Jahrzehnt überdauernde Arbeit dieser psychiatrischen Abteilungen unzweifelhaft bewiesen!

Von deren Arbeit also berichtet das *Gemeindepsychiatrische Gespräch* im St. Marien-Hospital in Herne: es waren an Referenten in der Mehrzahl die Leiter solcher Einrichtungen im Ruhrgebiet vertreten, wobei der Veranstalter inhaltliche Akzente setzte, die das Innovatorische dieser Tagung über alle regionale Enge hinaus hob. Die Reflexion auf die psychiatrische Institution selbst als Übertragungsebene für die Krankheitsprozesse, die in ihr behandelt werden, ist gerade deshalb in diesen psychiatrischen Abteilungen so virulent und produktiv möglich, weil diese Institutionen vom Moment ihrer Gründung sich in Frage stellen mußten, in Frage gestellt wurden von ihren klassischen Konkurrenten, sich zu rechtfertigen hatten, aber auch zum Sammelbecken wurden für Kritiker eben jener klassischen Asyle.

Daß in diesem Text aber gerade die hierzulande so unterbelichtete französische "Psychothérapie institutionnelle" so zentral thematisiert wird, ist gewiß im wesentlichen dem Veranstalter, M. Krisor, aus Herne, zu verdanken, der in La Borde mehrfach hospitierte, mit J. Oury im ständigen Kontakt stand und durch die Auswahl der Referenten die Frage der institutionellen Übertragung in den Mittelpunkt dieser Tagung rückte.

Wie dies gelungen ist, mag ein kurzer Streifzug durch die - jeweils recht kurzen und prägnanten - Beiträge der Tagung zeigen.

F. MATAKAS, Leiter der Tagesklinik in Köln, fragt zu Beginn nach dem spezifischen Übertragungsangebot in dem ambulanten Behandlungssetting einer Tagesklinik: Während die stationäre Behandlung im Krankenhaus den Patienten rundum versorgt und kontrolliert, ihn umgekehrt aber durch die spezifische Blickrichtung in seinem Krankenbett reduktionistisch einengt (was Diagnose und therapeutische Arrangements anbelangt), während andererseits im z.B. psychoanalytischen Einzelbehandlungssetting künstlich die psychische Innenwelt einen exzeptionell breiten Raum und luxoriös viel Zeit erhält, bietet die tagesklinische Behandlung lediglich eine soziale Bühne, auf der sog. früh gestörte Patienten sich in einer Gruppe in Szene setzen können. Im Gegensatz zur entmündigenden Anstalt und im Gegensatz zum bloß reinszenierenden Setting der Psychoanalyse muß dem Patienten hier aber der symbolische Rahmen, gleichsam der Bühnenraum seiner Inszenierung erst mühsam aufgespannt werden, was doch die Voraussetzung ist für die innere Ablösung vom Asyl, der "großen Mutter", Voraussetzung also, in einen Selbstreflexionsprozeß wie z.B. in der Psychoanalyse, überhaupt erst eintreten zu können.

GROSSER und GROSSER vom Ev. Krankenhaus in Dortmund berichten von der Möglichkeit einer offenen psychiatrischen Arbeit, also von der Therapie ohne geschlossene Türen: Sie sehen sich dezidiert und emphatisch in der

Tradition von Pinels Befreiung der eingekerkerten Kranken von ihren Ketten (1793), mehr noch aber in der englischen Tradition des "no restraint" als Behandlung der damals als "moral insanity" verstandenen Psychosen. Ihre Philippika gegen die obsolete bundesrepublikanische "Folterpraxis" (25) des Fixierens und Behandelns hinter geschlossenen Türen erinnert erfrischend an die früheren antipsychiatrischen Impulse - allerdings auch in der Naivität bzw. dem noch etwas blinden Euphemismus anderen Zwangsformen gegenüber: natürlich scheint es humaner, Ketten und Schlösser ins Innere des Subjekts zu verlegen, also etwa schon im Limbischen System, dem Angriffspunkt der Neuroleptika im Zentralen Nervensystem, greifen zu lassen, so daß nach außen die psychiatrische Station offen, hell und menschlich wirken kann. Immerhin ein wichtiger Hinweis zum Schluß: Das Pflegepersonal muß noch eingestimmt werden auf die neue Runde des medizinischen Fortschritts.

Anschließend zeigt A. DREES aus Duisburg, wie die psychischen Mauern, die die äußeren Mauern des alten Asyls heute ersetzen, nicht nur mit Hilfe der Psychopharmaka, sondern bereits auch mit den sanften Methoden der psychotherapeutischen Gruppenarbeit aufrechterhalten werden können, zur symbolischen Vindizierung der so schwer handhabbaren psychotischen Energien. Man weiß nach der Lektüre nicht, ob er selbst, A. Drees, diesen Zusammenhang durchschaut! Es klingt zunächst vielversprechend: von "Spielformen" ist die Rede, von einem "Prinzip der offen zu haltenden Klinik", aber auch (gegen die Vorwürfe aus dem "Lager der Institutionsabschaffungs-Kampfgruppe") von der entlastenden Funktion längerer stationärer Behandlungsphasen für bestimmte Patientengruppen (27). Drees berichtet aus der Supervisionserfahrung in der Klinik in Herne, die diese Tagung veranstaltete. Beeindruckend für ihn war zunächst der "Rütli-Schwur" dieser Einrichtung, der Verzicht auf geschlossene Aufnahmestationen und auf spezialisierte Stationen im Sinne des "Durchmischungsprinzips" (alle Patienten werden auf gleichartigen Stationen behandelt, nicht nach Alter oder Diagnosegruppen o.a. Kriterien sortiert). Sodann gibt er einen Einblick in die eigene klinische Praxis. Sein Ziel ist eine "optimale Form der therapeutischen Gemeinschaft", die nun aber nicht mehr nur von den alten Konzepten (z.B. von M. Jones) zehrt, sondern sich von den Ergebnissen der "psychothérapie institutionnelle" von J. Oury (La Borde) und W. Hofmann (Saarbrücken) inspirieren läßt, ebenso wie von theoretischen Überlegungen etwa der genetischen Entwicklungspsychologie von Piaget, insbesondere aber auch von "tiefenpsychologischen" Konzepten der "frühen Störung" und des "Prozesses der Triangulierung" (30, 31) und schließlich von der strukturalistischen Psychoanalyse von Lacan und eben J. Oury. Nach diesen Konzepten wird der Kontakt zum Patienten als "Begegnung" beschrieben und auf den verschiedenen Feldern, die eine solche Institution erlaubt, verfolgt: "Polyphonie" der

Begegnung nach Tosquelles, "multireferentielle Übertragung" nach Oury, "transversale Übertragung" nach Guattari (l.c.). Die Dynamik der Psychose, die zu einer "zerstückelten Übertragung" (transfer morcellé) führt, welche die klassische psychiatrische Institution allzu oft einfach agierend, somit krankheitsverstärkend und chronifizierend wiederholt, soll nun nach Drees auf den verschiedenen Begegnungsebenen wieder umgekehrt werden; Drees führt mindestens vier solcher Ebenen auf, die des Unbewußten, der Übertragung und der Reinszenierungsspiele (1), die der prismatisch-prozessualen Selbstinstrumentalisierung (2), die der Organmedizin (3) und schließlich die der sozialen Aktivität und Kompetenz (4). - Ein anspruchsvoller Ansatz, und man fragt sich, wie er mit Hilfe der heute doch weithin praktizierten Methoden der tiefenpsychologisch fundierten Mitarbeiterweiterbildung, der Balint-Gruppen und Teambesprechungen sowie der Stationsgruppen von Mitarbeitern und Patienten eingelöst werden kann; man erwartet daher gespannt, Näheres über die so komplex klingende Methode der prismatisch-prozessualen Selbstinstrumentalisierung zu hören. Allerdings wird man gerade hier alsbald enttäuscht: Die Methode meint schlicht eine nach W. Loch modifizierte Form der Balint-Gruppe, in der sich das in die Gruppe "eingebrachte Beziehungsmaterial in seine Einzelspektren aufsplittert", indem also verschiedene Gruppenmitglieder "unterschiedliche Facetten des Gesamtspektrums" (34) erleben, wodurch sich nun die Selbstinstrumentalisierung gleichsam in Form einer gruppendynamischen Spektralanalyse herstellt. Nun wird aber die für die Anwendung dieser Methode auf psychotische Übertragungsprozesse doch entscheidende Frage gerade nicht gestellt: auf welcher "Wellenlänge" kann gerade der schizophrene Patient in diesem Gruppenspektrum mitschwingen, wo doch seine grundlegende Pathodynamik gerade einen Untergang des Imaginären, des Trägers oder der Projektionsfläche aller dieser Wellenlängen und prismatischen Schwingungsphänomene zur Voraussetzung hat, wie J. Oury, F. Guatteri und J. Lacan, auf die sich Drees selbst beruft, nicht müde werden zu betonen. Man erfährt kein klärendes Wort zu dieser auf der Hand liegenden Frage, und so muß vermutet werden, daß in solcher Methodik gerade das psychotische Erleben sich nicht inszenieren, geschweige denn instrumentalisieren kann, daß also der Psychotiker, so er sich überhaupt in eine solche Gruppe integrieren läßt, aus einem anderen Erlebnisbereich als dem seiner Psychose sich einbringen wird, wie so oft eben auch sonst in seinem sozialen Leben! Therapeutisch dürfte die Teilnahme an einer "Drees'schen Balintgruppe" für ihn also nur im Sinne einer Beschäftigungstherapie oder eines sozialen Lernens wirken, nicht aber als Auseinandersetzung mit seiner Grundstörung, nicht auch als Anwendungsform der "Psychothérapie institutionnelle"! Hier drängt sich die Vermutung auf, daß die wohlklingenden theoretischen und therapeutischen Konzepte eher verschleiernd wirken, eine symbolische Gewalt verdecken, die hier als Agens, als unbegriffenes Wirkprinzip des "therapeutischen" Prozesses fungiert und innere, symbolische Mauern, eine symbolische Zwangsjacke im psychotisch gekränkten Subjekt aufrichtet, die nunmehr als symbolischer Panzer in den Dienst der autistischen Abkapselung tritt, also erneut chronifizierend anstatt befreiend wirkt. Nun müssen wir resignierend sagen, daß solche unbegriffene Pseudotherapie noch nicht als antitherapeutisch gelten kann, ist dies doch vergleichbar den meisten psychiatrischen Wirkprinzipien, von den alten Mauern des Asyls, über die körperlichen Zwangsjacken, die seelischen, inneren Zwangsjacken der Neurolepsis bis eben zu den neuen Gliedern der sozialpsychiatrischen Versorgungs-"Kette". Der Aufbau eines Abwehrpanzers, eines inneren Gefängnisses der Seele im Körper, seit Platon Schicksal der Seele im diesseitigen Leben ohnehin, stabilisiert eben auch den Psychotiker in seinem sozialen Leben. Nur bedürfte es für solche Therapeutik nicht einer derart grandiosen Begrifflichkeit.

W. HOFMANN (Saarbrücken) hat wohl am meisten hierzulande über die "Psychothérapie institutionnelle" nachgedacht. Sein Beitrag thematisiert nun gerade den oben noch unklar gebliebenen Aspekt der spezifischen Bedeutung der Institution für die psychische Dynamik. Zunächst räumt er mit einem Mißverständnis auf, das als Atavismus antipsychiatrischer Ideen in so manchen reformpsychiatrischen Köpfen weiterhin sein Unwesen treibt: daß nämlich die Institution per se im Sinne der letztlich "immer schon" totalen Institution Goffmanns selbst krankmachend wirke. Im Gegensatz dazu zeigen nach seiner Ansicht sowohl die soziologischen (A. Gehlen), als auch die strukturalistischen (Cl. Levi-Strauss) und die anthropologischen (D. Wyss) Forschungen, daß der Mensch als "Zoon politikon", als symbolisches Wesen, der Institutionen bedarf, um die symbolischen Austauschprozesse mit seiner Umwelt strukturieren zu können, welche ebenso lebensnotwendig sind wie die physiologischen Austauschprozesse. Daß nun der Psychotiker an der Institution leidet - und nicht nur an der psychiatrischen Institution -, hängt bekanntlich mit seiner ursprünglich mißlingenden Loslösung aus der primären Symbiose mit seinem "primären Anderen", in der Regel der Mutter, zusammen (48, 49). Um nun aus dem Leiden an der Institution ein Leben in der Institution zu ermöglichen, also einen "Ort zum Leben", zum symbolischen Leben, allererst zu finden, muß sich die Institution Psychiatrie selbst als therapeutisches Agens instrumentalisieren, d.h. ihre rigide Struktur verflüssigen, sie muß plastisch werden und damit fungibel als gleichsam dosierbares Therapeutikum. Sie muß sich also selbst in Frage stellen, ihre Struktur durchschaubar machen für andere, zunächst sich selbst durchschauen in einem täglichen Prozeß des Fragens und In-Fragestellens ihrer inneren Regulative. Die immer noch kurze Geschichte sozialpsychiatrischer Praxis zeigt (51), daß der Psychotiker die Institution, und d.h. nunmehr, seinen eigenen, symbolischen Ersatz-Rahmen durchaus kreativ zu gestalten in der Lage ist, wie es der sozialpsychiatrische Alltag in jeder der täglichen Stationsgruppen, Aktivierungs-, Gestaltungs- und Therapiegruppen erweist. Gerade die Hohlräume, die Leerstellen der Institution, die kahlen Wände, die sterilen Flure, die kalten Zimmer, ja die Kellerräume und Nischen verstaubter Architekturen regen die psychotische Phantasie zur symbolischen Selbstkreation an - so man sie nur läßt: Es ist die Inszenierung eines Inneren im Äußeren der Institution, von woher wiederum umgekehrt sich Inneres als symbolische Struktur nachträglich kreiert, der symbolische Mangel sich auszugleichen beginnt. Aber hier bleibt auch Hofmann die Antwort schuldig auf die zentrale Frage, wie dies genau mit der genuinen Pathodynamik der Psychose zusammenhängt. Der Hinweis auf die fehlende Lösung aus der primären Symbiose mit der Mutter ist doch zu dürftig, mittlerweile Allgemeingut aller psychodynamischen Psychosetheorien - und seit langem ohne therapeutische Konsequenz. Dabei ist der Gedanke eines primären symbolischen Mangels nun doch nur einen Schritt entfernt von der Theorie einer primären Verwerfung des Symbolischen, aus der heraus die Schwäche der symbolischen Tausch- und institutionellen Spielformen des psychotischen Erlebens, ebenso wie der Verlust des Imaginären in der akuten Psychose verständlich und - ganz im Sinne von Hofmann - nun endlich auch therapeutisch anwendbar werden.

Allzu knapp (und mit zwei Seiten der kürzeste Text) ist der Beitrag von J. ASMUSSEN und J. SCHLEWINSKI über "Krankenpflege in der Gemeindepsychiatrie" geraten, könnte doch gerade er die Spur zu den Mängeln gerade der theoretischen Beiträge des Bandes weisen. Hier findet sich nun ein sonst im Text leider zu wenig beachteter Hinweis auf ein wichtiges therapeutisches Agens dieser Sozialpsychiatrie, der Kontinuität der therapeutischen Beziehung: "Ich arbeite jetzt fast 7 Jahre am St. Marien-Hospital...". Die Kontinuität der Beziehung, die Arbeit der(s) Krankenpfleger(s)in, die/der Mutter sein soll und Vater zugleich, total "da" und dann wieder allzu oft vollständig "fort", und das eben tagtäglich über viele Jahre: in solch einer Beziehung strukturiert sich überhaupt erst die symbolische Ordnung, sofern sie nicht bereits zuvor innerlich repräsentiert ist. Hier ist der Ort der personalen Übertragung des primären Anderen, nicht so sehr in der Gestalt des Arztes und auch nicht im Psychologen - wechseln dies ohnehin allzu schnell in solchen Settings.

In diesem Sinne kommt der Initiator dieses "Gemeindepsychiatrischen Gesprächs" M. KRISOR, auf den entscheidenden, praktischen und theoretischen Punkt zu sprechen: Auf die "Entfremdung" (nach Hegel und Marx), die "aliénation soziale" (J. Oury) (65), die nicht nur zwischen der psychotischen Dynamik und dem sozialen Milieu, in dem sie sich vollzieht, statthat, sondern längst auch in den Köpfen der sozialpsychiatrischen Praktiker und ihren theoretischen Kritikern der "reinen Lehre", seien diese nun Lacanianer, klassisch orientierte Psychiater oder wendige Empiristen. Jedesmal wird im Sinne der Geschichte des Wegelagerers Prokrustes, der seine Gäste durch Verstümmelung seinem Bett anpaßte (66), der psychotische Patient der jeweiligen Theorie adaptiert, die sein Therapeut von ihm sich zurechtgelegt hat. Demgegenüber appelliert Krisor an die Geduld des Miteinanderumgehens in einem Milieu der Gemeindenähe, die dann wesentlich eine innere Gemeindenähe wird: Nicht das Modell des schmucken sozialpsychiatrischen Heims im besten Wohnviertel der Stadt allein garantiert solche Gemeindenähe, wenn die Bewohner dann 12 Stunden pro Tag (einschl. der Fahrzeiten) in Fabriken, die sich "Werkstatt für Behinderte" (WfB) nennen, verkümmern und den Rest des Tages in ihrem gemeindenahen Ghetto hinter dem neuroleptischen Schleier verschwinden. Es sind vielmehr die grundlegenden Integrationsformen in der Gemeinde, die zur Aufhebung der Entfremdung, zur "desaliénation", führen: Zeitungsateliers für die Stadtteilzeitung, Geschichtsateliers, Märchenateliers, politische Manifestationen sind die Formen der symbolischen Interaktion, die die "oral history", das Sprechen über sich, die Erinnerung an die eigene Geschichte, nicht erst auf der Couch der Psychoanalyse, sondern bereits im öffentlichen Zeitungsatelier der Klinik ermöglicht. Solche Symbolisierung des symbolischen Verlusts in der Psychose gilt Krisor als Antidot gegen die Tendenz zum Verstummen in dem autistischen Sog der Psychose. Analog könnte eine nicht in WfB-Fabriken entfremdete Arbeit, die tätige Produktion, in der sich ein Ich in seinem Produkt allererst herstellt, wie es der Marxsche Arbeitsbegriff entfaltet hatte, Element solcher fundamentaler Symbolisierung werden: Nur: nicht erst das Scheitern des real existierenden Sozialismus, bereits die real existierende Arbeitslosigkeit - und darauf weist Krisor mit Vehemenz hin (68/69), ist heute permanenter und nicht enden wollender chronifizierender Faktor der psychotischen Entwicklung. Die "sekundären Behinderungen", also die durch gesellschaftliche Prozesse auf die primären Krankheitsbedingungen aufgepfropften Faktoren (Wing), perpetuieren den psychotischen Prozeß und torpedieren jeden therapeutischen Versuch. Da mag sich die "institution morcellé", die zerstückelte Institution, so kreativ und flexibel, wie immer sie es vermag, strukturieren und neu zusammensetzen, sie ist und bleibt das gesellschaftlich gewünschte Refugium des "Anderen der Vernunft", der Psychose, die vor den Augen dieser Vernunft ausgeschlossen bleiben soll, unsichtbar auf der Bühne, besser der Kinoleinwand, zu deren Televisionsgeflimmer die Geschichte der bürgerlichen Normalität heruntergekommen erscheint.

Und ein wenig so wirkt nun der letzte Beitrag des Bandes von E. WOLPERT aus Darmstadt: "Intervision - ein neuer Weg kollegialer Hilfe zwischen psychiatrischen Abteilungen an Allgemeinkrankenhäusern". Gewiß ist der Versuch lobenswert: Die Institution öffnet sich aus ihrer klassischen hermetischen Abgeschiedenheit dem interkollegialen Gespräch, gerade in ihren intimen Interaktionsformen, den Teamprozessen, den Stationsgruppen, mit dem Ziel einer wechselseitigen Supervision einer Klinik durch die andere. Wolpert preist seine Methode gar als "Pfahl im Fleisch" klassischer Interaktionsformen zwischen Kliniken (74). Gewiß initiiert eine solche Praxis fruchtbare Austauschprozesse und ein Aufbrechen eingefahrener Selbstblindheiten - wie jede Supervision. Es drängt sich aber der Eindruck auf, daß hier umgekehrt auch eine bestimmte sozialpsychiatrische Praxis als Supermarkt unzähliger therapeutischer Settings und "Spielformen" zu fungieren sich hier selbstherrlich zu bespiegeln beginnt und wie in einem Werbespot oder einem Video-Clip das jeweilige eigene Produkt als Gipfel der Geschichte der ganzen übrigen sozialpsychiatrischen Praxis zu stilisieren sich anschickt. Solche narzißtische Selbstbespiegelung psychiatrischer Praxis ist hier auf den Begriff gebracht: Die Intervision, die Totalität des kontrollierenden Auges, das schon M. Foucault in *Überwachen und Strafen* als inneres Prinzip totaler Institutionen begriff, wird hier auf dem hohen Niveau symbolischer Interaktionsformen wieder-belebt, wieder-geholt. Die "Dissonanzen", die nach Wolpert bei solchem wechselseitigen Sich-Durchleuchten auftreten (77), sind dann eben letztlich doch keine tiefen Irritationen des eigenen Selbstverständnisses, sondern bloß Dissonanzen, dazu geschaffen, in Konsonanzen eliminiert zu werden, um eine noch perfektere Selbstinszenierung zu ermöglichen: Narziß, der in sein Spiegelbild sich verliebt, hat keinen Grund mehr zu handeln, also erstarrt er in solcher Selbstverzückung. Als Indiz für diese latent narzißtische Tendenz des Intervisionsansatzes könnte ein Ergebnis dieser Methode gelten, daß nämlich noch die radikale Öffnung psychiatrischer Stationen und der weitgehende Verzicht auf Zwangsmaßnahmen den intervidierenden Beobachtern als allzu rigider Anspruch erschien, die bei so Beobachteten zu permanentem "schlechten Gewissen" geführt habe und insofern wohl doch ein etwas überzogener Anspruch sei, rigide und antiquiert, verbohrt, ein veraltetes Dogma der Sozialpsychiatrie (45), eine "heilige Kuh" namens "offene Tür" (76), die doch endlich zu schlachten sei in einem "Zeitalter des Narzißmus" (Chr. Lasch), das heiliger Kühe nicht mehr bedarf.

Was nun hier im Deckmantel bürgerlicher Aufklärung daherkommt, war doch in den Diskussionen dieses gemeindepsychiatrischen Gesprächs, die dankenswerter Weise z.T. mit abgedruckt sind, gerade zum Stein des Anstoßes geworden: zum Streitfall um die Gewalt in der Psychiatrie und um die ethischen Grundlagen therapeutischen Handelns, um die Frage von Herrschaft und ihre Überwindung (41), um die Würde des Menschen, - Worte, die in der Tele-/Intervisionsshow der Gegenwart nur noch ein ironisches Mundwinkelzucken hervorrufen. Wie irritierend umgekehrt diese Diskussion diesseits ihrer narzißtischen Verniedlichung ist, zeigt der hier nicht solitäre Befund, daß häufig diejenigen am vehementesten die Würde des Menschen in der offenen Tür der Psychiatrie gewahrt wissen, die diese Würde durch den Zerstörungsprozeß der Elektroschocks und durch die innere Erstarrung in der Neurolepsis nun gar nicht gefährdet sehen, seien die zuletzt genannten Methoden nun freiwillig oder gegen den Willen des Betroffenen appliziert; denn was bedeutet gelegentlich schon der Wille und das Bewußtsein angesichts unbewußter Zwänge und Verirrungen!?

Die Fragen der Gewaltformen in der Psychiatrie, und zwar nicht bloß der manifesten äußeren Gewalt, der Praxis der Fixierungen, der geschlossenen Türen, E-Schocks, der Neurolepsis, sondern eben auch der Formen symbolischer Gewalt, des Überredens und Einredens, Suggerierens und Hypnotisierens, der gesetzlichen Zwänge und der Versprechungen, ließen sich in diesen Diskussionen nicht beantworten, und wie sollte dies auch möglich sein?

Somit läßt sich als entscheidende Gefahr dieser skizzierten theoretischen und praktischen Konzeptionen letztlich nur der Versuch resümieren, gelegentlich, also z.B. im Ansatz der "Intervision" oder der "prismatischen Selbstinstrumentalisierung", das Störende des wahnhaften Anderen gerade auszublenden, ja erneut zu verleugnen, wie es ja schon am Quellpunkt der Psychose, der Begegnung des Subjekts mit seinem primären Anderen, die pathogene Interaktionsform war. Gerade die Diskussionen dieses Textes, an denen offenbar noch aktiver als in den Beiträgen das Pflegepersonal beteiligt war, brachte die Defizite der jeweiligen Theorien immer wieder auf den Punkt - nach der Gewaltfrage war es die des seelischen Preises, den derjenige zu entrichten hat, der sich solche pathogenen Dynamiken jahrelang Tag für Tag aussetzt. Droht ihm nicht neben der narzißtischen Verblendung (also Blindheit) umgekehrt die innere Starre, ein emotionales Austrocknen (69, 61), gegen das auch der so schnell gegebene Rat des Rollentauschs und des Stationswechsels kein geeignetes Antidot sein dürfte? Zwischen Erstarrung und Regression: Auch die Geschichte der Therapeuten muß Gegenstand der Selbstreflexion sein. Merkwürdig nur, daß die für das ärztliche und psychologische Personal heute kaum noch revolutionäre Forderung einer z.B. psychoanalytischen Selbstreflexion für das Pflegepersonal, das den destruktiven Prozessen psychotischer Dynamiken in viel ungeschützterem Maße ausgeliefert ist, nicht laut wird. Hier soll die Balintgruppe, das Teamgespräch und die Institutionssupervision all das auffangen, was für den Fall der Ärzte und Psychologen doch offensichtlich dort nicht aufgefangen werden kann, eine unbegreifliche Asymmetrie, die ebenfalls zu den nicht beantworteten Fragen des Textes gehört.

Aber so wird sich dieser Versuch eines gemeindepsychiatrischen Gesprächs ja wohl auch verstanden haben, und daher kann er als rundum gelungen gelten: Fragen zu eröffnen, eben nicht wie in einem transparenten psychotischen System, alle Fragen als beantwortet zu suggerieren!

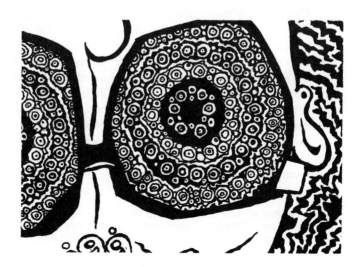

Grenzgänge

Erörterungen über die endliche und die unendliche psychoanalytische Sozialarbeit mit Psychotikern[1]

Ulrich A. Müller

Die Frage nach der Grenze und den damit verbundenen praktischen Schwierigkeiten einer Anwendung der Psychoanalyse im Kontext der Behandlung von Psychotikern steht im Zentrum der Aufsätze des jüngst erschienen Bandes, der von dem Tübinger Psychoanalytiker Stephan Becker herausgegeben wurde und die Beiträge der 5. Fachtagung des Vereins für Psychoanalytische Sozialarbeit aus Tübingen/Rottenburg dokumentiert.

Der eröffnende Text von Ernst Federn umreißt dabei eines der entscheidenden Probleme der psychoanalytischen Arbeit sehr präzise, indem er die nachhaltig virulente Frage nach der Behandelbarkeit der Psychose stellt und ihrer zeitlichen Dimensionierung nachgeht. Endlichkeit herzustellen, gerade dies wäre das wesentliche Ziel einer erfolgreichen Behandlung von Psychotikern, was sich eben darum auch als zentrale Schwierigkeit erweist: das Verhältnis von endlicher und unendlicher Analyse angemessen zu bestimmen. Federn begegnet dem theoretischen Diktum Freuds, Psychosen seien - anders als Neurosen - grundsätzlich nicht behandelbar, gerade von der gegenüberliegenden Seite und legt den Akzent auf Freuds eigene Erwägungen zur Behandlung der Neurosen, daß nämlich eine Psychoanalyse eigentlich nie enden könne. Damit werden die zu erwartenden Fragen nach den psychoanalytischen (Un-)Möglichkeiten einer Behandlung von Psychotikern, die in Federns Text einleitend kursorisch, aber dennoch genau ausgelotet werden, bereits subvertiert. Den Raum, den er damit für die sich anschließenden theoretischen wie praktischen Beiträge und Probleme erschließt, nutzen die Autoren und Autorinnen in erster Linie zur Darstellung klinischer Fälle, in denen sich deren unterschiedliche theoretische Annäherungen spiegeln.

---

[1] Zu: *Psychose und Grenze. Zur endlichen und unendlichen psychoanalytischen Sozialarbeit mit psychotischen Kindern, Jugendlichen, jugendlichen Erwachsenen und ihren Familien.* Herausgegeben von STEPHAN BECKER. Tübingen: edition diskord 1991.

Tina Buhmann und Ulrike Keimig lassen in der Form eines Briefwechsels ein Bild der von Maud Mannoni 1969 gegründeten Versuchschule Bonneuil erstehen, unterlegen diese Skizze zugleich mit Fragen nach Funktion der Trennung in der Arbeit mit psychotischen Jugendlichen. Da der Briefwechsel selbst gerade Trennung voraussetzt, wirkt der Inhalt der Texte auf die literarische Form zurück. Was ließe sich schon mit-teilen, wenn nicht einer den Ort gewechselt hätte - sich getrennt hätte - und damit auch den Anderen zur Reaktion gefordert hätte. Dies ist nachgerade der Anteil theoretischer Erarbeitung, der sich in dem Text als Reflexion auf die Arbeit in Bonneuil zu verstehen gibt: Eine Offenheit, die die Grenze im nachträglichen Eingedenken zum Inhalt macht.

Die durch die Grenzen herzustellenden Strukturen sind es, was alle Texte umtreibt. Federn beschreibt das Problem, indem er die mißlingenden Fälle als Movens des Nachdenkens und -forschens voraussetzt, was den Ort der Grenze selbst zur Herausforderung werden läßt. Diese Herausforderung ist in allen Texten spürbar.

Eher zögernd nehmen dabei Agathe Israel und Kamilla Körner aus Ostberlin den thematischen Faden auf, eröffnen aber einen Blick auf das psychiatrische Feld der ehemaligen DDR und betrachten selbstkritisch den staatlich verordneten Umgang mit psychisch kranken Menschen. Demzufolge bricht gerade die Thematisierung des "Zwangs" als Moment des psychischen Konflikts mit den anderen dokumentierten Forschungen des Buches, weil darin eine andere Perspektive zur Sprache kommt. So stellt die Beschreibung staatlicher Verordnetheit doch gerade die paradoxe Überwältigung notwendiger Begrenzung dar. Die Menschen, die Israel und Körner beschreiben, sind ständig zu ihren Handlungen aufgrund äußerer Umstände "gezwungen". "Zwangsverwaltung" hat möglicherweise die Frage nach der psychoanalytischen Kategorie der Grenze als strukturierende Funktion des Psychismus erst garnicht aufkommen lassen: ein Moment von Verdrängung durch weitreichende ordungspolitische Einflußnahme. Daß Diskussionen hierüber möglich werden, läßt für zukünftig vorgesehene - in der Einführung von Becker angekündigte - Fachtagungen viel Interessantes und Überraschendes erwarten.

Die Beiträge von Elfriede Kraft/Joachim Staigle und Michael Günter/Heinz Preute nähern sich dem Topos der Grenze aus vergleichbarer theoretischer Perspektive und konterkarieren sie mit ihren Erfahrungen in der klinischen Arbeit. Im Zentrum steht dabei die Analyse der Psychose als der Undenkbarkeit der "Erfahrung eines eigenen Selbst" und die damit verbundene Unfähigkeit der Trennung aus der primären symbiotischen Beziehung. Diese an Bion, Winnicott und Melanie Klein orientierten Reflexionen thematisieren die Grenz- und Trennungserfahrung als

Ermöglichung selbständigen und -verantwortlichen Lebens und Handelns. Die Erörterungen der ebenso heilsamen wie symptomstabilisierenden Momente der Übertragung bilden in den beiden Beiträgen die wichtigen Impulse für die Auseinandersetzung mit den Fragen zur Grenzbildung. Die beschriebenen Fälle geben nur einen kleinen, aber durchaus erhellenden, Einblick in die Dynamik der Beziehungen zwischen Patient und Betreuer ("Bezugsperson"). Sie illustrieren auch, daß zur Behandlung der Patienten notwendig die Reflexion der Betreuer über die eigene Funktion und die laufende Arbeit in der Diskussion und der theoretischen Fundierung dazu gehört.

Die Bedeutung der Arbeit als zugleich trennendes wie auch integratives Moment betont der Beitrag von Martin Feuling, Thomas Glatz und Horst Nonnemann. Sie unterbreiten das Konzept eines Projektes, das sich nicht lediglich zur Aufgabe macht, die Patienten in die Arbeitswelt zu integrieren - sie zu rehabilitieren. Die Autoren stellen ihrem praktischen Modell eine komplexe Idee voran, nach dem der "Arbeit" im Rahmen eines psychoanalytisch orientierten Konzeptes von Sozialarbeit unterschiedliche begrenzende Funktionen zukommen können. Der Gedanke, "mit der Art der Arbeit an der Spezifik des Symptoms anzusetzen, impliziert eine Differenzierung des Arbeitsangebotes entlang der spezifisch gegebenen Symptomatik der betreuten Menschen". Hieraus wird ersichtlich, daß es den Autoren erst in zweiter Linie um eine "Integration ins Arbeitsfeld" geht, primär aber um die Anpassung der Tätigkeit an die Erfordernisse des Patienten: den Autisten "dort abholen, wo er ist", d.h. die Arbeit nicht als therapeutische Alternative puritanischen Geistes zu begreifen, sondern die zahlreichen Funktionen der Arbeit zu nutzen, um Grenzen zu setzen, Strukturen im Alltag herzustellen und somit den Rahmen für die psychische Nach-Arbeit zu schaffen.

Wie aber läßt sich ermessen, wie sich das Verhältnis von Unendlichem und Endlichem definiert? Es bleibt notwendig unbestimmt, was sich aus den Beiträgen des Heftes, die sich auf unbekanntem Terrain bewegen, mit Nachdruck erschließt, obwohl sie Pfähle einschlagen, Grenzen ziehen und Wirklichkeit herstellen müssen, die den Patienten eine Orientierung vermitteln sollen - ihnen die Wahl ihres Ortes ermöglichen sollen. Die Heterogenität der Beiträge macht ein wesentliches Moment der Qualität des Buches aus, weil sich in der unterschiedliche Bezugnahme und theoretischen Annäherung der Autoren und Autorinnen zu den Erfahrungen ihrer Arbeit ein interessantes relationales Geflecht der Analysen ergibt.

Ein grundsätzliches Problem der Erörterungen in dem Band aber schließt an das zentrale Thema selbst an. Die Frage nach der oft lebenswichtigen Funktion der Grenze gehört - das zeigen die Beiträge deutlich - mit zum Anfang der Auseinandersetzungen über die Psychose. Doch werden in dem Buch ganz unterschiedliche Grenzen skizziert: die Grenze zwischen Neurose und Psychose, die Grenze zeitlicher Dauer, die Grenze zwischen Patient und Betreuer/Therapeut, das körperliche Grenzerleben von "Innen" und "Außen" und sogar staatliche Grenzen. Unzweifelhaft stehen diese Grenzen alle miteinander in einem bestimmten Verhältnis, nur bleibt gerade die Erörterung dieses Bezuges marginal. Auch leidet darunter die begriffliche Schärfe, weil durchaus auch zwischen den verschiedenen Ebenen, ihren Ausdrucksweisen und ihrer Verknüpfung, beispielsweise in der traumatisch-gewaltsamen Einführung des Gesetzes durch den Mangel, unterschieden werden müßte. Doch nimmt der Band sich eines Themas an, dessen offene Enden zum wissenschaftlichen Disput einladen. Darin liegt seine Stärke, weil alle Beiträge, sich gerade darin einig sind, daß die Auseinandersetzung über die Psychose nicht abgeschlossen ist, und manche gar resümieren, daß sie strukturell unabschließbar sei.

PROF. YVES BAUMSTIMLER; lehrt und arbeitet als Professor im Fach Psychoanalyse an der Universität Paris XIII. Arbeitsschwerpunkte: Psychose, Hypnose; derzeit arbeitet er über J.H. Schultz. Publikationen: "L'hypnose et la question du sujet", in: *Bulletin de la Convention psychanalytique*, No. 12, Paris 1987, S.73-86; *Filiation et métaphore actualité du Clinique Meditionienne*, Marseille 1982.

DR. MARCEL CZERMAK; lebt und arbeitet als Psychoanalytiker in Paris. Publikationen: *Passions de l'objet. Etudes psychanalytitiques des psychoses*. Joseph Clims, Paris 1986.

DR. MARTIN FEULING; psychoanalytischer Sozialarbeiter; arbeitet im Verein für psychoanalytische Sozialarbeit in Tübingen. Arbeitsschwerpunkte: Klinische und theoretische Arbeit mit und über autistische, psychotische und dissoziale Jugendliche und junge Erwachsene. Publikationen: "Zur Psychoanalyse (in) der Institution", in: *Fragmente* Nr. 26, Kassel 1988; "Das Recht auf Widerstand und die Grenze der Psychoanalyse", in: *Arbeitshefte Kinderpsychoanalyse* Nr. 11/12, Kassel 1990; *Das Begehren ist das Begehren des Anderen - Zur Theorie der Intersubjektivität bei Jacques Lacans*, Diss. Tübingen 1989; *Übergänge - Ein psychoanalytisch-sozialtherapeutisches Modellprojekt zur gesellschaftlichen Integration autistischer und psychotischer junger Erwachsener*, Weinheim 1991.

Dipl. Sozpäd. FRANK GROHMANN; lebt in Tübingen/Rottenburg und arbeitet dort im Verein für psychoanalytische Sozialarbeit; Mitglied des Forschungsprojektes "Psychoanalytische Psychosentheorie" am Wissenschaftlichen Zentrum II der Gesamthochschule Kassel.

DR. MED. JÜRGEN HARDT; arbeitet als Psychoanalytiker (DPV) und Lehranalytiker in Wetzlar. Arbeitsschwerpunkte: Psychoanalytische Praxis, Institutions-Beratung, Wissenschaftliche Standortsbestimmung der PSA.

DR. BARBARA M. KEHM; ist wissenschaftliche Angestellte an dem Wissenschaftlichen Zentrum für Berufs- und Hochschulforschung der Gesamthochschule Kassel. Arbeitsschwerpunkte: Kultursoziologie, internationaler Vergleich von Hochschulromanen, Europäisierung der Hochschulen, Wissenschaftstheorie, Wandel der hochqualifizierten Arbeit. Publikationen: *Hochschulen auf dem rechten Weg* (Hrsg. M. Daxner, B. Kehm), Bochum, Germinal 1986; *Zwischen Abgrenzung und Integration. Analyse des gewerkschaftlichen Diskurses in der BRD ab 1949*, Opladen, Westdt. Verlag 1991; "Von deutschem Geist und deutscher Kultur. Elemente konservativer Kulturkritik", in: *kulturRRevolution*, 4. Jg., Heft 10, 1985, S.44-46; "Cuts or Ivestment? Zur Situation der Hochschulen in Großbritannien", 2. Aufl. Frankfurt/M. in: GEW 1989; "Die Schaffung eines europäischen Standards. Deregulierung und Europäisierung der Hoschschullandschaft in der EG", in: *ansätze*. esg-nachrichten 7/1991, s.40-43.

DR. MED. JOHANNES KIPP; Arzt für Neurologie und Psychiatrie, Psychotherapie, Psychoanalyse, ist leitender Arzt des Ludwig-Noll-Krankenhauses in Kassel. Arbeitsschwerpunkte: Klinische Psychiatrie, Gemeindepsychiatrie, psychodynamische Gerontopsychiatrie. Publikationen: *Verstehender Umgang mit alten Menschen. Eine Einführung in die praktische Gerontopsychiatrie* (Hrsg. Kipp, J., Jüngling, G.), 1991, Springer-Verlag, Berlin-Heidelberg-New York.

DIE AUTOREN

MAX KLEINER; arbeitet als Psychologe in Hamburg. Arbeitsschwerpunkte: Ambulante häusliche Betreuung entlassener Psychiatriepatienten, Beschäftigung mit und Übersetzung von Schriften Lacans.

DR. CLAUS-VOLKER KLENKE; lebt und arbeitet in Kassel, Mitarbeiter der Zeitschrift *Fragmente* und im psychohistorisch-kulturtheoretischen Forschungsbereich des WZ II. Zahlreiche Übersetzungen aus dem Französischen. Aktuelle Publikationen: "Sozial-Psyche. Schwierigkeiten mit der Psychohistorie", in: M. Reuter (Hg.), *Black Box Psyche?*, Pfaffenweiler 1990; *Geschichte und Traum. Studien zum Zeit- und Kulturbegriff im Freudschen Denken.* Kassel 1990 (u. v. Diss.).

DR. MED. DIPL.PSYCH. MATTHIAS KRISOR; Psychiater, Klinischer Psychologe, arbeitet als leitender Arzt am Psychiatrischen Therapiezentrum St. Marien-Hospital Eickel, Herne 2. Arbeitsschwerpunkte: Gemeindepsychiatrische Konzepte, institutionelle Psychotherapie und Gemeindepsychiatrie, Gewalt in der Psychiatrie, Integration verschiedener psychoanalytischer Ansätze (insb. in der gemeindepsychiatrischen Gruppenpsychotherapie). Publikationen: "Lebens- und Wohnraum für chronisch psychisch Kranke in der Gemeinde" (1989); "Die psychiatrische Abteilung als Aufnahmeabteilung" (1991); "Psychiatrie der offenen Tür. Institionelle Psychotherapie in der Gemeindepsychiatrie" (1991); "Auf dem Weg zur gewaltfreien Psychiatrie. Das Herner Modell im Gespräch" (1991).

DR. JOACHIM KÜCHENHOFF; ist Arzt für Psychiatrie, Psychotherapie, Psychoanalyse in Heidelberg und Kassel. Arbeitsschwerpunkte: Psychoanalytische Psychosentheorie, Phänomenologie der Zeit. Publikationen: Zahlreiche Aufsätze zur Psychiatrie/Psychoanalyse, Psychosomatik und Philosophie; *Labyrinthe des Ohres. Vom therapeutischen Sinn des Zuhörens in Psychopathologie und Psychoanalyse*, 1991, Würzburg.

DR. MED. FRITZ LINNEMANN; Arzt, Psychoanalytiker (DPV) und Oberarzt am Zentrum für Psychiatrie der Universität Gießen, arbeitet an dem Arbeitsschwerpunkt: Psychotherapie und Rehabilitation frühgestörter Patienten.

Dipl.sozpäd. ULRICH MÜLLER, M.A.; Philosophie und Pädagogik, Redakteur der Schriftenreihe *Fragmente*. Arbeitsschwerpunkte: Zum Verhältnis von Psychoanalyse und Politik; Bedeutung der Psychoanalyse für die Erkenntnistheorie; Psychoanalytische Psychosentheorie.

FEDJA MÜLLER; Prof. für öffentliches Recht, Rechtsphilosophie, Rechtstheorie (Heidelberg) bis 1989; arbeitet jetzt als freier Schriftsteller in Heidelberg. Arbeitsschwerpunkte: Lyrik, Prosagedichte: Prosa. Mitherausgabe der literarischen Zeitschrift *Van Goghs Ohr*. Publikationen: "Lieder aus dem Thermidor", 1984; "Gedichte vom Engel des Herrn", 1984; "Lieder aus Nanous Zeitrechnung", 1986; "Gedichte aus dem Papierkorb unsrer Junta", 1987; "Gedichte vom Boulevard der Grimassen", 1988; "Gedichte vom Zustand", 1991.

DR. MED. TRISTAN ROHLFS; Nervenarzt, Psychoanalytiker (DPV), hat eine eigene Praxis in Biebertal bei Gießen und führt Supervisionen in psychosozialen Institutionen durch. Arbeitsschwerpunkt: Verbindung von Psychoanalyse und Sozialpsychiatrie.

DR. HANS-MARTIN SCHÖNHERR-MANN; lehrt politische Philosophie am Geschwister-Scholl-Institut für Politische Wissenschaft der Universität München. Arbeitsschwerpunkte: Technikphilosophie, Ethik, politische Theorie. Publikationen: *Die Technik und die Schwäche*, Vorw. v. Gianni, Vattimo, Edition Passagen, Wien 1989; *Von der Schwierigkeit, Natur zu verstehen - Entwurf einer negativen Ökologie*, S. Fischer, Frankfurt/M. 1989; *Verführung mit Aids - eine philosophische Satire*, Edition Passagen, Wien 1989.

M. ROY SELLARS; Literaturwissenschaftler, hat in Oxford promoviert und arbeitete als Gastwissenschaftler im Englischen Seminar zu Marburg (Stipendiat, The Leverhulme Trust), ab 1991 ist er als Assistent im Englischen Seminar zu Genf tätig. Arbeitsschwerpunkte: Englische und amerikanische Literaturwissenschaft (insbes. Milton), Literaturtheorie (insbes. Dekonstruktion), Psychoanalyse. Publikation: Eine gesamte kritische Bibliographie über Harold Bloom ist in Vorbereitung und wird im Garland-Verlag, New York, erscheinen.

PROF. DR. ULRICH SONNEMANN; Autor, arbeitet als Hochschullehrer an der Gesamthochchule Kassel. Arbeitsschwerpunkte: Sprache, Zeit und Geschichte, Psychohistorie der Deutschen, transzendentale Akustik. Publikationen: *Das Land der unbegrenzten Zumutbarkeiten* (1963/85); *Die Einübung des Ungehorsams in Deutschland* (1964/84); *Negative Anthropologie. Vorstudien zur Sabotage des Schicksals* (1969/81); *Tunnelstiche. Reden, Aufzeichnungen und Essays*. Frankfurt/M. 1987. *Gangarten einer nervösen Natter bei Neumond. Volten und Weiterungen*, Frankfurt/M. 1988.

MARTIN STINGELIN; Assistent für neuere deutsche Literaturwissenschaft am Deutschen Seminar der Universität Basel. Arbeitsschwerpunkte: Nietzsche, Geschichtsphilosophie, Rhetorik, Literatur und Recht, Psychiatriegeschichte. Publikationen: "Der Körper als Schauplatz der Historie. Albert Hermann Post, Friedrich Nietzsche, Michel Foucault", in: *Fragmente* Nr. 31, 1989, S.119-131; "Wen kümmert's, wer spricht?' Michel Foucault, die Psychologie und die Identität", in: *Fragmente* Nr. 35/36, 1991, S.287-296; Herausgeber (zus. mit Wolfgang Scherer) von *HardWar/SoftWar. Krieg und Medien 1914 bis 1945*, Literatur- und Medienanalysen Band 3, München 1991.

DR. MED., PHIL. PETER WARSITZ; arbeitet als Psychiater, Psychoanalytiker und Philosoph in Kassel. Arbeitsschwerpunkte: Pschoanalytische Psychosentheorie, Phänomenologie der Zeit. Publikationen: *Das zweifache Selbstmißverständnis der Psychoanalyse*, 1987, (Würzburg, Könighausen und Neumann); *Zwischen Verstehen und Erklären. Die widerständige Erfahrung der Psychoanalyse bei Karl Jaspers, Jürgen Habermas und Jacques Lacan*, 1990.

Markt

14 kinderpsychoanalyse OKT. '91

arbeitshefte

DM 18 + VERSAND – BESTELLUNG ÜBER DEN FACHBUCHHANDEL ODER DIE KASSELER REDAKTION

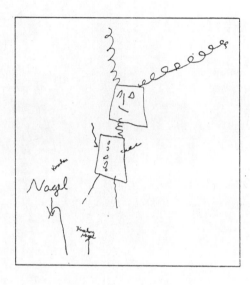

ACHIM PERNER
PSYCHOANALYSE UND PÄDAGOGIK

EBERHARD WINDAUS
DIE MARGINALISIERUNG DER KINDERANALYSE

ROLAND MÜLLER
SAG ICH'S MEINEM KINDE?

JUAN CARLOS VOLNOVICH
KINDERPSYCHOANALYSE

CATHERINE MATHELIN
DIE FRAGE NACH DEM ENDE DER ANALYSE BEI
DER BEHANDLUNG VON AUTISTISCHEN UND
PSYCHOTISCHEN KINDERN

MARTIN FEULING
PSYCHOANALYTISCHE ANSÄTZE IN DER ARBEIT
MIT AUTISTISCHEN MENSCHEN

THOMAS REHORK
DIE WELT DES SCHREIBENS

HERAUSGEBER: WISSENSCHAFTLICHES ZENTRUM II – GESAMTHOCHSCHULE KASSEL
RED. ARBEITSHEFTE KINDERPSYCHOANALYSE – GOTTSCHALKSTR. 26 – 3500 KASSEL

Anders Machen

Neuerscheinungen 1990/91 bei Materialis

Leo Kofler
Die Vergeistigung der Herrschaft
Zweiter Band: Gesellschaft und Elite zwischen Humanismus und Nihilismus
MP 35, Materialis, 268 S.Pb, 39,80 DM, ISBN 3-88535-127-7, Februar 91 (3.A.)

In seinem zweibändigen Unternehmen, die Theorie der bürgerlichen Gesellschaft in den Rahmen einer humanistischen Philosophie zu stellen, erweist sich Kofler als Vorkämpfer der Hegelschen Linken heute. Und von den großen Männern dieser philosophischen Tradition ist er auch einer der letzten, die noch leben. In dem nun vorgelegten zweiten Band (3.A.) steht die Gesellschaft im Mittelpunkt, während es im 1.Band der Staat war.

In historisch weit ausgreifenden Kapiteln versteht er es, das Bürgertum plastisch aus seinem Menschenbild heraus begreifbar zu machen. Für dieses erweist sich der Eigentumsbegriff als bestimmend. Aus ihm leitet sich sowohl das Selbstbild des Bürgertums als der zur Herrschaft bestimmten Klasse ab als auch die Mißachtung der Lohnarbeitenden und Eigentumslosen. »Derjenige ist als unfrei zu betrachten, der sich zum Knecht eines anderen dadurch macht, daß er ihm gegen Lohn, den er zu empfangen hat, für eine gewisse Zeit den Dienst verkauft.« (John Locke)

Kofler führt mit vielen heute unbekannten Details anhand der Wahlrechtsbewegung des 19. Jahrhunderts den Beweis, daß das bürgerliche Postulat der Ungleichheit und Unfreiheit der Lohnarbeitenden und Eigentumslosen den Demokratiebegriff des Bürgertums an seiner Wurzel beschädigt. »Die übrig gebliebene Freiheit ist nicht mehr die Freiheit, Ideale zu verwirklichen, sondern die Freiheit der Konkurrenz.« Und: »Fragt man, wofür und für wen diese Freiheit gut sein soll, wird philosophisch verschämt zugegeben: für das Ego des Starken. Damit ist alle Demokratie offen verraten, denn Demokratie ist ihrem Urwesen nach stets fortschreitende Möglichkeit zur Freiheit für alle.«

Die daraus hervorgehende Entfremdung trifft aber nicht nur den Bürger sondern auch den Arbeiter und Kleinbürger. Kofler gelingt es, den Entfremdungszusammenhang durch die Kategorie der Pauperisierung aufzuhellen. »Der Mensch wird zum Pauper, wenn ihm das Bewußtsein seiner Situation verloren geht, wenn er unter für ihn unverständlich gewordenen Bedingungen sich selbst, sein wahres Wesen, seine wirkliche gesellschaftliche Funktion, die Inhalterseines Wissens, Stellungnehmens und Begehrens nicht mehr versteht.« Die Pauperisierung manifestiert sich zwar, wie Kofler nachweist, für Bürger, Arbeiter, Kleinbürger im einzelnen in durchaus differenter Weise. Ihr unterliegt aber im Bewußtsein aller Klassen heute eine Vermaterialisierung und extreme Individualisierung. »Gerade unter dem Druck des allgemeinen Existenzkampfes in der bürgerlichen Gesellschaft – Prinzip der freien Konkurrenz – erkauft das Individuum seine Anpassung an die Erfordernisse dieses Lebenskampfes durch den Verzicht auf die allseitige (oder auch nur mehrseitige) Ausbildung seiner Subjektivität.« Und er fährt fort: »Die einseitige Anreizung der egoistischen Triebhaftigkeit der Individuen auf Kosten anderer und höherwertiger Seiten ihres Menschentums verführen den heutigen Menschen dazu, sein Glück mehr oder weniger einseitig im Bereiche der materiellen Befriedigung zu suchen.«

Zweierlei setzt Kofler diesem Mitbauen am Kerker der Entfremdung entgegen. Erstens: »Das Vermögen zur tätigen und erfüllten Geselligkeit bildet ein zentrales und tragendes Moment dessen, was wirklich menschliches (und nicht deformiertes) Leben ist, und der unglückliche Zustand des Menschen setzt sich am ehesten da an, wo dieser glaubt, der Gemeinschaft und all dem, was sie aufgibt, den Rücken kehren zu müssen.« Zweitens: das durch seine philosophische Anthropologie begründete Streben nach Selbstverwirklichung. Beides ermöglicht und erfordert den Aufbau einer wirklichen Opposition. Die Opposition heute sieht Kofler im Stadium einer informellen, progressiven Elite, da die Arbeiterbewegung erstarrt ist.

Bestellungen über den Buchhandel
Materialis Verlag, Rendeler Str. 9-11,
D-6000 Frankfurt 60

Marcelo Marques (Hg.)

FOUCAULT und die PSYCHOANALYSE

Zur Geschichte einer Auseinandersetzung

159 Seiten • Broschur • DM 24,-
ISBN 3-89295-542-5

Das Werk Foucaults wird in diesem Band unter einem ungewohnten und bislang noch wenig beachteten Gesichtspunkt betrachtet. Dabei zeigt es sich, wie sehr die Auseinandersetzung mit der Psychoanalyse das gesamte Denken Foucaults durchzieht. Der Bogen spannt sich von den frühesten Versuchen, ein neues Verständnis der Geisteskrankheit zu finden, bis zu den spätesten Überlegungen zum historischen Verhältnis von Ethik und Sexualität, so daß man diese Auseinandersetzung geradezu als Leitfaden für das Verständnis seines Werkes überhaupt benutzen kann.

Autoren:
John Forrester, Jacques Lagrange, Sabine Prokhoris

edition diskord
7400 Tübingen • Schwärzlocher Str. 104/b

___ *Gruppen-
psychotherapie*

___ *Gruppen-
dynamik*

Karl König /
Wulf-Volker Lindner
**Psychoanalytische
Gruppentherapie**

1991. 244 Seiten, kartoniert
DM 48,–
ISBN 3-525-45732-4

**V&R
Vandenhoeck
& Ruprecht**

Zwei erfahrene Praktiker und Ausbilder der Gruppentherapie legen hier ein *Lehrbuch für die Praxis* vor. Sie wenden sich damit an *praktizierende Gruppentherapeuten,* denen sie einen methodenübergreifenden Überblick geben wollen und Ansätze, die unterschiedlichen Konzepte in der Praxis sinnvoll zu verknüpfen.

Ärzten, die gruppenpsychotherapeutische Hilfen für ihre Patienten ausloten wollen, werden brauchbare Orientierungen geboten.

Vor allem ist das Buch für *Ausbildungskandidaten* gedacht, denen ein integrierender Überblick gegeben wird auf gesicherte Erkenntnisse und Methoden und die theoretischen Hintegründe – jenseits des Haders zwischen den Schulen.

Martin Stingelin/
Wolfgang Scherer, Hrsg.
HardWar / SoftWar
312 Seiten mit Abb.,
Kart., ca. DM 68,–
3-7705-2716-X
Reihe: Literatur- und
Medienanalysen 3

Die Verschränkung und das
Zusammenspiel von harter
Technologie und „weicher"
Alltagskultur, von Kriegs- und
Unterhaltungstechniken, von
Militär und Philosophie stehen
im Mittelpunkt der Beiträge
dieses Bandes, der dem Zeitraum von ca. 1914 bis ca. 1945
gewidmet ist. Medientechnische Innovationen markieren
hier nicht nur Epochenschwellen auf den Feldern von Wissenschafts-, Kunst-, Literatur-
und Musikgeschichte, sondern

sie ermöglichen auch eine
Rückblende: Ins Licht der
neuesten Medien getaucht,
erweisen sich überkommene
Kulturtechniken nicht einfach
nur als profane Verfahren oder
als skandalöse Pädagogiken,
sondern als effiziente Einrichtungen mediengerechter Dispositionen. Im Zeitalter der
umfassenden Raumrevolution
verschwinden auch jene Fronten, die den historischen Ausnahmezustand gegen die alltägliche Lebenswirklichkeit
abgrenzen.

Zuvor erschienen:

Friedrich A. Kittler/
Georg Christoph Tholen, Hrsg.
Arsenale der Seele
Literatur- und Medienanalyse
seit 1870
234 Seiten, Kart. DM 74,–
3-7705-2575-2
Reihe: Literatur- und Medienanalysen Band 1

Jochen Hörisch/
Michael Wetzel, Hrsg.
Armaturen der Sinne
Literarische und technische
Medien 1870 bis 1920
312 Seiten, Kart., DM 68,–
3-7705-2657-0
Reihe: Literatur- und Medienanalysen Band 2

**Wilhelm Fink Verlag
München**

AG SPAK

Adlzreiterstr. 23
8 München 2
089/774077

NEU

Monika Bossung
DAS VOLK ENTSCHEIDET
Uruguays Widerstand gegen die Militärdiktatur
Mit Filmexposé von H. Kipphardt
ca. 150 Seiten, zahlreiche Abb.
M 104 - ca. DM 25,--

VORSCHAU

Hg.: J. Dabisch, H. Schulze
BEFREIUNG UND MENSCHLICHKEIT.
Texte zu Paulo Freire
ca. 200 Seiten
M 105 - ca. DM 32,--

VORSCHAU

Reinhard Thies
DIE HÜTT' WIRD SANIERT ! ?
Eine Arbeitshilfe für die Gemeinwesenarbeit bei Sanierungsmaßnahmen in Obdachlosenunterkünften
ca. 180 Seiten
M 106 - ca. DM 30,--

NEU

Anne Rösgen
LERNFELD LEBENSWELT
Zur Bildungsarbeit mit gering qualifizierten Frauen
ISBN 3-923 126-70-0
220 Seiten
M 103 - DM 34,--

VORSCHAU

Ulrike Schulz
GENE, MENE, MUH - RAUS MUSST DU !
Eugenik - von der Rassenhygiene zu den Gen- und Reproduktionstechnologien
ca. 180 Seiten
M 107 - ca. DM 28,--

NEU

fib e.V. (Hg.)
ENDE DER VERWAHRUNG ? !
Perspektiven geistig behinderter Menschen zum selbstständigen Leben
ISBN 3-923 126-69-7
200 Seiten
M 102 - DM 25,--

und andere
Bücher zur Sozialpolitik
bitte fordern Sie unser Gesamtverzeichnis an.

PSYCHOANALYSE IM widerspruch

INSTITUT FÜR
PSYCHOTHERAPIE UND PSYCHOANALYSE
HEIDELBERG
MANNHEIM E.V.

Inhalt Heft 5/91

Hans Becker:
Der Golfkrieg und das "Wieder"-Vereinigte Deutschland
Brief einer Patientin
"Wie soll ich meine Abneigung ..."
Roswita Huber:
Erinnerung an eine unbewältigte Gegenwart
Gerd Koenen:
Zur Genese des deutschen Nachkriegsbewußtseins
Hans-Joachim Maaz:
Der "real existierende Sozialismus" und die psychischen Folgen
Johannes Piskorz:
Das Verhältnis von Psychotherapie und Gesellschaft in der DDR
Ludwig Janus:
Psychohistorische Aspekte der "friedlichen Revolution"
Waltraud Kruschitz:
Das deutsche Selbstverständnis zwischen Größenwahn und Schuld
Ulrike Barbrock:
Auch wenn's jetzt zu spät ist
Hermann Hilpert:
Kleindeutsch - großdeutsch
Otto M. Marx:
Beobachtungen eines Gastes
Johannes Piskorz:
Die DDR als Schatten
Ulrich Gaitzsch:
Bin ich ein Lump, wenn ich 'was schlechtes denk?
Susanne Bregulla-Beyer:
Mütter in der psychoanalytischen Ausbildung
Hans Becker:
Warum nennt ihr es nicht "Widerspruch"?
Zum Tode Marianne von Eckardts
Werner Knauss:
Die Beziehung des Institutes zur IPV

Herausgeber: Institut für Psychotherapie und Psychoanalyse Heidelberg-Mannheim e. V.
Alte Bergheimer Straße 5, 6900 Heidelberg

Bezug: Über den Herausgeber

Preise: Einzelheft DM 12,-- (+ DM 1,-- Versand)
Abonnement DM 10,-- (+ DM 1,-- Versand)

Bisher erschienene Hefte:

1/89 Lehranalyse, Kunst, Politik, Psychiatrie im Nationalsozialismus (Mai 1989 / Nachdruck)
2/89 Euthanasie im Nationalsozialismus, Psychoanalytische Ausbildung im Nationalsozialismus, Politik, Traumtheorie, Grünbaums Freudkritik, Laienanalyse (Oktober 1989 / vergriffen)
3/90 Körper und Psychoanalyse (März 1990 / vergriffen)
4/90 Psychoanalyse und Politik, Psychotherapie mit Folteropfern, Destruktiver Narzißmus, Geschwister (Oktober 1990)

DER WUNDERBLOCK
ZEITSCHRIFT FÜR PSYCHOANALYSE

19

Vreni Haas: Zur Einleitung 3 ■ Norbert Haas: Stille Tage in Kassel – Impromptu über die Zeit der Psychoanalyse 7 ■ Theo Roos: Threw it all away 19 ■ Samuel Weber: Überlegungen zum *Balkon* 22 ■ Dieter Hombach: Zur Logik selbstorganisierter Systeme – Zweiter Teil 27 ■ Horst Wittenbecher: Zu den beiden deutschsprachigen Ausgaben von Freuds *Entwurf einer Psychologie* 53

DER WUNDERBLOCK erscheint unregelmäßig. Das Einzelheft kostet DM 15,–; das Sonderheft (144 S.) DM 24,–; ein Abonnement von vier Heften DM 55,–, inklusive Versandkosten. Bestellungen nehmen der Verlag DER WUNDERBLOCK, 1000 Berlin 31, Konstanzer Str. 11, und alle Buchhandlungen entgegen. Eine Kündigung ist 14 Tage nach Erhalt des vierten Heftes möglich. Alle Zahlungen bitte erst nach Rechnungstellung: Adressenänderungen bitten wir dem Verlag schnellstens mitzuteilen.

Zwischen zwei Toden

"Die Koinzidenz der Leitmotive von anspruchsvoller Kunst, Theorie und Massenkultur ist heute ein theoretischer Gemeinplatz: kann die klarste Gestaltung des berühmten *ich bin ein anderer* nicht in der massenkulturellen Tradition der Vampire und lebenden Toten gefunden werden, die das Subjekt 'dezentrieren', sofern sie seine Konsistenz und Selbstkontrolle von innen her untergraben? Das Hauptproblem dieses Widerhalls, der eine Konstante vom Anfang der Moderne bis zur Beziehung zwischen postmoderner Theorie und der heutigen Populärkultur bildet, besteht darin, wie man den Ansichten eines gewissen geläufigen *Zeitgeistes* und seinen Interpretationsmustern entgehen könnte."
(Slavoj Zizek)

Beiträge u.a.:
Kathrin Busch: **Labyrinth**
Andreas Bedau: **"Das ist nicht tot, was ewig liegt..."**
Slavoj Zizek: **Spektroskopie**
Susanne Dudda: **Augenblicke**
Leo Dümpelmann: **Abbruch - Ärgernis - Aufbruch**
Manfred Geier: **Im Chinesischen Zimmer**
Rudolf Kaehr und Sandrina Khaled:
Todesstruktur, Maschine und Kenogrammatik
Michael Scholl und Georg Christoph Tholen:
Ent-Eignis und Ex-Position
Fotoserie **"Die Stunde der Schnecke"** von Jonas Hafner

Nr.38   DM 8,-   Lerchenfeld 2   2000 Hamburg 76

Spuren

in Kunst und Gesellschaft

Schriftenreihe zur Psychoanalyse

FRAG·MENTE

Herausgeber:
Wissenschaftliches Zentrum II für Psychoanalyse,
Psychotherapie und psychosoziale Forschung
der Gesamthochschule Kassel
Gottschalkstr. 26
Postfach 101380
3500 Kassel

STUDENT 1968 UND HEUTE

Psychische Konflikte und Hochschulstruktur

Sonderheft

aus dem Inhalt: E.MAHLER Psychische Konflikte und Hochschulstruktur A.KROVOZA Vaterzentrierte Kultur - vaterlose Gesellschaft C.BRUCH Die Jugend der 70er Jahre zwischen Hoffnung und Resignation G.WITTENBERGER Zur Konzeptionalisierung und Institutionalisierung psychotherapeutischer Beratung D.CLAAS Warum psychoanalytisches Wissen für Studierende der Geistes-, Sozial- und Gesellschaftswissenschaften? M.ERDHEIM Antigone - Zur Geschichte des Sterbens in bedrohten Welten M.LEUZINGER-BOHLEBER/R.DUMSCHAT Weibliche Identitätskonflikte 1968 und heute R.KOECHEL Studentenschicksal zwischen Kaltem Krieg und Wiedervereinigung W.BOHLEBER Nationalismus als regressive Konfliktlösung in der Adoleszenz

Einzelpreis des außerordentlich erscheinenden Sonderheftes: DM 25,-

Bestelladresse:

Gesamthochschule Kassel
Wissenschaftliches Zentrum II
z.H. Heidi Bielitzer
Gottschalkstr. 26
3500 Kassel

6. Internationale Ferienuniversität Kritische Psychologie 24. bis 29.2.1992 in Wien

zum Thema:

Lernwidersprüche und pädagogisches Handeln

Seit 1983 greift die Kritische Psychologie im Rahmen einwöchiger Informations- und Diskussionsveranstaltungen bestimmte aktuelle und wissenschaftlich bedeutsame Fragestellungen auf und versucht, sie vor dem Hintergrund der Kritisch-Psychologischen Herangehensweise einer Antwort näher zu bringen. So wurden bisher etwa Probleme einer theoretischen Erfassung des menschlichen Individuums, der Sozialarbeit/Sozialpädagogik, der Psychoanalyse, des Theorie-Praxis-Verhältnisses und des Verhältnisses von Subjektivität und Politik diskutiert und die Ergebnisse der Erörterungen in einer eigenen Buchreihe veröffentlicht.

Die sechste Internationale Ferienuniversität der Kritischen Psychologie konzentriert sich auf die Problematik des Erziehungsverhältnisses. Dies geschieht im Zeichen widersprüchlicher gesellschaftlicher Entwicklungstendenzen: Einerseits verschärft sich die Krise der öffentlichen Erziehung und ihrer Institutionen (wie etwa der Schule, der außerschulischen Jugendbetreuung, der Sozialarbeit etc.) kontinuierlich, ohne daß die vorhandenen Lösungspotentiale mit dieser Entwicklung auch nur annähernd Schritt halten könnten. Andererseits werden die Resultate dieser Entwicklung in steigendem und bisher ungewohntem Ausmaß von der öffentlichen Diskussion aufgenommen. Dabei werden die unterschiedlichsten Perspektiven zur Bewältigung der Krise entwickelt: Von der autoritären Beschwörung nicht mehr durchsetzbarer Gewaltrituale über die technisch-bürokratische Verwaltung und Abfederung der Entfremdungserscheinungen bis zur Agitation für neue alte Religionen und Mystizismen reicht eine breite Palette defensiver Reaktion auf das außer Kontrolle geratene Eigenleben der Heranwachsenden. Mancherorts entsteht aber auch eine neue Offenheit und Verständnisbereitschaft, ein wiedererwachtes Interesse an reformpädagogischen Experimenten, eine vorsichtige Bereitschaft, den Jugendlichen zuzuhören, erste Ansätze der Erkenntnis, daß auf die neuen Probleme mit neuen Konzepten reagiert werden muß.

Zur Entwicklung solcher Konzepte glaubt die Kritische Psychologie einen wesentlichen Beitrag leisten zu können, indem sie Überlegungen bereitstellt, wie die anstehenden Probleme 'vom Standpunkt der betroffenen Individuen aus' erfaßt, bearbeitet und einer Lösung nähergebracht werden könnten. Kernpunkt dieser Überlegungen ist die Auffassung, daß alle Erziehungsstrategien, die ihr Heil in (mehr oder weniger verdeckten) gewaltförmigen Einwirkungen auf die ihnen anvertrauten Kinder und Jugendlichen suchen, auf deren Seite genau jene Probleme, Widerstände und Entfremdungserscheinungen schaffen, zu deren Bewältigung sie eingesetzt werden. Als Alternative dazu bleibt lediglich, die nachwachsende Generation in einem umfassenden und radikalen Sinne ernstzunehmen, mit ihr in einen herrschaftsfreien Diskurs einzutreten und gemeinsame und für alle Beteiligten zufriedenstellende neue Wege zu suchen.

In Referaten und Vorträgen zu verschiedenen pädagogischen Grundsatzfragen sowie in Diskussionsforen und Kleingruppen soll versucht werden, Konzepte herauszuarbeiten, die es erlauben, der pädagogischen Krise in schöpferischer Weise zu begegnen. Dazu werden wir uns auch mit Positionen und Argumenten auseinandersetzen, die nicht direkt aus dem Diskussionskontext der Kritischen Psychologie entwickelt wurden, sondern uns von befreundeten KollegInnen aus anderen Forschungszusammenhängen zur Verfügung gestellt werden.

Als ReferentInnen werden u.a. teilnehmen: Herbert Altrichter (Klagenfurt), Karl-Heinz Braun (Fulda), Wilfried Datler (Wien), Peter Gstettner (Klagenfurt), Bernd Hackl (Wien), Frigga Haug (Berlin), Klaus Holzkamp (Berlin), Ute Osterkamp (Berlin), Klaus Ottomeyer (Klagenfurt), Bernhard Rathmayr (Innsbruck), Wolfgang Schmidl (Wien), Gisela Ulmann (Berlin), Konstanze Wetzel (Marburg)

Anmeldungen, Informationen, Programm:
Organisationsbüro Ferienuni, A-1050 Wien, Stöberg. 11-15, Tel: 0222-543244-17

> **Erinnern, Wiederholen, Durcharbeiten**
> **Zur Psycho-Analyse deutscher Wenden**
> **Interdisziplinärer Kongreß**
> **vom 13.2 - 16.2. 1992**
> **an der Freien Universität Berlin**

Aus der Warte der deutschen Einheit befaßt sich der Kongreß mit der politisch brisanten Frage, welche Konsequenzen die Abwehr der eigenen Geschichte in breiten Kreisen der Bevölkerung für die Genese des Selbstverständnisses und der Politikformen der BRD und DDR bis zur Vereinigung hatte und für die Entwicklung der politischen Kultur einer neuen nationalen Identität haben könnte. Der Kongreß wird eine Antwort auf diese Frage in der Kooperation von Psychologen, Historikern und Politologen suchen. Über den aktuellen empirischen Anlaß hinaus wird es insbesondere auch darum gehen, neue interdisziplinäre methodologische Perspektiven für die Untersuchung der Verlaufsformen von historischer Erfahrung zu entwickeln. Im einzelnen verfolgt das Projekt folgende Ziele:

1.) Analyse der BRD- und DDR-typischen Bewußtseinsverläufe aus der Perspektive der Wende zur deutschen Einheit und mit besonderem Blick auf die psychische Bereitschaft zur Abwehr der den Wenden und politischen Brüchen vorausgegangenen Mitwirkungsformen.

2.) Überprüfung der theoretischen und methodischen Möglichkeiten von Psychologie und Geschichtswissenschaft, kollektives Gedächtnis und kollektive Vedrängung in Wechselbeziehung zu historischen Brüchen zu rekonstruieren.

3.) Förderung einer politischen Kultur der Aufklärung unter den besonderen Bedingungen deutscher Geschichte und Gegenwart.

Teilnahmegebühr: 90. DM für Berufstätige; 30. DM für Studierende und Teilnehmende aus den neuen Bundesländern
Anfragen über: Brigitte Rauschenbach, Psychol. Institut der FU Berlin, Habelschwerdter Allee 45, 1 Berlin 33

Kurzüberblick über die Forschungsprojekte des Wissenschaftlichen Zentrums II für Psychoanalyse, Psychotherapie und psychosoziale Forschung (WZ II) der Gesamthochschule Kassel:

Projektverbund A: Psychohistorische und kulturanalytische Forschung

A-1b Mythen des Politischen - Zur Funktion und Dysfunktion der Rechts-Links-Symbolik als verborgenes regulativ politischer Handlungsspielräume und Diskurse.

A-1c Georg Forster in der politischen Kultur der Moderne: psychohistorische Studien zu Schicksal und Struktur einer deutschen demokratischen Tradition.

A-2 Psychoanalyse als Kulturwissenschaft.

A-3 Gesetz und Gemeinschaft: Studien zum Verhältnis von Recht, Übertragung und Institution.

A-4 Text und Bild - Untersuchung zur Reproduktion und Simulation von Wirklichkeit (Nachfolgeprojekt von: Metadisziplinäre Literaturanalyse. Spurensicherung der Wechselbeziehung von literarischen und technischen Medien.

A-5 Computer und Psyche - Zur Topologie unbewußter und maschineller Information.

A-8 Zur Geschichte des "Geheimen Komitees" - Aspekte zum Institutionalisierungsprozeß der Psychoanalyse anhand der wissenschaftlichen Korrespondenz von Freud, Eitington, Rank, Ferenczi, Sachs und Abraham (1912-1925).

A-9 Familien- und Medienwelt. Erziehungsprobleme im Kontext extensiver Massenkommunikation.

A-10 Modelle der Geschlechterdifferenz. Psychoanalytische und Diskursanalytische Grundlagen.

Projektverbund B: Klinische und psychosoziale Forschung

B-2 August Aichhorn - Ein Beitrag zur Geschichte der psychoanalytischen Pädagogik.

B-7 Zukunftshoffnungen und Zukunftsängste bei Kindern und Jugendlichen in beiden Teilen Deutschlands - Eine vergleichende empirisch-psychoanalytische Studie.

Projektverbund C: Forschung aus der psychotherapeutischen Beratungsstelle für Studierende

C-1 Heutige Studierende im Wandel des Geschlechtsverhältnisses - Eine psychoanalytische Studie.

Workshops, Symposien, Seminare des WZ II:

- *Colloquium »Psychonalyse und Kultur«*
- *Workshop »Kinderpsychoanalyse«*
- *Symposion »Psychoanalyse - Literatur - Literaturwissenschaft«*
- *Seminar zur Psychoanalyse Jacques Lacans*
- *Workshop »Philosophie und Psychoanalyse«*
- *Workshop »Psychoanalytische Psychosentheorie«*

Das Wissenschaftliche Zentrum II der Gesamthochschule Kassel macht für Interessierte auch Einzelstudien und Forschungsarbeiten aus seinen Forschungsprojekten, die wegen ihres Umfangs nicht in *fragmente* veröffentlicht werden können, im Rahmen der Dokumentationsreihe »*WZ-II-Forschungsstudien*« zugänglich.

Die Forschungsstudien sind als vervielfältigte Arbeitsmaterialien zu verstehen. Sie erscheinen ohne ISSN- oder ISBN-Nummer; Ausstattung: DIN A-5, verkleinert und gebunden.

Bisher wurden vorgelegt:

A-1/I Die verschwiegene Gesellschaft. Literaturbericht und Fallstudien zur Herausbildung politisch-literarischer Öffentlichkeit in Deutschland
    von Sabine Gürtler   41 S., DM 5,-

A-1/II "An unserer Gesellschaft werden unsere Feinde zugrunde gehen" - Unbewußte Regulationsstrategien im politischen Diskurs. Eine psychohistorische Fallstudie am Beispiel der deutschen Sozialdemokratie
    von Claus-Volker Klenke   139 S., DM 6,-

A-2/I "Ich gehe metaweit für eine Jugend". Zum Verhältnis von Jugendforschung und Jugendpolitik an ausgewählten Beispielen
    von Rosemarie Bohle   63 S., DM 5,-

A-3/I Arbeit als Wunscherfüllung. Versuch einer Bestimmung des Begriffs "Arbeit" bei Sigmund Freud
    von Margret Bäurle   84 S., DM 5,-

A-3/II Probleme des Bewußtseinsbegriffs in der Psychoanalyse
    von Heiner Menzner   79 S., DM 5,-

A-3/IV Psychosemiologie. Zur Anwendung zeichentheoretischer Methoden auf die Erforschung psychischer Prozesse
    von Michael Wetzel   52 S., DM 5,-

A-4/I Wer hat Angst vor Sigmund Freud? Eine Versuchung über Literatur und Psychoanalyse
    von Achim Perner   (*vergriffen*)

(Die Nummerierung zeigt mit Buchstabe und arabischer Ziffer die Zuordnung zu einem Forschungsprojekt des WZ II an.)

Interessenten wenden sich bitte an das Wissenschaftliche Zentrum II der Gesamthochschule Kassel, Gottschalkstr. 26, Postfach 10 13 80, D-3500 Kassel. Bezahlung bitte nur nach Rechnungstellung.